Die Insolvenzsicherung betrieblicher Altersversorgung

Schriftenreihe des Centrum für Deutsches und Europäisches Insolvenzrecht

Herausgegeben von Stefan Smid, Silke Wehdeking
und Mark Zeuner

Band 17

PETER LANG

Elisabeth Sechtem

Die Insolvenzsicherung betrieblicher Altersversorgung

Eingehende Betrachtung des gesetzlichen Insolvenzschutzes durch den Pensions-Sicherungs-Verein sowie Darstellung der Grundzüge privatvertraglicher Insolvenzsicherungsmechanismen

PETER LANG

Bibliografische Information der Deutschen Nationalbibliothek
Die Deutsche Nationalbibliothek verzeichnet diese Publikation in der Deutschen Nationalbibliografie; detaillierte bibliografische Daten sind im Internet über http://dnb.d-nb.de abrufbar.
Zugl.: Kiel, Univ., Diss., 2019

Gedruckt auf alterungsbeständigem, säurefreiem Papier.
Druck und Bindung: CPI books GmbH, Leck

D 8
ISSN 2194-4881
ISBN 978-3-631-81256-3 (Print)
E-ISBN 978-3-631-82363-7 (E-PDF)
E-ISBN 978-3-631-82364-4 (EPUB)
E-ISBN 978-3-631-82365-1 (MOBI)
DOI 10.3726/b16893

PL Academic Research ist ein Imprint der Peter Lang GmbH.

Peter Lang – Frankfurt am Main · Bern · Bruxelles · New York · Oxford · Warszawa · Wien

Diese Publikation wurde begutachtet.

www.peterlang.com

Meinen Eltern

Vorwort und Danksagung

Die vorliegende Arbeit ist im Sommersemester 2017 vom Fachbereich Rechtswissenschaften der Christian-Albrechts-Universität zu Kiel als Dissertation angenommen worden und entstand in der Zeit bis zum Januar 2019.

Mein besonderer Dank gilt meinem Doktorvater Prof. Dr. Stefan Smid, der mir während der Anfertigung dieser Arbeit und im Laufe des Promotionsverfahrens stets mit seinem fachlichen Rat zur Seite stand und mir wertvolle Anregungen zur Anfertigung dieser Arbeit mitgab. Zudem möchte ich mich auch bei Herrn Prof. Dr. Mark Zeuner für die Übernahme sowie die zügige Erstellung des Zweitgutachtens bedanken. Schließlich möchte ich meinen Dank sowohl meinem Doktorvater und meinem Zweitgutachter, als auch Dr. Silke Wehdeking für die Aufnahme dieser Arbeit in die vorliegende Schriftenreihe aussprechen.

Im Weiteren möchte ich mich insbesondere bei Friederike Brassow für ihre kontinuierliche Bestärkung in meinem Promotionsvorhaben und ihre stete Unterstützung hierbei, etwa beim Korrekturlesen dieser Arbeit, bedanken. Zudem gilt mein Dank auch Jasmin Petersen, die sich ebenfalls mit vollem Einsatz des Korrekturlesens dieser Arbeit angenommen hat. Auch bedanke ich mich bei Peter Steinbacher, der sich während der Anfertigung sowie im Zeitraum der Abgabe dieser Arbeit stets Zeit für meine fachlichen Nachfragen sowie für das Korrekturlesen meiner Dissertation nahm. Ferner gilt mein Dank auch Dr. Andreas Eckhardt, welcher mir durch zahlreiche Diskussionen von Rechtsfragen im Bereich des Themas der vorliegenden Arbeit viele wichtige Hilfestellungen beim Durchdringen der Materie gab.

Ganz besonders bedanken möchte ich mich schließlich bei meinen Eltern für ihre stete Unterstützung und ihren liebevollen Rat während meiner gesamten Studienzeit, meines Referendariats und insbesondere während der Zeit der Anfertigung dieser Arbeit.

Hamburg im Februar 2020
Elisabeth Sechtem

Inhaltsübersicht

Inhaltsverzeichnis

Einleitung und Problemaufriss

Das in der Bundesrepublik nach wie vor immer prekärer werdende Verhältnis von Altersrentnern zu aktiven Beitragszahlern bedingt, dass das bislang im Umlageverfahren finanzierte gesetzliche Rentensystem zukünftig nicht mehr als belastbare, oft alleinige Finanzquelle für die Versorgung der Rentner ausreichen wird.[1] Daher erlangt die betriebliche Altersversorgung sowie deren Absicherung vor Risiken einer Unternehmensinsolvenz als starke zweite Säule neben der gesetzlichen Altersversorgung sowie der privaten Vorsorge in Deutschland eine immer wichtigere Stellung.[2]

Aufgrund der Rentenreform 2001, die voraussichtlich noch bis 2030 andauern wird, können sozialversicherungspflichtig Beschäftigte bei vollen 45 Versicherungsjahren in der gesetzlichen Rentenversicherung derzeit ein Versorgungsniveau von durchschnittlich 40 bis 45 % ihrer letzten Bruttobezüge erreichen, Tendenz sinkend.[3] Darüber hinausgehende, private Altersversorgung ist gerade – aber nicht nur – bei den Geringverdienern regelmäßig aufgrund ihrer häufig angespannten finanziellen Situation keine verlässliche Aufstockungsmöglichkeit für ein auskömmliches Ruhegeld im Alter.

Da eine betriebliche Rente aber gerade im Hinblick auf steuerliche Förderungsmodelle oftmals günstiger zu bewerkstelligen ist als die teurere, private Vorsorge, liegt hier das Potential, die bislang hinter der gesetzlichen Rente ein relatives Schattendasein fristende betriebliche Altersversorgung weiter in den Vordergrund zu rücken und letztlich einen Wandel von einem ergänzenden zu einem teilweise gar ersetzenden Verhältnis von betrieblicher zu gesetzlicher Altersversorgung anzustoßen.[4]

Zusätzlich zu der politischen Dimension der betrieblichen Altersversorgung spielen deren Anreize auch bei den Arbeitgebern eine große Rolle für die Akquise qualifizierter Mitarbeiter. Diese möchten sich auch im Alter gegen das drohende Absinken der gesetzlichen Renten durch die Zusage auf betriebliche Altersversorgung ausreichend abgesichert sehen. Dabei ist auch eine Absicherung jener Ansprüche vor einer möglichen Unternehmensinsolvenz bedeutungsvoll.

---

1 Vgl. hierzu BT-Drs. 18/12612, S. 2 und 3.

2 So bereits im Jahre 1998: *Blomeyer*, NZA 1998, 911, 912.

3 Rentenversicherungsbericht der Bundesregierung 2017, S. 12.

4 *Hanau*, NZA 2016, 577, 578.

Obschon die reine Anzahl von Unternehmensinsolvenzen derzeit rückläufig ist[5], erregen doch Großinsolvenzen wie die der Fluggesellschaft Air Berlin im Jahr 2017 nicht nur erhebliche mediale Aufmerksamkeit. Vielmehr werden auch Arbeitnehmer großer, dem Anschein nach wirtschaftlich stabiler Unternehmen, ein Interesse für den „*worst case*“, also eine Insolvenz ihres Arbeitgebers, entwickeln. Dies gilt umso mehr, als der Leitzins der Europäischen Zentralbank (EZB) mittelfristig im Begriff ist, wieder zu steigen.[6] Ob sich Wirtschaft und Industrie auch in einem Umfeld gestiegener Zinsen weiter stabil zeigen werden oder ob mitunter auch Insolvenzen drohen, wird die Zukunft zeigen.

Von einer Arbeitgeberinsolvenz betroffen sein kann insbesondere auch der Sektor der gerade in großen Unternehmen regelmäßig anzutreffenden, komplexen Systeme betrieblicher Altersversorgung. Versorgungsanwärter und speziell Betriebsrentner haben ein veritables Interesse daran, dass ihre Versorgung auch im Falle der Insolvenz ihres (ehemaligen) Arbeitgebers geschützt ist und weiterhin Bestand hat. Dies gilt umso mehr, als es sich bei der Versorgung um eine arbeitnehmerseitig, im Wege der Entgeltumwandlung finanzierte Versorgungszusage handeln kann.[7] Eine solide Expertise auf diesem Gebiet, die Aufklärung der Arbeitnehmer über die Möglichkeiten betrieblicher Altersversorgung sowie eine rechts- und insbesondere insolvenzsichere Ausgestaltung betrieblicher Versorgungsysteme für den Fall der Arbeitgeberinsolvenz sind damit essentiell.

Die verschiedenen Zusagearten und Durchführungswege der betrieblichen Altersversorgung korrelieren mit dem Voraussetzungs- und Rechtsfolgensystem der §§ 7 ff. des Gesetzes zur Verbesserung der betrieblichen Altersversorgung (Betriebsrentengesetz, BetrAVG), welche den gesetzlichen Insolvenzschutz von Versorgungsrechten normieren. Diese im Interesse und zum Schutze der Arbeitnehmer geschaffene gesetzliche Insolvenzsicherung wird durch den Pensions-Sicherungs-Verein Versicherungsverein auf Gegenseitigkeit (PSV) übernommen. Er sichert unter den Voraussetzungen der §§ 7 ff. BetrAVG im

---

5 Pressemitteilung des Statistischen Bundesamtes vom 14.03.2018 (Nr. 091), https://www.destatis.de/DE/PresseService/Presse/Pressemitteilungen/2018/03/PD18_091_52411.html (zuletzt aufgerufen am 21.01.2019).

6 Vgl. Prognosen für das dritte Quartal 2019, „Ökonomen erwarten für die zweite Hälfte des Jahres 2019 eine EZB-Zinserhöhung“, Handelsblatt vom 19.07.2018, www.handelsblatt.com/finanzen/banken-versicherungen/zinspolitik-oekonomen-erwarten-in-der-zweiten-haelfte-des-jahres-2019-eine-ezb-zinserhoehung/22817060.html?ticket=ST-881125-SctHpd5mSv7WDfNaSwyc-ap2 (zuletzt aufgerufen am 21.01.2019).

7 Vgl. *Fischer/Thoms-Meyer*, DB 2000, 1861, 1864; *Küppers/Louven*, BB 2004, 337.

Insolvenzfall Arbeitnehmer sowie ihnen gesetzlich gleichgestellte Personen und deren Ansprüche aus betrieblicher Altersversorgung ab. Im Gegenzug gehen die Versorgungsrechte, für die der PSV sodann einzustehen hat, auf diesen über. Er ist demgemäß in aller Regel an den jeweiligen Insolvenzverfahren beteiligt.

Diese Arbeit beschäftigt sich daher – nach einer Darstellung von Historie und Systematik der betrieblichen Altersversorgung nach dem BetrAVG – im Kern mit dem gesetzlichen Insolvenzsicherungsmechanismus durch den PSV. Sie analysiert die hierzu ergangene Rechtsprechung sowie die dazugehörige Literatur und gibt eine Übersicht über den Stand von viel diskutierten Rechtsfragen. Insbesondere wird daran anschließend die exponierte und wichtige Rolle des PSV im Insolvenzverfahren über das Vermögen des Arbeitgebers beleuchtet.

Mit den Risiken, welche für Versorgungsberechtigte, deren betriebliche Altersversorgung nicht unter den Schutzschirm der §§ 7 ff. BetrAVG fällt, im Falle der Arbeitgeberinsolvenz verbleiben, beschäftigt sich der dritte Teil dieser Arbeit. So können solche Versorgungszusagen etwa einer Anfechtung durch den Insolvenzverwalter ausgesetzt sein. Im Weiteren stehen die haftungsrechtliche Beurteilung und vermögensrechtliche Zuordnung von Beiträgen aus Entgeltumwandlung in der Arbeitgeberinsolvenz im Fokus.

Den Schluss dieser Arbeit bildet eine Darstellung der außerhalb der §§ 7 ff. BetrAVG liegenden, in der Praxis vielfach eingesetzten privatvertraglichen Insolvenzsicherungsinstrumente der Sicherungstreuhand- sowie der Verpfändungsmodelle.

Teil 1 Geschichte, Charakter und Systematik der betrieblichen Altersversorgung nach dem BetrAVG

Als Einstieg in die Materie und zur besseren Nachvollziehbarkeit der Rechtsauffassungen von Rechtsprechung und Literatur zu den streitigen Punkten des hier behandelten Themas bieten sich ein kurzer Überblick über die historische Entwicklung der betrieblichen Altersversorgung sowie eine fokussierte Darstellung ihrer Charakteristika an.

Insbesondere erleichtern die geschichtlichen Grundlagen des Entstehens der betrieblichen Altersversorgung ein Verständnis hinsichtlich der mannigfaltigen Überlegungen des Bundesarbeitsgerichts (BAG) zu Auslegung und Intention der späteren gesetzlichen Regelungen. Dies gilt insbesondere für die Rechtsauffassungen der höchstrichterlichen Rechtsprechung zur Unverfallbarkeit von Versorgungsanwartschaften sowie zu dem damit zusammenhängenden Insolvenzschutz.[8]

Die Einführung in das Wesen und die Systematik der betrieblichen Altersversorgung, gerade auch ein Blick auf die Leistungsarten sowie die verschiedenen Durchführungswege, soll hiernach den Grundstein legen, um die Struktur sowie den nach Durchführungswegen und Art der Versorgungsrechte dezidierten Umfang der gesetzlichen Insolvenzsicherung durch den PSV verständlicher zu machen.

A. Historie und Gesetzgebung

I. Entwicklung der betrieblichen Altersversorgung

Die Anfänge der betrieblichen Altersversorgung gehen bis in die Mitte des 19. Jahrhunderts zurück.[9] In Konsequenz der die alten familiären Sozialstrukturen aufbrechenden Industrialisierung wurde es für den damaligen Arbeitgeber notwendig, seine Arbeiter bei Invalidität sowie im Alter zu versorgen. Als frühes Vorbild einer betrieblichen Altersversorgung gelten die Bergbau-Knappschaftskassen, welche durch das Preußische Berggesetz von 1854 entstanden.[10]

---

8 Siehe hierzu etwa die Entscheidung des BAG zur Unverfallbarkeit von Betriebsrentenanwartschaften vor Inkrafttreten des BetrAVG, Urt. v. 10.03.1972 – 3 AZR 278/71, AP BGB § 242 Ruhegehalt Nr. 156, A. II. der Gründe.

9 Blomeyer/Rolfs/Otto/*Rolfs*, BetrAVG, Einl., Rn. 1.

10 Blomeyer/Rolfs/Otto/*Rolfs*, BetrAVG, Einl., Rn. 1.

Unter der Reichskanzlerschaft Otto von Bismarcks und der Einführung staatlicher Sozialgesetzgebung wurde ein die betriebliche Altersversorgung geringfügig mittelbar kodifizierendes Gesetz über die Invaliditäts- und Altersversicherung 1889 geschaffen.[11]

Zu dieser Zeit wurde die betriebliche Altersversorgung maßgeblich über betriebliche Pensionsfonds durchgeführt.[12] Daneben war auch die unmittelbare Durchführung über die Unternehmen selbst weit verbreitet. Von untergeordneter Bedeutung waren damals die sog. *Unterstützungskassen*, welche aber nicht mit den heutigen zu verwechseln sind. Mit Unterstellung derjenigen Unterstützungskassen unter staatliche Aufsicht, welche auf ihre Leistungen einen Rechtsanspruch einräumten, wurden mit Inkrafttreten des Versicherungsaufsichtsgesetzes (VAG) 1901 die heutigen Pensionskassen geboren.[13]

Infolge der weiteren Entwertung privater Geldanlagen aufgrund der beginnenden Inflation Anfang der 1920er Jahre gewann die betriebliche Altersversorgung weiter an Präsenz.[14] Dies blieb auch dem Fiskus nicht verborgen, der im Zuge seiner Steuergesetzgebung in 1934 die bis dato rechtlich unselbstständigen Versorgungskassen zur Umwandlung in rechtlich selbstständige Träger zwang. Diese rechtlich selbstständigen Versorgungsträger stellen die heutigen Unterstützungskassen dar.[15]

Zwischen 1945 und 1966 wurde die betriebliche Altersversorgung weiter durch neue Gesetze und die Rechtsprechung des BAG geformt und weiterentwickelt.[16] Mit der Rentenreform 1957 und der damit einhergehenden dynamisierenden Erhöhung der Sozialrenten wandelte sich der Charakter der betrieblichen Altersversorgung von der bloßen Gewährleistung eines Existenzminimums im Alter zu einem Instrument der Aufrechterhaltung des Lebensstandards für Rentner.[17] Diese Entwicklung gipfelte schließlich 1972 in der Rechtsprechung des BAG, welches feststellte, dass der betrieblichen Altersversorgung nicht nur der ursprüngliche Fürsorgecharakter innewohnte, sondern sie auch vom Gedanken des Entgelts für geleistete Betriebstreue getragen sei.[18] Diese Entgelttheorie des

11 Blomeyer/Rolfs/Otto/*Rolfs*, BetrAVG, Einl., Rn. 2.
12 Blomeyer/Rolfs/Otto/*Rolfs*, BetrAVG, Einl., Rn. 3.
13 Blomeyer/Rolfs/Otto/*Rolfs*, BetrAVG, Einl., Rn. 3.
14 Blomeyer/Rolfs/Otto/*Rolfs*, BetrAVG, Einl., Rn. 3.
15 Vgl. auch *Riewe*, DB 2010, 784, 787.
16 Vgl. Höfer Bd. I/*Höfer*, ART, Kap. 1, Rn. 1.
17 Blomeyer/Rolfs/Otto/*Rolfs*, BetrAVG, Einl., Rn. 6.
18 Grundlegend BAG, Urt. v. 10.03.1972 – 3 AZR 278/71, AP BGB § 242 Ruhegehalt Nr. 156, A. II. der Gründe; vgl. auch unten Teil 2 B. I. 2.

BAG ist bis heute aktuell und prägt weiter den „*Doppelcharakter*“ der betrieblichen Altersversorgung.[19]

II. Gesetzgebungsverfahren und Gesetzesentwicklung seit 1974

Bereits im Sozialbericht der Bundesregierung von 1970 wurden die bis dahin viel diskutierten Problemkreise der betrieblichen Altersversorgung, nämlich die Unverfallbarkeit von Versorgungsanwartschaften, die Insolvenzsicherung, die Anrechnungsbegrenzung sowie die Inflationsanpassung in den Fokus gerückt.[20] Arbeitnehmer hatten zu diesem Zeitpunkt mit dem Erwerb betrieblicher Versorgungsansprüche eine lediglich schwache Absicherung ihrer Altersbezüge erreicht. So fielen Anwartschaften bei freiwilligem Wechsel des Arbeitgebers oder auch im Falle einer Kündigung oftmals ersatzlos fort. Bei Zahlungsunfähigkeit des Arbeitgebers waren die Versorgungsansprüche nicht nur gefährdet, sondern gingen in aller Regel unter. Daneben wurden nicht nur die zu diesem Zeitpunkt noch steigenden gesetzlichen Renten an die betrieblichen Versorgungsansprüche angerechnet, es fand darüber hinaus auch keine Anpassung der Anspruchshöhe in Abhängigkeit der wirtschaftlichen Entwicklung statt, sodass die allermeisten Versorgungsansprüche so ausgehöhlt wurden.

Der Gesetzgeber reagierte auf diese Problematik mit einem ersten Referentenentwurf des BetrAVG vom 04.04.1973, welchen das Bundeskabinett 19.09.1973 beschloss und dem Bundesrat als Regierungsentwurf am 28.09.1973 zuleitete. Der Bundestag, der den Regierungsentwurf samt Stellungnahme vom Bundesrat am 26.11.1973 zugeleitet bekommen hatte, beriet diesen nach Einholung von Stellungnahmen unter anderem von der Arbeitsgemeinschaft für betriebliche Altersversorgung e. V. (aba) unter dem 05.12.1974 und beschloss ihn mit kleineren Änderungen einstimmig. Mit Zustimmung des Bundesrates zu dem Gesetzentwurf am 19.12.1974 wurde dieses im Bundesgesetzblatt mit gleichem Datum am 22.12.1974 verkündet.[21]

Der Gesetzgeber schuf mit dem BetrAVG gleichsam ein „Nachzügler-Gesetz“ zur gesetzlichen Gestaltung der bis dato lediglich durch Richterrecht kodifizierten arbeitsrechtlichen Rahmenbedingungen der betrieblichen Altersversorgung, nachdem die steuerrechtlichen Parameter bereits Mitte der 1950er Jahre gesetzlich niedergelegt worden waren.[22] Das BetrAVG sollte nunmehr

---

19 Blomeyer/Rolfs/Otto/*Rolfs*, BetrAVG, Einl., Rn. 6.

20 Vgl. BT-Drs. VI/643, 26, Ziff. 67.

21 BGBl. I, S. 3610.

22 Höfer Bd. I/*Höfer*, ART, Kap. 1, Rn. 1.

die *„Mindestbedingungen der betrieblichen Altersversorgung“* bestimmen.[23] Durch das BetrAVG wurden die gesetzlichen Grundlagen geschaffen betreffend Unverfallbarkeitsregelungen, das Auszehrungsverbot, die Insolvenzsicherung von unverfallbaren Anwartschaften und laufenden Versorgungsleistungen, die Gründung des PSV[24] sowie die Anpassungspflicht für Renten. Es handelt sich bei dem BetrAVG um ein echtes arbeitsrechtliches Gesetz mit stark arbeitnehmerschützendem Charakter.[25]

1. Rentenreformgesetz 1999

Die erste größere Gesetzesänderung erfuhr das BetrAVG durch Art. 8 des Rentenreformgesetzes 1999 (RRG) vom 16.12.1997.[26] Hierdurch wurde unter anderem zunächst die bis dahin lediglich durch Richterrecht als betriebliche Altersversorgung qualifizierte Entgeltumwandlung nunmehr auch gesetzlich als solche festgeschrieben. Auch im Hinblick auf die Zusageform der beitragsorientierten Leistungszusage wurde eine gesetzliche Klarstellung vorgenommen. Zudem wurde die Übertragung von Versorgungsanwartschaften bei Unternehmensliquidationen erleichtert. Ferner erfuhren die Rahmenbedingungen der gesetzlichen Insolvenzsicherung weitere Konkretisierung. Schließlich wurde die Anpassungspflicht aus § 16 BetrAVG erweitert.

2. Altersvermögensgesetz 2001

Durch das Altersvermögensgesetz (AVmG) vom 26.06.2001 wurden die einzelnen Durchführungswege der betrieblichen Altersversorgung sowie die Einstandspflicht des Arbeitgebers für von ihm getätigte Versorgungszusagen unter § 1 BetrAVG gesetzlich definiert.[27] Zudem wurde die Beitragszusage mit Mindestleistung als neue Zusageart sowie der fünfte Durchführungsweg der betrieblichen Altersversorgung über die Einrichtung eines Pensionsfonds eingeführt.[28] Daneben fand aus Arbeitnehmersicht eine weitere Verbesserung der Unverfallbarkeitsvoraussetzungen statt. Die wohl folgenreichste Neuerung stellte die

---

23 BT-Drs. 7/1281, S. 19.

24 Dazu Näheres unten Teil 2 A. III.

25 BGH, Urt. v. 28.04.1980 – II ZR 254/78, NJW 1980, 2254, 2254, III. 2. der Gründe; BT-Drs. 7/1281, S. 30; BeckOK ArbR/*Clemens*, BetrAVG, § 1, Rn. 1; SHSS/*Diller*, Teil 4 B., Rn. 23; *Uckermann/Fuhrmanns*, NZA 2011, 24.

26 BGBl. I, S. 2998; Höfer Bd. I/*Höfer*, ART, Kap. 1, Rn. 3.

27 Höfer Bd. I/*Höfer*, ART, Kap. 1, Rn. 7.

28 *Hanau*, NZA 2016, 577.

Einführung des gesetzlichen Anspruchs der Arbeitnehmer auf Entgeltumwandlung in § 1a BetrAVG dar.[29] Damit wurde die bis dahin umfassende Freiwilligkeit der arbeitgeberseitigen Entscheidung zur Einführung eines Versorgungssystems eingeschränkt.[30]

3. *Alterseinkünftegesetz 2004*

Art. 8 des Alterseinkünftegesetzes (AltEinkG) vom 05.06.2004 räumte dem Arbeitnehmer das Recht auf eigene Beitragszahlung in seine betriebliche Altersversorgung ein.[31] Insbesondere wurde die Portabilität von Versorgungsanwartschaften bei Arbeitgeberwechsel weiter verbessert, um den Arbeitnehmern die Möglichkeit der Ansparung von Betriebsrentenansprüchen in einem „*einheitlichen Altersvorsorgekonto*" einzuräumen.[32]

4. *Gesetz zur Umsetzung der EU-Mobilitäts-Richtlinie 2015*

Durch die EU-Mobilitäts-Richtlinie RL 2014/50/EU des Europäischen Parlamentes und des Rates vom 16.04.2014, welche Arbeitgeberwechsel („*Mobilität*") innerhalb der EU-Mitgliedsstaaten weiter vereinfachen sollte, wurde eine Umsetzung in nationales Recht erforderlich. Mit dem am 01.01.2018 in Kraft tretenden Gesetz zur Umsetzung der EU-Mobilitäts-Richtlinie[33] wurden in Ansehung der Intention der Richtlinie, die vor allem bisherige Hindernisse für einen Arbeitgeberwechsel, wie etwa zu lang bemessene Unverfallbarkeitsfristen für Betriebsrentenanwartschaften, die zustimmungsfreie Abfindung von Kleinstanwartschaften sowie die mangelnde Kenntnis der Regelungen zur betrieblichen Altersversorgung an sich, beseitigen will, die Unverfallbarkeitsfristen aus § 1b BetrAVG von bislang fünf auf drei Jahre verkürzt; daneben wurde das Mindestalter für den Erhalt einer unverfallbaren Anwartschaft von 25 auf 21 Lebensjahre herabgesetzt.[34] Flankiert wurden diese Änderungen im BetrAVG von Neuregelungen in Einkommensteuergesetz (EStG), unter anderem betreffend die Voraussetzungen für einen Betriebsausgabenabzug sowie die Bildung von Pensionsrückstellungen.[35]

---

29 Höfer Bd. I/*Höfer*, ART, Kap. 1, Rn. 7; *Klemm*, NZA 2002, 416.

30 Höfer Bd. I/*Höfer*, ART, Kap. 1, Rn. 2.

31 BGBl. I, S. 1427.

32 Blomeyer/Rolfs/Otto/*Rolfs*, BetrAVG, Einl., Rn. 16.

33 BGBl. I, S. 2553.

34 Höfer Bd. I/*Höfer*, ART, Kap. 1, Rn. 22.1.

35 Wittlinger, „Gesetz zur Umsetzung der EU-Mobilitätsrichtlinie", Beitrag vom 21.12.2015, www.haufe.de/steuern/gesetzgebung-politik/bundesrat-gesetz-zur-umsetzung-der-eu-mobilitäts-richtlinie_168_333420.html (zuletzt aufgerufen am 21.01.2019).

5. *Betriebsrentenstärkungsgesetz 2017*

Die wohl umfassendste Neuerung erfuhr das BetrAVG durch das am 01.01.2018 in Kraft getretene Betriebsrentenstärkungsgesetz (BRSG).[36] Hierbei wurde die neue Zusageform der sog. *reinen Beitragszusage* in das Gesetz aufgenommen. Hiernach kann der *„Arbeitgeber durch Tarifvertrag oder aufgrund eines Tarifvertrages in einer Betriebs- oder Dienstvereinbarung verpflichtet werden, Beiträge zur Finanzierung von Leistungen der betrieblichen Altersversorgung an einen Pensionsfonds, eine Pensionskasse oder eine Direktversicherung […] zu zahlen"*, § 1 Abs. 2 Nr. 2a BetrAVG (sog. *Sozialpartnermodell*). Die Verpflichtung des Arbeitgebers bezieht sich in dieser Art der Zusage lediglich auf die Abführung definierter Beiträge an einen der gesetzlich vorgesehenen Versorgungsträger. Dieser zahlt im Versorgungsfall eine auf diesen Beiträgen aufbauende Rente, darf aber für das spätere Versorgungsniveau keine Garantie abgeben, § 244b Abs. 1 Nr. 1 VAG. Durch das Garantieverbot sind die Versorgungsträger freier in ihrer Anlagestrategie. Der Arbeitnehmer trägt danach zwar sämtliche Anlagerisiken und hat somit weniger Planungssicherheit. Er kann aber aufgrund der liberalen Anlagemöglichkeiten der Versorgungseinrichtungen von höheren Renditechancen profitieren.

Bei der reinen Beitragszusage werden die Arbeitgeber von der dauerhaften Haftung für ein festgelegtes Versorgungs- und Leistungsniveau frei (*„pay and forget"*), für sie entfällt ihre gesetzliche Einstandspflicht sowie die Insolvenzsicherungspflicht, sodass hier auch keine Beiträge zum PSV zu entrichten sind. Die Arbeitgeber sollen lediglich für einen im zugrunde liegenden Tarifvertrag zu vereinbarenden Sicherungsbetrag zur Absicherung der reinen Beitragszusage aufkommen, § 23 Abs. 1 BetrAVG-neu. Mit dieser Regelung trägt der Gesetzgeber seiner Zielsetzung Rechnung, eine betriebliche Altersversorgung auch für mittelständische und kleinere Unternehmen attraktiv und vor allen Dingen haftungsmäßig kalkulierbar zu machen.[37]

Auch wurde durch das BRSG eine Pflicht zum Arbeitgeberzuschuss bei Entgeltumwandlung im Wege der reinen Beitragszusage festgeschrieben, § 1a Abs. 1a bzw. § 23 Abs. 2 BetrAVG-neu.[38] Diese beinhaltet, dass der Arbeitgeber, der im Falle der Entgeltumwandlung regelmäßig Sozialversicherungsabgaben

---

36 BGBl. I, S. 3214.

37 *Cisch/Börner*, BB 2017, Heft 30, Umschlagteil I.

38 Blomeyer/Rolfs/Otto/*Rolfs*, BetrAVG, Einl., Rn. 21.

erspart, 15% des umgewandelten sozialversicherungspflichtigen Entgelts als Arbeitgeberzuschuss an die Versorgungseinrichtung zu entrichten hat.

Neben der Einführung der reinen Beitragszusage konstatiert das BRSG auch die gesetzliche Möglichkeit der rechtssicheren Einführung sog. *Optionssysteme*, bei welchen der Arbeitgeber „automatisch" einen Teil des Entgelts des Arbeitnehmers einbehält und dieses für dessen betriebliche Altersversorgung verwendet. Der darüber hinreichend zu informierende Arbeitnehmer kann diesem Prozedere innerhalb eines gewissen Zeitraumes widersprechen („*Opt-Out*").

Optionsmodelle dieser Art wurden schon seit Längerem, unter anderem 2004 auf dem Deutschen Juristentag, gefordert.[39] Statt einer vom Gesetzgeber oktroyierten, umfassenden gesetzlichen Verpflichtung des Arbeitgebers, betriebliche Altersversorgung zu gewähren, sollte es den Unternehmen jeweils selbst überlassen sein, solcherlei Optionssysteme zu implementieren. Der Vorteil dieser „Opt-Out"-Modelle liegt vor allem in dem so erreichten Effekt eines „Quasiautomatismus" der Betriebsrente.[40] Die Zustimmung unter den Arbeitnehmern zu diesen Modellen ist groß, die Beteiligungsrate daran wird bei etwa 85 % angesiedelt. Im Vergleich hierzu liegt die Teilnahme an sog. *Opt-In*-Systemen, bei denen ein Rentensystem beim Unternehmen eingeführt wird, in welches die Arbeitnehmer freiwillig eintreten können, bei lediglich etwa 40 %.[41]

Das mit den nunmehr rechtssicher zu gestaltenden Optionsmodellen einhergehende Wachstumspotential des Verbreitungsgrades der betrieblichen Altersversorgung liegt auf der Hand. Es liegt an den hierfür nach § 20 Abs. 2 BetrAVG-neu zuständigen Sozialpartnern, diese neuen Möglichkeiten verantwortungsvoll und effektiv zu nutzen.

B. Wesen der betrieblichen Altersversorgung

Um dem sozialen Schutzcharakter sowie – historisch bedingten[42] – Sinn und Zweck der Vorschriften des BetrAVG, insbesondere aber denjenigen über Unverfallbarkeit (§ 1b BetrAVG) und Insolvenzschutz (§§ 7 ff. BetrAVG), zu unterfallen, müssen Versorgungsleistungen des Arbeitgebers bestimmte, vom BetrAVG festgelegte-Grundvoraussetzungen erfüllen.

39 Höfer Bd. I/*Höfer*, ART, Kap. 1, Rn. 2.
40 *Hanau*, NZA 2016, 577, 578.
41 *Hanau*, NZA 2016, 577, 578.
42 Vgl. oben Teil 1 A. I.

I. Tatbestandsmerkmale gem. § 1 Abs. 1 S. 1 BetrAVG

Nicht alle Zuwendungen und Versorgungsleistungen des Arbeitgebers an seinen Arbeitnehmer stellen betriebliche Altersversorgung i. S. d. BetrAVG dar. Um dessen Schutzwirkung – insbesondere hinsichtlich Unverfallbarkeitsfristen, Insolvenzschutz und Anpassungsverpflichtungen des Arbeitgebers – auszulösen, müssen vielmehr die gesetzlichen Charakteristika vorliegen.[43]

Betriebliche Altersversorgung i. S. d. § 1 Abs. 1 S. 1 BetrAVG liegt danach vor, wenn drei Tatbestandsmerkmale[44] erfüllt sind.

Zunächst muss die Zusage des Arbeitgebers ein Versprechen einer Leistung zum Zwecke der Versorgung darstellen (*Versorgungszweck*).[45] Daneben muss dieser Leistungsanspruch durch ein biologisches Ereignis wie Alter, Tod oder Invalidität ausgelöst und das Versprechen kausal aus Anlass des Arbeitsverhältnisses des Versorgungsberechtigten mit seinem Arbeitgeber gegeben werden.[46] In Bezug auf Letzteres schadet eine falsche oder irreführende Vertragsgestaltung oder Bezeichnung nicht, da es vielmehr auf eine Gesamtbetrachtung der Regelung und deren Vereinbarkeit mit den genannten Wesensmerkmalen der betrieblichen Altersversorgung ankommt. So sind für die Einordnung einer Versorgungszusage als betriebliche Altersversorgung auch Durchführungsweg, der zugrunde liegende Rechtsbegründungsakt sowie Beweggrund für die getätigte Zusage unerheblich.[47]

Damit sind solche Zusagen nicht vom BetrAVG erfasst, die keinen Versorgungscharakter haben. Dieser ist lediglich anzunehmen, wenn die Leistungen dem Versorgungsberechtigten bzw. seinen Hinterbliebenen im Versorgungsfall einen Vermögensvorteil dahin gehend verschaffen, dass zumindest ein Teil der nach Eintritt des biologischen Ereignisses fortfallenden Erwerbstätigkeit aufgefangen wird („*Einkommensersatzfunktion*“[48]).[49] Daher zählen unter anderem Abfindungen für den Verlust des Arbeitsplatzes oder andere Geldanlagen zugunsten des Arbeitnehmers nicht zum Begriff der betrieblichen Altersversorgung i. S. d. BetrAVG.[50] Für Übergangsgelder hat die höchstrichterliche

---

43 Vgl. unten Teil 2 B. I. 1.

44 Schaub ArbR-Hdb./*Vogelsang*, § 273, Rn. 2.

45 Zuletzt BAG, Urt. v. 20.03.2018 – 3 AZR 244/17, BeckRS 2018, 13468, I. 2. b) aa) (2) der Gründe; NK-ArbR/*Vienken*, BetrAVG, § 1, Rn. 7.

46 NK-ArbR/*Vienken*, BetrAVG, § 1, Rn. 7, 8.

47 Blomeyer/Rolfs/Otto/*Rolfs*, BetrAVG, § 1, Rn. 16.

48 ErfK/*Steinmeyer*, BetrAVG, § 1, Rn. 6.

49 NK-ArbR/*Vienken*, BetrAVG, § 1, Rn. 8.

50 ErfK/*Steinmeyer*, BetrAVG, § 1, Rn. 5.

Rechtsprechung eine dezidierte Unterscheidung danach vorgenommen, zu welchem Zweck die Übergangsgelder jeweils gewährt wurden. So lehnte das BAG hinsichtlich arbeitgeberseitiger Leistungen im Zusammenhang mit *„sozialverträglichem Personalabbau“* den erforderlichen Versorgungscharakter ab:[51]

> Der diesbezüglichen Entscheidung des BAG vom 14.02.2012 lag ein Sachverhalt zugrunde, in welchem ein aus betriebsbedingten Gründen gekündigter, 55-jähriger Arbeitnehmer des Steinkohlebergbaus nach Insolvenz seiner ehemaligen Arbeitgeberin vom beklagten PSV die Übernahme von deren zuvor geleisteten Ausgleichszahlungen forderte. Diese Ausgleichsleistungen, auf die sich die ehemalige Arbeitgeberin und der Kläger in Kündigungsschreiben und anschließendem Aufhebungsvertrag geeinigt hatten, orientierten sich an der sog. *Knappschaftsausgleichsleistung* nach § 239 Abs. 1 S. 1 Nr. 2 Sechstes Buch Sozialgesetzbuch (SGB VI), wodurch der Gesetzgeber seinerzeit einen sozialverträglichen Personalabbau im Bergbau bezwecken wollte.
> Hierzu entschied der 3. Senat, dass die Regelung aus der Kündigung bzw. aus der Aufhebungsvereinbarung lediglich ein **Übergangsgeld** enthalte, welches das **Risiko der Arbeitslosigkeit** abdecke. Für die Annahme einer Leistung der **betrieblichen Altersversorgung i. S. v. § 1 Abs. 1 S. 1 BetrAVG** müsse der eine Versorgung zusagende Arbeitgeber aber vielmehr ein gesetzlich vorgegebenes **biometrisches Risiko** abdecken, und zwar Alter, Tod oder Invalidität. Dieses Ausgleichsgeld aus § 239 Abs. 1 S. 1 Nr. 2 SGB VI sei aber gerade nicht zur Absicherung des Arbeitnehmers vor biometrischen Risiken, sondern vor dem Hintergrund *„sozialverträglichen Personalabbaus im Bergbau“* als **Übergangsversorgung** eingefügt worden.

Anders bewertete das BAG hingegen ein Übergangsgeld, was einem Arbeitnehmer nach Eintritt in den Ruhestand zur Erleichterung des Übergangs in denselben gewährt worden war.[52] Hierbei übernehme der Arbeitgeber zumindest teilweise eines der in § 1 Abs. 1 BetrAVG genannten biometrischen Risiken. Der 3. Senat konstatierte hierbei, dass der Begriff der Versorgung weit zu verstehen sei. Insoweit sei es für die Annahme einer Versorgung i. S. d. BetrAVG ausreichend, dass der Arbeitgeber den Lebensstandard des Arbeitnehmers nach Eintritt eines der genannten biologischen Ereignisse verbessern wolle. Es handele sich insoweit gerade nicht um ein „klassisches“ Übergangsgeld zur Überbrückung einer Arbeitslosigkeit.

Das Wesen der betrieblichen Altersversorgung ist geprägt durch die grundsätzliche Freiwilligkeit dieser arbeitgeberseitigen Zusage.[53] Die Entscheidung,

---

51 BAG, Urt. v. 14.02.2012 – 3 AZR 260/10, NJOZ 2012, 1131, 1132, II. 2. der Gründe; Schaub ArbR-Hdb./*Vogelsang*, § 273, Rn. 5.

52 BAG, Urt. v. 20.03.2018 – 3 AZR 244/17, BeckRS 2018, 13468, I. 2. b) aa) (2) der Gründe.

53 Schaub ArbR-Hdb./*Vogelsang*, § 273, Rn. 9.

ob überhaupt ein betriebliches Altersversorgungssystem eingeführt wird, liegt regelmäßig allein beim Arbeitgeber.[54] Seine diesbezügliche Freiheit erstreckt sich auch auf die Festlegung des entsprechenden Dotierungsrahmens sowie des zu begünstigenden Personenkreises.

Eingeschränkt wird die diesbezügliche Dispositionsfreiheit des zusagenden Arbeitgebers aber nicht nur durch die zwingenden Mindestanforderungen des BetrAVG, sondern auch etwa durch mitbestimmungspflichtige Teilakte der Installation betrieblicher Altersversorgungssysteme, welche Beteiligungsrechte der Arbeitnehmervertretungen hervorrufen, beispielsweise nach § 87 Abs. 1 Nr. 10 Betriebsverfassungsgesetz (BetrVG) bei der Aufstellung von Leistungsplänen.[55] Zudem führte die Kodifikation des Anspruchs des Arbeitnehmers auf betriebliche Altersversorgung durch Entgeltumwandlung in § 1a BetrAVG durch das AVmG in 2001 zu einer weiteren Begrenzung des „*Grundsatzes der Entschlussfreiheit*" des Arbeitgebers.[56]

Die betriebliche Altersversorgung zeichnete anfangs einzig der Fürsorgecharakter der Versorgungsleistungen des Arbeitgebers aus.[57] Mittlerweile entspricht es jedoch der allgemeinen Meinung, dass der betrieblichen Altersversorgung vielmehr ein Doppelcharakter zukommt.[58] Sie vereint Elemente der Fürsorge mit Charakterzügen des Entgelts. Leistungen der betrieblichen Altersversorgung werden heute auch als Teil des arbeitsvertraglichen Synallagma qualifiziert, was letztlich auch die gesetzliche Unverfallbarkeit der Anwartschaften gem. § 1b BetrAVG rechtfertigt.[59]

Die Unverfallbarkeit von Versorgungsanwartschaften nach einer bestimmten Dauer der Betriebszugehörigkeit war bis zum Inkrafttreten des BetrAVG nicht gesetzlich vorgeschrieben. Dadurch war es sogar möglich, dass Arbeitnehmer nach ihrem überwiegenden Erwerbsleben durch eine Kündigung seitens des Arbeitgebers um ihre gesamte betriebliche Altersversorgung gebracht werden konnten. Diesen Rechtszustand schränkte das BAG mit seinem wegweisenden Urteil vom 10.03.1972 erheblich ein:

In diesem Streitfall war ein 42-jähriger Angestellter eines Gärtnereibetriebes, dem eine Versorgung im Alter zugesagt worden war, nach mehr als 24-jähriger Betriebszugehörigkeit von seinem Arbeitgeber wegen einer beabsichtigten Betriebsschließung

54 Höfer Bd. I/*Höfer*, BetrAVG, ART, Kap. 2, Rn. 38.
55 Höfer Bd. I/*Höfer*, BetrAVG, ART, Kap. 2, Rn. 38.
56 Beck/Depré/*Pluta/Heidrich*, § 30, Rn. 10 m. w. N.; Höfer Bd. I/*Höfer*, BetrAVG, ART, Kap. 2, Rn. 39; siehe hierzu unten Teil 1 C. I. 5.
57 Höfer Bd. I/*Höfer*, BetrAVG, ART, Kap. 12, Rn. 45.
58 BeckOK ArbR/*Clemens*, BetrAVG, § 1, Rn. 4.
59 BAG, Urt. v. 10.03.1972 – 3 AZR 278/71, DB 1972, 1486, 1488, A. III. 1. der Gründe.

betriebsbedingt gekündigt worden. Er begehrte nach seinem Ausscheiden die Übertragung der zur Absicherung seiner Versorgung von dem beklagten Arbeitgeber abgeschlossenen Lebensversicherungspolice. Da die Versorgungsrichtlinie der Arbeitgeberin aber, ähnlich der überwiegenden Mehrheit der damaligen Versorgungsordnungen, einen Verfall der Versorgungsansprüche bei Ausscheiden aus dem Arbeitsverhältnis vor Vollendung des 65. Lebensjahres vorsah, weigerte sich die Arbeitgeberin und nahm demzufolge die begehrte Übertragung nicht vor.
Das BAG sah sich in Ansehung der zum damaligen Zeitpunkt seit Jahren von Schrifttum und Politik, sowie seit Neuestem auch von der Instanzrechtsprechung geäußerten Forderung nach einer Regelung über die Unverfallbarkeit von Versorgungsanwartschaften dazu veranlasst, im Wege der **Rechtsfortbildung durch Richterrecht** Grundsätze für diese Unverfallbarkeit aufzustellen. So sah es der 3. Senat als gegeben an, dass das Ruhegeld „***Versorgungs- und Entgeltcharakter***" habe. Eine betriebliche Altersversorgung geschehe vor dem Hintergrund **geleisteter Betriebstreue** als Gegenleistung für das Zurverfügungstellen der Arbeitskraft des Arbeitnehmers über einen ganz erheblichen Zeitraum. Insoweit stelle es eine **unbillige Härte** dar, einem Arbeitnehmer, der vor Erreichen seines 65. Lebensjahres, aber nach Ableisten von mehr als 20 Jahren Betriebszugehörigkeit, aus dem Betrieb ausscheide, seine Versorgung im Alter umfassend zu entziehen. Dies gelte umso mehr, als die Beendigung des Arbeitsverhältnisses allein aus der Sphäre des Arbeitgebers herrühre. Sollte demnach ein Arbeitnehmer mit einer **Betriebszugehörigkeit von mehr als 20 Jahren arbeitgeberseitig gekündigt** werden, so bleibe ihm seine Versorgungsanwartschaft in Höhe des Teils erhalten, der „*nach dem Verhältnis der tatsächlich zurückgelegten Betriebszugehörigkeit zu der für den Erwerb des Vollrechts erforderlichen Betriebszugehörigkeit erdient wurde*".

II. Leistungsarten und Versorgungsstrukturen

Leistungen der betrieblichen Altersversorgung können vielfältiger Gestalt sein.[60] Darunter fallen beispielsweise lebenslängliche Leibrenten, einmalige Kapitalleistungen[61], Zeitrenten für eine festgelegte Dauer[62], temporäre Renten, sowie Sach-, Nutzungs- und zweckgebundene Geldleistungen, wobei diese gerade dem Versorgungszweck dienen müssen.[63]

Die Versorgungsleistungen selbst können ihrer Art und Höhe nach unterschiedlich gestaltet werden. In der Praxis sind verschiedene Versorgungsstrukturen verbreitet.

60 *Schipp*, NZA 2011, 445, 446.
61 BAG, Urt. v. 20.09.2016 – 3 AZR 411/15, NZA 2017, 258, 259, I. 1. a) der Gründe.
62 BAG, Urt. v. 18.03.2003 – 3 AZR 313/02, NZA 2004, 848, 849, I. 2. b) der Gründe.
63 NK-ArbR/*Vienken*, BetrAVG, § 1, Rn. 16.

So kann ein Versorgungssystem beispielsweise *statisch* aufgebaut sein.[64] Hierbei werden monatlich feste Beträge oder ein bestimmter Jahresbetrag pro Dienstjahr festgelegt und für die Versorgung aufgewendet. Innerhalb eines statischen Versorgungssystems kann aber auch die Zusage einer einmaligen Kapitalleistung zum Zeitpunkt des Ausscheidens aus dem Arbeitsleben vereinbart werden.

Bei einem sog. *halbdynamischen* Versorgungssystem wird die spätere Rente an dem zuletzt erworbenen Arbeitsentgelt gemessen.[65] Die Bemessung der Rente geschieht dann nach Prozentsätzen des letzten Arbeitsentgelts, wobei sich diese Prozentsätze oftmals in Abhängigkeit von der einzelnen Betriebszugehörigkeit des Arbeitnehmers entwickeln sollen.[66]

Auch kommen vollständig *dynamische* Versorgungsgestaltungen vor, wobei die Berechnung der späteren Rentenleistung anhand eines festgelegten Prozentsatzes eines vergleichbaren, noch aktiv arbeitenden Arbeitnehmers vorgenommen wird.[67] Bei einem dynamischen Versorgungssystem ist eine Staffelung der Prozentsätze nach Betriebszugehörigkeit denkbar.[68]

Beliebt ist ferner das sog. *Bausteinmodell*, innerhalb dessen der Arbeitgeber pro Dienstjahr einen Steigerungsbetrag von x % des in dem jeweiligen Jahr erzielten Arbeitsentgelts verspricht.[69] Diese jährlich erworbenen Einzelbausteine werden sodann zum Zeitpunkt der Beendigung des Arbeitsverhältnisses bzw. dem Ausscheiden aus dem Erwerbsleben zusammengezählt und ergeben schlussendlich die zu beziehende Betriebsrentenhöhe.

Angewendet wird schließlich auch das Modell eines *Gesamtversorgungssystems*.[70] Hierbei gewährt der Arbeitgeber seinen Arbeitnehmern ein gewisses Versorgungsniveau, welches addiert mit und gemessen an den gesetzlichen Rentenversicherungsleistungen erreicht werden soll. Für den Arbeitgeber ist die Einrichtung eines solchen Gesamtversorgungssystems oftmals mit großen Risiken verbunden, denn er allein fängt grundsätzlich die finanzielle Belastung durch das sinkende gesetzliche Rentenniveau auf.[71]

---

64 MAH ArbR/*Leisbrock*, § 37, Rn. 74; *Schipp*, NZA 2011, 445, 446.

65 MAH ArbR/*Leisbrock*, § 37, Rn. 76.

66 Schaub ArbR-Hdb./*Vogelsang*, § 275, Rn. 170.

67 MAH ArbR/*Leisbrock*, § 37, Rn. 79.

68 Schaub ArbR-Hdb./*Vogelsang*, § 275, Rn. 170.

69 *Schipp*, NZA 2011, 445, 446.

70 *Schipp*, NZA 2011, 445, 446.

71 *Schipp*, NZA 2011, 445, 446.

III. Aktuelle Zahlen zur betrieblichen Altersversorgung

1. Verbreitung in Deutschland

Der Alterssicherungsbericht der Bundesregierung 2016 sowie die Auswertung der Trägerbefragung im Jahre 2015 haben einen massiven Anstieg der Verbreitung der betrieblichen Altersversorgung seit der Rentenreform 2001 zutage gefördert. So waren im Jahre 2015 20,4 Mio. Anwartschaftsberechtigte zu verzeichnen. Im Jahre 2001 lag diese Zahl noch bei lediglich 14,1 Mio. Allerdings darf diese Entwicklung nicht darüber hinwegtäuschen, dass der Zuwachs dieser Anwartschaftszahlen sich maßgeblich in den Jahren 2001 bis 2005 vollzogen hat. Diese Zuwachsrate der Anwartschaftsberechtigten im Verhältnis zu den steigenden Beschäftigtenzahlen ist spätestens seit 2013 abgeflacht.[72]

2. Deckungsmittel

Ende des Jahres 2016 wurden in der deutschen Privatwirtschaft auf allen Durchführungswegen insgesamt 593,8 Mrd. Euro zur Deckung von Versorgungszusagen aufgewandt. Mit 50,1 % ist die Durchführung der Versorgung unmittelbar über den Arbeitgeber (sog. *Direktzusage*) nach wie vor der meist verbreitete Durchführungsweg in Deutschland. Die Deckungsmittel betrugen hierbei 297,6 Mrd. Euro, wovon etwa 163 Mrd. Euro auf Betriebsrentner und 134 Mrd. Euro auf Versorgungsanwärter entfielen.

Die Pensionskasse erfreute sich eines Anteils am Gesamtdeckungskapital der betrieblichen Altersversorgung i. H. v. 27 % (160,1 Mrd. Euro). Davon eher weit abgeschlagen folgten die Direktversicherungen mit einem prozentualen Anteil von 10,7 % (63,3 Mrd. Euro), die Unterstützungskassen mit einem Anteil von 6,3 % (37,2 Mrd. Euro) und schließlich der Durchführungsweg über Pensionsfonds mit 6,0 % (35,6 Mrd. Euro).[73]

---

72 Für das Vorstehende: Website der Arbeitsgemeinschaft für betriebliche Altersversorgung (aba), „Alterssicherungsbericht 2016: Entwicklung der Zahl der aktiven bAV-Anwartschaften nach Durchführungswegen von 2001 bis 2015 (einschl. Mehrfachanwartschaften) (Stand: Dez. 2016)", www.aba-online.de/news/131/a-alterssicherungsbericht-2016-entwicklung-der-zah.html (zuletzt aufgerufen am 21.01.2019).

73 Für das Vorstehende: Website der Arbeitsgemeinschaft für betriebliche Altersversorgung (aba), „Prozentuale Aufteilung der Deckungsmittel in der betrieblichen Altersversorgung im Jahr 2016 – nach Durchführungswegen (Stand: Juni 2018)", www.aba-online.de/news/28/a-prozentuale-aufteilung-der-deckungsmittel-in-der.html (zuletzt aufgerufen am 21.01.2019).

C. Systematik

Für das Bestehen gesetzlichen Insolvenzschutzes nach den §§ 7 ff. BetrAVG ist eine dezidierte Einordnung und Abgrenzung der einzelnen Leistungsarten, Zusageformen und Durchführungswege von essentieller Bedeutung.[74] Der PSV steht gem. § 7 Abs. 1 und 2 BetrAVG in den dort normierten Sicherungsfällen nur dann für die Versorgungsverbindlichkeiten des Arbeitgebers ein, soweit es sich um Verpflichtungen aus Direktzusagen, belasteten Direktversicherungszusagen oder Unterstützungs- bzw. Pensionsfondszusagen handelt.[75] Der Sicherungsmechanismus greift nach Konzeption des Gesetzgebers nicht ein, wenn ein außerhalb dieses Bereichs liegender Durchführungsweg für das Versorgungssystem gewählt wurde.[76] Dieses Kapitel beschäftigt sich daher mit der Darstellung der Grundstrukturen der Zusagearten sowie der verschiedenen Durchführungswege der betrieblichen Altersversorgung.

Die arbeitsrechtliche Relevanz der Unterscheidung von Versorgungszusagen ergibt sich – vorgelagert zum Insolvenzschutz – insbesondere im Hinblick auf den Eintritt der Unverfallbarkeit sowie den Umfang der Sicherung von Versorgungsanwartschaften. Der PSV steht insoweit lediglich für zum Zeitpunkt des Eintritts des Sicherungsfalls bereits gem. § 1b BetrAVG unverfallbare Anwartschaften ein, § 7 Abs. 2 BetrAVG, und dies in verschiedenem Ausmaß anhand der Art der getätigten Zusage, § 7 Abs. 2 S. 3 bis 5 BetrAVG.[77]

So wird der Zeitpunkt des Eintritts der Unverfallbarkeit maßgeblich davon beeinflusst, ob die Versorgung arbeitgeber- oder arbeitnehmerseitig etwa im Wege der Entgeltumwandlung finanziert ist.[78] Wo der Arbeitnehmer selbst an der Finanzierung seiner betrieblichen Altersversorgung beteiligt ist, ist es ungerechtfertigt, dem Arbeitgeber noch ein Zeitfenster einzuräumen, in welchem er über das Schicksal der Versorgungszusage frei entscheiden kann.[79] Diesem Umstand trägt § 1b Abs. 5 S. 1 BetrAVG Rechnung und normiert, dass die Unverfallbarkeit der Versorgungsanwartschaft des Arbeitnehmers mit Beginn der Entgeltumwandlung sofort eintritt.

---

74 *Doetsch* in FS Höfer 2011, 15.

75 Siehe zu den von der gesetzlichen Insolvenzsicherung erfassten Durchführungswegen unten Teil 2 B. II.

76 Höfer Bd. I/*Höfer*, BetrAVG, § 7, Rn. 95; zum Insolvenzschutz bei Pensionskassenzusagen siehe aber Teil 2 B. II. 2. c) a. E.

77 NK ArbR/*Schlewing*, BetrAVG, § 7, Rn. 36.

78 Blomeyer/Rolfs/Otto/*Rolfs*, BetrAVG, § 1b, Rn. 17.

79 Vgl. Höfer Bd. I/*Höfer*, BetrAVG, § 1b, Rn. 392, 393.

Ob bei frühzeitigem Ausscheiden eines Arbeitnehmers aufgrund Arbeitsplatzwechsels oder Vorruhestandsregelung eine *zeitlich-ratierliche* Berechnung seiner Anwartschaft oder die sog. *versicherungsrechtliche* (-mathematische) Lösung eingreift, ist abhängig davon, ob ein versicherungsförmiger Durchführungsweg und welche Art der Zusage gewählt wurden.[80]

Hinzu tritt zuletzt, dass der Haftungsumfang des Arbeitgebers bei reinen Leistungszusagen wesentlich höher ist, als etwa im Hinblick auf beitragsorientierte Leistungszusagen oder Beitragszusagen mit Mindestleistung, welche über versicherungsförmige externe Versorgungsträger durchgeführt werden.[81]

I. Art der zugesagten Leistung, § 1 BetrAVG

Als Versorgungszusage können Vereinbarungen zwischen Arbeitgeber und Arbeitnehmer, Arbeitgeber und Betriebsrat oder auch zwischen den Tarifvertragsparteien bezeichnet werden, die sich auf die Zusage von Leistungen des Arbeitgebers oder eines hinzugezogenen externen Versorgungsträgers zum Zwecke der Versorgung bei Eintritt eines der gesetzlich normierten biologischen Ereignisse beziehen.[82] Diese Zusagen können sowohl individual- als auch kollektivvertraglich ausgestaltet sein.[83] Grundsätzlich beschränkt sich der Wortlaut des § 1 Abs. 1 BetrAVG ausdrücklich auf Leistungszusagen des Arbeitgebers an seine Arbeitnehmer.[84] § 1 Abs. 2 BetrAVG konkretisiert diesen Begriff und zählt beispielhaft spezielle Zusageformen auf; dabei ist dieser Katalog aufgrund der Verwendung des Wortes „*auch*" in Abs. 2 als nicht abschließend zu bewerten.[85]

1. *Reine (echte) Leistungszusage* – defined benefit

Die reine Leistungszusage gem. § 1 Abs. 1 S. 1 BetrAVG stellt klassischerweise den Grundfall einer Versorgungszusage des Arbeitgebers dar.[86] Hierbei sagt der Arbeitgeber seinem Arbeitnehmer eine auf bestimmten mathematischen Berechnungen beruhende spätere Versorgungsleistung zu, ohne jedoch das dafür notwendige Finanzvolumen zu benennen. Für die Qualifikation einer Zusage als reine Leistungszusage ist es unerheblich, ob der Arbeitgeber die

---

80 Vgl. Blomeyer/Rolfs/Otto/*Rolfs*, BetrAVG, § 2, Rn. 2 bis 4.
81 *Doetsch* in FS Höfer 2011, 15.
82 ErfK/*Steinmeyer*, BetrAVG, § 1, Rn. 10.
83 ErfK/*Steinmeyer*, BetrAVG, § 1, Rn. 10.
84 NK ArbR/*Vienken*, BetrAVG, § 1, Rn. 22.
85 *Doetsch* in FS Höfer 2011, 15, 16.; so auch Höfer Bd. I/*Höfer*, BetrAVG, § 1, Rn. 20.
86 Höfer Bd. I/*Höfer*, BetrAVG, § 1, Rn. 19.

Versorgung unmittelbar selbst übernehmen will oder diese mittelbar, zum Beispiel über eine Versicherung ausführen lässt.[87] Die reine Leistungszusage ist über alle fünf Durchführungswege möglich.[88]

Den Arbeitgeber trifft bei der reinen Leistungszusage aber arbeitsrechtlich betrachtet weder die Verpflichtung, entsprechende Vermögensrückstellungen zu bilden, noch diese insolvenzfest, etwa über den Abschluss einer kongruent gedeckten Rückdeckungsversicherung und die anschließende Verpfändung des diesbezüglichen Bezugsrechts an den zu versorgenden Arbeitnehmer, anzulegen.[89]

2. Beitragsorientierte Leistungszusage

Als beitragsorientierte Leistungszusage ist nach dem Gesetzeswortlaut von § 1 Abs. 2 Nr. 1 BetrAVG eine Versorgungszusage des Arbeitgebers zu qualifizieren, wenn Beiträge in eine Anwartschaft auf Alters-, Invaliditäts- oder Hinterbliebenenversorgung umgewandelt werden.[90] Diese letztlich als Unterfall der Leistungszusage einzuordnende Zusageart[91] soll gem. des Gesetzeswortlauts vorliegen, wenn *„ausdrücklich ein direkter Zusammenhang zwischen Finanzierungsbeitrag und Höhe der daraus resultierenden Leistung besteht.*“.[92] Die beitragsorientierte Leistungszusage ist die am weitesten verbreitete Zusageart und in allen fünf Durchführungswegen einsetzbar.[93]

Anlass für die im Zuge des RRG 1999 in das BetrAVG deklaratorisch eingefügte beitragsorientierte Leistungszusage waren Direktzusagen, bei denen ein virtueller Versorgungsbeitrag versicherungs- oder finanzmathematisch in einen Renten- oder Kapitalbaustein transformiert wurde.[94]

Die *beitragsorientierte* Leistungszusage lässt sich wirtschaftlich dergestalt von der *reinen* Leistungszusage abgrenzen, dass bei Ersterer der Beitrag den Versorgungsaufwand ganz oder teilweise definiert und damit bei jährlichem gleichhohen Versorgungsbeitrag auch der jährliche Versorgungsaufwand des

---

87 Höfer Bd. I/*Höfer*, BetrAVG, § 1, Rn. 19.

88 Beck/Depré/*Pluta/Heidrich*, § 30, Rn. 13; zu den verschiedenen, gesetzlich vorgesehenen Durchführungswegen der betrieblichen Altersversorgung siehe Teil 1 C. II..

89 Beck/Depré/*Pluta/Heidrich*, § 30, Rn. 8; näher zu privatvertraglichen Sicherungsmechanismen unter Teil 4.

90 Blomeyer/Rolfs/Otto/*Rolfs*, BetrAVG, § 1, Rn. 83.

91 Vgl. Höfer Bd. I/*Höfer*, BetrAVG, § 1, Rn. 23.

92 BT-Drs. 13/8671, S. 120.

93 Höfer Bd. I/*Höfer*, BetrAVG, § 1, Rn. 23, 26; *Schipp*, NZA 2011, 445, 446.

94 *Doetsch* in FS Höfer 2011, 15, 21; ErfK/*Steinmeyer*, BetrAVG, § 1, Rn. 15.

Unternehmens gleich hoch ist.[95] Der entsprechende Versorgungsaufwand des Unternehmens wird dem Arbeitnehmer bei der beitragsorientierten Leistungszusage mitgeteilt.[96] Eine Mindestverzinsung ist bei dieser Art der Zusage nicht geboten.[97] Bei reinen Leistungszusagen hingegen wird der einmalige oder jährliche Versorgungsaufwand nicht genannt.[98]

Der Vorteil der beitragsorientierten Leistungszusage ist für den Arbeitgeber, dass dieser seine Versorgungsverpflichtungen von vornherein beziffern und kalkulieren kann.[99] Überdies kann er sich bei dieser Versorgungsart des sich im Lichte der ansteigenden Lebenserwartung ergebenden wirtschaftlichen Längerlebigkeitsrisikos der Versorgungsberechtigten entledigen.[100]

3. Beitragszusage mit Mindestleistung

Die ab 01.01.2002 durch das AVmG als weitere Möglichkeit einer der betrieblichen Altersversorgung i. S. d. BetrAVG unterfallenden Zusage geschaffene Beitragszusage mit Mindestleistung, § 1 Abs. 2 Nr. 2 BetrAVG, kann als weitere Hinwendung des Gesetzgebers zu der Idee einer *„reinen Beitragszusage"*, bei welcher der Arbeitgeber lediglich die Zahlung von Beiträgen schuldet, verstanden werden.[101] Bei Schaffung dieser Zusage hatte der Gesetzgeber insbesondere den damals ebenfalls neuen Durchführungsweg des Pensionsfonds im Blick.[102] Es sollte ein *„Leistungsplan mit Beitragsprimat"*[103] geschaffen werden, verbunden mit einer unter Berücksichtigung des Arbeitnehmerschutzgedankens des BetrAVG zumindest definierten Mindestleistung und gleichzeitiger Beitragsgarantie.[104]

Eine Zusage in Form der Beitragszusage mit Mindestleistung liegt vor, wenn der Arbeitgeber seinem Arbeitnehmer verspricht, Beiträge zur Finanzierung von Leistungen der betrieblichen Altersversorgung zu zahlen.[105] Das Anlagerisiko

---

95 Beck/Depré/*Pluta/Heidrich*, § 30, Rn. 14.
96 Höfer Bd. I/*Höfer*, BetrAVG, § 1, Rn. 23.
97 Blomeyer/Rolfs/Otto/*Rolfs*, BetrAVG, § 1, Rn. 84.
98 Höfer Bd. I/*Höfer*, BetrAVG, § 1, Rn. 23.
99 *Schipp*, NZA 2011, 445, 447.
100 *Schipp*, NZA 2011, 445, 447.
101 BeckOK ArbR/*Clemens*, BetrAVG, § 1, Rn. 45; Höfer Bd. I/*Höfer*, BetrAVG, § 1, Rn. 43.
102 Vgl. *Friedrich/Kovac/Werner*, BB 2007, 1557, 1558.
103 *Doetsch* in FS Höfer 2011, 15, 19.
104 Vgl. BT-Drs. 14/5150, S. 42.
105 ErfK/*Steinmeyer*, BetrAVG, § 1, Rn. 16; NK ArbR/*Vienken*, BetrAVG, § 1, Rn. 159.

trägt bei dieser Zusageart der Arbeitnehmer.[106] Soweit der externe Versorgungsträger verantwortungslos und schlecht wirtschaftet, erhält der Arbeitnehmer unter Umständen nicht einmal eine Verzinsung des vom Arbeitgeber zur Verfügung zu stellenden Versorgungskapitals, sondern lediglich die „*Summe der gezahlten Beiträge*" in ihrem Nominalwert.[107]

Hinsichtlich der Mindestleistung, zu verstehen als die „*Summe der eingezahlten Beiträge abzüglich biometrischer Risiken*" (§ 1 Abs. 2 Nr. 2 BetrAVG), haftet der Arbeitgeber gem. § 1 Abs. 1 S. 3 BetrAVG.[108] Aufgrund dieser verbleibenden Haftungsrisiken für den Arbeitgeber wurde die damals neu eingefügte Beitragszusage mit Mindestleistung von *Blomeyer* als „*Gazelle mit Klumpfuß*"[109] bezeichnet. Zwar kam der Gesetzgeber der Forderung nach einer beitragsmäßig auszugestaltenden Möglichkeit der betrieblichen Altersversorgung teilweise nach.[110] Für die den Arbeitnehmer schützende Mindestleistung hingegen blieb der Arbeitgeber aber einstandspflichtig; bis zur Höhe dieser Mindestleistung besteht gesetzlicher Insolvenzschutz.[111]

Als gleichsam „*unverbindliche Alternativleistung*" tritt die Leistung aus der Entwicklung der zugunsten des Arbeitnehmers angelegten Beiträge hinzu, soweit sie die genannte Mindestleistung übertreffen.[112] Insoweit wird dem zu versorgenden Arbeitnehmer das genannte Performancerisiko aufgebürdet, welches aber durch die zugesagte Mindestleistung wiederum abgefedert wird.[113] Das Pflichtenprogramm des Arbeitgebers beschränkt sich allerdings demgemäß nicht eben auf die Mindestleistung. Vielmehr treffen den Arbeitgeber zweierlei Verpflichtungen. Das Versorgungskapital, welches er zur Verfügung zu stellen hat, umfasst zunächst die eingezahlten Beiträge zuzüglich der erzielten Erträge. Die strukturell nachgelagerte Verpflichtung hinsichtlich der Mindestleistung wird erst virulent, wenn aufgrund unzureichender oder gar unterbliebener Performance keine Erträge erwirtschaftet werden konnten.[114]

---

106 *Schipp*, NZA 2011, 445, 447.

107 Vgl. BT-Drs. 14/5150, S. 42; *Langohr-Plato/Teslau*, DB 2003, 661; *Schipp*, NZA 2011, 445, 447.

108 ErfK/*Steinmeyer*, BetrAVG, § 1, Rn. 17; Höfer Bd. I/*Höfer*, BetrAVG § 1, Rn. 51.

109 *Blomeyer*, BetrAV 2001, 430; vgl. zu dieser Einschätzung auch *Langohr-Plato/Teslau*, DB 2003, 661.

110 BeckOK ArbR/Clemens, BetrAVG, § 1, Rn. 45.

111 *Schipp*, NZA 2011, 445, 447; vgl. hierzu ausführlich Teil 2 B. IV. 1. a) und b) (4).

112 Höfer Bd. I/*Höfer*, BetrAVG § 1, Rn. 43.

113 ErfK/*Steinmeyer*, BetrAVG, § 1, Rn. 16.

114 *Langohr-Plato/Teslau*, DB 2003, 661, 662.

Soweit die Beitragszusage mit Mindestleistung durch Entgeltumwandlung finanziert wird, stehen dem Arbeitnehmer auch unmittelbar die erwirtschafteten Überschüsse zu.[115] Dies ergibt sich aus dem gesetzlich vorgeschriebenen Wertgleichheitsgebot aus § 1 Abs. 2 Nr. 3 BetrAVG.[116]

Die Beitragszusage mit Mindestleistung ist jedenfalls im Hinblick auf die zugesagte Mindestleistung als Unterfall der beitragsorientierten Leistungszusage zu verstehen.[117] Sie ist insoweit noch als reine Leistungszusage zu klassifizieren.[118]

Nach herrschender Auffassung ist die Beitragszusage mit Mindestleistung ausschließlich durchzuführen über einen der drei versicherungsförmigen Durchführungswege, also über einen Pensionsfonds, eine Pensionskasse oder eine Direktversicherung.[119] Die Deckungsmittel dürfen im Lichte der gesetzlichen Vorgabe aus § 1 Abs. 2 Nr. 2 BetrAVG mithin nicht im Unternehmen verbleiben.[120] Diese drei versicherungsförmigen Durchführungswege unterliegen aufsichtsrechtlichen Bestimmungen und sind daher als besonders arbeitnehmerschützend zu beurteilen.[121]

4. *Reine Beitragszusage* – defined contribution

Die reine Beitragszusage war vor ihrer gesetzlichen Kodifikation zum 01.01.2018 durch das BRSG nach Auffassung des BAG bislang zwar rechtlich zulässig, aber nicht vom Schutzbereich des BetrAVG erfasst.[122] Dennoch war und ist sie vor allem in deutschen Tochterunternehmen internationaler Konzerne weit verbreitet.[123] Bei einer reinen Beitragszusage verspricht der Arbeitgeber seinem Arbeitnehmer, bestimmte Beiträge zur Errichtung einer Versorgung zu leisten.[124] Dabei

---

115 Blomeyer/Rolfs/Otto/*Rolfs*, BetrAVG, § 1, Rn. 94.

116 Höfer Bd. I/*Höfer*, BetrAVG, § 1, Rn. 49.

117 Höfer Bd. I/*Höfer*, BetrAVG, § 1, Rn. 43.

118 BT-Drs. 14/5150, S. 42; Stellungnahme der *Arbeitsgemeinschaft für betriebliche Altersversorgung e. V. (aba)*, BetrAV 2001, 149, 156; *Höfer*, Das neue Betriebsrentenrecht, 2003, Rn. 170; *Langohr-Plato/Teslau*, DB 2003, 661.

119 Beck/Depré/*Pluta/Heidrich*, § 30, Rn. 16; Blomeyer/Rolfs/Otto/*Rolfs*, BetrAVG, § 1, Rn. 92; ErfK/*Steinmeyer*, BetrAVG, § 1, Rn. 16; HARV/*Arteaga/Veit*, B, Rn. 160; a. A. Höfer Bd. I/*Höfer*, BetrAVG, § 1, Rn. 53.

120 *Schipp*, NZA 2011, 445, 447.

121 Vgl. Blomeyer/Rolfs/Otto/*Rolfs*, BetrAVG, § 1, Rn. 92.

122 BAG, Urt. v. 07.09.2004 – 3 AZR 550/03, NZA 2005, 1239, 1241, B. I. 2. a) der Gründe.

123 Höfer Bd. I/*Höfer*, BetrAVG, § 1, Rn. 34.

124 Blomeyer/Rolfs/Otto/*Rolfs*, BetrAVG, § 1, Rn. 110; Höfer Bd. I/*Höfer*, BetrAVG, § 1, Rn. 33.

erfolgt keine vertragliche Festlegung der Höhe der späteren Versorgungsleistungen.[125] Der Arbeitnehmer trägt das dabei entstehende Performancerisiko der angelegten Beiträge, erhält aber gleichzeitig auch größere Anlage- und Renditechancen.[126] Es handelt sich mithin um Zusagen ohne jede Zins- und Werterhaltungsgarantie.

Nach Ansicht des BAG wurden vor Kodifikation durch das BRSG im Rahmen solcher reinen Beitragszusagen *„keine künftigen Versorgungsleistungen versprochen"*, sodass weder der gesetzliche Verschaffungsanspruch des Versorgungsberechtigten, also die Haftung des zusagenden Arbeitgebers für die versprochene Leistungshöhe, noch die Unverfallbarkeitsregelungen des BetrAVG auf diese Zusageart passten.[127]

> Der Entscheidung des BAG vom 07.09.2004 lag ein Sachverhalt zugrunde, in welchem es vordergründig um die Diskriminierung eines Pensionärs aufgrund seines Geschlechts ging, welche durch eine entsprechende Regelung in den Versorgungsrichtlinien der eingeschalteten Pensionskasse ausgelöst worden war. Um aber die Haftung des Arbeitgebers im Hinblick auf dessen hierdurch ggf. ausgelöste Einstandspflichten zu evaluieren, war zunächst zu untersuchen, ob er nicht vielmehr nur die Abführung bestimmter Beiträge an die Pensionskasse schuldete.
> Dabei konstatierte der 3. Senat, dass Zusagen des Arbeitgebers, welche sich lediglich auf die Zahlung festgelegter Beiträge an den Versorgungsträger beschränkten, aufgrund ihrer **Zielrichtung** schon **keine betriebliche Altersversorgung** i. S. v. § 1 Abs. 1 S. 1 BetrAVG darstellen konnten. Anders als bei herkömmlichen Versorgungszusagen, innerhalb welcher sich der Arbeitgeber zur **Übernahme einer späteren Versorgung** verpflichtete, könne bei einer solchen **reinen Beitragszusage** lediglich von einer **Zusatzleistung des Arbeitgebers** an den Arbeitnehmer gesprochen werden, ähnlich **vermögenswirksamer Leistungen.** Sei nach alledem eine reine Beitragszusage abgegeben worden, könne diese eine Einstandspflicht des Arbeitgebers nach § 1 Abs. 1 S. 3 BetrAVG **nicht auslösen.**

Demgegenüber sprachen sich Stimmen in der Literatur[128] dafür aus, dass auch reine Beitragszusagen betriebliche Altersversorgung i. S. d. BetrAVG darstellen können sollten. Anders als das BAG argumentierten sie, dass es nicht auf das Merkmal einer *„zukünftigen Versorgungsleistung"*, sondern vielmehr auf den Anlass der zugesagten Leistung auf einen biometrischen Versorgungsfall wie Alter, Tod oder Invalidität ankomme. Insbesondere habe das BetrAVG vor

---

125 Höfer Bd. I/*Höfer*, BetrAVG, § 1, Rn. 33.

126 Höfer Bd. I/*Höfer*, BetrAVG, § 1, Rn. 33.

127 BAG, Urt. v. 07.09.2004 – 3 AZR 550/03, NZA 2005, 1239, 1241, B. I. 2. a) der Gründe.

128 Höfer Bd. I/*Höfer* BetrAVG, § 1, Rn. 38.

Inkrafttreten des BRSG nicht etwa ein Verbotsgesetz i. S. v. § 134 Bürgerliches Gesetzbuch (BGB) dargestellt, welches außerhalb der gesetzlich normierten Durchführungswege liegende Gestaltungsformen der betrieblichen Altersversorgung unzulässig machen würde.[129]

Mit Inkrafttreten des BRSG zum 01.01.2018 wurde die reine Beitragszusage nunmehr unter § 1 Abs. 2 Nr. 2a BetrAVG-neu gesetzlich festgeschrieben und als betriebliche Altersversorgung unter den Mantel des BetrAVG einbezogen. Die gesetzliche Neuerung legt fest, dass betriebliche Altersversorgung jetzt auch vorliegen soll, wenn der Arbeitgeber durch Tarifvertrag oder aufgrund eines Tarifvertrages lediglich dazu verpflichtet ist, bestimmte Beiträge zur Finanzierung von Versorgungsleistungen an einen Pensionsfonds, eine Pensionskasse oder eine Direktversicherung nach § 22 BetrAVG-neu zu zahlen.[130] Mit dieser Art der Zahlungsverpflichtung fallen auch die Einstandspflicht und das gleichzeitige Haftungsrisiko des Arbeitgebers fort, sodass mit der Leistung der Beiträge an eine Versorgungseinrichtung der Pflichtenkreis des Arbeitgebers endet („*pay and forget*").[131] Neben der Erleichterung der Arbeitgeber von deren dauerhafter Haftung ist allerdings vorgesehen, dass im Tarifvertrag ein Sicherungsbeitrag zur Absicherung der reinen Beitragszusage festgelegt werden soll.[132]

Mit der neuen Regelung werden die Sozialpartner in die Lage versetzt, die Erteilung dieser reinen Beitragszusagen zu vereinbaren. Ihnen kommt in Zukunft die Aufgabe zu, interessengerechte Lösungen für die beteiligten Parteien zu entwickeln.[133]

5. *Entgeltumwandlung in betriebliche Altersversorgung*

a) *Entgeltumwandlungsanspruch gem. § 1a BetrAVG*

Der durch das AVmG 2001 in § 1a BetrAVG eingefügte Anspruch des Arbeitnehmers gegen seinen Arbeitgeber auf Entgeltumwandlung sollte Versorgungslücken des aufgrund des anhaltenden demographischen Wandels nicht voll funktionstüchtigen Generationenvertrages und der in Konsequenz sinkenden gesetzlichen Renten auffangen.[134]

---

129 Höfer Bd. I/*Höfer*, BetrAVG, § 1, Rn. 33.2.

130 Blomeyer/Rolfs/Otto/*Rolfs*, BetrAVG, § 1, Rn. 110.

131 *Cisch/Börner*, BB 2017, Heft 30, Umschlagseite I.

132 *Ulbrich*, BB 2017, 2423, 2425.

133 *Ulbrich*, BB 2017, 2423, 2427.

134 ErfK/*Steinmeyer*, BetrAVG, § 1a, Rn. 1; NK ArbR/*Vienken*, BetrAVG, § 1a, Rn. 1.

Der Anspruch aus § 1a Abs. 1 BetrAVG gibt dem Arbeitnehmer das Recht, von seinem Arbeitgeber die Umwandlung künftiger Entgeltansprüche bis zur Höhe von 4 % der jeweiligen Beitragsbemessungsgrenze in der allgemeinen Rentenversicherung zu beanspruchen. Hierbei werden zukünftige Entgeltbestandteile des Versorgungsberechtigten in Ansehung von § 1 Abs. 2 Nr. 3 BetrAVG *„in eine wertgleiche Anwartschaft auf Versorgungsleistungen umgewandelt“*.[135] Als künftige Entgeltansprüche können nur solche Ansprüche gelten, deren Rechtsgrundlage im Umwandlungszeitpunkt bereits geschaffen war, die aber noch nicht fällig sind.[136]

Dass umwandlungsfähige Entgeltansprüche ihrer Rechtsgrundlage nach bereits vor dem Umwandlungszeitpunkt bestehen müssen, bekräftigte das BAG mit seinem Urteil vom 08.06.1999. Hierbei hatte sich der 3. Senat mit einem Fall zu befassen, in welchem der Kläger die Unwirksamkeit des Widerrufs seines Bezugsrechts an einer Direktversicherungspolice geltend machte und sich diesbezüglich auf die arbeitsrechtliche Verpflichtung seines Arbeitgebers, sein Bezugsrecht bei Entgeltumwandlung nicht zu widerrufen, berief. Das BAG warf in diesem Zusammenhang unter anderem die Frage auf, wann grundsätzlich Entgeltumwandlung i. S. d. BetrAVG vorliegen könne.
Der 3. Senat beantwortete diese Frage dahingehend, dass Entgeltumwandlung nur aus demjenigen Gehalt erfolgen könne, dessen **Rechtsgrundlagen bereits zum Umwandlungszeitpunkt verfestigt** waren. Ansonsten könne nicht von *„künftigen Entgeltansprüchen“* die Rede sein. Die **bloße Aussicht bzw. Chance auf einen höheren Verdienst genügte** für eine Rechtsgrundlage in diesem Zusammenhang **nicht**.

Insbesondere zu beachten ist bei der Entgeltumwandlung das sog. *Wertgleichheitsgebot*, wonach die aus den künftigen Entgeltansprüchen umgewandelte Versorgungsanwartschaft stets den Wert der geleisteten Beiträge abbilden muss.[137] Für die Berechnung dieser Wertgleichheit kommt es zudem darauf an, welcher Durchführungsweg für die Versorgung bestimmt worden ist.[138]

Anspruchsberechtigt ist jeder Arbeitnehmer, der unter den Anwendungsbereich des § 17 Abs. 1 S. 3 BetrAVG fällt *„und in der gesetzlichen Rentenversicherung versicherungspflichtig ist“*.[139] Mit Inkrafttreten des BRSG zum 01.01.2018

---

135 Schaub ArbR-Hdb./*Vogelsang*, § 273, Rn. 43.

136 BAG, Urt. v. 08.06.1999 – 3 AZR 136/98, NZA 1999, 1103, 1105, B. I. 2. b) bb) (1) der Gründe; BeckOK ArbR/*Clemens*, BetrAVG, § 1a, Rn. 4; ErfK/*Steinmeyer*, BetrAVG, § 1, Rn. 21.

137 NK ArbR/*Vienken*, BetrAVG, § 1, Rn. 167.

138 Vgl. Höfer Bd. I/*Höfer*, BetrAVG, § 1, Rn. 82, 83.

139 ErfK/*Steinmeyer*, BetrAVG, § 1a, Rn. 3; SHSS/*Diller*, Teil 4 B, Rn. 4; zum geschützten Personenkreis nach § 17 Abs. 1 S. 1 und 2 BetrAVG siehe unten Teil 2 A. II.

darf Entgeltumwandlung bei Entgeltansprüchen, welche auf einem Tarifvertrag beruhen, nur noch dann vorgenommen werden, soweit dies durch den Tarifvertrag vorgesehen oder zugelassen ist, § 20 Abs. 1 BetrAVG-neu.[140]

Ferner ist es dem Arbeitnehmer nach § 1a Abs. 4 BetrAVG gestattet, die auf einem versicherungsförmigen Durchführungsweg vorgenommene Entgeltumwandlung in Zeiten eines Ruhens seines Arbeitsverhältnisses mit eigenen Beiträgen fortzusetzen.[141] Relevant wird diese Regelung beispielsweise bei Inanspruchnahme von Eltern- oder Pflegezeit nach dem Bundeselterngeld- und Elternzeitgesetz (BEEG) bzw. dem Pflegezeitgesetz (PflZG) oder aber bei längerer Krankheit.[142]

Schließlich normiert der durch das BRSG zum 01.01.2018 eingefügte § 1a Abs. 1a BetrAVG, dass der Arbeitgeber diejenigen Sozialversicherungsbeiträge, die er durch die Entgeltumwandlung seines Arbeitnehmers erspart, pauschaliert i. H. v. 15 % des umgewandelten Entgeltbestandteils zusätzlich an den gewählten externen Versorgungsträger zu zahlen hat.[143]

b) Entgeltumwandlung als Zusage- und Finanzierungsart nach § 1 Abs. 2 Nr. 3 BetrAVG

Die arbeitgeberfinanzierte Versorgungszusage war ursprünglich als „Prototyp" der betrieblichen Altersversorgung im Visier des Gesetzgebers.[144] Entgegen der Annahme, dieses Merkmal sei konstitutiv für das Vorliegen von betrieblicher Altersversorgung, kann mit Studium des Wortlauts von § 1 Abs. 1 BetrAVG darauf geschlossen werden, dass es gerade keine unerlässliche Wesenseigenschaft der betrieblichen Altersversorgung ist, dass sie irgendwie arbeitgeberfinanziert zu sein hat.[145] Im Gegenteil kann auch eine rein arbeitnehmerfinanzierte Versorgung als betriebliche Altersversorgung i. S. d. BetrAVG eingeordnet werden, solange sie die wesentlichen Tatbestandsmerkmale der betrieblichen Altersversorgung ansonsten erfüllt.[146]

---

140 Blomeyer/Rolfs/Otto/*Rolfs*, BetrAVG, § 1a, Rn. 64.

141 NK ArbR/*Vienken*, BetrAVG, § 1a, Rn. 21.

142 ErfK/*Steinmeyer*, BetrAVG, § 1a, Rn. 18.

143 Höfer Bd. I/*Höfer*, BetrAVG, § 1a, Rn. 41.1.

144 ErfK/*Steinmeyer*, BetrAVG, § 1, Rn. 19.

145 BAG, Urt. v. 26.06.1990 – 3 AZR 641/88, NZA 1991, 144, Ls. 2; Beck/Depré/*Pluta/Heidrich*, § 30, Rn. 17.

146 Zu den einzelnen Tatbestandsmerkmalen der betrieblichen Altersversorgung siehe Teil 1 B. I.

Die Entgeltumwandlung ist auf alle Zusagearten anwendbar und kann in allen fünf Durchführungswegen des § 1b BetrAVG stattfinden.[147] So muss bei versicherungsförmigen Durchführungswegen eine wertgleiche Korrelation zwischen den Prämien und dem Bezugsrecht des Versorgungsberechtigten bestehen.[148] Bei unmittelbaren Zusagen des Arbeitgebers an seinen Arbeitnehmer hat eine versicherungsmathematische Berechnung zu erfolgen.[149]

Wird die betriebliche Altersversorgung über Entgeltumwandlung arbeitnehmerseitig finanziert, ist die daraus entstehende Versorgungsanwartschaft, anders, als in den Regelungen gem. § 1b Abs. 1 BetrAVG normiert, nach § 1b Abs. 5 S. 1 BetrAVG sofort ab der ersten Gutschrift unverfallbar.[150]

Zudem ergibt sich aus § 2 Abs. 5 BetrAVG im Falle der Entgeltumwandlung auch ein anderer Berechnungsvorgang bezüglich der Höhe der unverfallbaren Anwartschaft, welche sich hier auf den bis dahin erwirtschafteten Barwert bezieht.[151] Soweit der von § 1a Abs. 1 S. 1 BetrAVG gesetzte Rahmen der 4 % der Beitragsbemessungsgrenze bei der Entgeltumwandlung eingehalten wird, bleibt der umgewandelte Betrag im Rahmen einer Brutto-Entgeltumwandlung sozialabgabenfrei, § 14 Abs. 1 S. 2 SGB IV.[152]

6. *Eigenbeitragszusagen des Arbeitnehmers als Umfassungszusagen*

Die in § 1 Abs. 2 Nr. 4 BetrAVG genannten Eigenbeiträge des Arbeitnehmers wurden durch Art. 3 des Hüttenknappschaftlichen Zusatzversicherungs-Neuregelungsgesetzes vom 21.06.2002 (HZvNG)[153] ebenfalls unter den Begriff der betrieblichen Altersversorgung eingeordnet.[154]

Die Zusage des Arbeitgebers bezieht sich dabei auf den Durchführungswegen Pensionsfonds, Pensionskasse oder Direktversicherung auch auf Leistungen aus Beiträgen des Arbeitnehmers aus seinem bereits versteuerten Arbeitsentgelt, den sog. *Eigenbeiträgen*.[155] Erforderlich für die Einordnung dieser Beiträge als vom BetrAVG vorgesehene Zusageform ist, dass die Zusage des Arbeitgebers ausdrücklich auch die Leistungen aus jenen Arbeitnehmerbeiträgen umfasst

---

147 Blomeyer/Rolfs/Otto/*Rolfs*, BetrAVG, § 1, Rn. 178.
148 Blomeyer/Rolfs/Otto/*Rolfs*, BetrAVG, § 1, Rn. 179.
149 ErfK/*Steinmeyer*, BetrAVG, § 1, Rn. 24.
150 BeckOK ArbR/*Clemens*, BetrAVG, § 1b, Rn. 25.
151 BeckOK ArbR/*Molkenbur*, BetrAVG, § 2, Rn. 12.
152 Blomeyer/Rolfs/Otto/*Rolfs*, BetrAVG, § 1a, Rn. 45.
153 BGBl. I., S. 2167.
154 Blomeyer/Rolfs/Otto/*Rolfs*, BetrAVG, § 1, Rn. 210.
155 ErfK/*Steinmeyer*, BetrAVG, § 1, Rn. 28.

(„*Umfassungszusage*").[156] Ob der Arbeitgeber diesen Umfang zusagt, steht ihm nicht zuletzt aufgrund seiner dem Umfassungsanteil entsprechenden Einstandspflicht aus § 1 Abs. 1 S. 3 BetrAVG frei.[157] Allerdings muss diese ausdrückliche Zuordnung durch den Arbeitgeber vorliegen, da es sich sonst nicht um betriebliche, sondern vielmehr lediglich um eine private Altersvorsorge des Arbeitnehmers handelt.[158] Es macht bei Vorliegen einer arbeitgeberseitigen Umfassungszusage demgemäß keinen Unterschied, ob der Arbeitnehmer über seinen Arbeitgeber Teile seines Entgelts in eine betriebliche Altersversorgung umwandelt oder aber direkt selbst Beiträge entrichtet.[159]

Soweit diese Eigenbeträge für kapitalgedeckte Leistungen der betrieblichen Altersversorgung eingesetzt werden, sind sie einer Entgeltumwandlung gleichgesetzt, § 1 Abs. 2 Nr. 4 BetrAVG a. E.. Der Gesetzgeber beabsichtigte damit, die Arbeitnehmer an den Vorteilen der Entgeltumwandlung teilhaben zu lassen.[160] Gleichzeitig sollten damit diejenigen Versorgungsträger, die ihre Leistungen im Wege des Umlageverfahrens finanzieren, von den Belastungen durch die Vorschriften über Entgeltumwandlung, wie zum Beispiel der gesetzlich vorgeschriebenen Verwendung von Überschussanteilen, § 1b Abs. 5 S. 1 Nr. 1 BetrAVG, verschont bleiben.[161]

II. Die verschiedenen Durchführungswege betrieblicher Altersversorgungszusagen nach §§ 1, 1b Abs. 2 bis 4 BetrAVG

Das BetrAVG sieht für die Durchführung der betrieblichen Altersversorgung fünf verschiedene Wege vor.[162] Dabei ist zu unterscheiden zwischen dem unmittelbaren Weg, wobei der Arbeitgeber seine Versorgungsleistungen direkt aus dem Betriebs- bzw. Unternehmensvermögen an die Versorgungsberechtigten ausbezahlt und den weiteren vier Möglichkeiten des Arbeitgebers, seine Versorgungsverpflichtungen mittelbar über externe Versorgungsträger auszugliedern

---

156 Höfer Bd. I/*Höfer*, BetrAVG, § 1, Rn. 109, 110.

157 Blomeyer/Rolfs/Otto/*Rolfs*, BetrAVG, § 1, Rn. 217; Höfer Bd. I/*Höfer*, BetrAVG, § 1, Rn. 110.

158 BAG, Urt. v. 21.03.2017 – 3 AZR 464/15, NZA 2018, 104, 106, I. 2. b) bb) (1) der Gründe; BeckOK ArbR/*Clemens*, BetrAVG, § 1, Rn. 51.

159 *Schipp*, NZA 2011, 445, 448.

160 Höfer Bd. I/*Höfer*, BetrAVG, § 1, Rn. 112.

161 BeckOK ArbR/*Clemens*, BetrAVG, § 1, Rn. 54.

162 BeckOK/Clemens, BetrAVG, § 1, Rn. 31.

und durchführen zu lassen.[163] Auch eine Kombination verschiedener Durchführungswege ist möglich.[164]

Diese unter §§ 1, 1b Abs. 2 bis 4 BetrAVG kodifizierten Mechanismen sind in unmittelbarer Hinsicht die Direktzusage des Arbeitgebers an seinen Arbeitnehmer, sowie im Rahmen der mittelbaren Durchführung der Abschluss einer Lebensversicherung auf das Leben des Arbeitnehmers (*Direktversicherung*), die *Pensionskasse*, der *Pensionsfonds* sowie die *Unterstützungskasse*.[165] Die verschiedenen Durchführungswege sind verknüpft mit unterschiedlichen rechtlichen Konsequenzen, so beispielsweise insbesondere hinsichtlich Unverfallbarkeit oder Insolvenzschutz.[166]

1. Unmittelbare Versorgungszusage (Direktzusage)

Die Direktzusage bildet mit einem Anteil an den für Rentenzahlungen in den Unternehmen gebundenen Deckungsmitteln von 50,1 % bzw. 297,6 Mrd. Euro im Jahre 2016[167] den verbreitetsten und beliebtesten Durchführungsweg der betrieblichen Altersversorgung in deutschen Unternehmen.[168] Die flexible Handhabe dieses Instruments sowie das Fehlen behördlicher Erlaubniserfordernisse bei Leistungsplänen macht die Direktzusage zu einer attraktiven Gestaltungsmöglichkeit für Arbeitgeber.[169]

Im Falle einer unmittelbaren Versorgungszusage des Arbeitgebers verspricht dieser seinem Arbeitnehmer, die Leistungen der betrieblichen Altersversorgung unmittelbar aus dem eigenen Unternehmensvermögen zu erbringen.[170] Den Arbeitgeber als Leistungsschuldner trifft hierbei das volle Risiko dieser späteren

163 Blomeyer/Rolfs/Otto/*Rolfs*, BetrAVG, § 1, Rn. 244; NK-ArbR/*Vienken*, BetrAVG, § 1, Rn. 42.

164 Karst/Cisch/*Löschhorn*, BetrAVG, § 1b, Rn. 25.

165 Schaub ArbR-Hdb./*Vogelsang*, § 273, Rn. 33.

166 Siehe unten Teil 2 B. II.

167 Vgl. Website der Arbeitsgemeinschaft für betriebliche Altersversorgung (aba), „Prozentuale Aufteilung der Deckungsmittel in der betrieblichen Altersversorgung im Jahr 2016 – nach Durchführungswegen (Stand: Juni 2018)“, www.aba-online.de/news/28/a-prozentuale-aufteilung-der-deckungsmittel-in-der.html (zuletzt aufgerufen am 21.01.2019).

168 BeckOK ArbR/*Clemens*, BetrAVG, § 1, Rn. 33; MAH ArbR/*Leisbrock*, § 36, Rn. 106.

169 Schaub ArbR-Hdb./*Vogelsang*, § 273, Rn. 39.

170 NK-ArbR/*Vienken*, BetrAVG, § 1, Rn. 43.

Versorgungsleistungen hinsichtlich Finanzierung, Dauer (sog. *Langlebigkeitsrisiko*) und möglicher anderer biometrischer Belastungen.[171]

Finanziert werden diese Direktzusagen aufseiten des Arbeitgebers regelmäßig durch die Bildung von Pensionsrückstellungen.[172] Dabei weist die Unternehmensbilanz für jede Versorgungsanwartschaft den entsprechenden Betrag aus, § 249 Abs. 1 S. 1 HGB.[173] Diese Vorgehensweise ist steuerrechtlich ausdrücklich zugelassen, § 6a EStG.[174]

Vorteilhaft an dieser Art der Gestaltung der Versorgungszusage ist für den zusagenden Arbeitgeber, dass das erforderliche Kapital weiter unternehmensintern einsetzbar bleibt.[175] Es findet bei dieser Art der Finanzierung der unmittelbaren Versorgungszusage lediglich eine gewisse Kapitalbindung statt, die aber vor Einsetzen von Versorgungsleistungen zu keinem unmittelbaren Liquiditätsabfluss führt.[176]

Gegen die Durchführung der betrieblichen Altersversorgung im Unternehmen über eine Direktzusage kann aber sprechen, dass diese als von einer potentiellen Unternehmensinsolvenz unmittelbar bedrohte Zusageform gem. § 7 Abs. 1 S. 1 BetrAVG uneingeschränkt der gesetzlichen Insolvenzsicherung und damit der Beitragspflicht zum PSV nach § 10 BetrAVG unterliegt, was die Direktzusage letztlich hinsichtlich ihrer Kosten für das Unternehmen weiter in die Höhe treibt.[177]

2. *Direktversicherung*

Neben der unmittelbaren Versorgung über sein Unternehmen selbst hat der Arbeitgeber die Möglichkeit, sich externer, rechtlich selbstständiger Versorgungsträger zu bedienen, um die Versorgung durch diese mittelbar durchführen zu lassen.[178] Dabei kann der Arbeitgeber die finanziellen Risiken, die ihn im Falle der Direktzusage unmittelbar treffen würden, an einen für die Organisation und Abwicklung der Versorgungszusagen besser ausgestatteten Träger ausgliedern.

---

171 Blomeyer/Rolfs/Otto/*Rolfs*, BetrAVG, § 1, Rn. 247; MAH ArbR/*Leisbrock*, § 36, Rn. 106.

172 BeckOK ArbR/*Clemens*, BetrAVG, § 1, Rn. 33.

173 BeckOK ArbR/*Clemens*, BetrAVG, § 1, Rn. 33; *Cramer*, DStR 1994, 1360.

174 MAH ArbR/*Leisbrock*, § 36, Rn. 108.

175 NK-ArbR/*Vienken*, BetrAVG, § 1, Rn. 43.

176 MAH ArbR/*Leisbrock*, § 36, Rn. 109.

177 Höfer Bd. I/*Höfer*, BetrAVG, § 7, Rn. 98; siehe zur Beitragspflicht unten Teil 2 A. III. 3.

178 Blomeyer/Rolfs/Otto/*Rolfs*, BetrAVG, § 1, Rn. 244.

Eine Direktversicherung nach § 1b Abs. 2 S. 1 BetrAVG ist gesetzlich definiert als eine Lebensversicherung, die vom Arbeitgeber auf das Leben des Arbeitnehmers abgeschlossen wird und aus der der Arbeitnehmer bzw. seine Hinterbliebenen ganz oder teilweise bezugsberechtigt sind.[179] Ein derartiger Versicherungsvertrag ist als echter Vertrag zugunsten Dritter, § 328 Abs. 1 BGB, zu qualifizieren.[180] Eine solche Direktversicherung kann der Arbeitgeber sowohl einzelvertraglich als auch als Gruppenversicherung abschließen.[181] Soweit der Arbeitnehmer selbst Versicherungsnehmer einer auf sein Leben abgeschlossenen Versicherungspolice ist, liegt keine Direktversicherung i. S. d. BetrAVG vor.[182] Der Versicherungsvertrag bildet das Deckungsverhältnis zur Versorgungszusage des Arbeitgebers an seinen Arbeitnehmer, welche das dazugehörige Valutaverhältnis darstellt.[183]

Der Arbeitgeber hat als Versicherungsnehmer gem. § 1 S. 2 VVG die Prämien an den Versicherer zu entrichten.[184] Er kann diese Beitragszahlungen insoweit flexibel gestalten, als dass er die Wahl hat, ob er fortgesetzt Prämien leisten oder aber eine Einmal-Prämien-Versicherung abschließen möchte.[185] Bei Letzterer hat der Arbeitgeber den Vorteil, dass er diese unregelmäßig wiederholten Beiträge an seine wirtschaftliche Entwicklung anpassen kann. Hierbei kann der Arbeitgeber aber grundsätzlich den Anspruch auf Prämienzahlung an den Versicherer ausschließen.[186] Allerdings hat der Arbeitgeber aber im Falle einer Unterdotierung der Versicherung und der danach hinter der Versorgungszusage zurückbleibenden Versicherungsleistungen aufgrund seiner Einstandspflicht gem. § 1 Abs. 1 S. 3 BetrAVG den Fehlbetrag gegenüber dem versorgungsberechtigten Arbeitnehmer auszugleichen.[187]

Arbeitsrechtlich betrachtet hat der Arbeitgeber bei der Durchführung der betrieblichen Altersversorgung über ein Versicherungsunternehmen im Wege der Direktversicherung gem. § 1b Abs. 2 S. 1 BetrAVG a. E. die Pflicht, das Bezugsrecht des Arbeitnehmers an der Versicherungsleistung nach Erreichen der gesetzlichen

179 BAG, Urt. v. 10.03.1992 – 3 AZR 153/91, NZA 1993, 25, 26, 2. c) der Gründe; Blomeyer/Rolfs/Otto/*Rolfs*, BetrAVG, § 1, Rn. 257.

180 ErfK/*Steinmeyer*, BetrAVG, § 1b, Rn. 29; Höfer Bd. I/*Höfer*, ART, Kap. 3, Rn. 20.

181 Schaub ArbR-Hdb./*Vogelsang*, § 273, Rn. 36.

182 BAG, Urt. v. 10.03.1992 – 3 AZR 153/91, NZA 1993, 25, 26, 2. c) der Gründe; Blomeyer/Rolfs/Otto/*Rolfs*, BetrAVG, § 1, Rn. 257.

183 Höfer Bd. I/*Höfer*, ART, Kap. 3, Rn. 20.

184 Höfer Bd. I/*Höfer*, ART, Kap. 3, Rn. 28.

185 Blomeyer/Rolfs/Otto/*Rolfs*, BetrAVG, § 1, Rn. 257.

186 Höfer Bd. I/*Höfer*, ART, Kap. 3, Rn. 28.

187 ErfK/*Steinmeyer*, BetrAVG § 1b, Rn. 29.

Unverfallbarkeit seiner Anwartschaft wegen Beendigung seines Arbeitsverhältnisses vor Eintritt des Versicherungsfalles nicht mehr zu widerrufen.[188] Bei einer Direktversicherung ohne Entgeltumwandlung lässt das Gesetz daneben zu, dass der zusagende Arbeitgeber als Versicherungsnehmer die Versicherungsansprüche einseitig ohne Einbindung des versicherten Arbeitnehmers abtreten oder beleihen kann, soweit das Bezugsrecht des Arbeitnehmers widerruflich ausgestaltet ist.[189] Dazu tritt außerdem auch die Möglichkeit einer Verpfändung der Versicherungspolice, § 13 Abs. 3 der Allgemeinen Versicherungsbedingungen zur kapitalbildenden Lebensversicherung (ALB) 2008.[190] Damit erreicht der Arbeitgeber einen ähnlichen Liquiditätseffekt wie bei der Direktzusage und kann das eingesetzte Kapital letztlich weiter intern nutzen.[191] Den Arbeitgeber trifft aber in dem Zeitpunkt eine Wiederherstellungspflicht, sobald der Arbeitnehmer die Unverfallbarkeitsvoraussetzungen des § 1b Abs. 2 S. 3 BetrAVG erfüllt hat und der Versicherungsfall eingetreten ist.[192] Er hat den Arbeitnehmer sodann so zu stellen, als ob die Beleihung oder Abtretung nicht erfolgt wäre.

Allerdings gilt dies nur soweit, als dass das dem Arbeitnehmer eingeräumte Bezugsrecht als *widerruflich* bzw. *eingeschränkt unwiderruflich* vereinbart wurde.[193] Ein Versicherungsanspruch, an dem zugunsten eines Arbeitnehmers ein *unwiderrufliches* Bezugsrecht besteht, darf nicht mehr einseitig durch den Arbeitgeber belastet werden, da der Versicherungsanspruch damit nicht mehr zur Disposition des Arbeitgebers steht, § 159 Abs. 3 Versicherungsvertragsgesetz (VVG).[194] Er benötigt zur Beleihung der Versicherungspolice vielmehr die Zustimmung des begünstigten Arbeitnehmers.[195]

Nochmals anders liegt es, wenn die Versorgungszusage arbeitnehmerseitig durch Entgeltumwandlung, also aus künftigen Lohnansprüchen des Arbeitnehmers, finanziert wird.[196] Gem. § 1b Abs. 5 S. 2 BetrAVG ist im Falle einer Direktversicherung mit Beginn der Entgeltumwandlung dem Arbeitnehmer als Versichertem arbeitsrechtlich sofort ein unwiderrufliches Bezugsrecht einzuräumen.[197] Wie soeben dargestellt, beseitigt dieses die Verfügungsmacht des

---

188 BeckOK ArbR/*Clemens*, BetrAVG, § 1b, Rn. 19.
189 Höfer Bd. I/*Höfer*, ART, Kap. 3, Rn. 30.
190 Blomeyer/Rolfs/Otto/*Rolfs*, BetrAVG, § 1b, Rn. 235.
191 Vgl. dazu BT-Drs. 7/1281, S. 23; Blomeyer/Rolfs/Otto/*Rolfs*, BetrAVG, § 1, Rn. 260.
192 Schaub ArbR-Hdb./*Vogelsang*, § 276, Rn. 44.
193 Vgl. MüKo VVG/*Heiss*, § 159, Rn. 73; Schaub ArbR-Hdb./*Vogelsang*, § 276, Rn. 50.
194 MüKo VVG/*Heiss*, § 159, Rn. 73; Schaub ArbR-Hdb./*Vogelsang*, § 276, Rn. 51.
195 Blomeyer/Rolfs/Otto/*Rolfs*, BetrAVG, § 1b, Rn. 233; MüKo VVG/*Heiss*, § 159, Rn. 73.
196 ErfK/*Steinmeyer*, BetrAVG, § 1b, Rn. 48.
197 Vgl. BT-Drs. 14/9442, S. 47; BeckOK ArbR/*Clemens*, BetrAVG, § 1b, Rn. 25.

Arbeitgebers, der den Versicherungsanspruch sodann nicht mehr ohne Zustimmung des versorgungsberechtigten Arbeitnehmers für sich selbst wirtschaftlich nutzen kann.[198]

Es ist aber zwischen dem *Versicherungsverhältnis* zwischen Arbeitgeber und Versicherer auf der einen, und dem arbeitsrechtlichen *Versorgungsverhältnis* zwischen Arbeitgeber und Arbeitnehmer auf der anderen Seite, klar zu differenzieren.[199] Die *versicherungsvertraglichen* Rechte und Pflichten des Arbeitgebers aus seinem Verhältnis zum Versicherer werden von den *arbeitsvertraglichen* bzw. *versorgungsbezogenen* Regelungen nicht berührt.[200]

Darauf wies das BAG in seinem Urteil vom 18.09.2012 erneut ausdrücklich hin. Es hatte einen Fall zu entscheiden, in welchem ein Arbeitnehmer, dem eine betriebliche Altersversorgung zugesagt worden war, gegen den Insolvenzverwalter über das Vermögen seines zwischenzeitlich insolvent gewordenen Arbeitgebers vorging. Dieser hatte das Bezugsrecht des Klägers an der Direktversicherung, über welche dessen Versorgungszusage durchgeführt worden war, widerrufen. In den zugrundeliegenden Versicherungsbedingungen war die Unwiderruflichkeit des Bezugsrechts des Klägers an die gesetzlichen Unverfallbarkeitsregelungen aus § 1b Abs. 1 BetrAVG geknüpft worden. Diese hatte der Kläger noch nicht erfüllt. Dennoch vertrat er die Ansicht, dass er ein Aussonderungsrecht an der Direktversicherung halte. Der beklagte Insolvenzverwalter sei ihm daher entweder zur Übertragung der Versicherungspolice oder aber jedenfalls zum Ersatz desjenigen Schadens verpflichtet, welche ihm, dem Kläger, durch den Widerruf des Bezugsrechts entstanden sei.
Der 3. Senat hielt die Revision des Klägers für unbegründet und hielt insoweit das abweisende Urteil des Berufungsgerichts aufrecht. Der Kläger könne die Police nicht nach § 47 InsO aus der Insolvenzmasse aussondern. In der Folge könne er auch nicht verlangen, dass der Insolvenzverwalter ihm die Direktversicherung übertrage. Vielmehr habe dieser das Bezugsrecht des Klägers **wirksam widerrufen** können. Auf die arbeitsrechtliche Beziehung zwischen den Parteien komme es insofern nicht an. **Allein das versicherungsvertragliche Verhältnis** zwischen dem Arbeitgeber bzw. dem Insolvenzverwalter nach § 80 Abs. 1 InsO als Versicherungsnehmer und dem Versicherer sei **maßgebend** für die Frage, ob das betreffende Bezugsrecht der Masse zugehörig sei oder nicht. Soweit also das Bezugsrecht des Klägers in diesem Falle noch versicherungsvertraglich

---

198 Blomeyer/Rolfs/Otto/*Rolfs*, BetrAVG, § 1b, Rn. 233; MüKo VVG/*Heiss*, § 159, Rn. 73.

199 BAG, Urt. v. 26.02.1991 – 3 AZR 213/90, NZA 1991, 845, I. 1. der Gründe; BAG, Urt. v. 28.03.1995 – 3 AZR 373/94, NZA 1996, 36, I. 1. der Gründe; BAG, Urt. v. 15.06.2010 – 3 AZR 334/06, NZA-RR 2011, 260, 261, II. 1. der Gründe; BAG, Urt. v. 19.04.2011 – 3 AZR 267/09, NZA-RR 2012, 92, 93, I. 1. der Gründe; BAG, Urt. v. 18.09.2012 – 3 AZR 176/10, BeckRS 2012, 75279, I. 1. a) bis d) der Gründe; *Flitsch/Herbst*, BB 2003, 317; siehe hierzu auch unten Teil 2 B II. 2.

200 Höfer Bd. I/*Höfer*, ART, Kap. 3, Rn. 20.

widerruflich gewesen sei, habe der Insolvenzverwalter dieses auch wirksam für alle Beteiligten widerrufen können. Zwar könnten im **arbeitsrechtlichen Versorgungsverhältnis** *„Ansprüche des Arbeitnehmers, insbesondere* ***Schadenersatzansprüche*** *entstehen"*. Diese berührten den versicherungsvertraglichen Widerruf jedoch nicht, der in diesem Falle wirksam gewesen sei, da der Kläger die versicherungsvertraglich vorausgesetzte Unverfallbarkeitsfrist aus § 1b Abs. 1 BetrAVG noch nicht erfüllt hatte.

Weil der Arbeitgeber als Vertragspartner des Lebensversicherungsunternehmens Versicherungsnehmer ist, steht ihm im Zweifel das Recht gem. § 159 Abs. 1 VVG zu, die Bezugsberechtigung des Arbeitnehmers zu widerrufen.[201] Für die Widerrufsmöglichkeit des Arbeitgebers kommt es allein auf den Versicherungsvertrag an.[202] Die in § 1b Abs. 2 und 5 BetrAVG normierte Unverfallbarkeit der Versorgungsanwartschaft des Arbeitnehmers hat insoweit lediglich Einfluss auf das *arbeitsrechtliche Versorgungsverhältnis* zwischen Arbeitnehmer und Arbeitgeber.[203] Soweit der zwischen Arbeitgeber und Versicherer abgeschlossene Versicherungsvertrag aber eine widerrufliche Bezugsberechtigung ausweist, kann der Arbeitgeber diese auch widerrufen.[204] Dabei kommt es nicht auf die zugrunde liegende Versorgungszusage an. Zwar schreibt § 1b Abs. 2 S. 1 BetrAVG vor, dass mit Eintritt der Unverfallbarkeit das Bezugsrecht des Arbeitnehmers nicht mehr zu widerrufen ist. Dies stellt sich jedoch lediglich als *schuldrechtliche* Verpflichtung des *arbeitsvertraglichen* Versorgungsverhältnisses und nicht etwa als Verbotsnorm i. S. v. § 134 BGB dar, sodass ein Widerruf des Bezugsrechtes hiernach gegenüber dem Versicherer wirksam bleibt.[205]

Dem Arbeitnehmer steht in dieser Situation alsdann ein Schadensersatzanspruch gegen seinen Arbeitgeber aus § 280 Abs. 1 BGB i. V. m. der Versorgungszusage bzw. aus einer positiven Vertragsverletzung derselben zu, was außerhalb eines Insolvenzfalls beim Arbeitgeber dazu führt, dass dieser gegenüber dem Arbeitnehmer im Wege der Naturalrestitution dazu verpflichtet ist, ihn so zu stellen, als habe er das Bezugsrecht an der Versicherungsleistung nicht widerrufen.[206] Das bedeutet, dass der Arbeitgeber dem Arbeitnehmer eine beitragsfreie

---

201 MüKo VVG/*Heiss*, § 159, Rn. 70.

202 Blomeyer/Rolfs/Otto/*Rolfs*, BetrAVG, § 1b, Rn. 210.

203 Vgl. BAG, Urt. v. 18.09.2012 – 3 AZR 176/10, BeckRS 2012, 75279, I. 1. a) bis d) der Gründe.

204 BeckOK ArbR/*Clemens*, BetrAVG, § 1b, Rn. 19.

205 BAG, Urt. v. 08.06.1999 – 3 AZR 136/98, NZA 1999, 1103, 1105, B. I. 2. b) cc) (1) der Gründe; Blomeyer/Rolfs/Otto/*Rolfs*, BetrAVG, § 1b, Rn. 210.

206 BAG, Urt. v. 15.06.2010 – 3 AZR 334/06, NZA-RR 2011, 260, 261, II. 1. der Gründe; Blomeyer/Rolfs/Otto/*Rolfs*, BetrAVG, § 1b, Rn. 211.

Versicherungsanwartschaft verschaffen muss, die dem Wert des widerrufenen Bezugsrechts bei Ende des Arbeitsverhältnisses entspricht.[207]

Im zitierten Fall hatte das BAG mit Urteil vom 28.07.1987 über einen Fall zu befinden, in welchem ein Arbeitnehmer, dessen Versorgung zunächst über einen Betrieb seiner Arbeitgeberin und später, unter Anrechnung der Vordienstzeiten, über deren Konzern und einen eingeschalteten Lebensversicherer durchgeführt worden war, gegen seine Arbeitgeberin auf **Verschaffung einer gleichwertigen Direktversicherungspolice** geklagt hatte. Die Arbeitgeberin hatte zuvor die Bezugsberechtigung des klagenden Arbeitnehmers an der Police nach dessen Ausscheiden aus dem Arbeitsverhältnis, aber auch **nach Erfüllung der gesetzlichen Unverfallbarkeitsvoraussetzungen, widerrufen** und einen anderen ihrer Arbeitnehmer an dessen Stelle als Bezugsberechtigten der Versicherung gesetzt.
Der 3. Senat gelangte zu dem Ergebnis, dass der Widerruf eines Bezugsrechts durch den Arbeitgeber trotz arbeitsrechtlicher Verpflichtung, dies nach Eintritt der gesetzlichen Unverfallbarkeitsfristen aus § 1b Abs. 2 BetrAVG zu unterlassen, einen **Schadensersatzanspruch des Arbeitnehmers** wegen der **Verletzung einer arbeitsvertraglichen Verpflichtung** begründe. Dem **Inhalt** nach orientiere sich der Anspruch an den **§§ 249 ff. BGB**. Hiernach habe die Arbeitgeberin dem Arbeitnehmer entweder – freilich im Rahmen des rechtlich Möglichen – entweder das Bezugsrecht wieder zurück zu übertragen oder aber für ihn eine **gleichwertige, beitragsfreie Versicherung** abzuschließen. Der **Wert** des wiederherzustellenden *status quo ante* bemesse sich schließlich an **§ 2 Abs. 2 BetrAVG** und demgemäß der Höhe nach an dem Zustand, der bestünde, wenn die Arbeitgeberin das Bezugsrecht des Arbeitnehmers nach dessen Ausscheiden nicht widerrufen hätte.

3. *Pensionskasse*

Als weiteren externen Durchführungsweg nennt das BetrAVG die Pensionskasse. Sie ist eine rechtsfähige Versorgungseinrichtung, welche dem Arbeitnehmer bzw. seinen Hinterbliebenen einen eigenen Rechtsanspruch auf ihre Leistungen einräumt, § 1b Abs. 3 S. 1 BetrAVG.[208]

Organisiert als selbstständiges Lebensversicherungsunternehmen verfolgt die Pensionskasse allein den Zweck der Absicherung wegfallenden Erwerbseinkommens wegen Alters, Invalidität oder Todes, § 232 Abs. 1 VAG.[209] Die

207 BAG, Urt. v. 28.07.1987 – 3 AZR 694/85, NZA 1988, 159, 160, II. 2. b) der Gründe; ErfK/*Steinmeyer*, BetrAVG, § 1b, Rn. 31; Karst/Cisch/*Löschhorn*, BetrAVG, § 1b, Rn. 34; zum Insolvenzschutz dieses Schadenersatzanspruchs siehe unten Teil 2 B. II. 2. c).

208 Höfer Bd. I/*Höfer*, ART, Kap. 3, Rn. 65.

209 *Diller/Günther*, NZA 2016, 1181.

Pensionskasse unterliegt zudem aufgrund ihres Charakters als privatrechtliches Versicherungsunternehmen der Aufsicht durch die Bundesanstalt für Finanzdienstleistungsaufsicht (BaFin).[210]

Strukturell kommen Betriebs- oder Firmenpensionskassen, die Versorgungssysteme einzelner Betriebe absichern, Konzernpensionskassen, die einen Verbund mehrerer Unternehmen beinhalten, sowie Gruppenpensionskassen, die einen willkürlichen Zusammenschluss verschiedener Arbeitgeber abdecken, vor.[211]

Ähnlichkeit zwischen Pensionskasse und Direktversicherung besteht insoweit, als dass auch hier ein Dreiecksverhältnis zwischen Pensionskasse, Arbeitgeber und Arbeitnehmer entsteht.[212] Allerdings wird hier dem einzelnen Arbeitnehmer kein Bezugsrecht wie bei der Direktversicherung eingeräumt. Vielmehr ist der Arbeitnehmer selbst Versicherungsnehmer bei der Pensionskasse und i. d. R. auch Mitglied derselben.[213] Der Arbeitgeber ist durch seine Eigenschaft als Träger der Pensionskasse dazu verpflichtet, deren Leistungen zu finanzieren.[214] Im Unterschied zu unmittelbaren Zusagen und der Durchführung über eine Direktversicherung besteht bei der Pensionskasse für den Arbeitgeber zudem kein Spielraum für Belastungen, also Beleihungen oder Abtretungen des Pensionskassenanspruchs der Arbeitnehmer.[215]

Traditionell beteiligen sich die Arbeitnehmer an dem Aufbau ihres späteren Versorgungsanspruchs gegen die Pensionskasse. Dies geschieht entweder durch Entgeltumwandlung künftiger Entgeltansprüche gem. § 1 Abs. 2 Nr. 3 BetrAVG oder aber durch Eigenbeiträge der Arbeitnehmer, soweit diese die Anforderungen des § 1 Abs. 2 Nr. 4 BetrAVG erfüllen und der Arbeitgeber eine entsprechende Umfassungszusage getätigt hat.[216] Daneben kann eine Verpflichtung zu weitergehenden arbeitgeberseitigen Zuwendungen besonderer Art, zum Beispiel in Form von Gratifikationen der Arbeitnehmer oder eines festgelegten Prozentsatzes am Betriebsgewinn, bestehen.

Durch die eigene Mitgliedschaft und den damit verbundenen, eigenen Rechtsanspruch des Arbeitnehmers gegen die Pensionskasse wird bei diesem ein zusätzlicher, positiver psychischer Effekt erreicht.[217] Der Arbeitnehmer hat

210 Höfer Bd. I/*Höfer*, ART, Kap. 3, Rn. 65.
211 Höfer Bd. I/*Höfer*, ART, Kap. 3, Rn. 78.
212 BeckOK ArbR/*Clemens*, BetrAVG, § 1, Rn. 37.
213 Höfer Bd. I/*Höfer*, BetrAVG, § 1b, Rn. 382.
214 *Diller/Günther*, NZA 2016, 1181.
215 ErfK/*Steinmeyer*, BetrAVG, § 1b, Rn. 39.
216 Höfer Bd. I/*Höfer*, ART, Kap. 3, Rn. 88.
217 Blomeyer/Rolfs/Otto/*Rolfs*, BetrAVG, § 1, Rn. 275.

seinen Versorgungsanspruch hier, anders als bei der Direktzusage oder der Direktversicherung mit widerruflichem Bezugsrecht, selbst in der Hand.[218] Soweit die Pensionskasse ihre Leistungen aber zulässigerweise herabsetzt, etwa aufgrund von vorhandenen Fehlbeträgen, muss der Arbeitgeber dem Arbeitnehmer diesen Leistungsausfall ersetzen, § 1 Abs. 1 S. 3 BetrAVG.[219]

4. *Pensionsfonds*

Die Regelungen des BetrAVG über die Pensionskassen finden in Ermangelung dessen eigener Vorschriften auch auf den Pensionsfonds Anwendung.[220] Bei ihm handelt es sich ebenfalls um einen rechtlich selbstständigen Versorgungsträger, der dem Arbeitnehmer einen Rechtsanspruch auf seine Leistungen gewährt, § 1b Abs. 3 S. 1 BetrAVG.[221] Die Versorgung des Arbeitnehmers kann sowohl verrentet als auch als Anspruch auf eine einmalige Kapitalleistung ausgestaltet sein, § 236 Abs. 1 S. 1 Nr. 4 VAG.[222]

Der Pensionsfonds ist eine rechtsfähige Versorgungseinrichtung, die – im Gegensatz zur Pensionskasse und zur Direktversicherung – allerdings keine versicherungsförmigen Garantien für die Höhe ihrer Leistungen bzw. die Höhe der dafür aufzubringenden, künftigen Beiträge erteilen darf, § 236 Abs. 1 S. 1 VAG (sog. *Garantieverbot*).[223]

Finanziert wird der Pensionsfonds von seinem Träger, namentlich einem oder mehreren eine betriebliche Altersversorgung zusagenden Unternehmen. Das Finanzierungsmodell folgt dem Kapitaldeckungsverfahren in Form der Anwartschaftsdeckung.[224] Das bedeutet, dass stets auch Rückstellungen für die noch nicht eingetretenen Versicherungsfälle gebildet werden müssen. Die vom Pensionsfonds zu erbringenden Leistungen richten sich nach der Art der getätigten Zusage und dem zugrunde liegenden Pensionsplan.[225] So existieren beitragsbezogene Leistungspläne für die Beitragszusage mit Mindestleistung, sowie

---

218 Blomeyer/Rolfs/Otto/*Rolfs*, BetrAVG, § 1, Rn. 275.

219 BAG, Urt. v. 19.06.2012 – 3 AZR 408/10, NZA-RR 2013, 426, 429, II. 1 der Gründe; BAG, Urt. v. 30.09.2014 – 3 AZR 617/12, NZA 2015, 544, 548, II. 1. a) der Gründe.

220 ErfK/*Steinmeyer*, BetrAVG, § 1b, Rn. 38.

221 BeckOK ArbR/*Clemens*, BetrAVG, § 1, Rn. 40; ErfK/*Steinmeyer*, BetrAVG, § 1b, Rn. 38.

222 BeckOK ArbR/*Clemens*, BetrAVG, § 1, Rn. 40.

223 Blomeyer/Rolfs/Otto/*Rolfs*, BetrAVG, § 1, Rn. 279.

224 MAH ArbR/*Leisbrock*, § 36, Rn. 160.

225 ErfK/*Steinmeyer*, BetrAVG, § 1b, Rn. 39.

leistungsbezogene Pensionspläne für die Erfüllung von Leistungszusagen und beitragsorientierten Leistungszusagen.

Bezüglich aller Pensionspläne greift, sollte die Leistung des Pensionsfonds hinter der zugesagten Versorgungsleistung zurückbleiben, die Einstandspflicht des Arbeitgebers, § 1 Abs. 1 S. 3 BetrAVG. Bei beitragsbezogenen Pensionsplänen kann der Arbeitnehmer eine über den erbrachten Beiträgen liegende Leistung nicht erwarten. Das Anlagerisiko liegt bei ihm. Lediglich hinsichtlich der zugesagten Mindestleistung, § 1 Abs. 2 Nr. 2 BetrAVG, bleibt der Arbeitgeber haftbar.

Der Pensionsfonds ist im Hinblick auf seine Vermögensanlagestrategie freier als Pensionskassen und Direktversicherungen und hat nicht etwa besondere Vorgaben hinsichtlich des Anteils des Anlagekapitals an Aktien oder anderen Investitionen zu beachten.[226] Somit erhöhen sich aufgrund der Möglichkeit dynamischer Reaktion auf die Entwicklungen am Kapitalmarkt bei dem Pensionsfonds die Renditechancen für die Arbeitnehmer.[227] Um die damit einhergehenden Risiken für die Versorgungsberechtigten aber zu minimieren, unterliegt der Pensionsfonds nicht nur der Aufsicht durch die BaFin[228], sondern er hat daneben auch unbelastete Eigenmittel in Höhe einer sog. *Solvabilitätsspanne* vorzuhalten, welche sich an dem gesamten Geschäftsumfang orientiert, § 238 S. 1 VAG.[229]

Auch bei dem Durchführungsweg des Pensionsfonds entsteht ein Dreiecksverhältnis zwischen Pensionsfonds, Arbeitgeber und Arbeitnehmer.[230] Allerdings ist der Arbeitnehmer – im Gegensatz zur Direktversicherung – innerhalb dieses Durchführungsweges in aller Regel auch selbst Versicherungsnehmer, sodass ihm die umfassende Verfügungsmacht über seine eigenen Versicherungsansprüche zusteht.[231] Das zugrunde liegende Kapital ist der wirtschaftlichen Nutzung seitens des Arbeitgebers mithin dauerhaft entzogen.[232]

---

226 Höfer Bd. I/*Höfer*, ART, Kap. 3, Rn. 100.
227 Höfer Bd. I/*Höfer*, ART, Kap. 3, Rn. 100.
228 MAH ArbR/Leisbrock, § 36, Rn. 162.
229 MAH ArbR/Leisbrock, § 36, Rn. 162.
230 BeckOK ArbR/*Clemens*, BetrAVG, § 1, Rn. 40.
231 ErfK/*Steinmeyer*, BetrAVG, § 1b, Rn. 39.
232 Blomeyer/Rolfs/Otto/*Rolfs*, BetrAVG, § 1, Rn. 296.

5. *Unterstützungskassen*

Schließlich handelt es sich bei Unterstützungskassen ebenfalls um rechtsfähige Versorgungseinrichtungen.[233] Indes räumen diese – anders als etwa Pensionsfonds oder -kassen – den Arbeitnehmern dem Wortlaut des § 1b Abs. 4 S. 1 BetrAVG nach keinen Anspruch auf ihre Leistungen ein.[234] Dieser historisch bedingte Ausschluss eines Leistungsanspruchs führt dazu, dass Unterstützungskassen nicht der staatlichen Aufsicht durch die BaFin unterliegen.[235]

Unterstützungskassen werden zumeist als eingetragener Verein oder als GmbH strukturiert.[236] Eher selten trifft man auf als Stiftungen organisierte Unterstützungskassen, da diese Rechtsform wiederum die Aufsicht durch die BaFin bedingen würde.

Träger der Unterstützungskasse sind ein oder mehrere Unternehmen. Ähnlich der Pensionskassen gibt es auch hier Firmen-, Konzern- und Gruppenmodelle.[237] Als Trägerunternehmen haben die Arbeitgeber die Pflicht, die Unterstützungskasse ausreichend zu dotieren, sodass diese die ihr obliegenden Pensionszusagen erfüllen können.[238] Damit verfügt die Unterstützungskasse sodann über ein – vom Arbeitgeber abgetrenntes – Sondervermögen.[239] Aufgrund mangelnder aufsichtsrechtlicher Vorschriften ist es für die Unterstützungskasse aber möglich, dieses abgetrennte Vermögen dem Trägerunternehmen darlehensweise gegen angemessene Verzinsung zur Verfügung zu stellen.[240]

Auch bei dem Durchführungsweg über eine Unterstützungskasse entsteht ein Dreiecksverhältnis zwischen ihr, Arbeitgeber und Arbeitnehmer. Weiterhin wird das Verhältnis zwischen Arbeitgeber und Arbeitnehmer durch das zugrunde liegende Versorgungsverhältnis (*Valutaverhältnis*) bestimmt.[241] Für das zwischen Unterstützungskasse und Arbeitnehmer bestehende Leistungsverhältnis gelten regelmäßig deren Satzung, sowie ggf. eine die Voraussetzungen und den Umfang der jeweiligen Leistungen konstatierende Leistungsordnung.[242]

---

233 Höfer Bd. I/*Höfer*, ART, Kap. 3, Rn. 174.
234 NK-ArbR/*Vienken*, BetrAVG, § 1, Rn. 63.
235 BeckOK ArbR/*Clemens*, BetrAVG, § 1, Rn. 34.
236 Höfer Bd. I/*Höfer*, ART, Kap. 3, Rn. 175.
237 Höfer Bd. I/*Höfer*, ART, Kap. 3, Rn. 175.
238 BVerwG, Urt. v. 25.08.2010 – 8 C 23/09, NVwZ-RR 2011, 160, 161, II. 1. der Gründe; BeckOK ArbR/*Clemens*, BetrAVG, § 1, Rn. 34.
239 Blomeyer/Rolfs/Otto/*Rolfs*, BetrAVG, § 1, Rn. 302.
240 BeckOK ArbR/*Clemens*, BetrAVG, § 1, Rn. 34.
241 ErfK/*Steinmeyer*, BetrAVG, § 1b, Rn. 43.
242 Schaub ArbR-Hdb./*Vogelsang*, § 276, Rn. 14.

Für das Deckungsverhältnis zwischen dem Arbeitgeber als Trägerunternehmen und der Unterstützungskasse ist ein Auftragsverhältnis i. S. v. § 670 BGB anzunehmen.[243] Daraus lässt sich ein Rechtsanspruch der Unterstützungskasse gegen den Arbeitgeber auf Ersatz ihrer ggf. bereits geleisteten Aufwendungen konstruieren.[244]

Hinsichtlich seines Versorgungsanspruchs muss sich der Arbeitnehmer entgegen des Wortlauts von § 1b Abs. 4 S. 1 BetrAVG zunächst an die Unterstützungskasse selbst wenden. Sollten die Leistungen der Unterstützungskasse infolge Unterdotierung durch das Trägerunternehmen hinter den zugesagten Versorgungsbezügen zurück bleiben, so bleibt der Arbeitgeber haftbar, § 1 Abs. 1 S. 3 BetrAVG.[245]

Dieses Risiko des Arbeitgebers, bei Ausfallen der Unterstützungskasse doch noch selbst einstandspflichtig zu werden, kann er regelmäßig über den Abschluss einer Rückdeckungsversicherung abfedern.[246] Versicherungsnehmer dieser Rückdeckungsversicherung ist dann die Unterstützungskasse selbst.[247] Die Versicherungsprämien werden aber vom Trägerunternehmen an den Lebensversicherer geleistet.[248] Orientiert sich die rückgedeckte Versicherungssumme an dem Gesamtvolumen der von der Unterstützungskasse jeweils zu tragenden Versorgungsverpflichtungen und entsprechen die zu entrichtenden Beiträge der Dotierung durch das Trägerunternehmen, so spricht man von einer *kongruent rückgedeckten* Unterstützungskasse.[249] Es findet insoweit gewissermaßen eine identische Weitergabe der Mittel an den Rückversicherer statt.

Der Ausschluss des Leistungsanspruchs aus § 1b Abs. 4 S. 1 BetrAVG hat heute bis auf die Vermeidung der Aufsicht durch die BaFin keine Bedeutung mehr.[250] Aufgrund zahlreicher Regelungen im BetrAVG hinsichtlich Unverfallbarkeit und Insolvenzschutz bei der Durchführung der betrieblichen Altersversorgung über Unterstützungskassen wird letztlich „über die Hintertür" doch ein Leistungsanspruch des versorgungsberechtigten Arbeitnehmers gegen die Unterstützungskasse begründet. Die höchstrichterliche Rechtsprechung wertet

243 Vgl. BAG, Urt. v. 21.03.2017 – 3 AZR 619/15, NZA 2017, 990, 993, I. 1. der Gründe; Schaub ArbR-Hdb./*Vogelsang*, § 276, Rn. 18.
244 Schaub ArbR-Hdb./*Vogelsang*, § 276, Rn. 18.
245 Höfer Bd. I/*Höfer*, ART, Kap. 3, Rn. 181; Karst/Cisch/*Jumpertz*, BetrAVG, § 1b, Rn. 73.
246 MAH ArbR/*Leisbrock*, § 36, Rn. 127.
247 MAH ArbR/*Leisbrock*, § 36, Rn. 127.
248 Höfer Bd. I/*Höfer*, ART, Kap. 3, Rn. 189.
249 Höfer Bd. I/*Höfer*, ART, Kap. 3, Rn. 190.
250 Mü-Hdb. ArbR/*Cisch*, § 205, Rn. 136.

den wörtlichen Ausschluss des Rechtsanspruchs gegen eine Unterstützungskasse als eine institutionalisierte Widerrufsmöglichkeit, die allerdings in Ansehung der vom BAG entwickelten *Drei-Stufen-Theorie* an hinreichende Sachgründe gekoppelt ist.[251] Diese sachlichen Gründe wiederum müssten aber bei dem Trägerunternehmen selbst, und nicht etwa bei der Unterstützungskasse zu finden sein.[252]

Dieser Entscheidung vom 28.04.1977 lag ein Sachverhalt zugrunde, in welchem ein Betriebsrentner gegen seine ehemalige Arbeitgeberin auf Fortzahlung seines Ruhegeldes klagte, nachdem sie ihre entsprechenden **Zahlungen** nach **Schließung ihrer eigenen *„Wohlfahrtseinrichtung“*** gegen eine *„Abfindung“* aus einem Sozialplan **eingestellt** hatte. Er trug hierzu vor, seine Arbeitgeberin sei trotz der Einschaltung einer Versorgungseinrichtung weiterhin **selbst Schuldnerin seiner Versorgungsansprüche** geblieben. Sie habe ihre Versorgungszusage nicht ohne weiteres einfach einstellen können. Die **eingetretene Vermögenslosigkeit der Unterstützungseinrichtung** sei in diesem Zusammenhang ohne Belang, da seine ehemalige Arbeitgeberin weiter über ausreichende Vermögenswerte zur Befriedigung der Versorgungsansprüche verfüge.

Unter Stattgabe der Klage und Bekräftigung seiner sog. *Drei-Stufen-Prüfung*[253] entschied das BAG, dass der der Natur der Unterstützungskasse immanente Ausschluss eines Rechtsanspruchs seitens des Arbeitnehmers lediglich einen **Vorbehalt des Widerrufs** begründe, soweit hinlängliche **sachliche Gründe**, welche *„eine Kürzung unumgänglich erscheinen lassen“*, diesen **rechtfertigten**.

Solch **zwingende Gründe**, die für einen wirksamen Widerruf erforderlich wären, sah der 3. Senat nicht als gegeben an. Insbesondere sei die eingetretene Vermögenslosigkeit der Unterstützungskasse kein *„zwingender Grund“* in diesem Sinne. Es komme nicht auf die wirtschaftliche Situation des Versorgungswerks an, sondern vielmehr auf die **finanzielle Konstitution des Trägerunternehmens** der Unterstützungskasse, mit welchem diese trotz ihrer formalen Unabhängigkeit, im Hinblick auf *„Dotierung und Erfüllung ihrer Aufgaben“* stark verflochten sei. Für diese enge Verflechtung zwischen Unterstützungskasse und Trägerunternehmen streite darüber hinaus auch der Wortlaut des § 7 Abs. 1 BetrAVG, der explizit die Verbindung des Ausfalls der Leistung einer

---

251 BAG, Urt. v. 18.04.1989 – 3 AZR 299/87, NZA 1989, 845, 846, B. 1. der Gründe; Höfer Bd. I/*Höfer*, ART, Kap. 3, Rn. 179; Mü-Hdb. ArbR/*Cisch*, § 205, Rn. 136.

252 BAG, Urt. v. 28.04.1977 – 3 AZR 300/76, DB 1977, 1656, 1657, I. 2. a) der Gründe.

253 Differenzierung zwischen bereits erdienten Besitzständen (1. Stufe), ebenfalls bereits erdienten gehaltsabhängigen, jährlichen Steigerungsraten (2. Stufe) und zukünftigen, noch nicht erdienten potentiellen, zeitabhängigen Steigerungen der Betriebsrente (3. Stufe). Eingriffe auf erster Stufe sind nur ausnahmsweise und nur bei Vorliegen ganz gravierender, zwingender Gründe möglich; in die zweite Stufe darf dies nur bei Vorliegen triftiger Gründe erfolgen; auf dritter Stufe darf hingegen bei Annahme sachlich-proportionaler Gründe eingegriffen werden; vgl. hierzu Schaub ArbR-Hdb./*Vogelsang*, § 276, Rn. 5.

Unterstützungskasse aufgrund Eintreten eines Sicherungsfalles bei deren Trägerunternehmen konstatiert. Einen sachlichen, zwingenden Grund könne im Lichte dessen lediglich eine wirtschaftliche Instabilität des Trägerunternehmens liefern, welche aber hier aufgrund der weiterhin vorhandenen Vermögenswerte nicht vorliege.

III. Die Einstandspflicht des Arbeitgebers, § 1 Abs. 1 S. 3 BetrAVG

Schließlich steht der Arbeitgeber für die von ihm versprochenen Versorgungsleistungen auch bei Durchführung der betrieblichen Altersversorgung über einen externen Versorgungsträger ein (sog. *Einstandspflicht*).[254] Trotz der Tatsache, dass sich der Arbeitgeber eines externen Versorgungsträgers als Erfüllungsgehilfen[255] bedient, spricht das BAG davon, dass *„der Arbeitgeber Altersversorgung durch eine selbständige Versorgungseinrichtung zusagt"*.[256]

Soweit der Versorgungsträger – aus welchem Grunde auch immer – die Versorgung nicht oder nur unzureichend leistet, haftet der Arbeitgeber dem Versorgungsberechtigten verschuldensunabhängig auf gleichem Range für die hinter dem Versorgungsversprechen zurückbleibenden Leistungen, § 1 Abs. 1 S. 3 BetrAVG.[257]

Dieser, vom BAG seinerzeit als *Verschaffungsanspruch*[258] bezeichnete, im Falle lückenhafter Leistung durch den Versorgungsträger als neben einem möglichen zusätzlichen Schadensersatzanspruch des Arbeitnehmers stehende Anspruch, ist seit seiner Kodifikation durch das AVmG zum 01.01.2002 als echter gesetzlicher, verschuldensunabhängiger Erfüllungsanspruch des Arbeitnehmers einzuordnen.[259] Die seitdem normierte *Einstandspflicht* aus § 1 Abs. 1 S. 3 BetrAVG ist jedoch nicht vollständig kongruent zu dem von der Rechtsprechung entwickelten Verschaffungsanspruch, denn sie sind auf unterschiedliche Rechtsfolgen gerichtet.

---

254 Blomeyer/Rolfs/Otto/*Rolfs*, BetrAVG, § 1, Rn. 315; NK-ArbR/*Vienken*, BetrAVG, § 1, Rn. 67.

255 BAG, Urt. v. 19.06.2012 – 3 AZR 408/10, NZA-RR 2013, 426, 429, B. II. 1. der Gründe; *Bader*, BB 2016, 3061.

256 St. Rspr. bis zur Kodifikation der Einstandspflicht, etwa BAG, Urt. v. 03.02.1987 – 3 AZR 208/85, NZA 1989, 22, 23, II. 2. b) der Gründe; vgl. auch BVerfG, Beschl. v. 14.01.1987 – 1 BvR 1052/79, NZA 1987, 347, 348, B. II. 3. b) bb) der Gründe; Höfer Bd. I/*Höfer*, ART, Kap. 3, Rn. 12.

257 BAG, Urt. v. 30.09.2014 – 3 AZR 617/12, NZA 2015, 544, 548, II. 1. a) der Gründe; *Hinrichs/Hansen*, NZA 2016, 1183; *Reich* in FS Höfer 2011, 187, 190.

258 BAG. Urt. v. 28.03.1995 – 3 AZR 373/94, NZA 1996, 36, 37, II. 2. b) der Gründe.

259 Höfer Bd. I/*Höfer*, BetrAVG, § 1, Rn. 10; *Reich* in FS Höfer 2011, 187, 190 f..

Das BAG umriss den Pflichtenkatalog des Arbeitgebers im Hinblick auf diesen Verschaffungsanspruch in seinem Urteil vom 28.03.1995 für einen Fall, in welchem der Konkursverwalter die widerruflichen Bezugsrechte zweier gem. § 6 BetrAVG in den Vorruhestand getretener Arbeitnehmer widerrufen hatte. Der seit Konkurs der Arbeitgeberin für deren Versorgungsansprüche aufkommende PSV wurde vom Konkursverwalter auf Zustimmung zur Auszahlung des von dem Lebensversicherer hinterlegten Deckungskapitals in Anspruch genommen. Der Konkursverwalter vertrat die Auffassung, § 6 BetrAVG stelle keinen Versicherungsfall i. S. d. § 166 VVG (Anm.: heute § 158 Abs. 2 VVG) dar, weswegen er die nach dem Versicherungsvertrag weiterhin widerruflichen Bezugsrechte auch habe wirksam widerrufen und zur Masse ziehen dürfen.
Der 3. Senat entschied mit der Argumentation des klagenden Konkursverwalters zum einen, dass **§ 6 BetrAVG keinen gesetzlich normierten Versicherungsfall i. S. v. § 166 Abs. 2 VVG auslöse** und demgemäß die Bezugsrechte der Versorgungsberechtigten nicht von Gesetzes wegen auch versicherungsvertraglich unwiderruflich geworden seien. Außerdem konstatierte er, dass die beiden in Vorruhestand befindlichen Versorgungsberechtigten zwar nicht originär gegen den Versicherer vorgehen, wohl aber, unter Beachtung der **arbeitgeberseitigen Verschaffungspflicht,** ihren Arbeitgeber auf Verschaffung der Versicherungsleistung in Anspruch nehmen könnten. *„Der Arbeitgeber als Versicherungsnehmer müsse durch die vorzeitige Beendigung des Versicherungsvertrages für die Auszahlung der Versicherungsleistungen an den Arbeitnehmer sorgen […].“*

Wo der Verschaffungsanspruch also darauf abzielte, dass der Arbeitgeber die Ansprüche der Versorgungsberechtigten gegenüber dem externen Versorgungsträger durchzusetzen, mithin den Versorgungsberechtigten ihre Leistungsansprüche entweder durch Nachversicherung oder durch den eigenen Eintritt in die Versicherung und Direktzahlung an den Versorgungsberechtigten zu *verschaffen* hatte, setzt die Einstandspflicht früher an.[260] Sie verpflichtet den Arbeitgeber unmittelbar dazu, bei Zurückbleiben der Versicherungsleistungen für die Differenz zwischen der arbeitsrechtlich zugesagten Versorgungsleistung und der von dem Versorgungsträger tatsächlich erbrachten Zahlungen *einzustehen.*[261]

Die Einstandspflicht trifft den Arbeitgeber bei allen externen Durchführungswegen, also bei der Durchführung über eine Direktversicherung, eine Pensionskasse, einen Pensionsfonds oder eine Unterstützungskasse.[262] Das hat zur Folge, dass das Versorgungsrisiko letztlich immer auf den Arbeitgeber zurückfallen kann.[263]

260 *Reich* in FS Höfer 2011, 187, 191.
261 *Reich* in FS Höfer 2011, 187, 191.
262 St. Rspr., BAG, Urt. v. 15.03.2016 – 3 AZR 827/14, NZA 2016, 1205, 1208, I. 1. a) der Gründe; BAG, Urt. v. 10.02.2015 – 3 AZR 65/14, BeckRS 2015, 68735, B. II. 1. a) der Gründe.
263 KBHB/*Kisters-Kölkes*, BetrAVG, § 1, Rn. 265.

Der Arbeitgeber hat für die Leistungen aus seinem Versorgungsversprechen ferner auch dann einzustehen, wenn beispielsweise vom Versorgungsträger eine versicherungsrechtliche Leistungskürzung vorgenommen wird.[264] Dies gewinnt im Lichte des aktuellen Niedrigzinsniveaus an Brisanz, denn die von Lebensversicherern oder Pensionskassen übernommenen Garantiezinsen sind oft kaum zu halten.[265] Ob in diesem Falle die Einstandspflicht des Arbeitgebers eine Nachschusspflicht an den Versicherer begründet oder aber die liquiditätsmäßig oft günstigere, direkte Zahlung von Leistungen an den Arbeitnehmer selbst zur Folge hat, ist durch sorgfältige Auslegung der Versorgungszusage zu ermitteln.[266] Daher sollten möglichst bereits bei Erteilung der Versorgungszusage transparente Regelungen, ggf. in Gestalt eines Vorbehalts der Direktzahlung an den Arbeitnehmer, vereinbart werden.

---

264 BAG, Urt. v. 19.06.2012 – 3 AZR 408/10, NZA-RR 2013, 426, 429, B. II. 1. der Gründe.
265 *Bader*, BB 2016, 3061.
266 *Reich* in FS Höfer 2011, 187, 190.

Teil 2 Die gesetzliche Insolvenzsicherung gem. §§ 7 ff. BetrAVG

A. Vorbemerkungen

Die gesetzliche Insolvenzsicherung durch den PSV hängt von der individuellen Ausgestaltung der Versorgungssysteme ab.[267] So ist es nach Konzeption der §§ 7–15 BetrAVG für das Vorhandensein von Insolvenzschutz dem Grunde nach bereits relevant, welcher Durchführungsweg gewählt wurde. Der Höhe nach bestimmen sich die Ansprüche gegen den PSV nach der gewählten Zusageart.

So denn der PSV die in Konsequenz einer Arbeitgeberinsolvenz anspruchsberechtigte Versorgungsempfänger und -anwärter befriedigt, gehen deren Versorgungsansprüche im Wege eines gesetzlichen Forderungsübergangs auf den PSV über, welcher insoweit als neuer Gläubiger dieser Ansprüche am Insolvenzverfahren teilnimmt.[268] Der PSV macht diese Versorgungsrechte, soweit sie auf ihn übergegangen sind, gegen die Insolvenzmasse geltend.

Das BetrAVG normiert in den §§ 7–15 BetrAVG ein komplexes System der Absicherung der Versorgungsberechtigten für den Fall einer Arbeitgeberinsolvenz. Bestand und Inhalt der gesetzlichen Insolvenzsicherung sind in mannigfaltiger Weise Gegenstand höchstrichterlicher Rechtsprechung. Auch in der Literatur werden bis dato viele Fragen zum gesetzlichen Insolvenzschutz, insbesondere hinsichtlich seines konkreten Umfanges, diskutiert. Schließlich ist auch die Beteiligung des PSV am Insolvenzverfahren über das Vermögen des Arbeitgebers von einigen Spezialnormen des Betriebsrentengesetzes flankiert, sodass auch dort einige Sonderkonstellationen zu beachten sind.

Nachdem in Teil 1 die für den Einstieg in das hier behandelte Thema wichtige Darstellung der Grundlagen der betrieblichen Altersversorgung vorgenommen wurde, folgt nunmehr in Teil 2 dieser Arbeit die Beleuchtung des Kernthemas der gesetzlichen Insolvenzsicherung betrieblicher Versorgungsansprüche.

Vorweg werden einige Eckpunkte der Entwicklung des Trägers der gesetzlichen Insolvenzsicherung sowie der Grenzen des persönlichen Geltungsbereichs derselben erörtert. Daran anschließend werden sodann – unterteilt nach Durchführungswegen – Funktion, Inhalt, Umfang und Beschränkungen des von §§ 7 ff. BetrAVG kodifizierten Sicherungsmechanismus aufgezeigt.

---

267 *Doetsch* in FS Höfer 2011, 15.

268 NK-ArbR/*Schlewing*, BetrAVG, § 7, Rn. 1.

Schließlich folgt eine Auseinandersetzung mit der besonderen Stellung des PSV im Insolvenz(plan-)verfahren und eine Darstellung der damit zusammenhängenden Sondernormen des BetrAVG.

I. Rechtliche Einordnung der gesetzlichen Insolvenzsicherung und Historie

Der dem BetrAVG immanente, starke Arbeitnehmerschutzgedanke schlägt sich in der Insolvenzsicherung ihrer Betriebsrentenansprüche besonders stark nieder.[269] Im Gegensatz zu den Vorgaben über Unverfallbarkeit und den Anpassungsverpflichtungen existierten vor Normierung des gesetzlichen Insolvenzschutzes keine richterrechtlichen Grundsätze hierzu.[270]

Der Gesetzgeber hegte mit der Einfügung der §§ 7–15 BetrAVG die Absicht, die Versorgungsberechtigten vor den unternehmerischen Risiken und damit ggf. korrespondierenden Insolvenzen ihrer Arbeitgeber zu bewahren.[271] Der PSV sollte danach gleichsam einer „*Auffangstation für Pensionärsinteressen*"[272] in den unter § 7 Abs. 1 BetrAVG normierten Sicherungsfällen für die laufenden Renten sowie für bis zu diesem Zeitpunkt bereits gesetzlich unverfallbar gewordenen Versorgungsanwartschaften einstehen.

Der dieser Einschätzung des BAG vom 11.09.1980 zugrundeliegende Sachverhalt entsprang infolge des Streits um den Eintritt des Sicherungsfalles der vollständigen Beendigung der Betriebstätigkeit gem. § 7 Abs. 1 S. 4 Nr. 3 BetrAVG bei dem Trägerunternehmen einer Unterstützungskasse, die in Konsequenz ihrer Nichtdotierung die Rentenzahlungen gegenüber den Versorgungsberechtigten eingestellt hatte. Zwei Rentner klagten gegen die Unterstützungskasse sowie die persönlich haftende Gesellschafterin des Trägerunternehmens auf Fortzahlung ihrer Versorgungsbezüge. Der PSV trat, nachdem er zunächst die Übernahme der Versorgungsleistungen der beiden Kläger abgelehnt hatte, als Streithelfer auf Seiten der Kläger bei. Neben anderen Rechtsfragen ging es dabei maßgeblich darum, wann und wie der PSV in tatsächlich und rechtlich problematischen Konstellationen hinsichtlich des Eintritts eines seine Haftung auslösenden Sicherungsfalles eingebunden werden müsse.

Das BAG konstatierte in diesem Zusammenhang, dass es für die den Unternehmensabläufen regelmäßig nicht mehr nahestehenden Rentner oftmals nicht möglich sei, die tatsächlichen und rechtlichen Voraussetzungen für den Eintritt eines der in § 7 Abs. 1 S. 4 BetrAVG genannten Sicherungsfälle mit letzter Gewissheit einzuschätzen. Dies

269 Vgl. Paulsdorff, BetrAVG, § 7, Rn. 460.

270 Mü-Hdb. ArbR/*Lämpe*, § 212, Rn. 1.

271 Blomeyer/Rolfs/Otto/*Rolfs*, BetrAVG, § 7, Rn. 4; vgl. hierzu auch die Erwägungsgründe der RL 2008/94/EG vom 22.10.2008, Abl. 2008 L 283, S. 36.

272 BAG, Urt. v. 11.09.1980 – 3 AZR 544/79, BB 1981, 792, 793, B. II. 2. b) der Gründe.

vorausgeschickt, sei es aber auch nicht tragbar, die objektiven Anforderungen für die einzelnen Sicherungsfälle über Gebühr zu lockern und so *„herauszufordern, [...] die Versorgungslasten auf den PSV überzuwälzen"*. Um demnach letztlich das **Vorliegen eines der Sicherungsfälle verlässlich zu determinieren**, sei die **Einbindung des PSV in aller Regel unerlässlich.** Nur so sei die Situation *„sachgerecht entsprechend den Interessen aller Beteiligten"* zu evaluieren. Dem PSV müsse es, soweit er seinen Aufgaben als ***„Auffangstation für Arbeitnehmerinteressen"*** wirksam nachkommen wolle, in engem sachlichen und zeitlichen Zusammenhang möglich gemacht werden, *„eine schnelle und sachgerechte Klärung der tatsächlichen Verhältnisse herbeizuführen, so dass ihm unter Umständen ein Rückgriff auf vorhandenes Vermögen des Arbeitgebers möglich bleibt"*.

Der Anspruch der Versorgungsberechtigten gegen den PSV entsteht qua Gesetz und berücksichtigt dabei weder, ob der jeweilige Arbeitgeber seiner Beitragszahlungspflicht aus § 10 BetrAVG nachgekommen ist, noch, aus welchem Anlass heraus die Versorgungszusage seinerzeit getätigt wurde.[273] Die Leistungen des PSV haben Versicherungscharakter.[274] Der gesetzliche Insolvenzschutz des BetrAVG ist dem Privatversicherungsrecht zuzuordnen.[275]

Demgegenüber ist der durch Arbeitgeberbeiträge finanzierte PSV aber keineswegs dazu eingerichtet worden, in wirtschaftliche Schieflage geratene Unternehmen von ihren Versorgungsverpflichtungen zu „befreien". Die Vorschrift will ausschließlich den Schutz der Arbeitnehmer bezwecken.[276] Der Anspruch jedes einzelnen Versorgungsberechtigten gegen seinen jeweiligen Arbeitgeber besteht auch bei Eintritt des die Haftung des PSV auslösenden Sicherungsfalles fort.[277] Der PSV haftet subsidiär und nur insoweit, als dass der eingetretene Sicherungsfall die Versorgungsansprüche beeinträchtigt, vgl. § 7 Abs. 4 BetrAVG. Er ist lediglich Schuldner einer Ausfallhaftung, wird aber mitnichten Rechtsnachfolger des Arbeitgebers des Versorgungsberechtigten.[278]

Das BAG hatte in diesem Zusammenhang mit Urteil vom 23.03.1999 einen Fall zu entscheiden, in welchem ein Arbeitnehmer den PSV auf Übernahme seiner ihm von seiner ehemaligen – nunmehr in Konkurs befangenen – Arbeitgeberin zugesagten Versorgung in Anspruch nahm. Hinsichtlich der beiden streitbefangenen Versorgungsansprüche

273 NK-ArbR/*Schlewing*, BetrAVG, § 7, Rn. 1.

274 ErfK/*Steinmeyer*, BetrAVG, § 7, Rn. 2.

275 Blomeyer/Rolfs/Otto/*Rolfs*, BetrAVG, § 7, Rn. 8.

276 Vgl. etwa BAG, Urt. v. 11.09.1980 – 3 AZR 544/79, BB 1981, 792, 793, B. II. 2. b) der Gründe; Blomeyer/Rolfs/Otto/*Rolfs*, BetrAVG, § 7, Rn. 4.

277 Höfer Bd. I/*Höfer*, BetrAVG, § 7, Rn. 3.

278 BAG, Urt. v. 23.03.1999 – 3 AZR 625/97, NZA 1999, 652, 653, I. 1. der Gründe; BAG, Urt. v. 21.01.2003 – 3 AZR 30/02, NZA 2004, 331, 333, V. 2. der Gründe; Höfer Bd. I/*Höfer*, BetrAVG, § 7, Rn. 1; Mü-Hdb. ArbR/*Lämpe*, § 212, Rn. 3.

des Klägers, welche er jeweils gegenüber einem seiner ehemaligen Arbeitgeber geltend gemacht hatte, lagen bereits zwei rechtskräftige Urteile vor, die deren Bestehen negierten. Der PSV berief sich auf diese Urteile mit der Maßgabe, dass eine rechtskräftige Entscheidung über das Nichtbestehen dieser Versorgungsansprüche eine erneute Prüfung dieser Frage ausschließe.
Der 3. Senat befasste sich zuvorderst mit der Zulässigkeit der erneuten Klage des Arbeitnehmers und der **Rechtskrafterstreckung** der beiden zuvor ergangenen Urteile auch auf den PSV. Eine Unzulässigkeit der Klage gegen den PSV lehnte er aber ab. Begründet wurde dies damit, dass der *„**Insolvenzsicherungsanspruch** […] zwar auf die Erbringung von Versorgungsleistungen gerichtet, aber **nicht mit dem Versorgungsanspruch identisch**"* sei. Demgemäß trete der PSV nicht in alle Rechte und Pflichten des Arbeitgebers ein, sondern hafte lediglich subsidiär. Aus diesem Grunde sei die Frage nach der Erstreckung der Rechtskraft auf den PSV *„keine Frage der Zulässigkeit, sondern der Begründetheit der Klage auf Insolvenzsicherung"*.
Obschon die beiden rechtskräftigen Entscheidungen den PSV in ihrer Bindungswirkung formal nicht ergriffen, unterlag der Kläger gegenüber dem PSV dennoch, da diese beiden Urteile das Bestehen von Versorgungsansprüchen verneint hatten und dem Kläger damit **keine Versorgungsansprüche** zustanden, welche infolge des **Konkurses der beiden Arbeitgeber ausfällig hätten werden können**.

II. Persönlicher Geltungsbereich, § 17 BetrAVG

1. Grundsatz

Der von § 17 BetrAVG festgelegte persönliche Anwendungsbereich gilt freilich auch für die Anspruchsberechtigung im gesetzlichen Insolvenzschutz.[279] § 17 BetrAVG bezieht gem. seines Abs. 1 S. 1 *Arbeitnehmer*, definiert als Arbeiter und Angestellte einschließlich der in einem Berufsausbildungsverhältnis stehenden Beschäftigten, sowie ihre Hinterbliebenen in den Schutzbereich des BetrAVG ein.[280] Der von § 17 Abs. 1 S. 1 BetrAVG bemühte Begriff *„Arbeitnehmer"* orientiert sich dabei an den anerkannten Merkmalen des Arbeitnehmerbegriffs aus Rechtsprechung und Literatur.[281] Eine konkrete gesetzliche Definition des Arbeitnehmerbegriffs ist trotz der Einführung von § 611a BGB lediglich indirekt erfolgt, sodass weiterhin zur einzelfallbezogenen Abgrenzung die nach allgemeiner Meinung verfestigten Kriterien heranzuziehen sind.[282] Zum

279 *Riewe*, DB 2010, 784.
280 Gottwald InsR-Hdb./*Bertram*, § 109, Rn. 6.
281 ErfK/*Steinmeyer*, BetrAVG, § 17, Rn. 2. Schaub ArbR-Hdb./*Vogelsang*, § 281, Rn. 9; SHSS/*Diller*, Teil 4 B, Rn. 2.
282 Näheres zu den einzelnen Abgrenzungskriterien und der Einführung von § 611a BGB zum 01.04.2017 erläutern *Preis*, NZA 2018, 817 ff. sowie *Richardi*, NZA 2018, 974 ff..

Arbeitnehmerbegriff hat sich in höchstrichterlicher Rechtsprechung, insbesondere durch das BAG, eine umfangreiche Kasuistik entwickelt. Zu den maßgeblichen Abgrenzungsmerkmalen gehört in Umkehrschluss zu § 84 Abs. 1 S. 2 HGB insbesondere der Grad der Weisungsgebundenheit der betreffenden Person, welche hinsichtlich Ort und Zeit fremdbestimmt in persönlicher Abhängigkeit aufgrund eines privatrechtlichen Vertrages für einen anderen tätig wird.[283]

Im Hinblick auf Gesellschafter einer Personengesellschaft ist deren Motiv zum Tätigwerden für die Gesellschaft genau zu beleuchten. In aller Regel wird den persönlich haftenden Gesellschaftern einer Personengesellschaft beherrschende Stellung zukommen, sodass sie nicht vom Geltungsbereich des § 17 Abs. 1 S. 1 BetrAVG erfasst werden.[284] Wird ein Gesellschafter etwa in Ansehung seiner gesellschaftsrechtlichen Einlagepflicht aktiv, so schließt dies seinen Arbeitnehmerstatus aus.[285] Anderes kann wiederum etwa für einen sog. *angestellten Komplementär* gelten, der lediglich im Außenverhältnis als solcher auftritt, im Innenverhältnis aber den Weisungen des Kommanditisten unterworfen ist.[286]

Ferner werden auch sog. *Nicht-Arbeitnehmer* umfasst, soweit ihnen Leistungen „*aus Anlass ihrer Tätigkeit für ein Unternehmen*" zugesagt worden sind, § 17 Abs. 1 S. 2 BetrAVG.[287] Der Gesetzgeber wollte den Anwendungsbereich der §§ 1–16 BetrAVG auch für diejenigen Personen öffnen, deren Lage hinsichtlich ihrer Einflussmöglichkeiten auf die individuelle Versorgungszusage wegen der in aller Regel stärkeren Position ihres Vertragspartners mit der Situation eines Arbeitnehmers vergleichbar war und sie daher als schutzbedürftig erschienen.[288] „*Aus Anlass*" der Tätigkeit ist eine Zusage dann gegeben, wenn sie in enger Korrespondenz zu dem zugrunde liegenden Beschäftigungsverhältnis erteilt worden ist.[289]

Auch ist es in Ansehung dieser gesetzgeberischen Intention für die Einordnung einer Person unter den Schutzbereich von § 17 Abs. 1 S. 2 BetrAVG

283 BAG, Urt. v. 13.12.1962 – 2 AZR 128/62, BB 1963, 310, Ls. 1; SHSS/*Diller*, Teil 4 B, Rn. 7 f.

284 NK-ArbR/*Vienken*, BetrAVG, § 17, Rn. 6.

285 Vgl. Gottwald InsR-Hdb./*Bertram*, § 109, Rn. 9.

286 BGH, Urt. v. 09.06.1980 – II ZR 255/78, NJW 1980, 2257, 2258, I. 1. d) der Gründe; NK-ArbR/*Vienken*, BetrAVG, § 17, Rn. 6.

287 BeckOK ArbR/*Molkenbur*, BetrAVG, § 17, Rn. 6.

288 BT-Drs. 7/1281, S. 30; BeckOK ArbR/*Molkenbur*, BetrAVG, § 17, Rn. 10; kritisch Paulsdorff, BetrAVG, § 7, Rn. 460.

289 BAG, Urt. v. 11.11.2014 – 3 AZR 404/13, NZA-RR 2015, 208, 210, II. 2. a) bb) der Gründe.

relevant, ob ihr die Versorgungszusage aus Anlass einer Tätigkeit für ein *fremdes* Unternehmen erteilt worden ist.[290] Dieses Verständnis der Norm beinhaltet, dass die Tätigkeit gerade nicht gegenüber einem eigenen Unternehmen erbracht werden kann.[291] Insbesondere im Hinblick auf Unternehmensbeteiligungen kann die Einordnung sodann problematisch werden.

In Ansehung des Vorgenannten scheiden daher Allein- oder Mehrheitsgesellschafter einer Kapitalgesellschaft aus dem Kreis der Anspruchsberechtigten nach § 17 Abs. 1 S. 2 BetrAVG aus.[292] Es fehlt bei dieser Form der Unternehmensbeteiligung an der Fremdnützigkeit der Tätigkeit dieser Person.[293]

Ein für ein Unternehmen tätiger Minderheitsgesellschafter kann demgegenüber grundsätzlich unter den persönlichen Geltungsbereich des BetrAVG fallen.[294] Es kommt für seine Qualifikation als Nicht-Arbeitnehmer i. S. v. § 17 Abs. 1 S. 2 BetrAVG darauf an, ob seine Tätigkeit aufgrund seiner lediglich unerheblichen Beteiligung am Unternehmen letztlich als fremd einzustufen ist oder nicht. Der Minderheitsgesellschafter ist dann aber nicht mehr fremdnützig tätig, wenn ihm beispielsweise eine Sperrminorität eingeräumt oder er gemeinsam mit anderen Gesellschaftern zur Geschäftsführung des Unternehmens berufen ist und mit diesen eine Mehrheit erreichen kann.[295]

Zu den Nicht-Arbeitnehmern i. S. v. § 17 Abs. 1 S. 2 BetrAVG können ferner beispielsweise Mitglieder gesellschaftsrechtlicher Organe wie GmbH-Geschäftsführer (§ 35 Abs. 1 Gesetz betreffend die Gesellschaften mit beschränkter Haftung (GmbHG)) und Vorstandsmitglieder von Aktiengesellschaften (§ 78 Abs. 1 Aktiengesetz (AktG)), Genossenschaften (§ 24 Abs. 1 Genossenschaftsgesetz (GenG)) oder Versicherungsvereinen auf Gegenseitigkeit (§ 188 Abs. 1 S. 2 VAG i. V. m. § 78 Abs. 1 AktG) gezählt werden.[296] Zwar sind diese Personengruppen in Ansehung der herrschenden Meinung in Rechtsprechung und Literatur in der ganz überwiegenden Anzahl der Fälle nicht als Arbeitnehmer zu qualifizieren,

---

290 Gottwald InsR-Hdb./*Bertram*, § 109, Rn. 9.

291 NK-ArbR/*Vienken*, BetrAVG, § 17, Rn. 7.

292 Vgl. zum Begriff des Mehrheitsgesellschafters etwa BAG, Urt. v. 16.04.1997 – 3 AZR 869/95, NZA 1998, 101, 103, I. 2. c) der Gründe.

293 BGH, Urt. v. 28.04.1980 – II ZR 254/78, NJW 1980, 2254, 2255, III. 6. der Gründe.

294 BGH, Urt. v. 28.04.1980 – II ZR 254/78, NJW 1980, 2254, 2255, III. 7. der Gründe; ErfK/*Steinmeyer*, BetrAVG, § 17, Rn. 10; NK-ArbR/*Vienken*, BetrAVG, § 17, Rn. 8.

295 ErfK/*Steinmeyer*, BetrAVG, § 17, Rn. 10.

296 BGH, Urt. v. 28.04.1980 – II ZR 254/78, NJW 1980, 2254, 2255, III. 1. bis 5. der Gründe; BeckOK ArbR/*Clemens*, BetrAVG, § 1, Rn. 7, 8; Blomeyer/Rolfs/Otto/*Rolfs*, BetrAVG, § 17, Rn. 79; SHSS/*Diller*, Teil 4 B, Rn. 3.

sie werden jedoch fremdnützig für ein fremdes Unternehmen tätig und fallen damit in den erweiternden Anwendungsbereich von § 17 Abs. 1 S. 2 BetrAVG.[297]

Schließlich ist bei der Einordnung von Gesellschafter-Geschäftsführern unter den Anwendungsbereich von § 17 Abs. 1 S. 2 BetrAVG eine besonders dezidierte Betrachtung vorzunehmen. In Ansehung der bereits geschilderten Abgrenzungskriterien der Verteilung von Stimmrechten und Beteiligungsverhältnissen gilt, dass ein Gesellschafter-Geschäftsführer dann als Unternehmer anzusehen ist, wenn er aufgrund seiner Stimmrechte beherrschenden Einfluss auf das Unternehmen ausüben kann.[298] Wenn er alternativ oder zusätzlich hierzu noch am Kapital der Gesellschaft beteiligt ist, wird, wie dargetan, ab einer Beteiligung von über 50 % eine Unternehmerstellung anzunehmen sein.[299] Im Falle dessen, dass mehrere Gesellschafter-Geschäftsführer bestellt sind, werden ihre Anteile infolge ihrer gleichgerichteten Interessenlage zusammengerechnet (*Zusammenrechnungsprinzip*).[300]

2. *Statuswechsel*

Ferner bereitet auch ein Wechsel einer zuvor beim Unternehmen als Arbeitnehmer tätigen Person zu beispielsweise einem beherrschenden Gesellschafter des Unternehmens Schwierigkeiten bei der Abgrenzung seiner vom BetrAVG insolvenzgeschützten Versorgungsansprüche. So besteht lediglich hinsichtlich der auf die Zeit der Tätigkeit als Arbeitnehmer entfallenden Versorgungsansprüche der gesetzliche Insolvenzschutz durch den PSV.[301] Denn mit Wechsel des vormals als Arbeitnehmer tätigen Mitarbeiters in eine Unternehmerstellung endet im Zweifel das Arbeitsverhältnis auch ohne ausdrückliche Aufhebung des Arbeitsvertrages.[302]

Dies ist insbesondere im Hinblick auf die Berechnung der gesetzlichen Unverfallbarkeitsfristen gem. §§ 1b Abs. 1, 30f Abs. 1 BetrAVG von großer Relevanz. Für die Erfüllung dieser Wartezeiten kann nämlich nur derjenige Zeitraum herangezogen werden, über welchen die betreffende Person als Anspruchsberechtigter

297 Blomeyer/Rolfs/Otto/*Rolfs*, BetrAVG, § 17, Rn. 79.
298 LG Aachen, Urt. v. 12.02.2016 – 43 O 26/15, NZA-RR 2016, 322, 324.
299 SHSS/*Diller*, Teil 4 B, Rn. 55.
300 SHSS/*Diller*, Teil 4 B, Rn. 55 m. w. N..
301 BGH, Urt. v. 16.02.1981 – II ZR 95/80, BB 1981, 615, 1. b) der Gründe.
302 BAG, Urt. v. 08.06.2000 – 2 AZR 207/99, NZA 2000, 1013, 1015, II. 3. b) der Gründe; BAG, Urt. v. 24.10.2013 – 2 AZR 1078/12, NZA 2014, 540, 542, I. 1. b) bb) (1) der Gründe; Blomeyer/Rolfs/Otto/*Rolfs*, BetrAVG, § 7, Rn. 40 m. w. N..

i. S. v. § 17 Abs. 1 BetrAVG tätig war.[303] Für einen Statuswechsel heißt das, dass der Zeitraum der Tätigkeit als Unternehmer außerhalb von § 17 Abs. 1 BetrAVG weder für die Dauer der Versorgungszusage noch als Betriebszugehörigkeit miteinzuberechnen ist.[304] Soweit der Versorgungsberechtigte allerdings von einem Arbeitnehmerstatus i. S. v. § 17 Abs. 1 S. 1 BetrAVG in ein Rechtsverhältnis wechselt, welches dem Regiment von § 17 Abs. 1 S. 2 BetrAVG unterliegt, unterbricht dieser Vorgang nicht die Fristen für das Erreichen gesetzlicher Unverfallbarkeit nach § 1b BetrAVG i. V. m. § 30f BetrAVG.[305]

Für den Umfang des gesetzlich insolvenzgesicherten Versorgungsrechts des wechselnden Mitarbeiters gilt § 2 Abs. 1 bzw. Abs. 2 BetrAVG entsprechend.[306] Damit hat die Berechnung des insolvenzgesicherten Teils des Versorgungsanspruchs dergestalt stattzufinden, dass zunächst die vertraglich zugesagte Versorgung anhand der Gesamtbeschäftigungsdauer einschließlich der als Unternehmer tätigen Zeiten errechnet wird, diese sodann im zweiten Schritt aufgrund der vorzeitigen Beendigung des Arbeitsverhältnisses verhältnismäßig gekürzt und schließlich im letzten Schritt der verbleibende Betrag unter Berücksichtigung der Zeiten als Unternehmer vermindert wird.[307]

War die betreffende Person schließlich zwischenzeitlich in eine Unternehmerstellung gewechselt ist außerdem zu prüfen, inwieweit ihm möglicherweise während dieser Zeit unüblich hohe Versorgungsleistungen zugesagt worden sind.[308] Dahin gehend kann dann ggf. ein Versicherungsmissbrauch gem. § 7 Abs. 5 BetrAVG anzunehmen sein.[309]

Geschieht der Statuswechsel in die entgegengesetzte Richtung, also vom Unternehmer zum Arbeitnehmer i. S. v. § 17 Abs. 1 BetrAVG, so beginnt eine Versorgungszusage regelmäßig ohnehin erst mit Abschluss des neuen Arbeitsvertrages.[310] Unterbleibt dies, ist im Rahmen einer ergänzenden Vertragsauslegung

303 BAG, Urt. v. 20.09.2016 – 3 AZR 77/15, NZA 2017, 644, 654, E. II. 2. b) der Gründe; NK-ArbR/*Vienken*, BetrAVG, § 17, Rn. 10.

304 BGH, Beschl. v. 24.09.2013 – II ZR 396/12, BeckRS 2014, 762, II. der Gründe.

305 BAG, Urt. v. 25.04.2017 – 3 AZR 540/15, NZA 2017, 1392, 1394, I. 2. a) bb) (3) der Gründe.

306 Blomeyer/Rolfs/Otto/*Rolfs*, BetrAVG, § 7, Rn. 42.

307 BGH, Urt. v. 16.02.1981 – II ZR 95/80, BB 1981, 615, 616, 1. b) der Gründe; BGH, Urt. v. 19.05.1983 – II ZR 49/82, NJW 1983, 2256, 2257, 1. der Gründe; Blomeyer/Rolfs/Otto/*Rolfs*, BetrAVG, § 7, Rn. 42 m. w. N..

308 Blomeyer/Rolfs/Otto/*Rolfs*, BetrAVG, § 7, Rn. 44.

309 Schaub ArbR-Hdb./*Vogelsang*, § 281, Rn. 9, näher zum Missbrauch des gesetzlichen Insolvenzschutzes unter Teil 2 B. IV. 5..

310 Blomeyer/Rolfs/Otto/*Rolfs*, BetrAVG, § 7, Rn. 44.

zu prüfen, ob nicht eine ggf. zuvor während des Dienstverhältnisses bestehende Versorgungszusage fortbestehen sollte. Eine solche wäre entsprechend der obigen Grundsätze wiederum nur zum Teil insolvenzgesichert und zwar begrenzt auf den Zeitraum, in welchem der Mitarbeiter als Arbeitnehmer i. S. v. § 17 Abs. 1 BetrAVG tätig war. Die Berechnung der Höhe des gesetzlich insolvenzgesicherten Anspruchs erfolgt dann ebenfalls entsprechend § 2 BetrAVG.[311]

III. Der Pensionssicherungsverein Verein auf Gegenseitigkeit als Träger der gesetzlichen Insolvenzsicherung, § 14 BetrAVG

1. *Historie und Rechtsgrundlagen des PSV*

Der PSV verfolgt den ausschließlichen Zweck der Sicherung der betrieblichen Altersversorgung im Falle einer Insolvenz eines Arbeitgebers.[312] Die Abwicklung seiner Aufgaben hat der PSV gem. § 8 Abs. 1 BetrAVG i. V. m. § 2 Abs. 2 der Satzung des PSV auf ein Konsortium von derzeit 49 Lebensversicherern unter Federführung der Allianz Lebensversicherungs-AG in Stuttgart übertragen.[313] Dieses Konsortium ist als Gesellschaft bürgerlichen Rechts (GbR) strukturiert, weswegen die Übernahme der rechtlichen Verpflichtungen des PSV nicht etwa durch das Konsortium selbst, sondern durch die einzelnen Lebensversicherungsunternehmen erfolgt.[314]

Er wurde in den Jahren 1974 und 1975 durch die Bundesvereinigung der Deutschen Arbeitgeberverbände e. V. (BDA), den Bundesverband der Deutschen Industrie e. V. (BDI) und den Verband der Lebensversicherungs-Unternehmen e. V. als Selbsthilfeeinrichtung gegründet.[315] Nach Verabschiedung des neuen BetrAVG 1974 nahm der PSV, der nunmehr durch § 14 BetrAVG zum Träger der gesetzlichen Insolvenzsicherung bestimmt worden war, am 01.01.1975 seine Arbeit auf.[316]

Seine Rechtsgrundlagen findet der PSV vordergründig im BetrAVG, im VAG, in seiner Satzung, den Allgemeinen Versicherungsbedingungen für die Insolvenzsicherung der betrieblichen Altersversorgung (AIB) sowie in der Geschäftsordnung des Aufsichtsrates des PSV.[317]

---

311 Blomeyer/Rolfs/Otto/*Rolfs*, BetrAVG, § 7, Rn. 44.

312 PSV Geschäftsbericht 2017, S. 7, 44.

313 Vgl. Website des PSV, „Ziel und Zweck", www.psvag.de/wir-ueber-uns/ziel-und-zweck.html (zuletzt aufgerufen am 21.01.2019).

314 ErfK/*Steinmeyer*, BetrAVG, § 8, Rn. 1, 2.

315 Beck/Depré/*Pluta/Heidrich*, § 30, Rn. 5.

316 Blomeyer/Rolfs/Otto/*Rolfs*, BetrAVG, § 14, Rn. 4.

317 Blomeyer/Rolfs/Otto/*Rolfs*, BetrAVG, § 14, Rn. 8 f..

Mit den gesetzlichen Regelungen zur Entgeltumwandlung und der Kodifikation des Umwandlungsanspruchs der Arbeitnehmer stieg die Zahl der beitragspflichtigen Arbeitgeber beim PSV in den Jahren 2002 bis 2005 deutlich an. Im Jahre 2006 erfolgte die Umstellung des Finanzierungsverfahrens des PSV vom vormaligen Umlageverfahren auf Kapitaldeckung.[318]

Seit 2010 sinkt die Zahl der Unternehmensinsolvenzen kontinuierlich, sodass sich die mit dem aufkommenden Schadensvolumen korrespondierenden Beitragssätze ebenfalls verminderten. Im Geschäftsjahr 2016 wurde daher erstmals kein Beitrag zum PSV fällig.[319]

Beitragspflichtige Mitglieder des PSV sind Arbeitgeber, die insolvenzsicherungspflichtige betriebliche Altersversorgung durchführen, § 10 BetrAVG.[320] Derzeit sichert der ca. 94.795 Mitglieder zählende PSV die Versorgungsberechtigungen von etwa 4 Millionen Rentnern sowie von ca. 6,9 Millionen Anwärtern ab. Das zugrunde liegende, abzusichernde Kapitalvolumen der insolvenzgeschützten Versorgungsverpflichtungen liegt bei etwa 339 Milliarden Euro.[321]

Der PSV ist in zwei große Sparten unterteilt. Das Ressort „Leistung und Recht“ übernimmt unter anderem die Insolvenzabwicklung sowie die Behandlung aller Rechtsangelegenheiten. Daneben ist die Sparte „Betrieb und Finanzen“ etwa zuständig für die Beitragserhebung sowie für Kapitalanlagen und die Buchführung.[322]

2. *Rechtsnatur*

Gem. § 14 Abs. 1 BetrAVG ist der PSV zum Träger der gesetzlichen Insolvenzsicherung berufen. Im Falle der Auflösung oder des Widerrufs der Geschäftserlaubnis des PSV vom 23.12.1974 steht die vom Bund getragene Kreditanstalt für Wiederaufbau subsidiär für die Verbindlichkeiten des PSV ein.[323] Der PSV unterliegt als Versicherungsverein der Privatwirtschaft gem. § 14 Abs. 2 S. 1 BetrAVG der staatlichen Aufsicht durch die BaFin.[324]

---

318 Vgl. Höfer Bd. I/*Höfer*, BetrAVG, § 10, Rn. 9.

319 Geschäftsbericht des PSV 2016, S. 9.

320 Höfer Bd. I/*Höfer*, BetrAVG, § 10, Rn. 7.

321 Geschäftsbericht des PSV 2017, S. 9, 10; vgl. auch Website des PSV, „Die Geschichte des PSVaG“, www.psvag.de/wir-ueber-uns/geschichte-des-psvag.html (zuletzt aufgerufen am 21.01.2019).

322 Website des PSV, „Organisationsstruktur“, www.psvag.de/wir-ueber-uns/organisationsstruktur.html (zuletzt aufgerufen am 21.01.2019).

323 NK-ArbR/*Vogt*, BetrAVG, § 14, Rn. 6.

324 Blomeyer/Rolfs/Otto/*Rolfs*, BetrAVG, § 14, Rn. 3.

Die gesetzliche Insolvenzsicherung kann als Vermögensschadensversicherung zugunsten der Versorgungsberechtigten qualifiziert werden.[325] Es handelt sich insoweit um eine gesetzliche Ausfallsicherung durch den PSV.[326] Versicherungsnehmer ist der Arbeitgeber.[327] Im Unterschied zur Direktversicherung kommt dem Arbeitgeber hierbei kein formelles Verfügungsrecht über das Bezugsrecht an der Versicherung zugute.[328] Die Stellung des Versorgungsberechtigten entsteht von Gesetzes wegen und nicht im Wege einer schuldrechtlichen Vereinbarung. Der Arbeitgeber hat damit keine Möglichkeit, das für die Beiträge an den PSV eingesetzte Vermögen weiter zu nutzen.

Während die Rechtsbeziehungen auf Leistungsseite dem Privatrecht zuzuordnen sind, ist die Beitragspflicht der Arbeitgeber zum PSV öffentlich-rechtlich ausgestaltet, wobei der PSV als beliehener Unternehmer auftritt.[329] Seine hoheitlichen Befugnisse umfassen die Beitragsfestsetzung, dessen Einzug sowie ggf. eine entsprechende Vollstreckung. Bescheide des PSV stellen Verwaltungsakte gem. § 35 Verwaltungsverfahrensgesetz (VwVfG) dar.[330] Insoweit steht dem Betroffenen hiergegen zunächst das Rechtsmittel des Widerspruchs nach § 68 Verwaltungsgerichtsordnung (VwGO) offen.[331] Die Durchführung dieses Vorverfahrens, über welches der PSV als gleichzeitige Widerspruchsbehörde die Herrschaft innehat, ist zwingende Prozessvoraussetzung für eine im Falle der Nicht-Abhilfe möglicherweise zu bemühende Anfechtungsklage.[332] Weder Widerspruch noch Anfechtungsklage haben aufschiebende Wirkung, da die an den PSV zu entrichtenden Beiträge öffentliche Abgaben i. S. v. § 80 Abs. 2 Ziff. 1 VwGO darstellen. Mithin sind die Beitragsbescheide des PSV auch sofort vollziehbar.

Im Innenverhältnis handelt es sich bei dem PSV um eine Körperschaft, welche dem Vereinsrecht unterliegt.[333] Den §§ 21 ff. BGB greifen indes die einschlägigen

325 BAG, Urt. v. 04.04.2000 – 3 AZR 458/98, BeckRS 2000, 30104839, III. 1. b) der Gründe; SHSS/*Wortmann*, Teil 16 A, Rn. 3.

326 Beck/Depré/*Pluta/Heidrich*, § 30, Rn. 6.

327 Blomeyer/Rolfs/Otto/*Rolfs*, BetrAVG, § 14, Rn. 25.

328 Blomeyer/Rolfs/Otto/*Rolfs*, BetrAVG, § 14, Rn. 26; näher zu Bezugsrechten in der Direktversicherung unter Teil 2 B. II. 2.

329 Vgl. BVerwG, Urt. v. 14.03.1991 – 3 C 24.90, NVwZ-RR 1992, 130, 131; Blomeyer/Rolfs/Otto/*Rolfs*, BetrAVG, § 14, Rn. 7.

330 Höfer Bd. I/*Höfer*, BetrAVG, § 10, Rn. 8.

331 NK-ArbR/*Vogt*, BetrAVG, § 10, Rn. 21.

332 Höfer Bd. I/*Höfer*, BetrAVG, § 10, Rn. 8.

333 Blomeyer/Rolfs/Otto/*Rolfs*, BetrAVG, § 14, Rn. 5.

Regelungen aus dem VAG im Wege der Spezialität vor.[334] Der PSV verfügt im Außenverhältnis über eine eigene Rechtspersönlichkeit und ist infolge der ihm verliehenen Geschäftsführungserlaubnis rechtsfähig, § 171 VAG.[335] Als Vollkaufmann finden zudem die Vorschriften des Handelsgesetzbuchs (HGB) auf den PSV Anwendung.[336]

Strukturell verfügt der PSV satzungsgemäß über vier Organe.[337] Der Vorstand gem. § 188 VAG besteht aus zwei Personen. Bestellt wird der Vorstand vom Aufsichtsrat, der im Einklang mit den Regelungen des § 189 VAG i. V. m. § 10 Abs. 1 der Satzung des PSV aus zwölf Personen besteht. Das oberste Verwaltungsorgan des PSV, welches unter anderem für die Änderung der Satzung oder der AIB zuständig ist, ist die Mitgliederversammlung, § 191 VAG, §§ 15 ff. Satzung des PSV. Sie wählt den zur Beratung von Vorstand und Aufsichtsrat berufenen Beirat, §§ 20 ff. Satzung des PSV. Der Beirat ist jeweils zu einem Drittel mit Vertretern der Mitglieder, des Lebensversicherungskonsortiums und der versorgungsberechtigten Arbeitnehmer besetzt.[338]

3. *Finanzierung und Beitragspflicht, § 10 BetrAVG*

Die Mittel des PSV für die Durchführung der Insolvenzsicherung werden aufgrund öffentlich-rechtlicher Verpflichtung[339] durch Beiträge aller Arbeitgeber aufgebracht, die Leistungen der betrieblichen Altersversorgung unmittelbar zugesagt haben oder eine betriebliche Altersversorgung über eine Unterstützungskasse, eine Direktversicherung der in § 7 Abs. 1 S. 2 und Abs. 2 S. 1 Nr. 2 bezeichneten Art oder einen Pensionsfonds durchführen, § 10 Abs. 1 BetrAVG.[340] Damit trifft die Insolvenzsicherungspflicht diejenigen Durchführungswege, deren Finanzierung mit Eintritt der Insolvenz eines Arbeitgebers gefährdet ist.[341] Unerheblich für den Bestand der Beitragspflicht gem. § 10 BetrAVG ist, ob der jeweilige Arbeitgeber die Versorgungsberechtigten noch anderweitig besichert hat, etwa im Wege der Installation eines Treuhandmodells (Contractual Trust Arrangement (CTA))[342]

---

334 Blomeyer/Rolfs/Otto/*Rolfs*, BetrAVG, § 14, Rn. 10.

335 Schaub ArbR-Hdb./*Vogelsang*, § 281, Rn. 53.

336 Blomeyer/Rolfs/Otto/*Rolfs*, BetrAVG, § 14, Rn. 6.

337 Schaub ArbR-Hdb./*Vogelsang*, § 281, Rn. 53.

338 Blomeyer/Rolfs/Otto/*Rolfs*, BetrAVG, § 14, Rn. 17.

339 BVerwG, Urt. v. 28.06.1994 – 1 C 20/92, NZA 1995, 75, 2. a) und c) aa) der Gründe; BVerwG, Urt. v. 25.08.2010 – 8 C 23/09, NVwZ-RR 2011, 160, 161, II. 1. der Gründe.

340 Schaub ArbR-Hdb./*Vogelsang*, § 281, Rn. 54.

341 KBHB/*Berenz*, BetrAVG, § 10, Rn. 2.

342 *Berenz*, DB 2006, 2125.

oder der Verpfändung einer Rückdeckungsversicherung.[343] Die Beiträge werden unabhängig vom individuellen Insolvenzrisiko des zu versichernden Arbeitgebers erhoben. Sinn und Zweck dieser vereinheitlichten Regelung ist eine gleichmäßige Risikoverteilung bei geringem Verwaltungsaufwand.[344] Es herrscht insoweit ein Solidarprinzip.[345]

Die Beitragspflicht gem. § 10 Abs. 1 BetrAVG beginnt mit Eintritt der ersten gesetzlichen Unverfallbarkeit einer Anwartschaft bzw. mit Eintritt eines Versorgungsfalles, § 11 Abs. 1 BetrAVG, und endet mit Fortfall dieser Voraussetzungen.[346]

Die Berechnung und Höhe der Beiträge an den PSV ergeben sich aus § 10 Abs. 2 und 3 BetrAVG. Das zugrunde zu legende Gesamtbeitragsaufkommen gem. § 10 Abs. 2 BetrAVG ist in zwei Teile gegliedert.[347] Zunächst wird der Jahreskapitalbedarf ermittelt, der notwendig ist für die Ausfinanzierung der binnen des Jahres entstehenden Ansprüche auf Leistungen der betrieblichen Altersversorgung. Dazu gehören die Barwerte laufender Leistungen von bereits insolventen Arbeitgebern sowie die der unverfallbaren Anwartschaften früherer Insolvenzen, bei denen nun der Versorgungsfall eintritt.[348] Hinzu kommt ein Betrag für die aufgrund eingetretener Insolvenzen zu sichernden Anwartschaften. Das Gesamtbeitragsaufkommen enthält zudem Verwaltungskosten sowie einen Betrag, welcher einem von der BaFin festgesetzten Ausgleichsfonds zuzuführen ist.[349]

Der gesamte Beitragsbedarf, der letztlich Grundlage für die Ermittlung der einzelnen Beiträge ist, ist der Saldo aus dem genannten Aufwand des PSV und dessen Jahresertrag.[350] Dieses Gesamtbeitragsaufkommen wird ins Verhältnis zur Beitragsbemessungsgrundlage des PSV gesetzt, § 10 Abs. 3 Hs. 1 BetrAVG.[351] Die Beitragsbemessungsgrundlage ergibt sich aus den von den einzelnen

---

343 BVerwG, Urt. v. 25.08.2010 – 8 C 23/09, NVwZ-RR 2011, 160, 161, II. 1. b) der Gründe; *Berenz*, DB 2006, 2125; Blomeyer/Rolfs/Otto/*Rolfs*, BetrAVG, § 10, Rn. 22; näher zu Möglichkeiten privatvertraglichen Insolvenzschutzes (CTA und Rückdeckungsversicherungen) unter Teil 4.

344 BVerwG, Urt. v. 25.08.2010 – 8 C 23/09, NVwZ-RR 2011, 160, 162, II. 1. d) der Gründe.

345 *Schnitker/Sittard*, NZA 2012, 963, 964.

346 Schaub ArbR-Hdb./*Vogelsang*, § 281, Rn. 54.

347 Höfer Bd. I/*Höfer*, BetrAVG, § 10, Rn. 11; KBHB/*Berenz*, BetrAVG, § 10, Rn. 38.

348 KBHB/*Berenz*, BetrAVG, § 10, Rn. 38.

349 Höfer Bd. I/*Höfer*, BetrAVG, § 10, Rn. 11.

350 Blomeyer/Rolfs/Otto/*Rolfs*, BetrAVG, § 10, Rn. 61, 62.

351 Höfer Bd. I/*Höfer*, BetrAVG, § 10, Rn. 41.

Arbeitgebern gem. § 11 Abs. 1 BetrAVG jährlich zu meldenden individuellen Beitragsbemessungsgrundlagen. Der jeweils maßgebende Betrag errechnet sich abhängig von dem zugesagten Durchführungsweg nach § 10 Abs. 3 Hs. 2 BetrAVG.[352] Die individuelle Beitragsbemessungsgrundlage wird anhand steuerrechtlicher Bewertungsregeln berechnet.[353]

So ist die Beitragsbemessungsgrundlage im Falle der Durchführung der betrieblichen Altersversorgung als Direktzusage gem. § 10 Abs. 3 Hs. 2 Ziff. 1 BetrAVG der Teilwert der Pensionsverpflichtungen des Unternehmens gem. § 6a Abs. 3 EStG.

Im Hinblick auf die Durchführung über eine Direktversicherung ist zwischen widerruflichem und unwiderruflichem Bezugsrecht zu unterscheiden. Handelt es sich um die Einräumung widerruflicher Bezugsrechte an einer Direktversicherung, stimmt die Beitragsbemessungsgrundlage mit dem vom jeweiligen Lebensversicherungsunternehmen errechneten, geschäftsplanmäßigen Deckungskapital, ggf. zuzüglich Überschussanteile, überein.[354] Sind den Versorgungsberechtigten demgegenüber unwiderrufliche Bezugsrechte an der Versicherung eingeräumt worden und sind diese Policen aber wirtschaftlich belastet, gilt als Beitragsbemessungsgrundlage eben jener Belastungsbetrag.[355]

Bei Einschaltung einer Unterstützungskasse entspricht die Beitragsbemessungsgrundlage dem Deckungskapital der laufenden Leistungen, § 4d Abs. 1 Ziff. 1a) EStG, zuzüglich des Zwanzigfachen der jährlichen Zuwendungen für Leistungsempfänger i. S. v. § 4d Abs. 1 Ziff. 1b) S. 2 EStG.[356]

Wird das Versorgungssystem schließlich über einen Pensionsfonds durchgeführt, so werden – unter Berücksichtigung des vom Gesetzgeber als niedrig eingeschätzten Insolvenzrisikos des Pensionsfonds und des damit einhergehenden geringeren Risikos der Inanspruchnahme des PSV – als Beitragsbemessungsgrundlage lediglich 20 % des Teilwerts der betrieblichen Altersversorgung gem. § 6a Abs. 3 EStG in Anschlag gebracht.[357]

---

352 Höfer Bd. I/*Höfer,* BetrAVG, § 10, Rn. 42.

353 KBHB/*Berenz,* BetrAVG, § 10, Rn. 79.

354 Höfer Bd. I/*Höfer,* BetrAVG, § 10, Rn. 107.

355 KBHB/*Berenz,* BetrAVG, § 10, Rn. 84.

356 KBHB/*Berenz,* BetrAVG, § 10, Rn. 82.

357 Blomeyer/Rolfs/Otto/*Rolfs*, BetrAVG, § 10, Rn. 154, 155.

B. Die gesetzliche Insolvenzsicherung durch den PSV

Der PSV sichert unter den Voraussetzungen der §§ 7 ff. BetrAVG Rentenansprüche wie auch Versorgungsanwartschaften gegen das Risiko der Insolvenz des Arbeitgebers ab. Der gesetzliche Insolvenzschutz stellt eine Ausprägung des dem Arbeitsverhältnis und konsequenterweise auch der betrieblichen Altersversorgung innewohnenden sozialen Schutzgedankens dar.[358] Im Falle der Insolvenz eines Arbeitgebers muss der PSV, der, wie dargestellt, von der Solidargemeinschaft der Arbeitgeber finanziert wird, einerseits den Interessen der Arbeitnehmerschaft mit ihren Versorgungsanwartschaften und den Pensionären mit ihren Betriebsrenten gerecht werden, aber andererseits auch die Gemeinschaft der Arbeitgeber von ungebührlicher Inanspruchnahme schützen. Dieses besondere Spannungsverhältnis, in welches schließlich auch die Rechtsbeziehungen der Beteiligten zu den externen Versorgungsträgern hineinstrahlen, schafft eine oftmals nur schwer zu überblickende, komplexe Rechtslage. Dieses Kapitel soll System und Funktion des gesetzlichen Insolvenzschutzmechanismus durch den PSV beleuchten, wobei neben den Leistungsvoraussetzungen insbesondere der Umfang und die Grenzen der insolvenzgeschützten Ansprüche und Anwartschaften sowie die damit zusammenhängenden Rechtsprobleme dargestellt und erörtert werden.

§ 7 BetrAVG normiert den gesetzlichen Insolvenzschutz von Versorgungsansprüchen sowie von Versorgungsanwartschaften. Dabei stellt die Regelung für das Bestehen der Insolvenzsicherung von Ansprüchen der Versorgungsempfänger und -anwärter unterschiedliche Anforderungen auf. Die Intensität des Insolvenzschutzes von Versorgungsvollrechten und bloßen Anwartschaften ist dabei nicht kongruent ausgestaltet.[359]

Soweit es sich bei dem Anspruch des Versorgungsberechtigten um einen solchen *„aus einer unmittelbaren Versorgungszusage des Arbeitgebers“* bzw. einer dieser gesetzlich gleichgestellten Zusage handelt und dieser nicht erfüllt wird, weil über das Vermögen des Arbeitgebers das Insolvenzverfahren eröffnet worden ist, hat der Versorgungsberechtigte einen Versicherungsanspruch gegen den PSV in Höhe derjenigen Leistung, die der Arbeitgeber aufgrund der Versorgungszusage zu erbringen hätte, wenn das Insolvenzverfahren nicht eröffnet worden wäre, § 7 Abs. 1 S. 1 BetrAVG. Das versicherte Risiko ist hierbei der

---

358 Höfer Bd. I/*Höfer*, BetrAVG, § 17, Rn. 47.

359 BAG, Urt. v. 08.06.1999 – 3 AZR 39/98, NZA 1999, 1215, 1216, II. der Gründe; SHSS/*Wortmann*, Teil 16 A, Rn. 61.

Forderungsausfall infolge des Eintritts eines der hier genannten Sicherungsfälle (erforderlicher *Kausalzusammenhang*).[360]

I. Inhalt der gesetzlichen Insolvenzsicherung gem. § 7 BetrAVG

1. Versorgungsansprüche, § 7 Abs. 1 BetrAVG

Für Rentner und ihre Hinterbliebenen, deren Versorgungsansprüche zum Zeitpunkt der Eröffnung des Insolvenzverfahrens oder bei Eintritt eines der weiteren Sicherungsfälle aus § 7 Abs. 1 S. 4 BetrAVG[361] bereits bestanden haben und die Versorgungsleistungen laufend beziehen, ergibt sich der Anspruch gegen den PSV im Falle der unmittelbaren Versorgungszusage durch den nunmehr insolvent gewordenen Arbeitgeber aus § 7 Abs. 1 S. 1 BetrAVG.[362]

Um dem gesetzlichen Insolvenzschutz zu unterfallen, muss es sich bei den bereits bezogenen Renten um Leistungen der betrieblichen Altersversorgung handeln.[363] § 7 BetrAVG verwendet den in § 1 Abs. 1 S. 1 BetrAVG legaldefinierten Begriff der betrieblichen Altersversorgung und setzt das Vorliegen von deren Charaktereigenschaften dabei voraus.[364]

> Dass ein gesetzlicher Insolvenzschutz durch den PSV nur für solche Versorgungsleistungen infrage komme, welche die gesetzlichen Anforderungen an betriebliche Altersversorgung i. S. v. § 1 Abs. 1 S. 1 BetrAVG erfüllen, bestätigte das BAG in seinem Urteil vom 03.11.1998 noch einmal für eine solche Versorgungszusage, welche eine anspruchsbegründende Konstellation für die Auszahlung von Leistungen vorsah, in welcher *„das Dienstverhältnis nach Vollendung des 60. Lebensjahres durch die Gesellschaft oder im gegenseitigen Einvernehmen beendet"* werde. Nachdem sein Arbeitsverhältnis durch die Arbeitgeberin beendet und über deren Vermögen der Konkurs eröffnet worden war, klagte ein ehemaliger Arbeitnehmer gegen den PSV auf Übernahme der nach der angeführten Konstellation zu zahlenden Versorgungsleistungen. Der PSV lehnte dies unter

---

360 ErfK/*Steinmeyer*, BetrAVG, § 7, Rn. 7.

361 Näher zu den Insolvenzschutz auslösenden Sicherungsfällen unten Teil 2 B. III.

362 NK-ArbR/*Schlewing*, BetrAVG, § 7, Rn. 3.

363 NK-ArbR/*Schlewing*, BetrAVG, § 7, Rn. 9.

364 BAG, Urt. v. 03.11.1998 – 3 AZR 454/97, NZA 1999, 594, 595, ab B. I. der Gründe; Urt. v. 16.03.2010 – 3 AZR 594/09, NZA-RR 2011, 155, 158, A. I. 2. der Gründe; Blomeyer/Rolfs/Otto/*Rolfs*, BetrAVG, § 7, Rn. 19 m. w. N.; anders Überbrückungszuschüsse, welche dem Pensionär nach Eintritt des Versorgungsfalles gezahlt werden, um den Einstieg in die Rente zu erleichtern, BAG, Urt. v. 20.03.2018 – 3 AZR 244/17, BeckRS 2018, 13468, I. 2. a) der Gründe; zu den einzelnen Charakteristika betrieblicher Altersversorgung siehe oben Teil 1 B. I.

Verweis auf die mangelnde Eigenschaft dieser Leistung als betriebliche Altersversorgung nach § 1 Abs. 1 S. 1 BetrAVG ab.
Der 3. Senat folgte der Rechtsansicht des PSV und entschied, dass eine Arbeitgeberleistung, welche durch ihn *„von (seiner) Mitwirkung bei der Vertragsauflösung sowie davon abhängig gemacht (werde), dass der Kläger arbeitslos wird oder zumindest vor dem Eintritt in den Ruhestand keine gleichwertige Arbeit mehr (finde)"* lediglich den **Zeitraum bis zum Rentenbeginn überbrücken** sollte, **nicht** aber ***„den Ruhestand selbst wirtschaftlich absichern"***. Daneben spiele auch der den Unverfallbarkeits- und Insolvenzschutzregelungen des BetrAVG immanente Vertrauensschutzgedanke eine gewichtige Rolle. Das BetrAVG wolle den Arbeitnehmer und dessen Vertrauen in eine spätere sichere Versorgung im Alter schützen. Wo der Arbeitnehmer aber bereits **kein schutzwürdiges Vertrauen** auf eine bestimmte Leistung entwickeln könne, dort könne auch der Arbeitnehmerschutzgedanke des BetrAVG nicht durchgreifen. So gestalte es sich in diesem Fall. Soweit nämlich das Entstehen eines Anspruchs auf Versorgungsleistungen davon abhängig gemacht werde, dass *„der Arbeitgeber an der Auflösung des Arbeitsverhältnisses mitgewirkt"* habe, stünde es gerade nicht **allein im Einflussbereich des Arbeitnehmers**, eine spätere Versorgungsleistung sicher zu erzielen. Ein diesbezügliches, schutzwürdiges Vertrauen scheide infolgedessen aus.

Zu den Versorgungsberechtigten i. S. v. § 7 Abs. 1 BetrAVG gehören auch die sog. *technischen Rentner*, welche zwar formal bereits die vereinbarte Altersgrenze erreicht haben, aber dennoch weiter bei dem Arbeitgeber beschäftigt sind.[365] Dies gilt nicht, wenn die Versorgungszusage neben dem Eintritt eines biologischen Ereignisses auch die Beendigung des Arbeitsverhältnisses voraussetzt.[366] In diesem Fall wäre der technische Rentner mit seiner insoweit bestehenden Versorgungsanwartschaft über § 7 Abs. 2 BetrAVG geschützt, wenn diese bei Eröffnung des Insolvenzverfahrens bereits gesetzlich unverfallbar ist.[367]

Es ist für das Bestehen gesetzlichen Insolvenzschutzes von Versorgungsansprüchen nach § 7 Abs. 1 BetrAVG unerheblich, ob das Arbeitsverhältnis bis zum Eintritt des Versorgungsfalles fortbestand.[368]

Die zugrundeliegende Entscheidung des BAG vom 08.06.1999 beschäftigte sich mit einem Fall, in welchem es zunächst um die Kategorisierung der Versorgung eines ehemaligen Arbeitnehmers ging, welcher vor Eintritt des Sicherungsfalles bei seinem ehemaligen Arbeitgeber sowohl ausgeschieden war als auch vorzeitige Versorgungsleistungen

365 BGH, Urt. v. 09.06.1980 – II ZR 255/78, NJW 1980, 2257, 2259, II. 1. der Gründe; BAG, Urt. v. 18.03.2003 – 3 AZR 313/02, NZA 2004, 848, 850, II. 2. a) der Gründe; ErfK/*Steinmeyer*, BetrAVG, § 7, Rn. 11; Höfer Bd. I/*Höfer/Reich*, BetrAVG, § 7, Rn. 32.
366 Höfer Bd. I/*Höfer/Reich*, BetrAVG, § 7, Rn. 33.
367 Höfer Bd. I/*Höfer/Reich*, BetrAVG, § 7, Rn. 33.
368 BAG, Urt. v. 08.06.1999 – 3 AZR 39/98, NZA 1999, 1215, 1216, I. der Gründe.

nach § 6 BetrAVG von diesem bezogen hatte. Es drehte sich nachfolgend sodann maßgeblich um die Frage, inwieweit der beklagte PSV für eine dem Kläger ursprünglich zugesagte Dynamisierung seiner Betriebsrente einzustehen habe.
Der 3. Senat qualifizierte den Anspruch des Klägers als Versorgungsberechtigung nach § 7 Abs. 1 BetrAVG. Daran könne auch sein **vorzeitiges Ausscheiden aus dem Betrieb** des Arbeitgebers **nichts ändern**. Der Kläger habe insoweit bei Eintritt des Sicherungsfalls nicht mehr lediglich über eine Versorgungsanwartschaft verfügt, deren Insolvenzschutz nach § 7 Abs. 2 BetrAVG zu bewerten gewesen wäre, sondern vielmehr bereits über **einen zum Vollrecht erstarkten Versorgungsanspruch**. Dieser unterliege im Gegensatz zu Versorgungsanwartschaften **nicht der sog. *Veränderungssperre*** *(Anm.: Heute ausdrücklich normiert, § 7 Abs. 2 S. 6 i. V. m. § 2a Abs. 1 BetrAVG)*, sodass sich nach dem Sicherungsfall beschlossene **Dynamisierungen** auch auf die Höhe des Anspruchs gegen den PSV auswirkten. Es komme für den Umfang des zu sichernden Anspruchs nach dem Wortlaut von § 7 Abs. 1 BetrAVG insoweit auf die *„vom Arbeitgeber getätigte Versorgungszusage"* an – **samt zugesagter Anpassungen abseits von § 16 BetrAVG**.

Der Versorgungsanspruch entsteht in Abgrenzung zur Versorgungsanwartschaft in dem Zeitpunkt, in dem die zuvor bestehende Anwartschaft durch Eintritt der letzten Bedingung, also mit Erreichen eines bestimmten Alters, Eintritt von Invalidität oder Versterben des Versorgungsberechtigten, zum Vollrecht erstarkt ist.[369] Dabei ist es unerheblich, ob der Versorgungsanspruch aus einer bereits gesetzlich oder aber lediglich aus einer vertraglich unverfallbaren Anwartschaft herrührt.[370]

Ob der individuelle Versorgungsanspruch von § 7 Abs. 1 BetrAVG erfasst ist, richtet sich neben der zeitlichen Komponente insbesondere nach der konkreten Art der Versorgungszusage und nach dem gewählten Durchführungsweg.[371]

Neben den Versorgungsberechtigten können je nach Ausgestaltung der Versorgungszusage auch deren Hinterbliebenen gegenüber dem PSV nach § 7 Abs. 1 BetrAVG anspruchsberechtigt sein.[372] Dies erfordert in Ansehung der Akzessorietät zwischen dem Hinterbliebenenanspruch und dem dem Versorgungsempfänger zuzuordnenden Rentenstammrecht, dass der Betriebsrentner seinen Versorgungsfall noch erlebt hat und demgemäß selbst einen Versorgungsanspruch nach § 7 Abs. 1 BetrAVG innehatte.[373] Soweit dies nicht der Fall ist und der Versorgungsberechtigte vor Eintreten des Versorgungsfalles verstirbt,

369 Beck/Depré/*Pluta/Heidrich*, § 30, Rn. 74; ErfK/*Steinmeyer*, BetrAVG, § 7, Rn. 8.
370 Beck/Depré/*Pluta/Heidrich*, § 30, Rn. 77.
371 NK-ArbR/*Schlewing*, BetrAVG, § 7, Rn. 10.
372 NK-ArbR/*Schlewing*, BetrAVG, § 7, Rn. 6.
373 BAG, Urt. v. 12.06.1990 – 3 AZR 524/88, BeckRS 9998, 148959, II. 2. der Gründe; Blomeyer/Rolfs/Otto/*Rolfs*, BetrAVG, § 7, Rn. 28.

verbleibt aufseiten seiner Hinterbliebenen lediglich eine Anwartschaft, welche bezogen auf den gesetzlichen Insolvenzschutz an den Vorgaben von § 7 Abs. 2 BetrAVG zu messen ist.[374]

2. *Versorgungsanwartschaften, § 7 Abs. 2 BetrAVG*

Die Erweiterung des gesetzlichen Insolvenzschutzes gem. § 7 Abs. 2 BetrAVG auf gesetzlich unverfallbare Versorgungsanwartschaften trägt der Annahme Rechnung, dass der Arbeitnehmer für geleistete Betriebstreue in Form einer Altersversorgung belohnt werden soll und er diese schon während seines aktiven Arbeitsverhältnisses gleichsam erdient hat.[375]

Versorgungsanwartschaften sind gem. § 7 Abs. 2 S. 1 BetrAVG dann gesetzlich insolvenzgesichert, wenn sie bei Eröffnung des Insolvenzverfahrens oder bei Eintritt eines der diesem gleichgestellten, übrigen Sicherungsfälle bereits gesetzlich unverfallbar sind und die Anwartschaft auf einer unmittelbaren Versorgungszusage des Arbeitgebers oder auf einer entweder mit einem Widerrufsrecht oder anderweitig wirtschaftlich belasteten Direktversicherung beruht. Selbiges gilt für die Versorgungsanwärter, die über eine gesetzlich unverfallbare Anwartschaft verfügen und deren Zusage über eine Unterstützungskasse oder einen Pensionsfonds durchgeführt wird und der Sicherungsfall bei deren Trägerunternehmen eingetreten ist, § 7 Abs. 1 S. 2 BetrAVG.

§ 7 Abs. 2 S. 1 BetrAVG verweist auf § 1b BetrAVG, welcher seinem Wortlaut nach nur für Arbeitnehmer gelten soll, deren Arbeitsverhältnis bereits vor Eintritt des Versorgungsfalls geendet hat.[376] Nach der Ratio des gesetzlichen Insolvenzschutzes und dem Normzweck von § 7 BetrAVG müssen aber auch die Versorgungsanwartschaften derjenigen Arbeitnehmer, die zum Zeitpunkt des Eintritts des Sicherungsfalles noch in einem aktiven Beschäftigungsverhältnis stehen und demgemäß betriebstreu geblieben sind, von § 7 Abs. 2 BetrAVG erfasst sein.[377] Dieses herrschende Verständnis[378] der Norm

374 Blomeyer/Rolfs/Otto/*Rolfs*, BetrAVG, § 7, Rn. 28.

375 Grundlegend BAG, Urt. v. 10.03.1972 – 3 AZR 278/71, AP BGB § 242 Ruhegehalt Nr. 156, A. II. der Gründe; Blomeyer/Rolfs/Otto/*Rolfs*, BetrAVG, § 7, Rn. 130; vgl. oben Teil 1 A. I..

376 Blomeyer/Rolfs/Otto/*Rolfs*, BetrAVG, § 7, Rn. 144.

377 HK-ArbR/*Heck*, BetrAVG, § 7, Rn. 17; NK-ArbR/*Schlewing*, BetrAVG, § 7, Rn. 36.

378 Vgl. etwa BAG, Urt. v. 17.01.1980 – 3 AZR 160/79, NJW 1980, 1124, 1126, III. 1. der Gründe, mit der Begründung, § 7 Abs. 2 BetrAVG habe lediglich auf den Berechnungsweg aber nicht auf das Ausscheiden aus dem Arbeitsverhältnis i. S. d. § 2 BetrAVG verweisen wollen; BAG, Urt. v. 25.04.2006 – 3 AZR 78/05, BeckRS 2007, 40934, I. der Gründe.

wird gestützt durch das „*Neutralitätsprinzip der Unverfallbarkeitsvorschriften*", wonach keine Schlechterstellung betriebstreuer Arbeitnehmer stattfinden darf.[379]

a) Gesetzliche Unverfallbarkeit gem. § 1b BetrAVG

Mit dem Erfordernis gesetzlicher Unverfallbarkeit gem. § 1b BetrAVG für das Bestehen gesetzlichen Insolvenzschutzes nach § 7 Abs. 2 BetrAVG intendierte der Gesetzgeber, der mit diesem insoweit eindeutigen Wortlaut etwa vertragliche Vereinbarungen bezüglich der Unverfallbarkeit von Versorgungsanwartschaften für das Bestehen gesetzlichen Insolvenzschutzes für unerheblich erklärte[380], einem Missbrauch des Insolvenzschutzes zulasten der diese tragenden Solidargemeinschaft der Arbeitgeber und des PSV vorzubeugen.[381] Auch infolge des Umstandes, dass gerade keine individuelle Beitragsberechnung aufgrund konkreter Risikobelastung der einzelnen Arbeitgeber erfolgt, musste auch im Hinblick auf den Insolvenzschutz für Versorgungsanwärter eine einheitliche Regelung geschaffen werden.[382]

Dem BAG-Urteil vom 25.04.2006 lag ein Sachverhalt zugrunde, in welchem ein Arbeitnehmer vom PSV die Berücksichtigung seiner gesamten Beschäftigungszeit trotz einer Unterbrechung durch ein dreijähriges Studium bei der Berechnung der Höhe seiner insolvenzgeschützten Anwartschaft verlangte.

Er hatte bei seiner Arbeitgeberin zunächst eine Ausbildung absolviert, danach drei Jahre mit deren finanzieller Unterstützung studiert, um hieran anschließend für sechs weitere Jahre dort zu arbeiten. Im Anschluss an diese Beschäftigung bot die Arbeitgeberin ihm ein weiteres dreijähriges Studium an. Hierzu sandte sie dem Kläger ein Schreiben, wonach sie erneut eine finanzielle Subvention dieses Studiums anbot. Dieses Angebot erfolgte mit der Verpflichtung des Klägers, nach Beendigung des Studiums mindestens drei weitere Jahre in dem Unternehmen der Arbeitgeberin tätig zu sein oder aber das Studiendarlehen zurückzahlen zu müssen. Während seines Studiums arbeitete der Kläger bei der Arbeitgeberin während seiner Semesterferien immer wieder vorübergehend unter dem Regiment befristeter Arbeitsverträge, welche den Kläger jeweils als „neuen Mitarbeiter" betitelten. Nachdem er das Studium beendet hatte, trat er mit

379 Blomeyer/Rolfs/Otto/*Rolfs*, BetrAVG, § 7, Rn. 144.

380 BAG, Urt. v. 22.02.2000 – 3 AZR 4/99, NZA 2001, 1310, 1311, I. der Gründe; BAG, Urt. v. 21.01.2003 – 3 AZR 121/02, NZA 2004, 152, 153, I. der Gründe; BAG, Urt. v. 25.04.2006 – 3 AZR 78/05, BeckRS 2007, 40934, I. der Gründe; ErfK/*Steinmeyer*, BetrAVG, § 7, Rn. 28.

381 Paulsdorff BetrAVG, § 7, Rn. 263.

382 Blomeyer/Rolfs/Otto/*Rolfs*, BetrAVG, § 7, Rn. 130.

einem unbefristeten Arbeitsvertrag in das Unternehmen der Arbeitgeberin ein. Ein Jahr darauf teilte diese ihm unter dem Betreff „Anrechnung Ihrer früheren Betriebszugehörigkeit" mit, dass man seine vormaligen Beschäftigungszeiten in Höhe von etwa 10 Jahren auf seine Betriebszugehörigkeit anrechnen werde. Als die Arbeitgeberin in Konkurs fiel, war der Kläger noch in ihrem Unternehmen beschäftigt. Der PSV, der die Versorgungsanwartschaft des Klägers zu sichern hatte, legte bei der Berechnung deren Höhe ausschließlich die Beschäftigungszeiten des Klägers nach seinem letzten Studium zugrunde. Der Kläger verlangte die von seiner Arbeitgeberin vertraglich zugestandene Anrechnung seiner vor seinem letzten Studium liegenden Beschäftigungsjahre.
Der 3. Senat entschied, dass eine wie auch immer gestaltete, **privatvertragliche Verbesserung von Unverfallbarkeitsfristen sowie Anrechnungszeiträumen die Einstandspflicht des PSV nicht berühre**. Dieser habe lediglich in ratierlich zu berechnender Höhe i. S. v. § 7 Abs. 2 i. V. m. § 2 Abs. 1 BetrAVG für Versorgungsanwartschaften einzustehen. Diese Höhe sei gesetzlich auf den Begriff der **Betriebszugehörigkeit vereinheitlicht** und könne nicht von den Parteien des Arbeitsvertrages einzelvertraglich verbessert oder verschoben werden. Auch sei bei dem Kläger nicht von einem „einheitlichen Arbeitsverhältnis" auszugehen. Da es für die Berechnung der Betriebszugehörigkeit nicht auf das tatsächliche Bestehen eines Arbeitsverhältnisses, sondern auf die rechtliche Beschaffenheit desselben ankomme, könne zwar das Ruhen eines Arbeitsverhältnisses dessen rechtlichen Bestand nicht unterbrechen. Bei dem Kläger liege ein Ruhen aber gerade nicht vor, sondern vielmehr eine Beendigung seines ursprünglichen Arbeitsverhältnisses. Weder das Angebot über ein Studiendarlehen, welches gerade davon ausging, dass es dem Kläger freistünde, entweder wieder bei der Arbeitgeberin tätig zu werden oder aber das Darlehen zurückzuzahlen, noch die einzelnen befristeten Arbeitsverträge während seines Studiums sprächen für eine Fortsetzung des Arbeitsverhältnisses. Vielmehr stünden Letztere aufgrund ihres Wortlauts einer Annahme desselben entgegen.
Zuletzt dürfe eine Zusammenrechnung der Beschäftigungszeiten des Klägers auch nicht deswegen erfolgen, weil **zwischen den einzelnen Arbeitsverhältnissen ein innerer Zusammenhang** bestanden habe. Diese von Stimmen der Literatur geforderte Berechnungsgrundlage **widerspreche der Intention des Gesetzgebers**, durch die **Vereinheitlichung des Berechnungsvorganges** für vom PSV zu sichernde Versorgungsanwartschaften einerseits für schnelle **Rechtsklarheit** und andererseits für **kontrollierbaren Verwaltungsaufwand des PSV** zu sorgen.

Die Begrenzung des gesetzlichen Insolvenzschutzes auf gesetzlich unverfallbare Anwartschaften lässt sich auch vor dem Hintergrund rechtfertigen, dass sich die Beitragspflicht der einzelnen Arbeitgeber aus § 10 Abs. 3 S. 1 BetrAVG an der Höhe der laufenden Versorgungsleistungen sowie der nach § 1b BetrAVG unverfallbaren Anwartschaften orientiert. Demgemäß bleiben „*Versorgungsanwartschaften, deren Unverfallbarkeit nicht aus § 1 Abs. 1 S. 1 BetrAVG (Anm.: Heute*

§ 1b BetrAVG) herzuleiten ist, [...] für die Beitragsbemessung und damit als zu deckendes Risiko außer Betracht".[383]

Hieraus folgt, dass bei Eintritt des Sicherungsfalles noch nicht gesetzlich unverfallbar gewordene Versorgungsanwartschaften nicht vom Schutzbereich des § 7 Abs. 2 BetrAVG erfasst sind. Selbiges gilt auch dann, wenn das betreffende Arbeitsverhältnis nach Eintritt des Sicherungsfalles fortgesetzt wird und die Anwartschaft infolgedessen erst unverfallbar wird.[384] Dann wird zwar eine Unverfallbarkeit gem. § 1b BetrAVG erreicht, der gesetzliche Insolvenzschutz greift aber nicht.[385] Hier kann der Versorgungsanwärter lediglich die Anmeldung seiner Ansprüche zur Insolvenztabelle vornehmen.[386]

Die elementare Voraussetzung für das Bestehen gesetzlichen Insolvenzschutzes von Versorgungsanwartschaften bildet daher das Erfordernis der gesetzlichen Unverfallbarkeit ebendieser Anwartschaften gem. § 1b BetrAVG.[387] Danach bleibt einem Arbeitnehmer, dem Leistungen aus betrieblicher Altersversorgung zugesagt worden sind, seine Anwartschaft darauf erhalten, wenn das Arbeitsverhältnis vor Eintritt des Versorgungsfalles, jedoch nach Vollendung des 21. Lebensjahres endet und die Versorgungszusage zu diesem Zeitpunkt mindestens drei Jahre bestanden hat. Soweit diese Voraussetzungen nicht erfüllt sind und die Versorgungsanwartschaft demgemäß noch verfallbar ist, besteht kein Insolvenzschutz durch den PSV. Der betroffene Arbeitnehmer wird seine Ansprüche, wie dargetan, zur Insolvenztabelle anmelden und wie die übrigen Gläubiger behandelt werden.[388]

Für die individuelle Berechnung dieser in den vergangenen Jahren immer wieder gesetzlich modifizierten Zeiträume für die gesetzliche Unverfallbarkeit gibt § 30f BetrAVG die Parameter vor.[389] Es werden drei größere Zeitabschnitte unterteilt. Abs. 1 regelt die Unverfallbarkeit von Anwartschaften auf Leistungen der betrieblichen Altersversorgung, wenn diese *vor* dem 01. Januar 2001 zugesagt worden sind. Danach bleiben diese Anwartschaften erhalten, wenn das Arbeitsverhältnis des Versorgungsberechtigten nach Vollendung dessen 35. Lebensjahres endet und die Versorgungszusage zu diesem Zeitpunkt mindestens zehn Jahre oder bei mindestens zwölfjähriger Betriebszugehörigkeit mindestens drei Jahre bestanden hat. Daneben wird für Zusagen, welche *ab* dem 01. Januar 2001

383 BAG, Urt. v. 03.08.1978 – 3 AZR 19/77, NJW 1979, 446, I. 1. c) der Gründe.
384 Höfer Bd. I/*Höfer/Reich*, BetrAVG, § 7, Rn. 41.
385 Höfer Bd. I/*Höfer/Reich*, BetrAVG, § 7, Rn. 41.
386 Blomeyer/Rolfs/Otto/*Rolfs*, BetrAVG, § 7, Rn. 143.
387 Höfer Bd. I/*Höfer/Reich*, BetrAVG, § 7, Rn. 39.
388 Blomeyer/Rolfs/Otto/*Rolfs*, BetrAVG, § 7, Rn. 1.
389 Beck/Depré/*Pluta/Heidrich*, § 30, Rn. 87.

gegeben wurden, statuiert, dass diesbezügliche Anwartschaften mit fünfjährigem Bestehen der Zusage und gleichzeitiger Vollendung des 30. Lebensjahres bei Beendigung des Arbeitsverhältnisses unverfallbar werden.

Den zweiten Zeitabschnitt erläutert Abs. 2 für Zusagen, welche *vor* dem 01. Januar 2009 und *nach* dem 31. Dezember 2000 getätigt wurden. Hiernach ist der aktuelle § 1b Abs. 1 S. 1 BetrAVG mit der Maßgabe anzuwenden, dass die Anwartschaft erhalten bleibt, wenn das Arbeitsverhältnis vor Eintritt des Versorgungsfalls, jedoch nach Vollendung des 30. Lebensjahres endet und die Zusage zu diesem Zeitpunkt fünf Jahre bestanden hat. Ferner bleibt die Anwartschaft für Zusagen *ab* dem 01. Januar 2009 erhalten, wenn die Zusage fünf Jahre bestanden und der Arbeitnehmer bei Beendigung des Arbeitsverhältnisses das 25. Lebensjahr vollendet hat.

Der im Zuge des Gesetzes zur Umsetzung der EU-Mobilitäts-Richtlinie 2015 sowie des BRSG zum 01. Januar 2018 implementierte § 30f Abs. 3 BetrAVG regelt schließlich die Modalitäten für Zusagen, die *vor* dem 01. Januar 2018 und *nach* dem 31. Dezember 2008 abgegeben worden sind. Hiernach ist § 1b Abs. 1 S. 1 BetrAVG mit der Maßgabe anzuwenden, dass die Anwartschaft erhalten bleibt, wenn das Arbeitsverhältnis vor Eintritt des Versorgungsfalls, jedoch nach Vollendung des 25. Lebensjahres endet und die Zusage zu diesem Zeitpunkt fünf Jahre bestanden hat. In diesen Fällen gilt dies auch, wenn die Zusage ab dem 01. Januar 2018 drei Jahre bestanden hat und bei Beendigung des Arbeitsverhältnisses das 21. Lebensjahr vollendet ist.

Anders liegt es, wenn es sich bei der Versorgungszusage um eine arbeitnehmerfinanzierte handelt. Soweit der Versorgungsberechtigte seine Versorgung im Wege der Entgeltumwandlung finanziert, normieren § 1b Abs. 5 S. 1 i. V. m. § 30 Abs. 1 S. 2 BetrAVG für *ab* dem 01.01.2001 erteilte Versorgungszusagen sofortige gesetzliche Unverfallbarkeit.[390]

Ebenfalls von der gesetzlichen Insolvenzsicherung umfasst sind die Versorgungsanwartschaften sog. *Vorruheständler*, deren Unverfallbarkeit, obschon sie den gesetzlichen Anforderungen aus § 1b Abs. 1 S. 1 BetrAVG im Zeitpunkt des Beginns ihres Vorruhestandes noch nicht genügen, nach § 1b Abs. 1 S. 2 BetrAVG fingiert wird, soweit der Arbeitnehmer aufgrund einer Vorruhestandsregelung ausscheidet und ohne das vorherige Ausscheiden die Wartezeit und die sonstigen Voraussetzungen für den Bezug von Leistungen der betrieblichen Altersversorgung hätte erfüllen können.[391] Dass der mit einer Vorruhestandsregelung ausgeschiedene Arbeitnehmer damit ggf. besser gestellt wird, als die bis

390 Beck/Depré/*Pluta/Heidrich*, § 30, Rn. 91.

391 Höfer Bd. I/*Höfer/Reich*, BetrAVG, § 7, Rn. 43.

zur regulären Altersgrenze aktiv beschäftigten Arbeitnehmer, hat keinen Einfluss auf das Bestehen gesetzlichen Insolvenzschutzes.[392]

Dieser Entscheidung des BAG vom 28.03.1995 lag ein Sachverhalt zugrunde, in welchem der klagende Arbeitnehmer aufgrund einer Vorruhestandsregelung vor Erreichen der gesetzlichen Unverfallbarkeitsfristen bei seinem später in Konkurs befangenen Arbeitgeber ausgeschieden war.
Der 3. Senat sah zwar die gesetzlichen Unverfallbarkeitsfristen gem. § 1 Abs. 1 S. 1 BetrAVG (*Anm.: heute § 1b Abs. 1 S. 1 BetrAVG*) als vom Kläger nicht erfüllt an. Er bejahte aber den Erwerb einer unverfallbaren Anwartschaft nach der von § 1 Abs. 1 S. 1 BetrAVG (s. Anm. oben) **unabhängigen Regelung** in § 1 Abs. 1 S. 2 BetrAVG (*Anm.: heute § 1b Abs. 1 S. 2 BetrAVG*). Dieser Norm, welche für Vorruheständler auf die **hypothetische Möglichkeit des Erfüllens gesetzlicher Unverfallbarkeitsfristen** abstellt, habe sich der Kläger bedienen können. Wäre er nicht in den Vorruhestand getreten, hätte er die erforderlichen Zeiten im Betrieb seines Arbeitgebers erbringen können. Insolvenzschutz greife insoweit für Versorgungsanwartschaften schon zu jenem Zeitpunkt, in welchem der Arbeitnehmer in den Vorruhestand eintrete.
Eine **Besserstellung von Vorruheständlern** in Bezug auf den Insolvenzschutz von deren Versorgungsanwartschaften nach § 7 Abs. 2 i. V. m. § 1 Abs. 1 S. 2 BetrAVG, welche aus der Literatur bislang oftmals Kritik erfahren habe, sei im Lichte des **gesetzgeberischen Willens gerechtfertigt** und *„entspreche dem Sinn und Zweck des § 1 Abs. 1 S. 2 BetrAVG"*. Der Gesetzgeber habe mit der Einfügung von § 1 Abs. 1 S. 2 BetrAVG (s. o.) eine **Anregung und Erleichterung** für den **Übertritt in den Vorruhestand** schaffen wollen. Dass er nicht gleichzeitig die Verweisung aus § 7 Abs. 2 BetrAVG in den § 1 Abs. 1 BetrAVG beschränkt habe, sei keinem gesetzgeberischen Versehen anzulasten. Vielmehr folge nach der **Systematik des Betriebsrentengesetzes** der Insolvenzschutz der Unverfallbarkeit von Versorgungsanwartschaften. Durch Einfügen der **Möglichkeit des fiktiven Erreichens der Frist aus § 1 Abs. 1 S. 1 BetrAVG** wurde ein **selbständiger Unverfallbarkeitstatbestand** geschaffen, welcher sich konsequent auch im Insolvenzschutz der Versorgungsanwartschaften nach § 7 Abs. 2 BetrAVG fortsetze.

Schließlich erfasst § 7 Abs. 2 BetrAVG auch Anwartschaften Hinterbliebener, soweit der vordergründige Versorgungsberechtigte nach Eintritt des Sicherungsfalles verstirbt und soweit dieser bei dessen Eintritt bereits eine nach § 1b BetrAVG unverfallbare Anwartschaft innehatte.[393]

Für die Berechnung der Wartezeit i. S. v. § 1b Abs. 1 S. 1 BetrAVG ist die Dauer des *„Arbeitsverhältnisses"* relevant. Der Begriff *„Arbeitsverhältnis"* ist im Zusammenhang mit dem Sinn und Zweck der Vorschrift auszulegen.[394] Durch

392 BAG, Urt. v. 28.03.1995 – 3 AZR 496/94, NZA 1996, 258, 259, II. 1. der Gründe; ErfK/*Steinmeyer*, BetrAVG, § 7, Rn. 28.
393 Höfer Bd. I/*Höfer/Reich*, BetrAVG, § 7, Rn. 46.
394 Höfer Bd. I/*Höfer*, BetrAVG, § 1b, Rn. 169.

die Normierung der gesetzlichen Unverfallbarkeit von Versorgungsanwartschaften sollten die Mobilität der Arbeitnehmer unterstützt, der Gedanke der Entlohnung für geleistete Betriebstreue sowie das Vertrauen der Arbeitnehmer in eine sichere Versorgung gestärkt werden.[395] Indes ist der gesetzlich verwendete Begriff des „*Arbeitsverhältnisses*" an die Dauer seines rechtlichen Fortbestandes gebunden.[396] Grundsätzlich darf das betreffende Arbeitsverhältnis nicht unterbrochen worden sein.[397]

Der für die Berechnung der Unverfallbarkeitsfrist erhebliche Zeitraum beginnt grundsätzlich mit Erteilung der Versorgungszusage durch den Arbeitgeber an seinen Arbeitnehmer.[398] Der maßgebliche Zeitpunkt für die Überprüfung des Bestehens gesetzlicher Unverfallbarkeit ist der Eintritt des Sicherungsfalles gem. § 7 Abs. 1 S. 4 BetrAVG.[399] Die Voraussetzungen der gesetzlichen Unverfallbarkeit müssen in diesem Zeitpunkt bereits erfüllt sein.[400]

b) Anrechnung von Vordienstzeiten

Problematisch ist in diesem Zusammenhang insbesondere die Anrechnung von Vordienstzeiten auf die Wartezeit i. S. v. § 1b Abs. 1 BetrAVG. Grundsätzlich führt eine Unterbrechung des Arbeitsverhältnisses dazu, dass der Fristenlauf für das Erreichen gesetzlicher Unverfallbarkeit ebenfalls unterbrochen wird.[401] Dienstzeiten in unterbrochenen Arbeitsverhältnissen dürfen in aller Regel nicht zusammengerechnet werden.[402]

Durch seine sog. *Heranreichensrechtsprechung* lässt das BAG aber in besonderen Ausnahmefällen eine Anrechnung von Vordienstzeiten zu, soweit der betreffende Arbeitnehmer bereits während des anzurechnenden Zeitraumes über eine Versorgungsanwartschaft verfügte und seine Betriebstreue im Vertrauen auf eine spätere Versorgung durch diesen Arbeitgeber leistete, diese noch nicht schon gesetzlich unverfallbar i. S. v. § 1b BetrAVG war, eine Anrechnungsvereinbarung

395 BAG, Urt. v. 03.08.1978 – 3 AZR 19/77, NJW 1979, 446, 447, I. 2. a) und b) der Gründe; vgl. auch BT-Drs. 7/2843, S. 4 zu A I 2.

396 Beck/Depré/*Pluta/Heidrich*, § 30, Rn. 94.

397 Vgl. BAG, Urt. v. 25.04.2017 – 3 AZR 540/15, NZA 2017, 1392, 1393, I. 2. a) der Gründe.

398 Höfer Bd. I/*Höfer*, BetrAVG, § 1b, Rn. 55.

399 NK-ArbR/*Schlewing*, BetrAVG, § 7, Rn. 36.

400 Blomeyer/Rolfs/Otto/*Rolfs*, BetrAVG, § 7, Rn. 142; Höfer Bd. I/*Höfer/Reich*, BetrAVG, § 7, Rn. 41.

401 NK-ArbR/*Vienken*, BetrAVG, § 1b, Rn. 26.

402 BAG, Urt. v. 14.08.1980 – 3 AZR 1123/78, BeckRS 9998, 180116, 2. der Gründe; BAG, Urt. v. 09.10.2012 – 3 AZR 477/10, NZA-RR 2013, 150, 151, II. 2. b) aa) der Gründe.

bestand und die anzurechnende Vordienstzeit unmittelbar an das neue Arbeitsverhältnis heranreiche.[403] Die Auffassung des BAG folgte dabei insbesondere der bereits genannten gesetzgeberischen Absicht, Arbeitnehmern den Wechsel ihres Arbeitgebers (*Mobilität*) sowie die Übertragung (*Portabilität*) ihrer ggf. bestehenden Versorgungsanwartschaften zu erleichtern.

Da das BAG in seiner Entscheidung vom 03.08.1978 eine erbrachte **Betriebstreue** auch **vor Erreichen** der für die Unverfallbarkeit einer Versorgungsanwartschaft erforderlichen Betriebszugehörigkeitszeit honoriert sehen wollte, sprach es der bereits erdienten Versorgung einen „***Teilwert***" zu.

„Dem Teilwertgedanken wird es deshalb gerecht, wenn als Betriebszugehörigkeit i. S. von § 1 Abs. 1 S. 1 BetrAVG (Anm.: heute § 1b Abs. 1 S. 1 BetrAVG) Zeiten kraft vertraglicher Anrechnung gewertet werden, die der Arbeitnehmer in einem anderen Betrieb in der Erwartung zurückgelegt hat, die dort zugesagte Altersversorgung zu erhalten".

Darüber hinaus sah sich der 3. Senat auch im Hinblick auf die vom Gesetzgeber intendierte **Erleichterung der Portabilität** von Versorgungsanwartschaften, für welche der Arbeitnehmer gerade noch keine Unverfallbarkeit derselben erreicht haben muss, sowie im Lichte des **schutzwürdigen Vertrauens der Arbeitnehmer auf ihre erdiente Versorgung** zu einer solch geringfügigen „Aufweichung" der grundsätzlich unzulässigen Verbesserung von Unverfallbarkeitsfristen durch vertragliche Vereinbarungen veranlasst.

Diese höchstrichterliche Rechtsprechung hat jedoch Kritik hervorgerufen.[404] Das BAG schaffe nach Ansicht der Literatur hiermit neue Unklarheiten in Bezug auf die korrekte Berechnung der Wartezeit. Ferner eröffne es mit der Möglichkeit vertraglich zu vereinbarender Anrechnungszeiträume eine ausufernde Haftung der Solidargemeinschaft und des PSV sowie ein erhebliches Missbrauchsrisiko des gesetzlichen Insolvenzschutzes.[405] Zudem dürfte auch der Wortlaut von § 1b BetrAVG, der davon spricht, dass *„das Arbeitsverhältnis"* eine bestimmte Bestandszeit aufweise müsse, eine derartige Auslegung nicht hergeben. Vielmehr müsste der Begriff *„das Arbeitsverhältnis"* als eine sprachliche Einheit aufgefasst werden, was letztlich auch der zugrunde liegende Gedanke des Entlohnens der Betriebstreue erfordere.[406] Diese Betriebstreue könne nicht in dem erforderlichen Maße bei verschiedenen Arbeitgebern erbracht werden.[407]

---

403 BAG, Urt. v. 03.08.1978 – 3 AZR 19/77, NJW 1979, 446, I. 2. b) der Gründe; BAG, Urt. v. 27.02.1990 – 3 AZR 213/88, NZA 1990, 689, 2. b) der Gründe; so auch BGH, Urt. v. 24.10.1996 – III ZR 223/94, NZA-RR 1997, 263, II. 1. der Gründe.

404 *Blomeyer*, BetrAV 1977, 586; Höfer Bd. I/*Höfer*, BetrAVG, § 1b, Rn. 63.

405 Höfer Bd. I/*Höfer*, BetrAVG, § 1b, Rn. 63.

406 Höfer Bd. I/*Höfer*, BetrAVG, § 1b, Rn. 64.

407 Höfer Bd. I/*Höfer/Reich*, BetrAVG, § 7, Rn. 64.

Zwischen den widerstreitenden Interessen, von den Kritikern aufseiten des PSV und einer klaren Haftungsbegrenzung und von der Rechtsprechung in der Erhöhung von Mobilität und Portabilität verortet, gilt es, zu vermitteln.[408] In Zeiten, in denen es üblich wird, während seines Erwerbslebens vielfach den Arbeitgeber zu wechseln, wird zwar auch eine gesetzgeberische Unterstützung von Mobilität und Portabilität von Versorgungsanwartschaften immer wichtiger. Dem einzelnen Arbeitnehmer gewissermaßen „Steine in den Weg" zu legen, indem man der Anrechnung von Vordienstzeiten selbst unter den engen, von der Rechtsprechung gesteckten Parametern, eine Absage erteilt, erscheint vor der Entwicklung häufigen Arbeitgeberwechsels anachronistisch. Auf der anderen Seite ist aber auch den Bedenken der Kritiker, mit der höchstrichterlichen Rechtsansicht öffne man missbräuchlichen Bestrebungen Tor und Tür, ein hohes Gewicht beizumessen. Richtigerweise sollte es daher dem Gesetzgeber ein Anliegen sein, den Wortlaut von § 1b Abs. 1 BetrAVG ggf. dahin gehend zu ändern, dass aus „*ein*" Arbeitsverhältnis, welches auf eine Sicht aus Arbeitgeberperspektive abstellt, ein „*sein*" Arbeitsverhältnis gemacht werde.[409] Eine solch klarstellende Gesetzesänderung mit einer höheren Gewichtung der Arbeitnehmerperspektive würde auch dem starken Arbeitnehmerschutzgedanken des gesamten BetrAVG entsprechen, sowie der gesetzgeberischen Absicht, die Attraktivität der Mobilität von Arbeitnehmern sowie der Portabilität von deren Versorgungsanwartschaften zu erhöhen, Nachdruck verleihen.[410]

3. Sonderproblem: *Insolvenzschutz bei Betriebsübergang gem. § 613a BGB*

§ 613a BGB verstetigt den Bestand des Arbeitsverhältnisses für den Fall des Übergangs der Arbeitsstätte auf einen anderen Rechtsträger.[411] Dem Arbeitsverhältnis folgend gilt dies grundsätzlich zunächst einmal auch für Versorgungsrechte.

Geschieht ein solcher Betriebsübergang indes während eines Insolvenzverfahrens, sind neben den speziellen Grundsätzen der insolvenzrechtlichen Qualifikation von auf den PSV übergegangenen Versorgungsrechten[412] weitere Besonderheiten zu berücksichtigen.

---

408 Vgl. etwa Blomeyer/Rolfs/Otto/*Rolfs*, BetrAVG, § 7, Rn. 139.

409 Vgl. Höfer Bd. I/*Höfer*, BetrAVG, § 1b, Rn. 64.

410 Blomeyer/Rolfs/Otto/*Rolfs*, BetrAVG, § 7, Rn. 139.

411 MüKo BGB/*Müller-Glöge*, § 613a, Rn. 6.

412 Vgl. hierzu auch Teil 2 C. I. 2. b).

a) Versorgungsansprüche bei Betriebsübergang

Geht ein Betrieb oder ein Betriebsteil gem. § 613a BGB auf einen anderen Inhaber über, so regelt die Norm insbesondere zur Sicherung von Arbeitsplätzen und zur klaren Strukturierung etwaiger Haftungsfragen, dass der Erwerber „*in die Rechte und Pflichten aus den im Zeitpunkt des Übergangs bestehenden Arbeitsverhältnissen*" eintritt. Dies gilt grundsätzlich auch für Ansprüche aus Zusagen betrieblicher Altersversorgung, die Teil des übergehenden Arbeitsverhältnisses sind.[413]

> Dem diesbezüglichen Urteil des BAG vom 22.06.1978 lag folgender Sachverhalt zugrunde:
> Kläger in diesem Verfahren war ein Arbeitnehmer, dessen Arbeitsverhältnis bei **Unternehmen A** nach § 613a BGB zunächst auf einen **Betriebserwerber B** und einige Jahre später erneut auf eine weitere **Firma F** übergegangen war. Diese Firma F erteilte dem Kläger eine im Verhältnis zu der ursprünglichen Versorgungsordnung des Unternehmens A ungünstigere Versorgungszusage. Der Kläger prozessierte sodann gegen **Betriebserwerber B** und verlangte den Ausgleich seiner hinter der ursprünglichen Versorgungszusage zurückbleibenden Versorgungsansprüche.
> Das BAG hielt das klagabweisende Urteil der Berufungsinstanz aufrecht. Der Kläger sei gegen den **falschen Beklagten** vorgegangen. Betriebserwerber B sei nach Übergang des Arbeitsverhältnisses auf die Firma F nicht mehr Schuldner der Versorgungsanwartschaft des Klägers: „*An den alten Arbeitgeber können sich nur noch diejenigen Arbeitnehmer halten, die zur **Zeit der Betriebsübernahme** bereits **in den Ruhestand getreten** oder mit einer **unverfallbaren Versorgungsanwartschaft ausgeschieden** waren.*" Zwar normiere § 613a Abs. 2 BGB eine zeitlich und anteilig begrenzte, gesamtschuldnerische Nachhaftung des Betriebsveräußerers. Diese sei in diesem Falle aber in Ansehung der zu diesem Zeitpunkt nicht absehbaren Fälligkeit des Versorgungsanspruchs des Klägers jedenfalls **binnen eines Jahres nach Betriebsübergang** nicht in Betracht zu ziehen.
> In diesem Zusammenhang legte der 3. Senat noch einmal ausdrücklich dar, dass bei einem Betriebsübergang nach § 613a BGB die **bestehenden, aktiven Arbeitsverhältnisse** – freilich **samt bestehender Versorgungszusagen** – infolge privatvertraglicher Vereinbarung zwischen Veräußerer und Erwerber des Betriebes **von Gesetzes wegen übergehen**. Der Betriebserwerber tritt in alle Rechte und Pflichten aus den einzelnen Arbeitsverhältnissen ein, die Arbeitsverträge der Arbeitnehmer setzen sich mit einem **neuem Schuldner auf Arbeitgeberseite** fort.

Um die Rechtsfolgen von § 613a BGB auszulösen, muss ein Betriebsübergang i. S. dieser Norm stattfinden. Dies ist der Fall, wenn ein Betrieb durch Rechtsgeschäft auf einen neuen Inhaber übergeht, wobei die Geschäftstätigkeit dieses Betriebes unter *Wahrung der Identität der wirtschaftlichen Einheit* in derselben

413 BAG, Urt. v. 22.06.1978 – 3 AZR 832/76, AP BGB § 613a Nr. 12, ab 1. b) der Gründe; vgl. auch Höfer Bd. I/*Höfer/de Groot*, ART, Kap. 9, Rn. 43.

oder zumindest gleichartigen Form fortgeführt werden muss. Das BAG zeichnete für dieses Erfordernis das Bild des sich *„ins gemachte Bett"* Legens.[414]

§ 613a Abs. 1 S. 1 BGB lässt ausdrücklich *„bestehende Arbeitsverhältnisse"* übergehen. Das bedeutet für Betriebsrenten, dass der Erwerber in diejenigen Rechtsbeziehungen nicht eintritt, die der Veräußerer gegenüber bereits mit Versorgungsanwartschaften ausgeschiedenen Arbeitnehmern und Rentnern innehat. Diese Verpflichtungen verbleiben beim Veräußerer.[415] Der Veräußerer haftet darüber hinaus gem. § 613a Abs. 2 BGB zeitanteilig und gesamtschuldnerisch mit dem Erwerber für diejenigen Versorgungsverpflichtungen, welche binnen eines Jahres nach Betriebsübergang fällig werden.

b) Betriebsübergang und Insolvenz

Grundsätzlich lässt die Eröffnung des Insolvenzverfahrens die bestehenden Arbeitsverhältnisse unberührt. Wenn ein Betrieb während eines laufenden Insolvenzverfahrens veräußert wird, bleibt § 613a BGB gem. § 128 Insolvenzordnung (InsO) anwendbar.[416] Um allerdings eine mittelbare Gläubigerbenachteiligung durch das Aufrechterhalten von Versorgungsanwartschaften der übergegangenen Arbeitnehmer und dem dadurch möglicherweise geringeren Kaufpreis für das Unternehmen, wodurch letztlich die übrigen Insolvenzgläubiger in Mitleidenschaft gezogen würden, zu unterbinden, nimmt das BAG im Hinblick auf Versorgungsanwartschaften aus betrieblicher Altersversorgung eine teleologische Reduktion von § 613a BGB vor:[417]

Das BAG konstatierte seine Rechtsauffassung zur *„Haftung für Versorgungsanwartschaften bei Betriebsveräußerung im Konkurs"* mit Urteil vom 17.01.1980 für einen Fall, in welchem ein Arbeitnehmer gegen den Erwerber des Betriebes seiner vormaligen Arbeitgeberin wegen der Übernahme seiner Versorgungsansprüche vorging. Die ehemalige Arbeitgeberin des Klägers war in Konkurs gefallen, der Konkursverwalter veräußerte den Betrieb in der Folgezeit an den Beklagten. Der Kläger, auf dessen Seiten der PSV als Streithelfer beigetreten war, machte nun gegenüber dem Beklagten seine Versorgungsansprüche geltend. Virulent in diesem Zusammenhang war die bis dato in

414 BAG, Urt. v. 06.04.2006 – 8 AZR 249/04, NZA 2006, 1039, 1041 f., II. 2. und 3. der Gründe.

415 Vgl. oben BAG, Urt. v. 22.06.1978 – 3 AZR 832/76, AP BGB § 613a Nr. 12, ab 1. b) der Gründe; Gottwald InsR-Hdb./*Bertram*, § 109, Rn. 80.

416 Braun/*Wolf*, InsO, § 128, Rn. 1.

417 BAG, Urt. v. 17.01.1980 – 3 AZR 160/79, NJW 1980, 1124, 1125, II. 3. c), III. der Gründe; vgl. auch LAG Düsseldorf, Urt. v. 20.01.2017 – 6 Sa 582/16, NZA-RR 2017, 549, 551, II. 2. a) aa) der Gründe.

Instanzrechtsprechung und Literatur heftig umstrittene Rechtsfrage, ob und inwieweit § 613a BGB im Konkursverfahren anzuwenden sei.
Der 3. Senat, der die Revision des Klägers ganz überwiegend abwies, zeichnete zunächst den Meinungsstand auf, wonach insbesondere in **arbeitsrechtlicher** Rechtsprechung und Literatur überwiegend darauf verwiesen werde, dass § 613a BGB auch im Konkursverfahren **uneingeschränkt Anwendung beanspruche**. Nur so könne dem **Schutzzweck** der Vorschrift, nämlich dem **Schutz der Arbeitsplätze** gerade in derart existenzbedrohenden Zeiten wie dem Konkurs des Arbeitgebers, ausreichend Sorge getragen werden.
Andererseits sehe die **konkursrechtliche** Literatur konkursrechtliche Haftungsregelungen im Vordergrund, welche § 613a BGB insoweit **verdrängen** müssten. Vorzug verdiene der **Grundsatz der Gläubigergleichbehandlung**, welcher bei Bevorteilung der Belegschaft des im Konkurs befangenen Betriebes aufgrund der Rechtsfolgen von § 613a BGB zwangsläufig verletzt werde. Die übernommenen Arbeitnehmer erhielten insoweit für ihre bereits entstandenen Ansprüche einen *„neuen zahlungskräftigen Schuldner, der die entsprechende Belastung seinerseits durch eine Kürzung des Kaufpreises ausgleichen könne.“*. Hierdurch werde die **Masse verkürzt**, wodurch die Belegschaft im Gegensatz zu anderen Gläubigern einen **Vorteil kraft Gesetzes** erfahre. Um dieser Rechtsfolge entgegenzuwirken, müsse ein Konkursverwalter in aller Regel *„intakte Betriebe [...] zerschlagen und die einzelnen Bestandteile [...] veräußern.“*. Diese praktische Folge der uneingeschränkten Anwendung von § 613a BGB im Konkursverfahren führe sodann zu einem der gesetzgeberischen Intention des Arbeitsplatzschutzes bei Betriebsübergang diametral entgegenlaufenden Ergebnis.

Das BAG sah sich in Ansehung dieser widerstreitenden Auffassungen zu § 613a BGB im Konkursverfahren zu einer **Klarstellung der Rechtslage** veranlasst. Es legte zunächst dar, dass **§ 613a BGB drei Grundgedanken immanent** seien, nämlich freilich zunächst der **Schutz der Arbeitsplätze** im Konkurs, die **Kontinuität des amtierenden Betriebsrates** bei dem Betriebsübergang sowie die Abgrenzung **haftungsrechtlicher Fragen** im diesem Zusammenhang. Das Konkursverfahren sei hierbei für die zwei zuerst genannten Zielrichtungen des § 613a BGB nicht problematisch.
Allerdings gelte für den *„**haftungsrechtlichen Teil des § 613a BGB**“* etwas anderes. Das BAG folgte insoweit der Ansicht der konkursrechtlichen Literatur. Der *„Grundsatz der gleichmäßigen Gläubigerbefriedigung“* gebiete es, dem konkursrechtlichen Verfahren den **Vorzug vor den Rechtsfolgen des § 613a BGB einzuräumen und insoweit eine teleologische Reduktion der Norm vorzunehmen.** Es sei deswegen *„davon auszugehen, daß § 613a BGB bei einer Betriebsveräußerung im Konkurs insoweit keine Geltung beansprucht, als bei Konkurseröffnung bereits entstandene Ansprüche abzuwickeln sind.“*. Dies umfasse auch Versorgungsrechte aus betrieblicher Altersversorgung und deren Insolvenzschutz. Der Senat sah den PSV für *„**Versorgungsanwartschaften**, die **zur Zeit der Konkurseröffnung** bereits unverfallbar waren“* als nach § 7 Abs. 2 BetrAVG einstandspflichtig an, und zwar in dem Umfange, als *„sie zu diesem Zeitpunkt bereits erdient waren.“* Für die **nach Eröffnung** des Konkursverfahrens erdienten Teile der Versorgungsanwartschaft müsse demgegenüber nach § 613a BGB der Betriebserwerber einstehen. Dies bedeute zusammengefasst, dass *„für den nach der Konkurseröffnung erdienten und nicht vom Insolvenzschutz erfaßten Teil der Betriebsrente [...] ein Schuldnerwechsel“* stattfinde, sodass nunmehr der Betriebserwerber für bestehende Versorgungsanwartschaften hafte.

Hiernach haftet der Erwerber nur für denjenigen Teil der Versorgungsanwartschaften, der nach Eröffnung des Insolvenzverfahrens erdient worden ist.[418] Der PSV steht für die bis zum Zeitpunkt der Eröffnung des Insolvenzverfahrens erdienten unverfallbaren Anwartschaften zeitanteilig ein, § 7 Abs. 2 BetrAVG.[419] Das BAG konstatiert insoweit, dass den insolvenzrechtlichen Verteilungsgrundsätzen Vorrang vor den Haftungsregelungen des § 613a BGB einzuräumen sei.

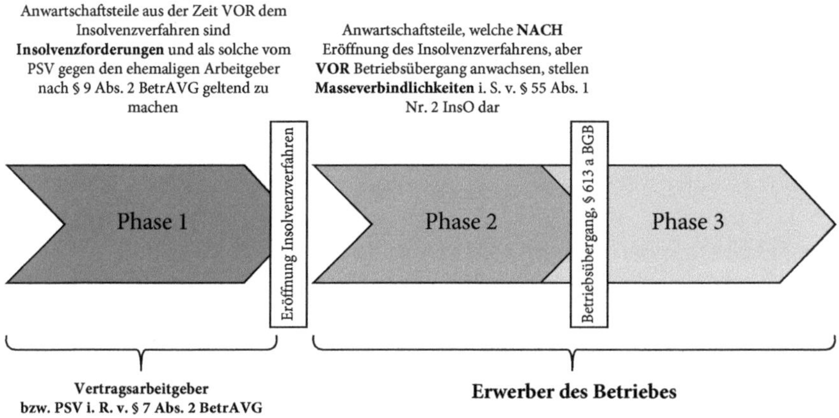

Basierend auf BAG, Urt. v. 17.01.1980–3 AZR 160/79, NJW 1980, 1124, 1126 sowie v, 22.12.2009–3 AZR 814/07, NZA 2010, 568, 569.

Soweit also § 613a BGB in Bezug auf betriebsrentenrechtliche Besonderheiten und insolvenzrechtliche Verteilungsfragen einer Beschränkung unterliegt, können **drei Zeiträume** voneinander abgegrenzt werden:[420]

Die **erste Stufe** betrifft die Zeit *vor* der Eröffnung des Insolvenzverfahrens. Bestandteile unverfallbarer Versorgungsanwartschaften, welche in diesem Zeitraum erdient worden sind, werden, soweit die Voraussetzungen von § 7 Abs. 2 BetrAVG erfüllt sind, vom gesetzlichen Insolvenzschutz erfasst. Diese so erdienten Anteile der Versorgungsanwartschaften werden mit Eröffnung des Insolvenzverfahrens einfache Insolvenzforderungen nach § 38 InsO, die im Wege von § 9 Abs. 2 BetrAVG auf den PSV übergehen und welche dieser sodann geltend macht.[421]

---

418 Vgl. aber BAG, Vorlagebeschl. v. 16.10.2018 – 3 AZR 139/17, ZIP 2018, 2179, in welchem der Senat dem EuGH die Frage nach der Vereinbarkeit dieser Haftungsbeschränkung für den Betriebserwerber mit Art. 3 Abs. 4 der RL 2001/23/EG vorlegte.

419 Gottwald InsR-Hdb./*Bertram*, § 109, Rn. 78.

420 BeckOK ArbR/*Clemens*, BetrAVG, § 1, Rn. 102.

421 Uhlenbruck/*Hirte*, InsO, § 35, Rn. 229.

Für Anwartschaftsteile, die im **zweiten Zeitfenster**, mithin *nach* Eröffnung des Insolvenzverfahrens, aber *vor* einem Betriebsübergang gem. § 613a BGB anwachsen, gilt, dass diese Anteile zunächst einmal Masseschulden darstellen, § 55 Abs. 1 Nr. 2 InsO.[422] Nach Auffassung des BAG treffen den Erwerber auch die Verpflichtungen, die aus dieser Zeit resultieren.[423] Der Erwerber haftet hingegen nicht für die zum Zeitpunkt der Insolvenzeröffnung bereits erdiente, endgehaltsbezogene Dynamik der Versorgungszusage.[424] Die Einbuße, die der Versorgungsberechtigte dadurch erleidet, dass der PSV Anwartschaften einzig bezogen auf den Zeitpunkt der Eröffnung des Insolvenzverfahrens und keine weiteren Gehaltsentwicklungen berücksichtigt, hat der Arbeitnehmer selbst als Insolvenzforderung gem. § 38 InsO zur Insolvenztabelle anzumelden. Die Qualifikation als Insolvenzforderung ergibt sich daraus, dass die endgehaltsbezogene Dynamik bereits erdient ist und nicht etwa von geleisteter Betriebstreue des Arbeitnehmers abhängig ist.[425] Vielmehr soll sich die Versorgungszusage in dieser Gestalt an die Lebenssituation des Arbeitnehmers flexibel anpassen und sich an seinen Lebensstandard anlehnen.[426]

In der **dritten Phase** ab dem Zeitpunkt des Betriebsübergangs haftet der Erwerber naturgemäß für die auf ihn übergegangenen Versorgungsanwartschaften nach den Regelungen von § 613a BGB.[427]

Versorgungsanwärter mit lediglich verfallbaren Anwartschaften müssen ihre Forderungen gem. § 38 InsO als einfache Insolvenzforderungen zur Insolvenztabelle anmelden.[428]

Für Versorgungsanwärter, die von dem Betriebsübergang nach Eröffnung des Insolvenzverfahrens nicht betroffen werden, weil sie beispielsweise vor dem Betriebsübergang ausgeschieden sind oder dem Übergang ihres Arbeitsverhältnisses nach § 613a Abs. 4 BGB widersprochen haben, bleibt der ursprüngliche Vertragsarbeitgeber bzw. der Insolvenzverwalter einstandspflichtig. Letzterer

---

422 Gottwald InsR-Hdb./*Bertram*, § 109, Rn. 78.

423 BAG, Urt. v. 22.12.2009 – 3 AZR 814/07, NZA 2010, 568, 569, B. I. 1. der Gründe; Gottwald InsR-Hdb./*Bertram*, § 109, Rn. 79.

424 LAG Düsseldorf, 20.01.2017 – 6 Sa 582/16, NZA-RR 2017, 549, 551, II. 2. a) aa) ccc) der Gründe; *Mückl/Götte*, ArbRAktuell 2017, 609, 610; vgl. aber auch hierzu BAG, Vorlagebeschl. v. 16.10.2018 – 3 AZR 139/17, ZIP 2018, 2179.

425 LAG Düsseldorf, 20.01.2017 – 6 Sa 582/16, NZA-RR 2017, 549, 551, II. 2. a) aa) ccc) der Gründe.

426 LAG Düsseldorf, 20.01.2017 – 6 Sa 582/16, NZA-RR 2017, 549, 551, II. 2. a) aa) ccc) der Gründe.

427 *Leuering/Rubner*, NJW-Spezial 2016, 463, 464.

428 BAG, Urt. v. 22.12.2009 – 3 AZR 814/07, NZA 2010, 568, 569, B. I. 1. der Gründe; Uhlenbruck/*Hirte*, InsO, § 35, Rn. 228.

kann diese während Phase 2 angewachsenen Versorgungsanwartschaften im Rahmen einer übertragenden Sanierung jedoch regelmäßig nach § 3 Abs. 4 BetrAVG abfinden.[429]

Der 3. Senat befand mit seinem Urteil vom 22.12.2009, dass es dem Insolvenzverwalter nicht nur bei vollständiger Beendigung der Betriebstätigkeit und damit einhergehender Unternehmensliquidation gem. § 3 Abs. 4 BetrAVG möglich sein sollte, die während des Insolvenzverfahrens angewachsenen Anwartschaftsteile, sondern auch bei einer sog. *übertragenden Sanierung.*
Es ging um einen Fall, in welchem der beklagte Insolvenzverwalter der Insolvenzschuldnerin, deren Unternehmen nach Insolvenzeröffnung im Wege eines Betriebsüberganges auf den Erwerber E übergegangen war, dem klagenden, nicht von E übernommenen Betriebsrentner gegenüber dessen während des etwa zwei Jahre andauernden Insolvenzverfahrens angewachsenen Anwartschaftsteil nach § 3 Abs. 4 BetrAVG abgefunden hatte. Der Kläger trug unter anderem vor, dass die Voraussetzung der vollständigen Betriebseinstellung i. S. v. § 3 Abs. 4 BetrAVG und ein Betriebsübergang sich gegenseitig ausschlössen.
Das BAG folgte dieser Ansicht nicht. Der Insolvenzverwalter habe den während des Insolvenzverfahrens erwachsenen Anwartschaftsteil abfinden dürfen. Das Gericht stellte für seine Begründung auf die unterschiedlichen **Zielrichtungen** von § 613a BGB und § 3 Abs. 4 BetrAVG ab. Hiernach verfolge § 3 Abs. 4 BetrAVG ganz ausschließlich insolvenzrechtliche Sonderzwecke, insbesondere den **Gläubigerschutz**. Es mache im Lichte dessen „*für die gesetzgeberisch gewollte Erleichterung der Liquidation eines Unternehmens im Insolvenzverfahren […]* ***keinen Unterschied****, ob der Betrieb oder die Betriebe eines Unternehmens* ***stillgelegt oder auf ein Nachfolgeunternehmen übertragen*** *werden. Allein entscheidend ist, dass […] jegliche gewerbliche […] Tätigkeit des insolventen Unternehmens eingestellt wird.*“.

Bei Eintritt der übrigen Sicherungsfälle gem. § 7 Abs. 1 S. 4 BetrAVG braucht § 613a BGB schließlich nicht eingeschränkt zu werden. Hierbei gibt es keine besonderen Verteilungsgrundsätze, welche Vorzug vor § 613a BGB beanspruchen könnten.[430]

II. Insolvenzsicherungspflichtige Durchführungswege

Maßgeblich für das Bestehen der Insolvenzsicherungspflicht eines Durchführungsweges i. S. v. § 1b Abs. 2 bis 5 BetrAVG ist die potentielle Gefährdung der für die Versorgungsansprüche erforderlichen Finanzmittel im Falle der Insolvenz des zusagenden Arbeitgebers.[431] Die Insolvenzsicherungspflicht besteht

---

429 BAG, Urt. v. 22.12.2009 – 3 AZR 814/07, NZA 2010, 568, 569, B. I. 2. der Gründe; *Rieger*, NZI 2013, 671, 672.

430 Höfer Bd. I/*Höfer*, ART, Kap. 9, Rn. 138.

431 Beck/Depré/*Pluta/Heidrich*, § 30, Rn. 28; Blomeyer/Rolfs/Otto/*Rolfs*, BetrAVG, § 7, Rn. 49; Schaub ArbR-Hdb./*Vogelsang*, § 281, Rn. 10; *Reich* FS Höfer 2011, 187, 193.

dem Gesetzeswortlaut nach nicht für alle fünf Durchführungswege[432], sondern exkludiert Pensionskasse sowie die Direktversicherung, soweit der Versorgungsberechtigte daran ein unwiderrufliches Bezugsrecht hält und diese Police wirtschaftlich nicht vom Arbeitgeber belastet worden ist, § 7 Abs. 1 S. 1 und 2 BetrAVG. In diesen beiden Fällen haben die Versorgungsberechtigten einen eigenständigen Anspruch gegen die jeweiligen Versorgungsträger, welcher nach Vorstellung des Gesetzgebers von einer Arbeitgeberinsolvenz grundsätzlich nicht tangiert werden kann.[433]

Der Katalog der gem. § 7 Abs. 1 und 2 BetrAVG genannten Durchführungswege ist grundsätzlich abschließend.[434] Er richtet sich nach dem abstrakten Insolvenzrisiko, welches dem jeweils gewählten Durchführungsweg innewohnt.[435] Soweit Durchführungswege vom gesetzlichen Insolvenzschutz ausgenommen sind, folgt dies nach dem Willen des Gesetzgebers aus dem Grundsatz der Verhältnismäßigkeit sowie den mit den jeweiligen Durchführungswegen verbundenen Risiken aufseiten der Versorgungsberechtigten und der Beitragsverpflichtung der Arbeitgeber auf der anderen Seite.[436]

Allerdings tendiert die Rechtsprechung in jüngerer Vergangenheit für die zwei vom Wortlaut der Norm exkludierten Durchführungswege für den Fall von deren Beeinträchtigung durch arbeitsvertragswidriges Verhalten des Arbeitgebers dazu, von ihrer grundsätzlichen Ablehnung eines Insolvenzschutzes aufgrund des Arguments des abschließenden Wortlauts des § 7 Abs. 1 und 2 BetrAVG abzurücken.[437]

Nachdem in Zeiten des anhaltenden Niedrigzinsumfeldes einige Pensionskassen sowie Lebensversicherungsunternehmen in teils erhebliche wirtschaftliche Schwierigkeiten geraten waren und sich die Versorgungsberechtigten mit

---

432 Hierzu näher unter Teil 1 C. II..

433 *Schnitker/Sittard*, NZA 2012, 963.

434 Blomeyer/Rolfs/Otto/*Rolfs*, BetrAVG, § 7, Rn. 48; Schaub ArbR-Hdb./*Vogelsang*, § 281, Rn. 10.

435 BVerwG, Urt. v. 25.08.2010 – 8 C 23/09, NVwZ-RR 2011, 160, 162, II. 1. d) der Gründe.

436 Blomeyer/Rolfs/Otto/*Rolfs*, BetrAVG, § 7, Rn. 48.

437 Zum Insolvenzschutz bei Leistungskürzungen durch Pensionskassen und Insolvenz des Arbeitgebers, der hierfür nach § 1 Abs. 3 S. 1 BetrAVG einzustehen hätte, vgl. BAG, Vorlagebeschluss zum EuGH v. 20.02.2018 – 3 AZR 142/16, NZI 2018, 454 ff. m. Anm. *Hofelich/Fink*; zu den Rechtsfolgen sowie zum Insolvenzschutz bei unterbliebener Prämienzahlung an einen Lebensversicherer, der Insolvenzsicherung anderer Schadenersatzansprüche (auch im Zusammenhang mit Pensionskassen), sowie des Insolvenzschutzes der Einstandspflicht des Arbeitgebers, etwa wegen arbeitsvertragswidrigen Bezugsrechtswiderrufs, siehe unten Teil 2 B. II. 2. c).

Leistungskürzungen sowie selbst mit Insolvenzen der Versicherer konfrontiert sahen, wurde der Gesetzgeber tätig und schuf mit dem in den §§ 221 ff. VAG geregelten Sicherungsfonds einen Absicherungsmechanismus für die Ansprüche der Versorgungsberechtigten.[438] Diesem Sicherungsfonds müssen Lebensversicherer, die betriebliche Altersversorgung durchführen, angehören. Nach § 221 Abs. 2 VAG können Pensionskassen diesem Sicherungsfonds freiwillig beitreten.

1. Unmittelbare Versorgungszusage

Die unmittelbare Versorgungszusage des Arbeitgebers an seinen Arbeitnehmer ist ohne Einschränkung insolvenzsicherungspflichtig, § 10 Abs. 1 BetrAVG.[439] Diesem am weitesten verbreiteten Durchführungsweg[440] kommt der höchste Gefährdungsgrad der Finanzmittel im Fall der Insolvenz des Arbeitgebers zu. Der Arbeitgeber hat bei Erteilung einer Versorgungszusage zwar aus steuer- sowie bilanzrechtlicher Perspektive entsprechende bilanzielle Rückstellungen bilden, welche sich in der Anwartschaftsphase positiv auf die steuerliche Belastung des Unternehmens auswirken können.[441] Diese sind aber nicht aus dessen Vermögen ausgesondert und fielen dementsprechend mit Eröffnung eines Insolvenzverfahrens in die Insolvenzmasse.[442] Auch eine Verpflichtung des Arbeitgebers, andere Sicherungsmöglichkeiten zugunsten der Versorgungsberechtigten zu ergreifen, besteht insoweit nicht.[443]

Zudem ändern die Bestellung dem Versorgungsanspruch akzessorischer Sicherheiten, wie etwa die Bestellung von Grundschulden oder Hypotheken, oder die Bildung von Pensionsrückstellungen, die ausschließlich bilanzielle[444] Auswirkungen haben, nichts an der uneingeschränkten Insolvenzsicherungs- und Beitragspflicht des Arbeitgebers.[445] Vielmehr gehen diese akzessorischen

---

438 Höfer Bd. I/*Höfer/Reich,* BetrAVG, § 7, Rn. 95; *Gerke/Heubeck,* BetrAV 2002, 475 f..

439 Höfer Bd. I/*Höfer/Reich,* BetrAVG, § 7, Rn. 98.

440 Blomeyer/Rolfs/Otto/*Rolfs,* BetrAVG, § 7, Rn. 50.

441 Beck/Depré/*Pluta/Heidrich,* § 30, Rn. 729; ErfK/*Steinmeyer,* BetrAVG, § 7, Rn. 13; *Schipp,* NZA 2011, 445, 446.

442 Blomeyer/Rolfs/Otto/*Rolfs,* BetrAVG, § 7, Rn. 50; Uhlenbruck/*Hirte,* InsO, § 35, Rn. 226.

443 Beck/Depré/*Pluta/Heidrich,* § 30, Rn. 29.

444 Blomeyer/Rolfs/Otto/*Rolfs,* BetrAVG, § 7, Rn. 54.

445 BVerwG, Urt. v. 25.08.2010 – 8 C 23/09, NVwZ-RR 2011, 160, 161, II. 1. der Gründe; Höfer Bd. I/*Höfer/Reich,* BetrAVG, § 7, Rn. 102.

Sicherheiten im Insolvenzfall gem. § 9 Abs. 2 BetrAVG im Wege einer Legalzession auf den PSV über.[446]

Ferner verändert der Abschluss einer (kongruenten) Rückdeckungsversicherung für den Versorgungsanspruch ebenso wenig etwas an der Existenz oder der Höhe der Beitragspflicht nach § 10 Abs. 1 BetrAVG. Eine solche soll lediglich den Arbeitgeber im Hinblick auf die Finanzierung der getätigten Zusagen absichern, nicht aber den versorgungsberechtigten Arbeitnehmer schützen.[447]

Soweit der Arbeitgeber seinen Verpflichtungen aus der Versorgungszusage nicht umfassend nachkommt und infolgedessen gegenüber dem Versorgungsberechtigten schadenersatzpflichtig wird, muss dieser Anspruch als unmittelbare Versorgungszusage und damit dem gesetzlichen Insolvenzschutz unterfallend behandelt werden.[448]

2. *Direktversicherung*

Im Falle der Insolvenz bzw. des Eintritts eines anderen gesetzlichen Sicherungsfalles des Arbeitgebers sind des Weiteren die Ansprüche derjenigen Versorgungsberechtigten gefährdet, deren Versorgungszusage im Wege einer Direktversicherung durchgeführt wird. Gesetzliche Insolvenzsicherung wird dort erforderlich, wo das diesbezügliche Bezugsrecht der Versorgungsberechtigten entweder widerruflich ausgestaltet ist oder soweit es eine wirtschaftliche Belastung wie eine Abtretung oder Beleihung durch den Arbeitgeber erfahren hat und dieser seiner daraus resultierenden Wiederherstellungspflicht aus § 1b Abs. 2 S. 3 BetrAVG aufgrund der eingetretenen Insolvenz nicht nachkommt.[449] Selbiges gilt über den Wortlaut von § 7 Abs. 1 S. 2 Nr. 1 bzw. Abs. 2 S. 1 Nr. 2 BetrAVG hinaus, wenn der Arbeitgeber das Bezugsrecht an der Versicherungspolice verpfändet hat oder es widerruft.[450]

Umstritten ist die Frage, ob der Versorgungsberechtigte noch schutzbedürftig bleibt, wenn er die bei bestehendem unwiderruflichen Bezugsrecht für die arbeitgeberseitige Belastung des Versicherungsanspruchs erforderliche Zustimmung

446 BVerwG, Urt. v. 13.07.1999 – 1 C 13/98, NZI 2000, 43, 45, II. 2. der Gründe; Näheres zu der Stellung des PSV im Insolvenzverfahren unter Teil 2 C.

447 Höfer Bd. I/*Höfer/Reich*, BetrAVG, § 7, Rn. 100, 101; ErfK/*Steinmeyer*, BetrAVG, § 7, Rn. 13.

448 ErfK/*Steinmeyer*, BetrAVG, § 7, Rn. 13; *Reich* FS Höfer 2011, 187; dazu näher unten unter Teil 2 B. II. 2. c).

449 ErfK/*Steinmeyer*, BetrAVG, § 7, Rn. 14.

450 Blomeyer/Rolfs/Otto/*Rolfs*, BetrAVG, § 7, Rn. 60, 64; ErfK/*Steinmeyer*, BetrAVG, § 7, Rn. 14.

gegeben hat. Nach einer Ansicht soll hier in Ansehung des in § 7 Abs. 5 BetrAVG normierten Missbrauchstatbestands der gesetzliche Insolvenzschutz entfallen.[451]

Richtigerweise muss der derartig handelnde Versorgungsberechtigte aber geschützt bleiben.[452] Um dem Arbeitgeber die nötige Flexibilität und Liquidität in der Betriebspraxis zu gewährleisten, muss es – freilich unter Mitwirkung des mit einem unwiderruflichen Bezugsrecht ausgestatteten Versorgungsberechtigten – möglich bleiben, die Versicherungspolicen während dessen aktiven Arbeitsverhältnisses weiter wirtschaftlich zu nutzen. Dies war auch die Absicht des Gesetzgebers, der bewusst davon absah, dem Arbeitnehmer nach Erreichen der gesetzlichen Unverfallbarkeit seiner Versorgungsanwartschaft gleichsam automatisch auch ein unwiderrufliches Bezugsrecht zuzuerkennen. Vielmehr sollte der Arbeitgeber noch in der Lage dazu sein, etwa Darlehen im Wege der Beleihung der Versicherungspolicen aufzunehmen.[453]

Einen Fall, in welchem ein Arbeitnehmer in dem Glauben, sein Arbeitgeber werde sich wirtschaftlich wieder erholen, der Beleihung seiner Police zugestimmt hatte und später von dem PSV Insolvenzsicherung seiner Versorgungsansprüche begehrte, hatte das BAG mit Urteil vom 17.10.1995 zu entscheiden.
Der 3. Senat qualifizierte das dem Kläger eingeräumte Bezugsrecht an der Direktversicherung zwar als eingeschränkt unwiderruflich, was dessen Zustimmung zu einer Beleihung derselben ohnehin redundant machte. Dennoch konstatierte das Gericht, dass selbst eine Zustimmung zu der wirtschaftlichen Nutzung eines zu Gunsten eines Arbeitnehmers eingeräumten unwiderruflichen Bezugsrechts **nicht ohne Weiteres** die Erfüllung des Missbrauchstatbestands aus § 7 Abs. 5 BetrAVG zur Folge habe. Wenn der Arbeitnehmer in dem begründeten Glauben daran, sein Arbeitgeber werde seine wirtschaftlichen Schwierigkeiten überwinden, einer wirtschaftlichen Belastung seines Bezugsrechts zustimme, wirke er lediglich „*nachträglich an der Schaffung einer **für billigenswert erachteten Rechtslage***" mit. Zwar könne dies im Einzelfall „*das Insolvenzrisiko erhöhen*". Allerdings habe der Gesetzgeber mit den Missbrauchstatbeständen in § 7 Abs. 5 BetrAVG gerade nicht „*bei jeder Gefahrerhöhung [...] den Insolvenzschutz ausschließen*" wollen. Einzig bei **kollusivem Zusammenwirken** von Arbeitgeber und Arbeitnehmer in der Absicht, bei Eintritt eines Sicherungsfalles des Arbeitgebers die

451 Blomeyer/Rolfs/Otto/*Rolfs*, BetrAVG, § 7, Rn. 58; SHSS/*Wortmann*, Teil 16 A, Rn. 131, 427.

452 BAG, Urt. v. 26.06.1990 – 3 AZR 641/88, NZA 1991, 144, 146, II. 2 der Gründe; BAG, Urt. v. 17.10.1995 – 3 AZR 420/94, NZA 1996, 880, 881, 3. a) der Gründe; BAG, Urt. v. 19.01.2010 – 3 AZR 660/09, BeckRS 2010, 68806, Ls. 5; LAG Köln, Beschl. v. 24.05.2011 – 9 Sa 1329/10, BeckRS 2012, 66858, II. 2. c) der Gründe; Blomeyer/Rolfs/Otto/*Rolfs*, BetrAVG, § 7, Rn. 288; ErfK/*Steinmeyer*, BetrAVG, § 7, Rn. 14; HK-ArbR/*Heck*, BetrAVG, § 7, Rn. 28; Höfer Bd. I/*Höfer/Reich*, BetrAVG, § 7, Rn. 110.

453 Vgl. BT-Drs. 7/1281, S. 23.

Versorgungsansprüche gegenüber dem PSV geltend zu machen, könne einen Missbrauch i. S. v. § 7 Abs. 5 S. 1 BetrAVG begründen und auch nur, wenn der Arbeitnehmer seine Zustimmung sozusagen sehenden Auges in Anbetracht eines bevorstehenden wirtschaftlichen Niederganges seines Arbeitgebers erteile.

Dem Wortlaut von § 1b Abs. 2 S. 3 BetrAVG nach, auf den § 7 Abs. 2 S. 1 BetrAVG verweist, besteht diese Wiederherstellungspflicht des Arbeitgebers nur für bereits vor Eintritt des Sicherungsfalls ausgeschiedene Arbeitnehmer.[454] Aufgrund der Vergleichbarkeit der Interessenlage mit einer Versorgungsanwartschaft ausgeschiedener Versorgungsberechtigter und derjenigen, weiterhin in einem Arbeitsverhältnis stehender, betriebstreuer Arbeitnehmer, trifft den Arbeitgeber diese Wiederherstellungspflicht hingegen auch in Bezug auf die wirtschaftliche Belastung der Bezugsberechtigungen noch aktiv beschäftigter Versorgungsberechtigter kraft Analogie.[455]

Inwieweit der gesetzliche Insolvenzschutz Versorgungszusagen, die im Wege einer Direktversicherung durchgeführt werden, erfasst, richtet sich danach, ob es sich bereits um Versorgungsansprüche i. S. v. § 7 Abs. 1 S. 2 Nr. 1 BetrAVG handelt oder es aber um Versorgungsanwartschaften nach § 7 Abs. 2 S. 1 Nr. 2 BetrAVG geht, wobei bei Letzteren eine Unterscheidung nach der Rechtsnatur des zugrunde liegenden Bezugsrechts erforderlich wird.

a) Versorgungsleistungen, § 7 Abs. 1 S. 2 Nr. 1 BetrAVG

Gem. § 7 Abs. 1 S. 2 Nr. 1 BetrAVG sind Versorgungs*ansprüche*, die über eine Direktversicherung durchgeführt werden, insolvenzgeschützt, wenn die Leistungen aus einer Direktversicherung vor Eintritt des Versorgungsfalles wirtschaftlich vom Arbeitgeber durch Abtretung oder Beleihung belastet wurden und dieser seiner infolgedessen entstehenden Wiederherstellungspflicht aus § 1b Abs. 2 S. 3 aufgrund der eingetretenen Insolvenz nicht nachkommt. Diese Regelung beinhaltet ihrem Wortlaut nach einen lediglich teilweisen Insolvenzschutz.[456]

Mit Eintritt des Versorgungsfalles erwirbt der Versorgungsberechtigte im Wege von § 159 Abs. 2 und 3 VVG i. V. m. § 335 BGB einen echten eigenen Leistungsanspruch unmittelbar gegen das Lebensversicherungsunternehmen.[457]

---

454 Höfer Bd. I/*Höfer/Reich*, BetrAVG, § 7, Rn. 112.

455 Blomeyer/Rolfs/Otto/*Rolfs*, BetrAVG, § 7, Rn. 62; Höfer Bd. I/*Höfer/Reich*, BetrAVG, § 7, Rn. 112.

456 Schaub ArbR-Hdb./*Vogelsang*, § 281, Rn. 13.

457 BAG, Urt. v. 26.06.1990 – 3 AZR 651/88, NZA 1991, 60, 61, 2. b) der Gründe; Mü-Hdb. ArbR/*Lämpe*, § 212, Rn. 51.

Es kommt insoweit nicht mehr darauf an, ob zuvor zugunsten des versorgungsberechtigten Arbeitnehmers ein unwiderrufliches oder widerrufliches Bezugsrecht an der Versicherungspolice bestand, denn spätestens mit Eintritt des Versorgungsfalles erwirbt selbst der widerruflich Bezugsberechtigte einen eigenen Anspruch, § 159 Abs. 2 VVG.[458] Demgemäß kann der Arbeitgeber bzw. der Insolvenzverwalter auch in Ansehung der oben dargestellten[459], streng dezidierten Betrachtung von Versorgungs- und Versicherungsverhältnis nicht mehr auf das Bezugsrecht einwirken, da ihm dies nicht nur arbeitsvertraglich, sondern nunmehr auch versicherungsvertraglich nicht mehr möglich ist.[460] Ab diesem Zeitpunkt ist ein Insolvenzschutz im Hinblick auf eine mögliche Belastung nicht mehr erforderlich.[461] Demgemäß besteht mangels wirtschaftlicher Gefährdung der Versorgungsansprüche für bereits vertraglich umfassend bereitgestellte, laufende Versorgungsleistungen kein Insolvenzschutz.[462]

Soweit die Versicherungspolice hingegen vom Arbeitgeber vor Eintritt des Versorgungsfalles in irgendeiner Form abgetreten, beliehen oder auch verpfändet und diese Belastung entgegen § 1b Abs. 3 S. 2 BetrAVG nicht wieder ausgeglichen wurde, bleibt die Leistung des Versicherers teilweise oder sogar vollständig hinter der zugrunde liegenden Versorgungszusage zurück. Diese Konstellation spricht § 7 Abs. 1 S. 2 Nr. 1 BetrAVG ausdrücklich an und gewährt den Versorgungsberechtigten im Umfang ihrer diesbezüglichen Einbußen Insolvenzschutz.[463]

b) Versorgungsanwartschaften, § 7 Abs. 2 S. 1 Nr. 2 BetrAVG

Betrachtet man den gesetzlichen Insolvenzschutz von Versorgungsanwartschaften im Zusammenhang mit der Durchführung über eine Direktversicherung gem. § 7 Abs. 2 S. 1 Nr. 2 BetrAVG, so ist eine differenzierte Betrachtung der Bezugsrechtstypen vorzunehmen.

Zu unterscheiden ist dabei, ob der Versorgungsanwärter von dem Arbeitgeber als Versicherungsnehmer entweder ein unwiderrufliches, ein widerrufliches oder aber ein eingeschränkt unwiderrufliches Bezugsrecht nach § 159 VVG an der Versicherungspolice eingeräumt bekommen hat.

---

458 MüKo VVG/*Heiss*, § 159, Rn. 70.

459 Vgl. hierzu Teil 1 C. II. 2.

460 Höfer Bd. I/*Höfer/Reich*, BetrAVG, § 7, Rn. 109.

461 Schaub ArbR-Hdb./*Vogelsang*, § 281, Rn. 13.

462 Mü-Hdb. ArbR/*Lämpe*, § 212, Rn. 51, 52.

463 Höfer Bd. I/*Höfer/Reich*, BetrAVG, § 7, Rn. 110.

(1) Unwiderrufliches Bezugsrecht

Für Versorgungsanwärter, die ein unwiderrufliches Bezugsrecht am Versicherungsanspruch halten, bedarf es regelmäßig dann keines gesetzlichen Insolvenzschutzes, soweit dieses Recht nicht vor Eintritt des Sicherungsfalles durch den Arbeitgeber wirtschaftlich durch Abtretungen oder Beleihungen belastet worden ist.[464] Mit Eintritt des Sicherungsfalls beim Arbeitgeber besteht seitens des Versorgungsanwärters ein Aussonderungsrecht an der Versicherungspolice aus der Insolvenzmasse gem. § 47 InsO.[465] Sein Versorgungsanspruch richtet sich nun im Rahmen des Versicherungsvertrages zukünftig unmittelbar gegen den Versicherer, § 335 BGB.[466] Es verhält sich mithin wie bei dem zum Vollrecht erstarkten Leistungsanspruch.[467]

Anders liegt es, wenn der Arbeitgeber vor Eintritt des Sicherungsfalls die Deckungsmittel der Versicherung i. S. v. § 1b Abs. 2 S. 3 BetrAVG wirtschaftlich genutzt hat.[468] Dies betrifft bei Versorgungsanwartschaften nicht nur Abtretungen oder Beleihungen, sondern auch eine Verpfändung[469] oder gar einen Widerruf des Bezugsrechts.[470] Der Versicherer darf dem Versorgungsberechtigten gegenüber insoweit trotz dessen aus seinem unwiderruflichen Bezugsrecht fließenden Anspruch nur noch eingeschränkt oder gar nicht leisten, da der Arbeitgeber seiner Wiederherstellungspflicht aus § 1b Abs. 2 S. 3 aufgrund des eingetretenen Insolvenzfalls und dem damit einhergehenden Verbot der Gläubigerbenachteiligung nicht mehr nachkommen kann.[471]

In der Situation eines arbeitsvertragswidrigen Widerrufs des Bezugsrechts wird aber auch der arbeitsvertraglich unwiderruflich Bezugsberechtigte schutzbedürftig. Inwieweit der Versorgungsberechtigte in einem solchen Fall vom PSV geschützt wird, ist umstritten. Richtigerweise wird man aber bei dem Zurückbleiben bzw. des Ausfalls der Versicherungsleistungen aufgrund Widerrufs

---

464 Höfer Bd. I/*Höfer/Reich*, BetrAVG, § 7, Rn. 110.

465 BAG, Urt. v. 26.06.1990 – 3 AZR 651/88, NZA 1991, 60, 61, 2. b) der Gründe; Braun/*Bäuerle*, InsO, § 35, Rn. 68; *Kießling*, NZI 2008, 469; MAH Insolvenz und Sanierung/*Riering*, § 31, Rn. 106; Uhlenbruck/*Brinkmann*, InsO, § 47, Rn. 113.

466 Blomeyer/Rolfs/Otto/*Rolfs*, BetrAVG, § 7, Rn. 57.

467 Schaub ArbR-Hdb./*Vogelsang*, § 281, Rn. 21.

468 Höfer Bd. I/*Höfer/Reich*, BetrAVG, § 7, Rn. 110.

469 Blomeyer/Rolfs/Otto/*Rolfs*, BetrAVG, § 7, Rn. 60; Höfer Bd. I/*Höfer/Reich*, BetrAVG, § 7, Rn. 113.

470 Blomeyer/Rolfs/Otto/*Rolfs*, BetrAVG, § 7, Rn. 57; ErfK/*Steinmeyer*, BetrAVG, § 7, Rn. 16.

471 Höfer Bd. I/*Höfer/Reich*, BetrAVG, § 7, Rn. 124.

jedenfalls von einem Anspruch des Versorgungsberechtigten gegen den Arbeitgeber aus dessen Einstandspflicht nach § 1 Abs. 1 S. 3 BetrAVG ausgehen müssen, welche als unmittelbare Versorgungszusage zu qualifizieren und demgemäß dem gesetzlichen Insolvenzschutz zuzurechnen ist.[472]

Wie bereits dargetan[473], ist zwischen dem arbeitsrechtlichen Grundverhältnis zwischen Arbeitgeber und Versorgungsberechtigtem (*Versorgungsverhältnis, Valutaverhältnis*) und dem Versicherungsvertrag zwischen Arbeitgeber und Versicherer (*Deckungsverhältnis*) streng zu differenzieren.[474]

Um den Arbeitnehmer tatsächlich nachhaltig vor einseitigen Beeinträchtigungen durch den Arbeitgeber oder, bei Eintritt eines Insolvenzfalls, vor dem Zugriff des Insolvenzverwalters oder der Gläubiger abzusichern, bedarf es der ausdrücklichen, entsprechenden vertraglichen Vereinbarung des im Versicherungsvertrag. Dort muss festgelegt werden, dass der Versorgungsberechtigte nunmehr unwiderruflich bezugsberechtigt hinsichtlich der Versicherungspolice ist. Die Einräumung dieser Unwiderruflichkeit muss dem Versicherer gegenüber auch rechtswirksam, das heißt in Schriftform, angezeigt werden, § 12 Abs. 1 ALB 2008.[475] Oftmals wird in den Versicherungsverträgen die Formel aus § 1b Abs. 1 BetrAVG verwendet, wonach das dem Versorgungsberechtigten eingeräumte Bezugsrecht mit Erfüllung der gesetzlichen Unverfallbarkeitsfristen unwiderruflich werden soll.

Aufgrund der rechtlichen Unabhängigkeit von Versorgungs- und Versicherungsverhältnis ist versicherungsvertraglich selbst ein Widerruf des Bezugsrechts entgegen der arbeitsrechtlichen Verpflichtung aus § 1b Abs. 2 S. 1 bei Abschluss der Direktversicherung, bzw. nach § 1b Abs. 5 S. 2 BetrAVG bei durch Entgeltumwandlung gem. § 1 Abs. 2 Nr. 3 BetrAVG finanzierten Direktversicherungen möglich.[476] Eine von § 1b Abs. 5 S. 2 BetrAVG abweichende versicherungsvertragliche Regelung ist nämlich zulässig und wirksam.[477]

---

472 Blomeyer/Rolfs/Otto/*Rolfs*, BetrAVG, § 7, Rn. 64; ErfK/*Steinmeyer*, BetrAVG, § 7, Rn. 16; Gottwald InsR-Hdb./*Bertram*, § 109, Rn. 22; Höfer Bd. I/*Höfer/Reich*, BetrAVG, § 7, Rn. 116; *Reich* FS Höfer 2011, 187 ff.; *Witschen*, SAE 2011, 273, 274; vgl. auch BVerwG, Urt. v. 28.06.1994 – 1 C 20/92, NZA 1995, 75, 76, 2. c) cc) (3) und (5) der Gründe; siehe hierzu korrespondierend Teil 2 B. II. 2. c) für den Insolvenzschutz bei unterbliebener Prämienzahlung.

473 Siehe oben Teil 1 C. II. 2..

474 BAG, Urt. v. 18.09.2012 – 3 AZR 176/10, BeckRS 2012, 75279, I. 1. a) bis d) der Gründe; KK-InsO/*Hess*, §§ 35, 36, Rn. 896.

475 Braun/*Bäuerle*, InsO, § 47, Rn. 77.

476 BAG, Urt. v. 08.06.1999 – 3 AZR 136/98, NZA 1999, 1103, 1105, B. I. 2. b) cc) (2) der Gründe; Blomeyer/Rolfs/Otto/*Rolfs*, BetrAVG, § 7, Rn. 64.

477 Blomeyer/Rolfs/Otto/*Rolfs*, BetrAVG, § 7, Rn. 152 m. w. N..

Der versicherungsvertraglich möglicherweise wirksame Widerruf eines – arbeitsvertraglich – unwiderruflichen Bezugsrechts lässt einen Schadenersatzanspruch des Versorgungsberechtigten gegen den widerrufenden Arbeitgeber bzw. Insolvenzverwalter auf Beschaffung einer äquivalenten, beitragsfreien Police entstehen.[478] Diese Form des Widerrufs auf versicherungsvertraglicher Ebene entgegen der arbeitsrechtlichen Verpflichtung, ebendies nicht zu tun, wird nach Gesetzeskonzeption nicht von der Vorschrift des § 7 Abs. 2 S. 1 Nr. 2 BetrAVG erfasst. Diese Regelung betrifft lediglich die versorgungsvertragliche Widerruflichkeit eines Bezugsrechts nach Eintritt der gesetzlichen Unverfallbarkeitsvoraussetzungen nach § 1b Abs. 1 BetrAVG.[479]

Der Versorgungsberechtigte mit arbeitsvertraglich unwiderruflichem Bezugsrecht muss nach zutreffender und wohl überwiegender Ansicht aber auch nach einem Widerruf vor der Insolvenz seines Arbeitgebers geschützt bleiben.[480] Dieser Insolvenzsicherungsanspruch fließt richtigerweise letztlich nicht nur aus einer positiven Vertragsverletzung des Versorgungsverhältnisses, sondern auch aus § 1 Abs. 1 S. 3 BetrAVG, der Einstandspflicht des Arbeitgebers, der auch dann für seine Versorgungszusage einzustehen hat, wenn er sie über einen externen Versorgungsträger, hier die Direktversicherung, durchführt.[481] In dem Moment des Widerrufs des Bezugsrechts ist dieser Anspruch aus § 1 Abs. 1 S. 3 BetrAVG zu behandeln wie eine unmittelbare Versorgungszusage des Arbeitgebers und muss als solche gem. § 7 Abs. 1 S. 2 Nr. 1 bzw. Abs. 2 S. 1 Nr. 2 BetrAVG gesetzlich insolvenzgeschützt sein.[482]

Bezüglich eines möglicherweise parallel aus dem versorgungsvertragswidrigen Widerruf des Bezugsrechts resultierenden Schadenersatzanspruchs des Versorgungsberechtigten ist die Rechtslage ebenfalls umstritten.

Eine Ansicht sieht diesen Schadenersatzanspruch des Arbeitnehmers in der Insolvenz lediglich als Insolvenzforderung nach § 38 InsO an.[483] Dem

---

478 Höfer Bd. I/*Höfer*, BetrAVG, § 1b, Rn. 362; NK-ArbR/*Vienken*, BetrAVG, § 1b, Rn. 52.

479 Vgl. SHSS/*Wortmann*, Teil 16 A, Rn. 134.

480 Blomeyer/Rolfs/Otto/*Rolfs*, BetrAVG, § 7, Rn. 64; unklar ErfK/*Steinmeyer*, BetrAVG, § 7, Rn. 16; Gottwald InsR-Hdb./*Bertram*, § 109, Rn. 22; Höfer Bd. I/*Höfer/Reich*, BetrAVG, § 7, Rn. 116; *Reich* FS Höfer 2011, 187 ff.; *Witschen*, SAE 2011, 273, 274; vgl. auch BVerwG, Urt. v. 28.06.1994 – 1 C 20/92, NZA 1995, 75, 76, 2. c) cc) (3) und (5) der Gründe; vgl. hierzu korrespondierend Teil 2 B. II. 2. c) für den Insolvenzschutz bei unterbliebener Prämienzahlung.

481 *Höfer*, DB 2016, 2843, 2844.

482 *Höfer*, DB 2016, 2843, 2844.

483 ErfK/*Steinmeyer*, BetrAVG, § 1b, Rn. 30; *Kießling*, NZI 2008, 469, 470.

Arbeitnehmer bliebe dieser Rechtsauffassung folgend lediglich der Anspruch gegen den PSV, der jedoch etwa künftige Überschussanteile und andere, über den gesetzlichen Umfang der Insolvenzsicherung hinausgehende Ansprüche grundsätzlich nicht absichert.[484]

Vielmehr muss aber auch für diesen Schadenersatzanspruch gelten, dass dieser von der arbeitgeberseitigen Einstandspflicht aus § 1 Abs. 3 S. 1 BetrAVG erfasst wird und – als unmittelbare Versorgungszusage kategorisiert – dem gesetzlichen Insolvenzschutz unterstehen muss.[485] Denn letztlich hat der Arbeitgeber für dasjenige einzustehen, was er dem Versorgungsberechtigten zugesagt hat und ihn daher so zu stellen, als sei der versorgungsvertragswidrige Widerruf nicht erfolgt.[486]

(2) Widerrufliches Bezugsrecht

Soweit dem Versorgungsberechtigten hingegen arbeitsvertraglich lediglich ein widerrufliches Bezugsrecht an der Versicherungspolice eingeräumt worden ist, ist in der Anwartschaftsphase nach Erfüllung der gesetzlichen Unverfallbarkeitsfristen nach § 1b BetrAVG ein umfassender gesetzlicher Insolvenzschutz erforderlich, § 7 Abs. 2 S. 1 Ziff. 2 1. Alt. BetrAVG. Der Arbeitgeber kann in dieser Situation dem Versorgungsberechtigten durch Ausübung des Widerrufs dessen Rechtsposition einseitig wieder entziehen.[487] Die Versicherungssumme ist dem Arbeitgeber als Versicherungsnehmer wirtschaftlich zuzuordnen und fällt mit Eröffnung des Insolvenzverfahrens und Widerruf des Bezugsrechts durch den Insolvenzverwalter, der hierzu gesetzlich gem. §§ 148 Abs. 1, 159 InsO verpflichtet ist, in die Insolvenzmasse, § 35 Abs. 1 InsO.[488]

Der Umstand, dass eine Widerruflichkeit erst in § 7 Abs. 2 S. 1 BetrAVG in Bezug auf Versorgungsanwartschaften genannt ist, lässt sich damit erklären, dass ein Widerruf des dem Versorgungsberechtigten eingeräumten Bezugsrechts nach Eintritt des Versorgungsfalles und Erstarken vom Vollanspruch grundsätzlich nicht mehr infrage kommt.[489] Gem. § 159 Abs. 2 VVG erlangt nämlich der

---

484 Siehe hierzu näher unten Teil 2 B. IV. 1. b) (2).

485 Höfer Bd. I/*Höfer*, BetrAVG, § 1b, Rn. 365.

486 Vgl. hierzu ausführlich Teil 2 B. II. 2. c) für den Insolvenzschutz von Schadenersatzansprüchen aus dem Versorgungsverhältnis am Beispiel unterbliebener Prämienzahlung.

487 Höfer Bd. I/*Höfer/Reich*, BetrAVG, § 7, Rn. 106.

488 Blomeyer/Rolfs/Otto/*Rolfs*, BetrAVG, § 7, Rn. 151; Braun/*Bäuerle*, InsO, § 35, Rn. 65; Höfer Bd. I/*Höfer/Reich*, BetrAVG, § 7, Rn. 124.

489 ErfK/*Steinmeyer*, BetrAVG, § 7, Rn. 28; Höfer Bd. I/*Höfer/Reich*, BetrAVG, § 7, Rn. 107.

widerruflich als bezugsberechtigt bezeichnete Dritte, mithin der Versorgungsberechtigte, das Recht auf Leistungen des Versicherers mit Eintritt des Versicherungsfalles. Das bedeutet, dass der Versorgungsberechtigte mit Einsetzen der Versorgungsleistungen des Versicherers ein eigenes Forderungsrecht in Form einer nunmehr unwiderruflichen Bezugsberechtigung gegen den Lebensversicherer erworben hat.[490]

(3) Eingeschränkt unwiderrufliches Bezugsrecht

Ein eingeschränkt unwiderrufliches Bezugsrecht gibt dem Arbeitgeber vorbehaltlich des Vorliegens im Vorhinein festgelegter Parameter das Recht, ein per se unwiderrufliches Bezugsrecht bei Eintritt der entsprechenden Vorbehalte dennoch wirksam zu widerrufen bzw. es wirtschaftlich durch Beleihung oder Abtretung zu nutzen.[491] Oftmals wird sich der Widerruf bis zum Eintritt der Unverfallbarkeit nach § 1b BetrAVG für bestimmte Fälle vorbehalten.

Im Gegensatz zu der Direktversicherung mit widerruflichem Bezugsrecht ist ein eingeschränkt unwiderrufliches Bezugsrecht wirtschaftlich dem Versorgungsberechtigten zuzuordnen, da es dem unwiderruflichen Bezugsrecht näher steht als dem widerruflichen.[492] Soweit sich der Arbeitgeber also bei Eintritt der zum Widerruf oder zur Belastung berechtigenden Vorbehalte das Bezugsrecht finanziell zu Nutze macht, verfügt er über Fremdmittel.[493] Dies ist der Grund für die abgestufte Beitragspflicht zum PSV, § 10 Abs. 3 Nr. 2 BetrAVG.[494]

Verbreitet in der Praxis weisen derartig gestaltete Bezugsrechte einen Widerrufsvorbehalt dahin gehend auf, dass es dem Arbeitgeber gestattet sei, das Bezugsrecht zu widerrufen, wenn das Arbeitsverhältnis des Versorgungsberechtigten vor Erreichen der Unverfallbarkeitsgrenzen nach § 1b BetrAVG ende.[495] Ob dieser Widerrufsvorbehalt auch bei einer insolvenzbedingten Beendigung des Arbeitsverhältnisses, etwa durch Kündigung durch den Insolvenzverwalter, greift, ist insbesondere in der höchstrichterlichen Rechtsprechung weiterhin umstritten.

---

490 MüKo VVG/*Heiss*, § 159, Rn. 70.

491 BAG, Urt. v. 26.06.1990 – 3 AZR 651/88, NZA 1991, 60, 61, 2. b) der Gründe; Höfer Bd. I/*Höfer/Reich*, BetrAVG, § 7, Rn. 130.

492 BAG, Urt. v. 26.06.1990 – 3 AZR 2/89, AP BetrAVG § 1 Lebensversicherung Nr. 12, 4. der Gründe.

493 Höfer Bd. I/*Höfer/Reich*, BetrAVG, § 7, Rn. 130.

494 Höfer Bd. I/*Höfer/Reich*, BetrAVG, § 7, Rn. 130; Schaub ArbR-Hdb./*Vogelsang*, § 276, Rn. 52.

495 WHSS/*Schnitker*, Teil J, Rn. 95.

Das **BAG** sowie die **einige Stimmen der Literatur** billigen dem Insolvenzverwalter bei Vereinbarung eines solchen Vorbehalts den Widerruf der Bezugsberechtigung bei insolvenzbedingter Beendigung des Arbeitsverhältnisses zu.[496] Die Widerrufsmöglichkeit bei Beendigung des Arbeitsverhältnisses sei wörtlich zu verstehen, was auch eine insolvenzbedingte Beendigung beinhalte.[497] Das Bezugsrecht sei bis zum Eintritt der Unverfallbarkeit nach § 1b BetrAVG widerruflich und falle demgemäß in die Insolvenzmasse des Arbeitgebers. Dieses Widerrufsrecht entfiele sodann vereinbarungsgemäß aber mit Erreichen der gesetzlichen Unverfallbarkeit.[498]

Demgegenüber vertritt der Bundesgerichtshof **(BGH)** nach wie vor die Auffassung, der Widerrufsvorbehalt erfasse nicht die Fälle, in welchen der Insolvenzverwalter das Arbeitsverhältnis insolvenzbedingt beende und anschließend das Bezugsrecht widerrufe.[499] Vielmehr sei die Einschränkung des unwiderruflichen Bezugsrechts dahin gehend zu verstehen, dass ein Widerruf nur dort möglich sei, wo der Arbeitnehmer durch sein eigenes Verhalten Anlass zur Beendigung seines Arbeitsverhältnisses gegeben habe. Beendigungsgründe, welche außerhalb des Einflussbereichs des Arbeitnehmers lägen, könnten den Widerrufsvorbehalt nicht auslösen.

Der Auffassung der arbeitsgerichtlichen Rechtsprechung und Literatur ist beizupflichten. Der Sinn hinter der Einräumung eines eingeschränkt unwiderruflichen Bezugsrechts zugunsten des Versorgungsberechtigten liegt weniger in der Absicht, den Arbeitnehmer zu binden – so sieht es der BGH – sondern vielmehr in der abgestuften Beitragspflicht zum PSV.[500] Damit ist nicht etwa der Beweggrund für eine Beendigung des Arbeitsverhältnisses und eine ggf. korrespondierende Verantwortlichkeit des Arbeitnehmers relevant, sondern der Wortlaut der

---

496 St. Rspr. des BAG, zusammenfassend Vorlage an den Gemeinsamen Senat BAG, Beschl. v. 22.05.2007 – 3 AZR 334/06, NZA 2007, 1169, 1170, B. II. der Gründe; BAG, Urt. v. 15.06.2010 – 3 AZR 334/06, NZI 2011, 30, 32, II. 2. b) der Gründe; vgl. auch OLG Hamm, Urt. v. 24.01.2006 – 27 U 159/05, NZA-RR 2006, 428, 429, B. I. 2. b) der Gründe; Höfer Bd. I/*Höfer/Reich,* BetrAVG, § 7, Rn. 132; NK-ArbR/*Schlewing* BetrAVG, § 7, Rn. 14; WHSS/*Schnitker*, Teil J, Rn. 96.

497 Vgl. NK-ArbR/*Vienken,* BetrAVG, § 1, Rn. 54.

498 BAG, Urt. v. 31.07.2007 – 3 AZR 446/05, NZA-RR 2008, 32, 34, B. I. 2. c) aa) der Gründe.

499 BGH, Urt. v. 08.06.2005 – IV ZR 30/04, NJW-RR 2005, 1412, 1413, II. 3. b) (1) der Gründe; BGH, Urt. v. 24.06.2015 – IV ZR 411/13, NJW-RR 2015, 1445, 1446, II. 1. b) aa) der Gründe.

500 Gottwald InsR-Hdb./*Bertram*, § 109, Rn. 34.

Vereinbarung im Einzelfall und dessen Betrachtung unter betriebsrentenrechtlichen Aspekten.[501]

c) *Sonderproblem: Insolvenzschutz von Ersatzansprüchen aus dem Versorgungsverhältnis am Beispiel unterbliebener Prämienzahlung und Insolvenzschutz von Ansprüchen aus der arbeitgeberseitigen Einstandspflicht aus § 1 Abs. 1 S. 3 BetrAVG*

Problematisch für das Bestehen gesetzlichen Insolvenzschutzes stellen sich die Fälle dar, in denen der Versorgungsberechtigte Einbußen bei seinen späteren Versorgungsleistungen erleidet, weil der gem. § 33 VVG zur Prämienzahlung verpflichtete Arbeitgeber als Versicherungsnehmer es teilweise oder gänzlich unterlassen hat, diese Prämien an den Versicherer zu entrichten und den Versorgungsberechtigten aufgrund eingetretener Insolvenz nicht aus dem Unternehmensvermögen befriedigen kann.

Diese Rechtsfrage beschäftigte den Gesetzgeber bereits bei der Konzeption des BetrAVG und später erneut im Rahmen der Insolvenzrechtsreform sowie der Rentenreform 1999.[502] Dennoch wurde selbst im Zuge der Reform des VVG im Jahre 2008, durch welche unter § 166 Abs. 4 VVG eingefügt wurde, dass die versicherte Person im Falle der Umwandlung der Versicherung in eine prämienfreie in Textform darüber zu informieren und ihr eine Zahlungsfrist von mindestens zwei Monaten einzuräumen sei, keine Veränderung von § 7 BetrAVG aufgenommen. Daher sind dieser Problemkreis der unzureichenden Prämienzahlung und auch die gesetzliche Insolvenzsicherung anderer Ansprüche gegen den Arbeitgeber, wie etwa aus dessen Einstandspflicht aus § 1 Abs. 1 S. 3 BetrAVG, weiterhin von großer Brisanz.[503]

Das **BAG** sieht bezüglich aufgrund unzureichender Prämienzahlung hinter der Versorgungszusage zurückbleibenden Leistungen zwar einen Schadenersatzanspruch des Versorgungsberechtigten gegen seinen Arbeitgeber als gegeben an. Dieser sei jedoch nicht von der gesetzlichen Insolvenzsicherung durch den PSV erfasst.[504]

---

501 BAG, Urt. v. 15.06.2010 – 3 AZR 334/06, NZI 2011, 30, 32, II. 2. b) der Gründe; vgl. zum grundsätzlichen Erfordernis einer individuellen Betrachtung und Auslegung des Bezugsrechts im Einzelfall ebenfalls BGH, Urt. v. 22.01.2014 – IV ZR 201/13, NZA 2015, 235, 236, II. 1. und 2. der Gründe.

502 Höfer Bd. I/*Höfer/Reich*, BetrAVG, § 7, Rn. 114.

503 Blomeyer/Rolfs/Otto/*Rolfs*, BetrAVG, § 7, Rn. 159.

504 BAG, Urt. v. 17.11.1992 – 3 AZR 51/92, NZA 1993, 843, 844, II. 1. und 2. der Gründe.

Dieser Entscheidung vom 17.11.1992 lag ein Sachverhalt zugrunde, in welchem der Witwer einer verstorbenen Versorgungsberechtigten gegen den PSV vorging, da deren ehemaliger Arbeitgeber in den letzten Jahren des Arbeitsverhältnisses der Versorgungsberechtigten die Prämienzahlung an die für die Durchführung der Versorgungszusage herangezogenen Lebensversicherungspolice unterlassen hatte. Der Arbeitgeber hatte seine Betriebstätigkeit eingestellt, ein Antrag auf Eröffnung des Insolvenzverfahrens war in Ansehung der offensichtlichen Masseunzulänglichkeit nicht gestellt worden. Der Kläger stellte daraufhin bei dem beklagten PSV einen Antrag auf Insolvenzsicherung der aufgrund unzureichender Prämienzahlung ausfällig gewordenen Versicherungsleistung. Der PSV, dem nicht einmal bekannt gewesen war, dass der betreffende Arbeitgeber überhaupt betriebliche Altersversorgung durchgeführt und dieser infolgedessen auch keine Beitragszahlungen an den PSV geleistet hatte, lehnte das Gesuch des Klägers mit der Begründung ab, das Risiko einer geringeren oder ausfallenden Versorgungsleistung wegen **unterbliebener Prämienzahlung** durch den Arbeitgeber sei **nicht vom gesetzlichen Insolvenzschutz umfasst**.

Die Revision des Klägers hatte keinen Erfolg. Das BAG sah eine verminderte Versorgungsleistung in dieser Konstellation als **nicht insolvenzgesichert** an. Vielmehr unterfielen dem gesetzlichen Insolvenzschutz seinem **Wortlaut** entsprechend lediglich Einbußen aufgrund von Abtretung oder Beleihung der Versicherungspolice. Für eine **analoge Anwendung** von § 7 Abs. 1 S. 2 Nr. 1 BetrAVG bestünde in Ermangelung einer in Ansehung der Entstehungsgeschichte des gesetzlichen Insolvenzschutzes bestehenden Regelungslücke kein Raum. Der Gesetzgeber habe gerade **nicht jedwedes Risiko** für die Versorgungsberechtigten von § 7 BetrAVG erfasst sehen wollen. Der 3. Senat begründete seine Entscheidung weiter damit, dass bei Gewähr gesetzlichen Insolvenzschutzes für derlei gelagerte Fälle das **Synallagma zwischen Insolvenzschutz und korrespondierender Beitragsverpflichtung der Arbeitgeber aus § 10 BetrAVG auseinanderbrechen** würde.

Dieser Ansicht pflichten auch **einige Literaturmeinungen** bei.[505] Der aus der Verletzung versorgungsvertraglicher Pflichten erwachsene Schadenersatzanspruch des Arbeitnehmers gegen seinen Arbeitgeber bei unzureichender oder ausbleibender Prämienzahlung für dessen Direktversicherung sei nicht insolvenzgeschützt, da der gesetzliche Insolvenzschutz die Versorgungsberechtigten gerade nicht vor jeder beliebigen Pflichtverletzung des arbeitsrechtlichen Versorgungsverhältnisses schützen sollte.[506] Vielmehr seien die in § 7 Abs. 1 und 2 BetrAVG genannten Fälle abschließend. Weiter wird argumentiert, der betroffene

505 So bspw. Beck/Depré/*Pluta/Heidrich*, § 30, Rn. 41; Blomeyer/Rolfs/Otto/*Rolfs*, BetrAVG, § 7, Rn. 162; *Cisch/Lämpe*, BB 2016, 2167, 2168; ErfK/*Steinmeyer*, BetrAVG, § 7, Rn. 15; *Ganter*, NZI 2013, 769, 771; Paulsdorff BetrAVG, § 7, Rn. 66; Schaub ArbR-Hdb./*Vogelsang*, § 281, Rn. 21; SHSS/*Wortmann*, Teil 16 A, Rn. 124, 125.

506 ErfK/*Steinmeyer*, BetrAVG, § 7, Rn. 15.

Arbeitnehmer müsse es unter systematischen Gesichtspunkten akzeptieren, dass seine Versorgungsanwartschaft nicht insolvenzgesichert sei. Ein über den Katalog des § 7 BetrAVG und dessen Voraussetzungen hinausgehender gesetzlicher Insolvenzschutz mache § 7 BetrAVG gleichsam redundant.[507] Letztlich schließe aber jedenfalls der Wortlaut von § 7 BetrAVG einen Insolvenzschutz bei nicht gezahlten Beiträgen an eine Direktversicherung aus.[508]

Nach dieser Bewertung der Problematik bestünde für den Arbeitnehmer im Falle der Insolvenz seines Arbeitgebers lediglich entweder die Möglichkeit, seine so entstandenen Schadenersatzansprüche als Insolvenzforderungen nach § 38 InsO zur Insolvenztabelle anzumelden[509] oder aber die ausstehenden Prämien selbst zu zahlen und diese Zahlungen später in der Insolvenz gem. § 165 SGB III im Rahmen seines Insolvenzgeldanspruches geltend zu machen.[510]

Nach **anderer Ansicht in der Literatur** komme es aber gerade nicht auf den Wortlaut der Norm, sondern vielmehr auf den Zweck von § 7 BetrAVG an.[511] Hiernach lasse die Auffassung des BAG außer Betracht, dass der gesetzliche Insolvenzschutz gerade unabhängig von einer vorangegangenen Beitragszahlung durch den betreffenden Arbeitgeber als gesetzliches Schuldverhältnis zwischen dem Versorgungsberechtigten und dem PSV mit Eintritt eines der Sicherungsfälle entstehe. Das *„fehlende gesetzliche Junktim“* zwischen Leistungsverpflichtung des PSV und der Beitragspflicht der Arbeitgeber[512] begründe gerade, dass der Gesetzgeber den gesetzlichen Insolvenzschutz für diese Fälle nicht habe ausschließen wollen. Der PSV müsse selbst in Konstellationen einstehen, in welchen Beiträge an ihn gem. § 10 BetrAVG noch ausstünden.

Darüber hinaus müsse der aus unzureichender oder gar unterbliebener Prämienzahlung resultierende Ersatzanspruch des Versorgungsberechtigten gegen den Arbeitgeber genauso behandelt werden, wie wenn der Arbeitgeber sich durch wirtschaftliche Belastung der Police durch Beleihung oder Abtretung finanzielle Mittel generiert hätte. Es könne insoweit keine Differenzierung beim Insolvenzschutz rechtfertigen, dass sich der Arbeitgeber durch Unterlassen der Prämienzahlung liquide gehalten habe und nicht den – für die Versorgungsberechtigten insolvenzgeschützten – Weg über die gesetzlich ausdrücklich

507 Blomeyer/Rolfs/Otto/*Rolfs*, BetrAVG, § 7, Rn. 162.

508 Beck/Depré/*Pluta/Heidrich*, § 30, Rn. 41.

509 Vgl. hierzu etwa LAG Rheinland-Pfalz, Urt. v. 12.10.2006 – 4 Sa 281/06, BeckRS 2007, 44876; *Reischl*, Insolvenzrecht, Rn. 378.

510 Blomeyer/Rolfs/Otto/*Rolfs*, BetrAVG, § 7, Rn. 160.

511 Höfer Bd. I/*Höfer/Reich*, BetrAVG, § 7, Rn. 114.

512 Höfer Bd. I/*Höfer/Reich*, BetrAVG, § 7, Rn. 116.

vorgesehenen Möglichkeiten der wirtschaftlichen Belastung der Police gegangen sei. Dem Arbeitnehmer werde in dieser Konstellation das Risiko der Unredlichkeit seines Arbeitgebers aufgebürdet.

Überdies solle aber die unbezahlte Direktversicherung auf ihre – freilich umfassend gesetzlich insolvenzgeschützte – „Grundform" der Direktzusage zurückfallen.[513] Nach diesem Verständnis müsse der Arbeitgeber, der nicht zuletzt auch aufgrund seiner heute gesetzlich festgeschriebenen Einstandspflicht aus § 1 Abs. 1 S. 3 BetrAVG hierzu verpflichtet sein dürfte, sich so behandeln lassen, als habe er statt der mittelbaren Versorgungszusage über eine Direktversicherung eine unmittelbare Versorgungszusage abgegeben. Letztlich handele es sich um eine *„gesetzlich verordnete unmittelbare Versorgungszusage"*, welche Insolvenzschutz genieße.[514]

Schließlich müsse in Ansehung der Entscheidung des Bundesverwaltungsgerichts **(BVerwG)**[515], welches den Schadensersatzanspruch eines Versorgungsberechtigten gegen seinen Arbeitgeber wegen unrechtmäßigen Widerrufs seines Bezugsrechts an einer Direktversicherungspolice als gesetzlich insolvenzgeschützt und korrespondierend als beitragspflichtig an den PSV eingestuft hatte, Selbiges auch für den Schadenersatzanspruch des Arbeitnehmers aufgrund unzureichender Prämienzahlung gelten. Soweit also ein Unternehmen mit seinen Prämienzahlungen oder anderen Erfüllungsansprüchen gegenüber seinen versorgungsberechtigten Arbeitnehmern in Rückstand gerate, werde es gegenüber dem PSV beitragspflichtig.[516]

Letztgenannter Ansicht ist beizupflichten. Zwar führte das BAG in seinem Urteil aus 1992 gewichtige Argumente in Gestalt von Wortlaut und Systematik der gesetzlichen Insolvenzsicherung ins Feld. Andererseits besteht in Konsequenz dieses Urteils das Risiko teils erheblicher Lückenhaftigkeit im Insolvenzschutz, den der Gesetzgeber demgegenüber gerade als flächendeckend konzipieren wollte.[517]

Die Gesetzesentwicklung der letzten 25 Jahre kann zudem – insbesondere in Ansehung der Kodifikation der Einstandspflicht des Arbeitgebers im Jahre 2002 in § 1 Abs. 1 S. 3 BetrAVG – nicht völlig unbeachtet gelassen werden.[518]

513 Vgl. BAG, Urt. v. 30.09.2014 – 3 AZR 613/12, BeckRS 2015, 65975, A. II. 2. e) bb) (1) der Gründe; Höfer Bd. I/*Höfer/Reich*, BetrAVG, § 7, Rn. 116; *Höfer*, DB 2016, 2843, 2844.

514 *Höfer*, DB 2016, 2843, 2845 m. w. N.; Höfer Bd. I/*Höfer/Reich*, BetrAVG, § 7, Rn. 165.

515 BVerwG, Urt. v. 28.06.1994 – 1 C 20/92, NZA 1995, 75, 76, 2. c) cc) (3) der Gründe.

516 *Höfer*, DB 2016, 2843, 2844.

517 Karst/Cisch/*Karst*, BetrAVG, § 7, Rn. 28.

518 *Reich* in FS Höfer 2011, 187.

Insbesondere scheint das BAG in einer Entscheidung aus dem Jahre 2010, in welcher es die Frage nach dem Insolvenzschutz bei anders als durch Beleihung oder Abtretung beschädigter Direktversicherungen ausdrücklich offen gelassen hat, von seiner grundsätzlichen Ablehnung der Insolvenzsicherung durch den PSV bei Nichtzahlung von Prämien durch den Arbeitgeber tendentiell Abstand zu nehmen.[519]

Neben der umstrittenen Problematik, ob ein aus einem Prämienrückstand resultierender Schadenersatzanspruch des Versorgungsberechtigten dem gesetzlichen Insolvenzschutz unterliegt, ist insbesondere also auch die ganz grundsätzliche Frage nach der Insolvenzsicherung von Ansprüchen zu diskutieren, die der arbeitgeberseitigen Einstandspflicht unterfallen und inwiefern gerade etwa bei der Nichtzahlung von Versicherungsprämien der Ausfall der Versorgungsleistungen, für den der Arbeitgeber grundsätzlich nach § 1 Abs. 3 BetrAVG zu haften hätte, über dieses Konstrukt nicht doch insolvenzgesichert sind.

In diesem Zusammenhang ist speziell zu hinterfragen, ob in Ansprüchen aus § 1 Abs. 1 S. 3 BetrAVG gleichzeitig eine unmittelbare Versorgungszusage des Arbeitgebers zu sehen ist.[520] Strukturell könnte dies dergestalt skizziert werden, dass hinter jeder Versorgungszusage, die über einen externen Versorgungsträger durchgeführt wird, letztlich als „Grundbaustein" eine durch die Einstandspflicht aus § 1 Abs. 1 S. 3 BetrAVG verwurzelte, unmittelbare Versorgungszusage liegt.[521] Damit müssten an sich folgerichtig bei einem Ausfall oder teilweisen Zurückbleiben der Leistungen eines externen Versorgungsträgers die Ansprüche der Versorgungsberechtigten schließlich doch aus § 1 Abs. 1 S. 3 BetrAVG über § 7 Abs. 1 S. 1 bzw. Abs. 2 S. 1 Nr. 1 BetrAVG umfassend insolvenzgesichert sein.[522]

Gerade im Hinblick auf das Schutzbedürfnis der versorgungsberechtigten Arbeitnehmer, die in dem Vertrauen auf eine auskömmliche Rente im Alter mitunter ihr gesamtes Arbeitsleben einem einzigen Arbeitgeber zur Verfügung stellen, kann die Situation einer derartigen Risikoverlagerung, wie sie nach

---

519 BAG, Urt. v. 19.01.2010 – 3 AZR 660/09, NJOZ 2010, 1697, 1702, B. II. 2. b) der Gründe; NK-ArbR/*Schlewing*, BetrAVG, § 7, Rn. 15.

520 Vgl. *Höfer*, DB 2016, 2843, 2845.

521 So etwa BGH, Beschl. v. 17.02.2016 – XII ZB 447/13, NJW 2016, 1728, 1734, II. 2. d) bb) der Gründe; vgl. auch BAG, Urt. v. 30.09.2014 – 3 AZR 613/12, BeckRS 2015, 65975, II. 2. e) bb) (1) der Gründe; *Reich* in FS Höfer 2011, 187, 191.

522 Diese Schlussfolgerung traf das BAG jedenfalls für den Insolvenzschutz von Erfüllungsansprüchen aus § 1 Abs. 3 S. 1 BetrAVG nach dem Gleichbehandlungsgrundsatz, vgl. BAG, Urt. v. 23.03.1999 – 3 AZR 631/97, NZA 2000, 90, 92, II. 5. b) bb) der Gründe; so auch Höfer Bd. I/*Höfer/Reich*, BetrAVG, § 7, Rn. 145.

Auffassung des BAG dem Arbeitnehmer aufgebürdet wird, nicht befriedigen.[523] Ob sich der Arbeitgeber dazu entschließt, eine Direktversicherung seines Arbeitnehmers – wie gesetzlich ausdrücklich erlaubt – zu beleihen oder abzutreten, um sich Finanzmittel zu beschaffen, oder ob er die zu zahlenden Prämien zu dem gleichen Zwecke einbehält, kann für den Insolvenzschutz der Versorgungsrechte nach der Historie sowie Sinn und Zweck der gesetzlichen Insolvenzsicherung keinen Unterschied machen.[524]

Zwar führt das BAG in seinem Urteil 1992 zutreffend aus, dass der Versicherer den versicherten Arbeitnehmer über den Prämienrückstand zu informieren habe (heute normiert unter § 166 Abs. 4 VVG) und es diesem unbenommen sei – freilich aus dem Insolvenzgeld – seinen Versicherungsschutz durch eigene Prämienzahlung aufrecht zu erhalten.[525] Diese Lösung dürfte jedoch angesichts des regelmäßig nicht unerheblichen wirtschaftlichen Schadens für den so um einen Teil seiner Rente gebrachten Arbeitnehmer keinen angemessenen Ausgleich zwischen dieser Situation und jener eines von einer Abtretung oder Beleihung betroffenen, insolvenzgesicherten Versorgungsberechtigten liefern.

Zuletzt dürften jedoch für die eine Einbeziehung der arbeitgeberseitigen Einstandspflicht aus § 1 Abs. 1 S. 3 BetrAVG unter den gesetzlichen Insolvenzschutz nach § 7 BetrAVG bejahende Auslegung der Norm insbesondere europarechtliche Vorgaben sprechen.[526] Die Mitgliedsstaaten haben nach Art. 8 der RL 2008/94 EG des Europäischen Parlaments und Rates vom 22.10.2008 über den Schutz der Arbeitnehmer bei Zahlungsunfähigkeit des Arbeitgebers sicherzustellen, dass insoweit alle notwendigen Schutzmaßnahmen zur Sicherung der Rechte aus betrieblicher Altersversorgung geschaffen werden.[527] Dies muss jedenfalls insoweit gelten, als dass das unionsrechtlich geforderte Mindestschutzniveau durch einen fehlenden Insolvenzschutz von Ansprüchen, die der arbeitgeberseitigen Einstandspflicht unterfallen, unterschritten wird.[528]

Soweit also eine Gefährdung von Ansprüchen und Anwartschaften der betrieblichen Altersversorgung bei Durchführung über eine Direktversicherung

---

523 *Höfer*, DB 2016, 2843, 2844.

524 *Höfer*, DB 2016, 2843, 2844.

525 BAG, Urt. v. 17.11.1992 – 3 AZR 51/92, NZA 1993, 843, 845, II. 3. a) der Gründe.

526 *Reich* in FS Höfer 2011, 187, 194.

527 Zu deren Konkretisierung jüngst BAG, Vorlagebeschluss zum EuGH v. 20.02.2018 – 3 AZR 142/16, NZI 2018, 454 ff. m. Anm. *Hofelich/Fink*.

528 Vgl. zur Erforderlichkeit des Insolvenzschutzes eines garantierten Mindestschutzes i. H. v. 50 % des Wertes der vom Arbeitnehmer erworbenen betrieblichen Rentenansprüche EuGH, Urt. v. 06.09.2018 – C-17/17, DB 2018, 2646, 2647.

insbesondere bei unterbliebener Prämienzahlung anzunehmen ist, so darf dieses Risiko nicht zuletzt vor dem Hintergrund der genannten EU-Richtlinie als der Einstandspflicht aus § 1 Abs. 1 S. 3 BetrAVG unterfallend in Gestalt einer unmittelbaren Versorgungszusage nicht von der gesetzlichen Insolvenzsicherung ausgeschlossen werden.[529]

Diese Schlussfolgerung muss im Übrigen vor derselben Argumentationslinie auch für beschädigte Pensionskassenleistungen gelten – insbesondere aufgrund der zutreffenden Auffassung der höchstrichterlichen Rechtsprechung hinsichtlich der Ablehnung eines Aussonderungsrechts an abredewidrig nicht vom Arbeitgeber an eine Pensionskasse weitergeleiteten Beiträgen aus Entgeltumwandlung des Versorgungsberechtigten.[530]

3. *Unterstützungskasse und Pensionsfonds*

a) *Unterstützungskasse*

Ferner sind auch solche Versorgungszusagen insolvenzgesichert, die über eine Unterstützungskasse durchgeführt werden, § 7 Abs. 1 S. 2 Nr. 2 bzw. Abs. 2 S. 2 BetrAVG. Da nach dem ausdrücklichen Wortlaut von § 1b Abs. 4 S. 1 BetrAVG Unterstützungskassen den Versorgungsberechtigten keinen Rechtsanspruch auf ihre Leistungen einräumen, bildet der gesetzliche Insolvenzschutz nach § 7 BetrAVG einen scheinbaren Wertungswiderspruch.[531] Denn es werden Versorgungsansprüche abgesichert, die per Gesetzeswortlaut überhaupt nicht bestehen sollen.[532]

Für das Bestehen gesetzlichen Insolvenzschutzes stellt das Gesetz daher darauf ab, ob bei dem die Unterstützungskasse mit Deckungsmitteln ausstattenden Trägerunternehmen ein in § 7 BetrAVG genannter Sicherungsfall eingetreten ist.[533] Es kommt daher darauf an, ob die Unterstützungskasse ihre Leistungen nicht erbringt, weil über das Vermögen des Arbeitgebers, der Zuwendungen an die Unterstützungskasse leistet, das Insolvenzverfahren eröffnet worden bzw. ein

529 Vgl. zu Vorstehendem *Reich* in FS Höfer 2011, 187 ff.; vgl. auch BAG, Vorlagebeschluss zum EuGH v. 20.02.2018 – 3 AZR 142/16, NZI 2018, 454, m. Anm. *Fink/Hofelich*.

530 Höfer Bd. I/*Höfer/Reich*, BetrAVG, § 7, Rn. 118; siehe zur haftungsrechtlichen Zuordnung abredewidrig nicht an eine Pensionskasse weitergeleiteter Entgeltbestandteile in der Insolvenz des Arbeitgebers unten Teil 3 B..

531 Blomeyer/Rolfs/Otto/*Rolfs*, BetrAVG, § 7, Rn. 70.

532 Blomeyer/Rolfs/Otto/*Rolfs*, BetrAVG, § 7, Rn. 70.

533 BAG, Urt. v. 14.12.1993 – 3 AZR 618/93, NZA 1994, 554, 555, 2. der Gründe; ErfK/*Steinmeyer*, BetrAVG, § 7, Rn. 18.

gleichgestellter Sicherungsfall eingetreten ist (erforderlicher Kausalzusammenhang).[534]

Im Hinblick auf Gruppenunterstützungskassen, die von mehreren Trägerunternehmen gehalten werden, müssen die einzelnen Anteile am Kassenvermögen deutlich unterschieden werden.[535] Denn tritt bei einem einzelnen Trägerunternehmen ein gesetzlicher Sicherungsfall ein, so sind auch nur diejenigen Versorgungsberechtigten betroffen, die diesem Trägerunternehmen zuzuordnen sind, nicht aber die übrigen.[536]

b) Pensionsfonds

Schließlich unterliegen Versorgungszusagen, die über einen Pensionsfonds durchgeführt werden, ebenfalls der gesetzlichen Insolvenzsicherungspflicht, § 7 Abs. 1 S. 2 Nr. 2 bzw. Abs. 2 S. 2 BetrAVG. Die Regelungen hierüber nehmen – freilich ohne den Unterschied hinsichtlich des beim Pensionsfonds bestehenden Rechtsanspruchs der Versorgungsempfänger zu berücksichtigen – Bezug auf jene hinsichtlich des Insolvenzschutzes von Unterstützungskassenzusagen.[537] Für die Unterstellung des Pensionsfonds unter die Insolvenzsicherungspflicht sprechen insbesondere die ihm eingeräumten Möglichkeiten liberaler Kapitalanlage, welche zu einem Risiko des Versorgungsausfalls im Insolvenzfall des ihn finanzierenden Arbeitgebers führen können.[538]

Der Umstand, dass auch Pensionsfonds der Insolvenzsicherungspflicht nach § 10 Abs. 1 BetrAVG unterstellt wurden, hat teils rechtspolitische Kritik hervorgerufen.[539] Kritiker bemängeln, dass Pensionsfonds zwar, ebenso wie Lebensversicherer, der Aufsicht durch die BaFin unterlägen, im Gegensatz zu Lebensversicherern aber gesetzlich dazu verpflichtet seien, den Versorgungsberechtigten einen Rechtsanspruch auf ihre Leistungen zu gewähren, § 1b Abs. 3 S. 1 BetrAVG. Man nimmt hiernach an, dass diese Rechtsposition der Versorgungsberechtigten demgemäß nicht mehr vom Arbeitgeber beeinträchtigt

534 Schaub ArbR-Hdb./*Vogelsang*, § 281, Rn. 16.

535 Höfer Bd. I/*Höfer/Reich*, BetrAVG, § 7, Rn. 143.

536 BAG, Urt. v. 24.01.1980 – 3 AZR 502/79, BeckRS 9998, 180208, II. 1. a) der Gründe; Blomeyer/Rolfs/Otto/*Rolfs*, BetrAVG, § 7, Rn. 73 m. w. N.; Schaub ArbR-Hdb./*Vogelsang*, § 281, Rn. 15.

537 Blomeyer/Rolfs/Otto/*Rolfs*, BetrAVG, § 7, Rn. 67.

538 NK-ArbR/*Schlewing*, BetrAVG, § 7, Rn. 19.

539 Blomeyer/Rolfs/Otto/*Rolfs*, BetrAVG, § 7, Rn. 68.

werden könnte.[540] Durch das Absenken des Beitragssatzes an den PSV gem. § 10 Abs. 3 Nr. 4 BetrAVG hat der Gesetzgeber dieser Kritik Rechnung getragen.[541]

Entscheidend für das Entstehen gesetzlichen Insolvenzschutzes durch den PSV ist der Eintritt der Insolvenz bzw. eines gleichgestellten Sicherungsfalls beim zusagenden Arbeitgeber als Träger des Pensionsfonds.[542] Ob Letzterer, der als rechtlich selbstständiges Unternehmen möglicherweise von der Insolvenz seines Trägerunternehmens verschont bleibt, weiterhin Leistungen erbringt, ist für das Bestehen des Anspruchs gegen den PSV unerheblich.[543]

Soweit es dem Pensionsfonds nach Eintritt der Insolvenz beim Trägerunternehmen wirtschaftlich noch möglich bleibt, die Versorgungsansprüche weiter zu bedienen, überträgt der PSV mit Genehmigung der BaFin die gegen ihn gerichteten Ansprüche der Versorgungsberechtigten auf den Pensionsfonds, § 8 Abs. 2 S. 1 BetrAVG.[544] Soweit diese Genehmigung von der BaFin versagt wird, geht das Pensionsfonds-Vermögen auf den PSV über, § 9 Abs. 3 und 3a BetrAVG.[545]

III. Sicherungsfälle

Neben dem Vorliegen der genannten Tatbestandsvoraussetzungen, also einem von § 7 Abs. 1 oder 2 BetrAVG erfassten Versorgungsrecht aus einem der gesetzlichen Insolvenzsicherung unterfallenden Durchführungsweg, erfordert der Anspruch auf Insolvenzschutz gegen den PSV die Eröffnung des Insolvenzverfahrens über das Vermögen des Arbeitgebers oder über seinen Nachlass gem. § 7 Abs. 1 S. 1 BetrAVG oder aber den Eintritt eines der abschließend[546] in § 7 Abs. 1 S. 4 BetrAVG genannten, der Eröffnung des Insolvenzverfahrens gleichgestellten Sicherungsfälle.[547] Der Sicherungsfall i. S. v. § 7 BetrAVG bildet versicherungsrechtlich den Versicherungsfall.[548]

---

540 Blomeyer/Rolfs/Otto/*Rolfs*, BetrAVG, § 7, Rn. 68; NK-ArbR/*Anja Schlewing* BetrAVG, § 7, Rn. 19.

541 Vgl. hierzu auch oben Teil 2 A. III..

542 Blomeyer/Rolfs/Otto/*Rolfs*, BetrAVG, § 7, Rn. 67.

543 Blomeyer/Rolfs/Otto/*Rolfs*, BetrAVG, § 7, Rn. 67.

544 ErfK/*Steinmeyer*, BetrAVG, § 8, Rn. 3; hierzu näher unten Teil 2 B. V..

545 Vgl. zum Vermögensübergang des Pensionsfonds bei Nichterteilung der Genehmigung durch die BaFin auch Teil 2 C. I. 3.

546 Blomeyer/Rolfs/Otto/*Rolfs*, BetrAVG, § 7, Rn. 1; Schaub ArbR-Hdb./*Vogelsang*, § 281, Rn. 24.

547 BAG, Urt. v. 14.12.1993 – 3 AZR 618/93, NZA 1994, 554, 555, I. der Gründe; Blomeyer/Rolfs/Otto/*Rolfs*, BetrAVG, § 7, Rn. 84.

548 SHSS/*Wortmann*, Teil 16 A, Rn. 173.

Innerhalb der vier verschiedenen Sicherungsfälle sind zwei Haupttypen zu unterscheiden, und zwar diejenigen, bei denen das betroffene Unternehmen eine Liquidation erfahren wird und diejenigen, in welchen eine Unternehmensfortführung ermöglicht werden soll.[549]

Der Sicherungsfall muss schließlich bei demjenigen Arbeitgeber eingetreten sein, der die Versorgungszusage erteilt hat, bzw. bei dessen Rechtsnachfolger gem. § 4 BetrAVG oder § 613a BGB.[550] Zu beachten ist, dass es sich bei dem insolventen Arbeitgeber um denjenigen Arbeitgeber handeln muss, der zuvor beitragspflichtig zum Träger der gesetzlichen Insolvenzsicherung gewesen ist.[551]

1. *Regelfall: Eröffnung des Insolvenzverfahrens über das Vermögen des Arbeitgebers*

a) *Tatbestand*

Den Grundtypus der Sicherungsfälle bildet der Sicherungsfall der Eröffnung des Insolvenzverfahrens über das Vermögen des Arbeitgebers oder über seinen Nachlass gem. § 7 Abs. 1 S. 1 BetrAVG.[552] Es handelt sich hierbei um den Hauptsicherungsfall.[553] Der Wortlaut ist wortgleich zu den Vorschriften über das Insolvenzgeld nach § 165 Abs. 1 S. 2 Nr. 1 Drittes Buch Sozialgesetzbuch (SGB III) gefasst. Durch die Verwendung des insolvenzrechtlichen Begriffs der Eröffnung des Insolvenzverfahrens nimmt § 7 Abs. 1 S. 1 BetrAVG auch die übrigen formalen und materiellen Erfordernisse des Insolvenzrechts in Bezug.[554]

Um die Eröffnung des Insolvenzverfahrens zu erreichen, bedarf es entweder eines Eigenantrages des Schuldners selbst oder aber eines Antrags eines oder mehrerer Gläubiger des Schuldners, § 13 Abs. 1 InsO.[555] Letzterer Antrag untersteht der Einschränkung, dass der oder die Gläubiger nur bei Vorliegen rechtlichen Interesses an der Eröffnung des Insolvenzverfahrens über das Vermögen des Schuldners sowie dessen Glaubhaftmachung, § 294 Zivilprozessordnung (ZPO), antragsbefugt sind, § 14 Abs. 1 InsO.[556] Ansonsten bestünden für die einzelnen

549 HWK/*Schipp*, BetrAVG, § 7, Rn. 28.

550 BAG, Urt. v. 17.03.1987 – 3 AZR 605/85, NZA 1988, 21, 22, II. 3. b) (2) der Gründe; Beck/Depré/*Pluta/Heidrich*, § 30, Rn. 46; Schaub ArbR-Hdb./*Vogelsang*, § 281, Rn. 12.

551 Blomeyer/Rolfs/Otto/*Rolfs*, BetrAVG, § 7, Rn. 77.

552 ErfK/*Steinmeyer*, BetrAVG, § 7, Rn. 21.

553 SHSS/*Wortmann*, Teil 16 A, Rn. 173.

554 ErfK/*Steinmeyer*, BetrAVG, § 7, Rn. 21.

555 Uhlenbruck/*Wegener*, InsO, § 13, Rn. 2.

556 Uhlenbruck/*Wegener*, InsO, § 14, Rn. 3.

Gläubiger zahlreiche Möglichkeiten, Schuldner missbräuchlich unter ganz erheblichen Druck zu setzen, etwa um Zahlungen oder Ähnliches zu erzwingen.[557]

Die Frage nach einem originären Insolvenzantragsrecht des PSV ist dezidiert nach den einzelnen Sicherungsfällen aus § 7 Abs. 1 BetrAVG zu bewerten. Bei dem Regelsicherungsfall, der Eröffnung des Insolvenzverfahrens über das Vermögen des Arbeitgebers, kommt dem PSV, der erst ab Eröffnung des Insolvenzverfahrens gesetzlicher Zwangsgläubiger des Schuldners hinsichtlich der Versorgungsrechte wird, kein eigenes Antragsrecht auf Eröffnung des Insolvenzverfahrens zu.[558] Der PSV kann aber in den Sicherungsfällen einer Abweisung des Antrags mangels Masse, § 7 Abs. 1 S. 4 Nr. 1 BetrAVG, und bei vollständiger Beendigung der Betriebstätigkeit, § 7 Abs. 1 S. 4 Nr. 3 BetrAVG, einen eigenen Antrag auf Eröffnung des Insolvenzverfahrens stellen.[559] In diesen Fällen nämlich vollzieht sich der Forderungsübergang ohne, dass zuvor ein Insolvenzverfahren eröffnet worden wäre. Hier erwirbt der PSV ein eigenes Antragsrecht kraft der cessio legis nach § 9 Abs. 2 BetrAVG, welche mit Mitteilung des PSV an die Versorgungsberechtigten über deren Ansprüche eintritt, § 9 Abs. 1 BetrAVG.[560]

In häufigen Fällen wird der PSV aber auch Gläubiger rückständiger Beitragsforderungen aus § 10 BetrAVG sein, wenn der Insolvenzschuldner aufgrund der eingetretenen Krise seine Insolvenzsicherungsbeiträge nicht mehr an den PSV abgeführt hat. Hieraus kann auch der PSV als „regulärer" Gläubiger ein Insolvenzantragsrecht herleiten.[561] Ferner billigt ihm § 9 Abs. 5 BetrAVG ein eigenes Beschwerderecht gegen einen Eröffnungsbeschluss des Insolvenzgerichts zu, was in Ansehung der erheblichen Belastungen des PSV durch die Eröffnung eines Insolvenzverfahrens auch verhältnismäßig ist.[562]

Der Antrag auf Eröffnung des Insolvenzverfahrens erfordert einen Eröffnungsgrund, § 16 InsO.[563] Dazu zählt zunächst der Tatbestand der Zahlungsunfähigkeit gem. § 17 InsO, der sowohl von den Gläubigern als auch von dem Schuldner bemüht werden kann. Zahlungsunfähig ist demnach, wer *„nicht in der Lage ist, seine fälligen Zahlungsverpflichtungen zu erfüllen"*, § 17 Abs. 2 S. 1 InsO. Zahlungsunfähigkeit wird gesetzlich vermutet, wenn der Schuldner seine

---

557 Höfer Bd. I/*Höfer/Reich*, BetrAVG, § 7, Rn. 49; vgl. auch Nerlich/Römermann/*Mönning*, InsO, § 14, Rn. 21.

558 FK-InsO/*Schmerbach*, § 13, Rn. 10.

559 FK-InsO/*Schmerbach*, § 13, Rn. 10; MüKo InsO/*Schmahl/Vuia*, § 13, Rn. 47.

560 Uhlenbruck/*Wegener*, InsO, § 13, Rn. 27; MüKo InsO/*Schmahl/Vuia*, § 13, Rn. 47.

561 Blomeyer/Rolfs/Otto/*Rolfs*, BetrAVG, Vorbem. zu §§ 7–15 BetrAVG, Rn. 17.

562 BT-Drs. 12/3803, S. 112; Höfer Bd. I/*Höfer*, BetrAVG, § 9, Rn. 89.

563 Vgl. hierzu Uhlenbruck/*Mock*, InsO, § 16, Rn. 2 f..

Zahlungen eingestellt hat, § 17 Abs. 2 S. 2 InsO. Des Weiteren stellt auch der Tatbestand drohender Zahlungsunfähigkeit nach § 18 Abs. 1 InsO einen Eröffnungsgrund dar, soweit der Schuldner die Eröffnung des Insolvenzverfahrens beantragt. Drohende Zahlungsunfähigkeit wird in § 18 Abs. 2 InsO legaldefiniert. Danach ist drohend zahlungsunfähig, wer „*voraussichtlich nicht in der Lage sein wird, Zahlungsverpflichtungen im Zeitpunkt ihrer Fälligkeit zu erfüllen*".[564] Allerdings ist dieser Eröffnungsgrund gem. § 18 Abs. 1 InsO lediglich dem Schuldner selbst vorbehalten, um etwaigen Missbrauchsmöglichkeiten Dritter im Vorfeld einer drohenden Insolvenz vorzubeugen.[565]

Die Eröffnung des Insolvenzverfahrens kommt auch bei Vorliegen eines gesetzlichen Eröffnungsgrundes nur infrage, wenn aus der verbleibenden Vermögensmasse des Schuldners voraussichtlich alle Verfahrenskosten gedeckt werden können.[566] Ansonsten wird der Antrag auf Eröffnung des Insolvenzverfahrens mangels Masse abgewiesen, § 26 Abs. 1 S. 1 InsO.[567] Die anfallenden Gerichts- und Verfahrenskosten können gem. § 26 Abs. 1 S. 2 InsO aber auch durch einen Vorschuss beglichen werden, um einen drohenden Abweisungsbeschluss zu verhindern.[568]

Wird das Insolvenzverfahren über das Vermögen des Arbeitgebers eröffnet, so tritt der Sicherungsfall gem. § 7 Abs. 1 S. 1 BetrAVG ein. Wird das Verfahren später nach den §§ 207 ff. InsO wieder eingestellt, so fällt der Sicherungsfall nicht wieder fort.[569] Das Gesetz stellt ausdrücklich einzig auf den Tatbestand der Eröffnung ab und lässt den PSV ab diesem Zeitpunkt eintrittspflichtig werden.[570] Anders liegt es nur, wenn der Eröffnungsbeschluss in der Rechtsmittelinstanz rückwirkend aufgehoben wird. Dann fällt auch der Sicherungsfall rückwirkend fort.[571]

b) Relevanter Zeitpunkt

Die Bestimmung des maßgeblichen Zeitpunktes des Eintritts des Sicherungsfalls ist erheblich für die Feststellung, ob es sich bei den Versorgungsrechten

564 Braun/*Bußhardt*, InsO, § 18, Rn. 1.
565 Braun/*Bußhardt*, InsO, § 18, Rn. 1; Höfer Bd. I/*Höfer/Reich*, BetrAVG, § 7, Rn. 51.
566 Vgl. Beck/Depré/*Beck*, § 1, Rn. 47.
567 Nerlich/Römermann/*Mönning/Zimmermann*, InsO, § 26, Rn. 9a.
568 Uhlenbruck/*Vallender*, InsO, § 26, Rn. 20.
569 Beck/Depré/*Pluta/Heidrich*, § 30, Rn. 50; Blomeyer/Rolfs/Otto/*Rolfs*, BetrAVG, § 7, Rn. 92.
570 Blomeyer/Rolfs/Otto/*Rolfs*, BetrAVG, § 7, Rn. 91.
571 Gottwald InsR-Hdb./*Bertram*, § 109, Rn. 41.

im Einzelnen bereits um Vollansprüche oder lediglich um Versorgungsanwartschaften handelt, Versorgungsanwartschaften bereits nach § 1b Abs. 1 BetrAVG gesetzlich unverfallbar sind sowie für die Berechnung des Umfanges des einzelnen Versicherungsanwartschaften gem. § 2 BetrAVG, welcher ausdrücklich die Betriebszugehörigkeit bis zum Eintritt des Sicherungsfalles zugrunde legt.[572]

Für den Sicherungsfall i. S. v. § 7 Abs. 1 S. 1, Abs. 2 S. 1 BetrAVG ist der Eröffnungsbeschluss des Insolvenzgerichts nach § 27 InsO und der darin bezeichnete Eröffnungszeitpunkt gem. § 27 Abs. 2 Nr. 3 InsO maßgeblich.[573] Ist in dem Eröffnungsbeschluss kein Eröffnungszeitpunkt niedergelegt, so gilt die Mittagsstunde des Tages, an dem der Beschluss erlassen worden ist, als maßgeblicher Zeitpunkt, § 27 Abs. 3 InsO.[574]

Dieser Zeitpunkt ist gesetzlich statisch festgelegt. Dieser Formalismus dient insbesondere schneller und belastbarer Rechtssicherheit seitens der Versorgungsbegünstigten.[575] Von diesem Insolvenzstichtag an können die Versorgungsberechtigten gem. § 7 Abs. 1. S. 1 BetrAVG ihre Ansprüche unter Berücksichtigung von § 7 Abs. 1a BetrAVG gegen den PSV geltend machen.

Sowohl der Schuldner (§ 34 Abs. 2 InsO) als auch der PSV (§ 9 Abs. 5 BetrAVG) haben ein sofortiges Beschwerderecht gegen den Eröffnungsbeschluss des Insolvenzgerichts.[576]

2. *Weitere Sicherungsfälle*

Neben dem Hauptsicherungsfall der Eröffnung des Insolvenzverfahrens über das Vermögen des Arbeitgebers nennt § 7 Abs. 1 S. 4 BetrAVG drei weitere, dem Hauptsicherungsfall ausdrücklich gleichgestellte Sicherungsfälle, die ebenfalls die Einstandspflicht des PSV für gesetzlich insolvenzgeschützte Versorgungsrechte auslösen.

a) *Abweisung des Insolvenzverfahrens mangels Masse*

(1) Tatbestand

Zuvorderst zählt § 7 Abs. 1 S. 4 BetrAVG unter seiner Nr. 1 den Sicherungsfall der Abweisung des Antrags auf Eröffnung des Insolvenzverfahrens mangels Masse

572 Blomeyer/Rolfs/Otto/*Rolfs*, BetrAVG, § 7, Rn. 85; HWK/*Schipp*, BetrAVG, § 7, Rn. 31.
573 Beck/Depré/*Pluta/Heidrich*, § 30, Rn. 50; MAH ArbR/*Leisbrock*, § 38, Rn. 156.
574 Schaub ArbR-Hdb./*Vogelsang*, § 281, Rn. 27.
575 Blomeyer/Rolfs/Otto/*Rolfs*, BetrAVG, § 7, Rn. 89.
576 Höfer Bd. I/*Höfer/Reich*, BetrAVG, § 7, Rn. 55.

auf. Tatbestandlich bezieht sich dieser Sicherungsfall auf § 26 InsO Abs. 1 und liegt demgemäß vor, wenn das Insolvenzgericht den Eröffnungsantrag abweist, weil das Vermögen des Schuldners voraussichtlich nicht ausreichen wird, um die Kosten des Verfahrens zu decken.[577] Die genannten Verfahrenskosten i. S. v. § 54 InsO sind die Gerichtskosten für das Insolvenzverfahren sowie die Kosten, die für Vergütung und Auslagen des vorläufigen Insolvenzverwalters, des Insolvenzverwalters sowie Mitglieder des Gläubigerausschusses anfallen.[578] Wenn die noch vorhandene Vermögensmasse des Arbeitgebers nicht einmal ausreicht, um diese Verfahrenskosten nach § 54 InsO zu decken, sehen sich die Arbeitnehmer und Versorgungsberechtigten einem faktischen Ausschluss der Erfüllung ihrer Ansprüche gegenüber.[579]

§ 26 InsO und die Abweisung des Eröffnungsantrages mangels Masse bedingen außerdem bei Aktiengesellschaften, Kommanditgesellschaften auf Aktien und Gesellschaften mit beschränkter Haftung (§§ 262 I Nr. 4, 278 III AktG; § 60 I Nr. 5 GmbHG) die gleichzeitige Auflösung; sie bleiben als aufgelöste Gesellschaften bestehen.[580] Ferner erfahren auch Gesellschaften des Handelsrechts im Falle von § 26 Abs. 1 InsO die Auflösung.[581]

(2) Relevanter Zeitpunkt

Für den Eintritt des Sicherungsfalles nach § 7 Abs. 1 S. 4 Nr. 1 BetrAVG ist die Verkündung des Beschlusses nach § 26 Abs. 1 InsO maßgeblich.[582] So bewertet es auch der PSV selbst unter § 3 Abs. 3 AIB. Nicht ausreichend ist demgegenüber ein Beschluss des Insolvenzgerichts, der dem Antragsteller aufgibt, einen Verfahrenskostenvorschuss nach § 26 Abs. 1 S. 2 InsO innerhalb einer bestimmten Frist zu zahlen.[583]

---

577 Vgl. Nerlich/Römermann/*Mönning/Zimmermann*, InsO, § 26, Rn. 15; NK-ArbR/*Schlewing*, BetrAVG, § 7, Rn. 24.

578 Uhlenbruck/*Sinz*, InsO, § 54, Rn. 1 f. sowie Rn. 20 f..

579 Beck/Depré/*Pluta/Heidrich*, § 30, Rn. 52; Blomeyer/Rolfs/Otto/*Rolfs*, BetrAVG, § 7, Rn. 93; ErfK/*Steinmeyer*, BetrAVG, § 7, Rn. 22.

580 Höfer Bd. I/*Höfer/Reich*, BetrAVG, § 7, Rn. 57; Nerlich/Römermann/*Mönning/Zimmermann*, InsO, § 26, Rn. 146.

581 Braun/*Herzig*, InsO, § 26, Rn. 37.

582 Beck/Depré/*Pluta/Heidrich*, § 30, Rn. 52; Schaub ArbR-Hdb./*Vogelsang*, § 281, Rn. 28.

583 Blomeyer/Rolfs/Otto/*Rolfs*, BetrAVG, § 7, Rn. 96.

Auch gegen diesen Beschluss steht dem Schuldner (§ 34 Abs. 1 InsO) sowie dem PSV in analoger Anwendung von § 9 Abs. 5 BetrAVG das Recht zur sofortigen Beschwerde offen.[584]

b) außergerichtlicher Vergleich

(1) Rechtsnatur

Als dritten Sicherungsfall nennt das Gesetz unter § 7 Abs. 1 S. 4 Nr. 2 BetrAVG den *„außergerichtlichen Vergleich des Arbeitgebers mit seinen Gläubigern zur Abwendung eines Insolvenzverfahrens, wenn ihm der Träger der Insolvenzsicherung zustimmt“*. Diese gesetzlich kodifizierte Möglichkeit der Ausgliederung von Versorgungszusagen zur Rettung und Sanierung wirtschaftlich in Schwierigkeiten geratener Unternehmen fristet zu Unrecht bis heute teils aufgrund der Tatsache ihrer mangelnden Bekanntheit ein weitgehendes *„Schattendasein“*.[585]

Der außergerichtliche Vergleich beabsichtigt das gleiche Ziel wie ein Insolvenzplan, nämlich, dass eine möglichst einvernehmliche Lösung zur Bewältigung bzw. Abwendung der – drohenden – Insolvenz durch gemeinsame Verhandlungen gefunden wird.[586] Durch ein gegenseitiges Nachgeben soll eine drohende Insolvenz auf eine für alle Beteiligten günstige und erträgliche Art und Weise abgewendet werden können.[587]

Rechtlich handelt es sich bei dem außergerichtlichen Vergleich um einen Vergleich i. S. v. § 779 BGB.[588] Es handelt sich um ein Rechtsgeschäft zwischen dem Arbeitgeber als Schuldner und seinen versorgungsberechtigten Arbeitnehmern als Gläubigern, welches der Zustimmung des PSV unterliegt. Der außergerichtliche Vergleich kann mithin aus einer großen Zahl von Einzelverträgen bestehen.[589] Jeder Versorgungsberechtigte kann individuell entscheiden, ob er dem Vergleich zustimmt. Der versorgungsberechtigte Arbeitnehmer hat keine arbeitsvertragliche Nebenpflicht aus § 241 Abs. 2 BGB, die ihm das Einverständnis mit einem

584 LG Duisburg, Beschl. v. 27.04.2006 – 7 T 116/06, NZA-RR 2006, 490, II. 1. c) der Gründe; Beck/Depré/*Pluta/Heidrich*, § 30, Rn. 53; a. A. Höfer Bd. I/*Höfer/Reich*, BetrAVG, § 7, Rn. 56.

585 *Zobel*, BB 2011, 1397, 1399.

586 *Höfer/Reich* nennen den außergerichtlichen Vergleich aufgrund seiner Vergleichbarkeit zum Insolvenzplan auch einen *„außergerichtlichen Plan“*, § 7, Rn. 59.

587 SHSS/*Wortmann*, Teil 16 A, Rn. 234.

588 Höfer Bd. I/*Höfer/Reich*, BetrAVG, § 7, Rn. 62; SHSS/*Wortmann*, Teil 16 A, Rn. 234.

589 BAG, Urt. v. 09.11.1999 – 3 AZR 361/98, NZA 2000, 1290, 1292, B. II. 3. der Gründe; ErfK/*Steinmeyer*, BetrAVG, § 7, Rn. 23; SHSS/*Wortmann*, Teil 16 A, Rn. 237.

außergerichtlichen Vergleich oktroyieren würde.[590] Dem PSV kommen insoweit ebenfalls keinerlei Vertretungsmachten über den Abschluss eines solchen Vergleiches zu.[591]

Das BAG hatte sich in seiner Entscheidung vom 09.11.1999 damit zu befassen, inwieweit Arbeitgeber und PSV im Rahmen eines außergerichtlichen Vergleiches nach § 7 Abs. 1 S. 4 Nr. 2 BetrAVG über die Ansprüche der Versorgungsberechtigten verfügen und diese zu Lasten derselben abändern konnten. Es klagte ein durch Aufhebungsvertrag ausgeschiedener Arbeitnehmer gegen seine ehemalige Arbeitgeberin auf Zahlung der hinter seiner ursprünglichen Versorgungszusage zurückbleibenden Leistungen des PSV nach Eröffnung des Konkursverfahrens über das Vermögen der Saarstahl AG, deren alleinige Aktionärin die Beklagte war. Dieser Aufhebungsvertrag enthielt die **Zusage einer dynamisierten Betriebsrente ohne versicherungsmathematische Abschläge und ohne zeitratierliche Kürzung**. Der PSV war nach Abschluss eines „außergerichtlichen Vergleichs" mit der Beklagten insoweit lediglich zeitratierlich für die Versorgungsansprüche des Klägers eingestanden. Der Kläger verlangte neben der Leistung der nicht insolvenzgeschützten Teile seiner betrieblichen Altersversorgung auch die Anpassung derselben nach den einschlägigen Vorschriften der Leistungsordnung des Essener Verbandes. Die Beklagte hielt dem Begehren des Klägers entgegen, mit Eintritt des PSV in die Versorgungsverpflichtungen und dem gesetzlichen Forderungsübergang sei der Kläger nicht mehr aktivlegitimiert. Vielmehr könne nur der PSV diese Leistungen an sich verlangen. Schließlich sei zwischen dem PSV und der Beklagten ein außergerichtlicher Vergleich über die Versorgungsverpflichtungen der Beklagten zustande gekommen, zu dessen Wirksamkeit es der Zustimmung des Klägers nicht bedurft habe.
Der 3. Senat hielt das der Klage stattgebende Urteil der Berufungsinstanz aufrecht. Der Kläger sei entgegen der Auffassung der Beklagten zur Prozessführung befugt. Er **verfolge insoweit einen eigenen Rechtsanspruch**. Die Klage sei überdies auch begründet. Dem Kläger sei eine dynamisierte Betriebsrente ohne Abschläge zugesagt worden. Daran änderten auch die inzwischen bei der Beklagten eingetretene Insolvenz und der sich daran anschließende außergerichtliche Vergleich mit dem PSV nichts. Der Umstand, dass sich die Beklagte der Eröffnung des Insolvenzverfahrens ausgesetzt sah, *„führte keinesfalls zu einem automatischen Erlöschen der Versorgungsverpflichtungen"*. Auch der zwischen der Beklagten und dem PSV abgeschlossene Vergleich schließe die Geltendmachung des klägerischen Anspruchs nicht aus. Vielmehr habe der Vertrag zwischen Beklagter und PSV ausdrücklich die ***„Zustimmung zu einem außergerichtlichen Vergleich"*** betroffen. *„Mit dieser Zustimmung erkennt der Pensions-Sicherungs-Verein seine durch § 7 Abs. 2 BetrAVG begrenzte Einstandspflicht an"*. Die Parteien seien sich ob dieser Wortwahl des Umstandes bewusst gewesen, dass der PSV einem außergerichtlichen Vergleich lediglich zustimmen, diesen aber nicht originär als Vertragspartei

590 Blomeyer/Rolfs/Otto/*Rolfs*, BetrAVG, § 7, Rn. 97.
591 BAG, Urt. v. 09.11.1999 – 3 AZR 361/98, NZA 2000, 1290, 1292, B. II. 3. der Gründe; HWK/*Schipp*, BetrAVG, § 7, Rn. 35.

> abschließen könne. Dazu seien vielmehr nur die Versorgungsberechtigten selbst legitimiert. Der **PSV** erhalte von Gesetzes wegen **weder eine „*Vertretungsmacht noch eine Verfügungsbefugnis*“** über die Versorgungsrechte der Betroffenen. Der Kläger habe einer Verkürzung seiner Versorgungsansprüche nicht zugestimmt und nehme daher an den Regelungen in dem zwischen Beklagter und PSV geschlossenen Vergleich nicht teil. Schließlich bestünden die Versorgungsansprüche des Klägers auch nach Eintritt des Sicherungsfalles und der eintretenden Einstandspflicht des PSV fort. **Die Versorgungsansprüche gingen nur insoweit auf den PSV nach § 9 Abs. 2 BetrAVG über, als diese auch von dessen Einstandspflicht erfasst seien.** „*Dem Gesetzeszweck [entspreche] es, dass der Forderungsübergang nicht weiter [reiche] als die Insolvenzsicherung*“. Darüberhinausgehende, nicht insolvenzgesicherte Ansprüche richteten sich im Verhältnis der Versorgungsberechtigten weiterhin **unmittelbar gegen ihren Arbeitgeber**. Der Versorgungsberechtigte trage bezüglich dieser über die gesetzliche Insolvenzsicherung hinausgehenden Versorgungsbestandteile „*jedoch wie jeder andere Gläubiger das Insolvenzrisiko*“.

Zumeist wird ein Versorgungsberechtigter sein Einverständnis mit einem solchen Vergleich unter die aufschiebende Bedingung (§ 158 BGB) der Zustimmung des PSV stellen, um seine Versorgungsrechte bei ausbleibender Zustimmung des PSV nicht ungeschützt zu lassen.[592] In aller Regel wird im Falle dessen, dass ein außergerichtlicher Vergleich nicht zustande kommt, zeitnah entweder schuldner- oder aber gläubigerseits ein Antrag auf Eröffnung des Insolvenzverfahrens gestellt werden, womit der Insolvenzschutz durch den PSV letztlich erreicht werden kann.[593] Hätte aber der Versorgungsberechtigte unabhängig von der – unterbliebenen – Zustimmung des PSV sein Einverständnis mit dem Vergleichsvorschlag erklärt, so richteten sich seine Versorgungsansprüche nunmehr nach diesem Vergleich.[594]

Der Gesetzgeber hat das Eintreten dieses Sicherungsfalles von der Zustimmung des PSV abhängig gemacht, um diesen vor unverhältnismäßigen und unvorhergesehenen Belastungen zu schützen.[595] Ein Vergleich zwischen Arbeitgeber und den Versorgungsberechtigten, welcher den PSV letztlich willkürlich ab einem bestimmten Zeitpunkt zum Eintritt in die Versorgungsverpflichtungen des wirtschaftlich angeschlagenen Arbeitgebers zwingen würde, stellte einen verbotenen Vertrag zulasten Dritter dar.[596]

---

592 Blomeyer/Rolfs/Otto/*Rolfs*, BetrAVG, § 7, Rn. 107; HWK/*Schipp*, BetrAVG, § 7, Rn. 35.

593 Beck/Depré/*Pluta/Heidrich*, § 30, Rn. 57.

594 Blomeyer/Rolfs/Otto/*Rolfs*, BetrAVG, § 7, Rn. 107.

595 Vgl. Blomeyer/Rolfs/Otto/*Rolfs*, BetrAVG, § 7, Rn. 102.

596 Siehe zum Zustimmungserfordernis durch den PSV unten Teil 2 B. III. 2. b) (3).

(2) Vergleichsarten und -struktur

Das Gesetz sieht drei unterschiedliche Arten des außergerichtlichen Vergleichs vor, § 7 Abs. 1 S. 4 Nr. 2 BetrAVG, und zwar den Stundungs-, den Quoten- sowie den Liquidationsvergleich, wobei Letzterem eine untergeordnete praktische Relevanz zukommt, da dieser nur in Betracht zu ziehen ist, wenn mit einer hohen Quote zu rechnen ist, welche in einem regulären Insolvenzverfahren nicht zu erreichen sein würde, zum Beispiel durch freiwillige Zahlungen von Gesellschaftern oder anderen Dritten.[597] Die verschiedenen Vergleichsarten verfolgen dabei ganz unterschiedliche Ziele. Einzig muss der außergerichtliche Vergleich in all seinen Unterarten immer der „*Abwendung eines drohenden Insolvenzverfahrens*" dienen, um den gesetzlichen Sicherungsfall auszulösen.[598]

Ein *Stundungsvergleich* soll dazu dienen, dem finanziell angeschlagenen Unternehmen vorübergehend ausreichend Liquidität zu beschaffen. Dabei wird die Fälligkeit der Versorgungsansprüche zeitlich nach hinten verschoben, sodass die Versorgungsberechtigten zeitweilig ihre Leistungen vom PSV anstatt von ihrem früheren Arbeitgeber beziehen.[599] Da ein Vergleich über die Übernahme von Versorgungsverpflichtungen durch den PSV aber in aller Regel nicht hinreichend zur wirtschaftlichen Entlastung des betroffenen Unternehmens sowie zur Abwendung des Insolvenzverfahrens ausreichen wird, kommt dem Stundungsvergleich – obschon die für den PSV und dessen Beitragszahler die attraktivste Variante[600] – eine relativ geringe praktische Relevanz zu.[601]

Ein *Quotenvergleich* hat demgegenüber zum Ziel, die Fortführung und Restrukturierung des Unternehmens zu bewerkstelligen.[602] Hierbei werden die Versorgungsansprüche, die sich unmittelbar gegen den Arbeitgeber als Zusagendem richten, auf eine gewisse Quote verkürzt, sodass der PSV anteilig die Versorgungsleistungen übernimmt.[603] Der Quotenvergleich wird daher teilweise auch als *Fortführungsvergleich* bezeichnet.[604] Bei dem Quotenvergleich handelt

597 Höfer Bd. I/*Höfer/Reich*, BetrAVG, § 7, Rn. 60; HWK/*Schipp*, BetrAVG, § 7, Rn. 34.
598 ErfK/*Steinmeyer*, BetrAVG, § 7, Rn. 23; NK-ArbR/*Schlewing*, BetrAVG, § 7, Rn. 25.
599 Mü-Hdb. ArbR/*Lämpe*; § 212, Rn. 22; SHSS/*Wortmann*, Teil 16 A, Rn. 244.
600 Vgl. SHSS/*Wortmann*, Teil 16 A, Rn. 244.
601 Höfer Bd. I/*Höfer/Reich*, BetrAVG, § 7, Rn. 60; Schaub ArbR-Hdb./*Vogelsang*, § 281, Rn. 29.
602 MAH/*Leisbrock*, § 38, Rn. 161.
603 Mü-Hdb. ArbR/*Lämpe*; § 212, Rn. 22.
604 Höfer Bd. I/*Höfer/Reich*, BetrAVG, § 7, Rn. 60.

es sich um die in der Praxis relevanteste Form des Sicherungsfalls des außergerichtlichen Vergleichs nach § 7 Abs. 1 S. 4 Nr. 2 BetrAVG.[605]

Strukturell können solche außergerichtlichen Vergleiche, den für den Insolvenzplan entworfenen § 7 Abs. 4 S. 2 und 3 BetrAVG folgend, eine anteilige Übernahmepflicht des PSV entweder inhaltlich gequotelt (*vertikal*) oder für einen bestimmten Zeitraum (*horizontal*) vorsehen, § 7 Abs. 4 S. 4 BetrAVG.[606] Es kommt insoweit darauf an, welche konkrete Unterstützung das in wirtschaftliche Schieflage geratene Unternehmen im Einzelfall benötigt.[607] Präferiert wird seitens des PSV regelmäßig die *horizontale* Aufteilung, da diese für ihn den verwaltungstechnisch geringeren Aufwand bedeutet, wohingegen eine *vertikale*, also bis zu einer bestimmten Höhe zu übernehmende Quote für ihn mit einem ungleich höheren Verwaltungsaufwand behaftet wäre.[608] Die Gestaltungsvielfalt ist hierbei groß. Wie im Einzelfall die Aufteilung aussieht, beispielsweise nach Gruppen, deren Versorgungszusagen über denselben Durchführungsweg laufen, oder nach Versorgungsrecht, also laufende Leistungen oder Anwartschaften, bleibt den Beteiligten und ihren individuellen Bedürfnissen überlassen.[609]

(3) Tatbestand

(i) Grundsätzliches

Damit der Sicherungsfall des außergerichtlichen Vergleichs ausgelöst und der PSV eintrittspflichtig wird, muss der Vergleich dem Wortlaut von § 7 Abs. 1 S. 4 Nr. 2 BetrAVG nach zunächst nur der *„Abwendung eines Insolvenzverfahrens“* dienen.[610] Es muss insoweit ein Kausalzusammenhang zwischen der drohenden Insolvenz des Arbeitgebers mit dem abzuschließenden außergerichtlichen Vergleich bestehen (Insolvenzzusammenhang).[611]

Eine arbeitgeberseitige Zahlungseinstellung bezogen auf Versorgungsrechte ist seit der Novellierung von § 7 BetrAVG durch Art. 91 Einführungsgesetz zur Insolvenzordnung (EGInsO) zum 01.01.1999 für den Eintritt des Sicherungsfalles

605 Höfer Bd. I/*Höfer/Reich*, BetrAVG, § 7, Rn. 60.
606 Näher zu vertikaler und horizontaler Aufteilung in Insolvenzplänen *Bremer*, DB 2011, 875, 876.
607 *Diller*, ZIP 1997, 765, 770.
608 *Diller*, ZIP 1997, 765, 771.
609 Höfer Bd. I/*Höfer/Reich*, BetrAVG, § 7, Rn. 60.
610 Gottwald InsR-Hdb./*Bertram*, § 109, Rn. 44.
611 Gottwald InsR-Hdb./*Bertram*, § 109, Rn. 44; Höfer Bd. I/*Höfer/Reich*, BetrAVG, § 7, Rn. 59.

nicht mehr erforderlich.[612] Der PSV hatte aber bereits vor dieser Gesetzesänderung eine Praxis dahin gehend entwickelt, eine Zahlungseinstellung nicht mehr als konstitutives Merkmal für den Eintritt des ihn in die Leistungspflicht nehmenden Sicherungsfalles des außergerichtlichen Vergleiches anzusehen.[613]

(ii) *Sonderproblem*: Anspruch auf Zustimmung gegen den PSV?

Das Zustimmungserfordernis des PSV lässt sich nicht nur auf dessen Schutz vor Verträgen zulasten Dritter durch Arbeitgeber und Versorgungsberechtigte und der damit einhergehenden Einschränkung von Missbrauchsmöglichkeiten zum Nachteil des PSV begründen, sondern auch damit, dass der PSV als *„sachkundiger und emotionsloser Sachwalter"* über die Interessen der Arbeitnehmerschaft die Lage des betroffenen Unternehmens und die Situation der Versorgungsberechtigten zutreffend einschätzen kann und Letztere damit sachgerecht unterstützt werden.[614] Der PSV versteht sich nicht als ein Sanierungsinstrument für angeschlagene Unternehmen.[615]

Die Zustimmung selbst gibt der PSV gegenüber dem Arbeitgeber, mithin dem Schuldner aus den Versorgungszusagen ab. Es handelt sich dabei um eine rechtsgeschäftliche Erklärung des PSV.[616] Er erklärt hierbei, einen bestimmten Anteil oder eine bestimmte Art der Versorgung zeitweilig zu übernehmen. Eine Beteiligung der Versorgungsberechtigten an diesen Verhandlungen ist dabei regelmäßig entbehrlich und wird in der Praxis auch nicht betrieben.[617]

Seine Richtlinien betreffend seine Zustimmung zu einem außergerichtlichen Vergleich dieser Art hat der PSV in seinem Merkblatt 110/M1/1.18 niedergelegt. Der PSV verlangt danach, dass eine Unternehmenssanierung nicht allein auf den Schultern der Versorgungsberechtigten lasten darf, sondern sich alle Beteiligten, etwa Gesellschafter und aktive Belegschaft, gleichermaßen angemessen an den erforderlichen Opfern beteiligen.[618] So wird der PSV regelmäßig darauf bestehen, dass sich der Arbeitgeber in zumutbarem Maße etwa durch Aufnahme eines Kredits verschuldet oder privater Grundbesitz angemessen belastet wird.

---

612 *Diller*, ZIP 1997, 765, 772.

613 *Diller*, ZIP 1997, 765, 772.

614 *Diller*, ZIP 1997, 765, 771; Höfer Bd. I/*Höfer/Reich,* BetrAVG, § 7, Rn. 66.

615 ErfK/*Steinmeyer,* BetrAVG, § 7, Rn. 23; vgl. PSV-Merkblatt 110/M1/1.18 Ziff. 1, abrufbar unter www.psvag.de/insolvenz-leistung/merkblaetter.html (zuletzt aufgerufen am 21.01.2019).

616 Schaub ArbR-Hdb./*Vogelsang*, § 281, Rn. 30.

617 *Diller*, ZIP 1997, 765, 770; Höfer Bd. I/*Höfer/Reich,* BetrAVG, § 7, Rn. 67.

618 Vgl. PSV-Merkblatt 110/M 1/1.18, Ziff. 2.2 f..

Die Frage, ob der wirtschaftlich angeschlagene Arbeitgeber als Versicherungsnehmer oder die Versorgungsberechtigten als Versicherte gegen den PSV einen Anspruch auf die konstituierende Zustimmung zu dem außergerichtlichen Vergleich haben, wird ganz überwiegend verneint.[619] Diese – herrschende – Meinung billigt dem PSV die freie Entscheidung darüber zu, ob er durch seine Zustimmung seine Eintrittspflicht auslöst oder nicht. Da es sich bei der Rechtsbeziehung zum PSV um ein privatrechtlich einzuordnendes Versicherungsverhältnis handele, treffe den PSV gegenüber dem Arbeitgeber nicht etwa eine öffentlich-rechtliche Pflicht zum Tätigwerden nach pflichtgemäßem Ermessen.[620] Er sei vielmehr lediglich den Grenzen von Treu und Glauben nach § 242 BGB, den über Generalklauseln in das Zivilrecht einstrahlenden Grundrechten der Beteiligten sowie dem versicherungsrechtlichen Gleichbehandlungsgrundsatz aus § 177 VAG unterworfen.[621]

Vereinzelt werden indes Ansprüche des Arbeitgebers bzw. der Rentner auf Zustimmung gegen den PSV angenommen.[622]

So plädiert *Diller*[623] dafür, dass der Arbeitgeber einen Zustimmungsanspruch gegen den PSV spätestens seit Wegfall des Sicherungsfalles der wirtschaftlichen Notlage zum 01.01.1999 innehabe. Es gebe für den Arbeitgeber seit diesem Zeitpunkt keine geeignete Möglichkeit mehr, den PSV zu einer *„vernünftigen Entscheidung“* zur Übernahme von Versorgungsverpflichtungen anzuhalten.[624] Der Arbeitgeber könne nach der neuen Rechtslage nicht mehr auf den zuvor vorhandenen § 7 Abs. 1 S. 3 Nr. 5 BetrAVG a. F. zugreifen und so letztlich die Einstandspflicht des PSV nicht mehr von sich aus auslösen.

Ferner leitet *Rolfs*[625] einen Anspruch des Rentners gegen den PSV auf Zustimmung aus einer Schadensminderungspflicht des PSV analog § 82 Abs. 1, § 83 Abs. 1 VVG i. V. m. § 44 Abs. 1 VVG her. Der PSV müsse vor dem Hintergrund

---

619 Beck/Depré/*Pluta/Heidrich*, § 30, Rn. 56; Blomeyer/Rolfs/Otto/*Rolfs*, BetrAVG, § 7, Rn. 103; Gottwald InsR-Hdb./*Bertram*, § 109, Rn. 43; Höfer Bd. I/*Höfer/Reich*, BetrAVG, § 7, Rn. 65; HWK/*Schipp*, BetrAVG, § 7, Rn. 38; Mü-Hdb. ArbR/*Lämpe*, § 212, Rn. 23; Schaub ArbR-Hdb./*Vogelsang*, § 281, Rn. 30; SHSS/*Wortmann*, Teil 16 A, Rn. 241.

620 SHSS/*Wortmann*, Teil 16 A, Rn. 241.

621 Blomeyer/Rolfs/Otto/*Rolfs*, BetrAVG, § 7, Rn. 105; Gottwald InsR-Hdb./*Bertram*, § 109, Rn. 45.

622 Vgl. hierzu *Diller*, ZIP 1997, 765; Blomeyer/Rolfs/Otto/*Rolfs*, BetrAVG, § 7, Rn. 105.

623 *Diller*, ZIP 1997, 765, 773.

624 *Diller*, ZIP 1997, 765, 773.

625 Blomeyer/Rolfs/Otto/*Rolfs*, BetrAVG, § 7, Rn. 105.

der Abwendung eines möglicherweise noch viel weitergehenden Schadens dem außergerichtlichen Vergleich zustimmen und so eine wirtschaftliche Genesung des Arbeitgebers ermöglichen. Soweit der PSV hiernach seine Zustimmung entgegen seiner Pflicht zur Schadensminderung versagen sollte, würde er gegenüber dem Rentner analog § 83 Abs. 1 VVG schadenersatzpflichtig und hätte ihn letztlich so zu stellen, als habe er, der PSV, dem außergerichtlichen Vergleich von Anfang an zugestimmt.[626]

Ersterer Auffassung ist beizupflichten. Dem PSV muss – die strukturelle Ähnlichkeit des außergerichtlichen Vergleichs nach § 7 Abs. 1 S. 4 Nr. 2 BetrAVG mit dem Insolvenzplan nach den §§ 217 ff. InsO zugrunde gelegt – die freie Entscheidung über seine Zustimmung zu einem außergerichtlichen Vergleich zugestanden werden. Die in diese Richtung gehende gesetzgeberische Intention schlägt sich auch in dem Umstand nieder, dass für den PSV sogar eine eigene Gruppe im Insolvenzplanverfahren gebildet werden kann, damit seine Zustimmung zum Insolvenzplan gerade nicht von anderen Stimmmehrheiten erzwungen werden kann.

(4) Verfahren

Gerade in Anbetracht des regelmäßig schleichend und schwer erkennbaren Anstiegs des finanziellen Aufwandes für betriebliche Altersversorgung („*Bugwelle*“) wird sich an diesen Verbindlichkeiten oftmals die Sanierungsfähigkeit eines Unternehmens entscheiden.[627] Die Möglichkeit des ggf. auch nur vorübergehenden Ausgliederns von Pensionsverpflichtungen über den Weg eines außergerichtlichen Vergleichs mit dem PSV kann hier ein wirkungsvolles Instrument zur Abwendung eines drohenden Insolvenzverfahrens sein. Es bedarf aber nicht zuletzt unter Berücksichtigung des Selbstverständnisses des PSV, der arbeitgeberseitig durch Beiträge finanziert wird und zum Schutze der Interessen der Versorgungsberechtigten auftritt, einer dezidierten und soliden Vorbereitung des Antrages auf Zustimmung durch den Arbeitgeber.[628]

Der PSV, der eine Zustimmung nur in Betracht zieht, soweit die Einsparungen gerade nicht ausschließlich zulasten der Versorgungsbegünstigten gehen, verlangt eine fundierte Darlegung von Sanierungswürdigkeit und -fähigkeit des betroffenen Unternehmens.[629] Es muss dem Arbeitgeber dabei gelingen zu

626 Blomeyer/Rolfs/Otto/*Rolfs*, BetrAVG, § 7, Rn. 105.
627 *Zobel*, BB 2011, 1397, 1399.
628 *Diller*, ZIP 1997, 765, 772.
629 *Zobel*, BB 2011, 1397, 1399; vgl. auch PSV-Merkblatt 100/M1/1.18, Ziff. 3.1.

zeigen, dass durch das Engagement des PSV eine hohe Wahrscheinlichkeit dafür besteht, dass das Unternehmen nachhaltig vor einer drohenden Insolvenz und ihren Folgen „gerettet" werden kann.[630] Ein erfolgreicher Antrag auf Zustimmung an den PSV erfordert die substantiierte Erörterung von Art und Ausmaß der geplanten Stundungs- und Kürzungsmaßnahmen bezüglich laufender Versorgungsleistungen und die Darlegung des erforderlichen Zeitrahmens.[631] Ausnahmsweise kann der außergerichtliche Vergleich auch die Übernahme von Versorgungsanwartschaften der aktiven Arbeitnehmer beinhalten, freilich unter der Maßgabe, dass diese bereits gem. § 1b Abs. 1 S. 1, Abs. 5, § 30f BetrAVG gesetzlich unverfallbar sind.[632]

Es muss dem PSV weiter vermittelt werden, dass hinreichende Erfolgsaussichten darauf bestehen, das betroffene Unternehmen gerade durch die vorübergehende Hilfe durch den PSV vor seinem wirtschaftlichen Niedergang zu bewahren.[633] Der PSV verlangt hierzu in aller Regel ein unabhängiges Gutachten in Form einer Betriebsanalyse, aus welcher die Sanierungsfähigkeit des angeschlagenen Unternehmens hervorgehen muss. Ferner hat der Arbeitgeber einen Sanierungsplan zu erarbeiten und vorzulegen, welcher auf die dauerhafte Rettung des Unternehmens abzielen und seine Sanierungswürdigkeit abbilden soll.[634]

Im Rahmen eines solchen außergerichtlichen Vergleichs obliegt es gem. § 11 Abs. 5 BetrAVG dem Arbeitgeber, dem PSV alle notwendigen Informationen über die Identität der Versorgungsberechtigten, deren Anschriften sowie die genaue Höhe der jeweiligen Versorgungsrechte zuzuleiten.[635]

(5) Besserungsklausel zugunsten des PSV im außergerichtlichen Vergleich

Schließlich ist im Rahmen der Vorbereitung eines solchen Antrages auch daran zu denken, dem PSV ein Angebot auf Abgabe einer **Besserungsklausel** zu unterbreiten. Zwar ist eine solche gesetzlich lediglich für den Insolvenzplan vorgesehen, § 7 Abs. 4 S. 5 BetrAVG.[636] Jedoch kann für den Fall der Verbesserung der wirtschaftlichen Lage des Unternehmens ein Besserungsschein zugunsten des PSV dahin gehend vereinbart werden, dass das Unternehmen nach und nach

630 *Zobel*, BB 2011, 1397, 1399.
631 *Diller*, ZIP 1997, 765, 769.
632 Vgl. PSV-Merkblatt 100/M1/1.18, Ziff. 3.2.
633 *Zobel*, BB 2011, 1397, 1399.
634 Vgl. PSV-Merkblatt 110/M 1/1.18, Ziff. 3.1.
635 ErfK/*Steinmeyer*, BetrAVG, § 11, Rn. 5; NK-ArbR/*Vogt*, BetrAVG, § 11, Rn. 9.
636 Vgl. *Bremer*, DB 2011, 875, 877.

wieder eine höhere prozentuale Quote an Eigenleistungen der Versorgungsansprüche bedient oder, bei entsprechender Verbesserung der Lage des Unternehmens, dieses an den PSV dessen Aufwendungen rückerstattet.[637] Auf die Aufnahme einer solchen Besserungsabrede in den außergerichtlichen Vergleich besteht der PSV zudem in aller Regel, weshalb das Vorfinden einer solchen Vereinbarung in Vergleichen dieser Art durchaus üblich ist.[638]

Es ist für die dabei gewünschte Rechtsfolge der späteren Herabsetzung der Zahlungsverpflichtungen des PSV gegenüber den Versorgungsberechtigten essentiell, dass die Besserungsklausel ausdrücklich in den Vergleich aufgenommen wird.[639] Ist dies nicht geschehen, besteht auch bei immenser Verbesserung der wirtschaftlichen Lage des vormals angeschlagenen Unternehmens keine Möglichkeit für den PSV, sich den Ansprüchen der Versorgungsberechtigten einseitig wieder zu entziehen. Vielmehr bleibt er weiter in Höhe der im außergerichtlichen Vergleich ausgehandelten Quote zur Zahlung verpflichtet.[640]

(6) Relevanter Zeitpunkt

Als relevanter Zeitpunkt für den Eintritt des Sicherungsfalls war der Moment anerkannt, in welchem der drohend insolvente Arbeitgeber allen Versorgungsberechtigten seine bevorstehende Zahlungsunfähigkeit bekannt gab.[641] Der für den Beginn der Eintrittspflicht des PSV maßgebliche Zeitpunkt kann hingegen nunmehr nach Wegfall des Merkmals der Zahlungseinstellung, im Gegensatz zu den übrigen Sicherungsfällen, einvernehmlich zwischen dem Arbeitgeber und dem PSV festgelegt werden.[642] Dies ist ab dem 01.01.1999 unter § 3 Abs. 3 c) der AIB des PSV im Interesse der Rechtssicherheit und des Schutzbedürfnisses der Betriebsrentner niedergeschrieben.[643] Der PSV sieht seine Eintrittspflicht danach ab dem Tage als entstanden an, an welchem er seine Zustimmung zu dem außergerichtlichen Vergleichsvorschlag erklärt hat, mithin der Vergleich zustande kommt.[644]

---

637 Höfer Bd. I/*Höfer/Reich,* BetrAVG, § 7, Rn. 306.

638 NK-ArbR/*Schlewing,* BetrAVG, § 7, Rn. 54; WHSS/*Schnitker,* Teil J, Rn. 357.

639 Höfer Bd. I/*Höfer/Reich,* BetrAVG, § 7, Rn. 307.

640 BVerwG, Urt. v. 23.05.1995 – 1 C 32/92, NZA-RR 1996, 102, 103, 1. b) ee) der Gründe; Höfer Bd. I/*Höfer/Reich,* BetrAVG, § 7, Rn. 307; siehe zur Besserungsklausel im Fortführungsplan im Insolvenzplanverfahren auch Teil 2 C. II. 2. b) (1).

641 HWK/*Schipp,* BetrAVG, § 7, Rn. 39.

642 BAG, Urt. v. 14.12.1993 – 3 AZR 618/93, NZA 1994, 554, 555, I. 4. c) der Gründe.

643 BAG, Urt. v. 14.12.1993 – 3 AZR 618/93, NZA 1994, 554, 555, I. 4. c) der Gründe; Höfer Bd. I/*Höfer/Reich,* BetrAVG, § 7, Rn. 75; SHSS/*Wortmann,* Teil 16 A, Rn. 246.

644 NK-ArbR/*Schlewing* BetrAVG, § 7, Rn. 26.

c) vollständige Beendigung der Betriebstätigkeit bei offensichtlicher Masselosigkeit

Als letzten gesetzlich normierten Sicherungsfall nennt § 7 Abs. 1 S. 4 Nr. 3 BetrAVG die *„vollständige Beendigung der Betriebstätigkeit im Geltungsbereich des BetrAVG, wenn ein Antrag auf Eröffnung des Insolvenzverfahrens nicht gestellt worden ist und ein Insolvenzverfahren offensichtlich mangels Masse nicht in Betracht kommt"*. Dieser Sicherungsfall stellt einen Auffangtatbestand dar.[645] Er stimmt wörtlich mit den Regelungen über das Insolvenzgeld aus § 165 Abs. 1 Nr. 3 SGB III überein.[646]

(1) Tatbestand

§ 7 Abs. 1 S. 4 Nr. 3 BetrAVG setzt seinem Wortlaut nach tatbestandlich zunächst die vollständige Beendigung der Betriebstätigkeit voraus.[647] Dies erfordert die Einstellung des mit dem Unternehmen verfolgten arbeitstechnischen und unternehmerischen Zwecks sowie die Auflösung der die Einheit des Unternehmens gestaltenden Organisation.[648]

In dem vom BAG durch Urteil vom 20.11.1984 entschiedenen Rechtsstreit ging es um einen Pensionär, welcher gegen den PSV auf Übernahme seiner Versorgungsansprüche klagte, nachdem sein ehemaliger Arbeitgeber das Hotel, in welchem der Kläger Betriebsleiter gewesen war, geschlossen und seine Tätigkeit vollständig eingestellt hatte. Darüber hinaus hatte der ehemalige Arbeitgeber auch das Gewerbe abgemeldet. Personal war nicht mehr vorhanden. Der Kläger ließ diesen Umstand durch seinen Rechtsanwalt dem PSV mit der Bitte um Übernahme seiner betrieblichen Altersversorgungsansprüche aufgrund des Eintritts des Sicherungsfalls nach § 7 Abs. 1 S. 4 Nr. 3 BetrAVG melden. Der beklagte PSV lehnte das Begehren des Klägers ab und verwies hierbei darauf, dass es *„bereits zweifelhaft"* sei, *„ob ein Antrag auf Eröffnung des Konkursverfahrens offensichtlich mangels Masse nicht in Betracht komme"*. Außerdem liege keine vollständige Beendigung der Betriebstätigkeit vor, da der bloße Verkauf des Hotels eine solche nicht begründen könne.

Die Revision des PSV gegen das der Klage stattgebende Urteil der zweiten Instanz hatte keinen Erfolg. Der 3. Senat nutzte diesen Fall, um die Voraussetzungen für den Eintritt

---

645 HWK/*Schipp*, BetrAVG, § 7, Rn. 41; NK-ArbR/*Schlewing* BetrAVG, § 7, Rn. 27.

646 Blomeyer/Rolfs/Otto/*Rolfs*, BetrAVG, § 7, Rn. 109.

647 ErfK/*Steinmeyer*, BetrAVG, § 7, Rn. 24.

648 BAG, Urt. v. 20.11.1984 – 3 AZR 444/82, NZA 1986, 156, 157, II. 2. der Gründe; klarstellend zum Erfordernis der offensichtlichen Masselosigkeit BAG, Urt. v. 09.12.1997 – 3 AZR 429/96, NZA 1998, 941, 942, I. 1. a) der Gründe; Blomeyer/Rolfs/Otto/*Rolfs*, BetrAVG, § 7, Rn. 110.

der Einstandspflicht des PSV bei dem Sicherungsfall nach § 7 Abs. 1 S. 4 Nr. 3 BetrAVG deutlich abzugrenzen und deren Parameter dezidiert darzulegen.
Dabei konstatierte das Gericht zunächst, dass es sich bei der Zahlungsunfähigkeit des Arbeitgebers um eine *„Grundvoraussetzung der Eintrittspflicht des Trägers der Insolvenzsicherung“* handele. Eine solche habe bei dem ehemaligen Arbeitgeber des Klägers auch vorgelegen. Zwar habe er aus dem Verkauf des Hotels einen Erlös erzielt. Dieser wurde aber umgehend zur Schuldentilgung sowie der Absicherung des Hotelerwerbers eingesetzt. Daneben gab es keine nennenswerten Vermögenswerte mehr.
Des Weiteren stellte der Senat heraus, dass *„vollständige Beendigung der Betriebstätigkeit [...]* ***Einstellung des mit dem Betrieb verfolgten arbeitstechnischen und unternehmerischen Zwecks unter Auflösung der organisatorischen Einheit*** *des Unternehmens“* beinhalte.
Besonders umstritten war bei dem Tatbestandsmerkmal des *„offensichtlich wegen Masselosigkeit nicht in Betracht kommenden Insolvenzverfahrens“* die Frage, in welcher **zeitlichen Abfolge** dieses Merkmal mit dem damit verknüpften Charakteristikum der vollständigen Beendigung der Betriebstätigkeit einherzugehen habe. Hierzu traf das BAG in Ansehung des Wortlauts der Vorschrift die Feststellung, dass die **Tatbestandsmerkmale nicht in einer vorgezeichneten Reihenfolge einzutreten** hätten. Vielmehr könne der Wortlaut *„sowohl zeitlich als auch konditional verstanden werden“*. In Ansehung des starken Bezuges zum Konkursrecht sei es naheliegend, dass bei diesem Sicherungsfall gem. § 7 Abs. 1 S. 4 Nr. 3 BetrAVG lediglich die Vermeidung eines sinnlosen Konkursantrages intendiert gewesen sei. Dieser Umstand bedinge, dass das vom PSV vorgetragene Erfordernis, dass bereits zum Zeitpunkt der Beendigung der Betriebstätigkeit schon offensichtliche Masselosigkeit habe herrschen müssen, nicht durchgreifen könne. Folgte man nämlich dieser Ansicht, so beschränkte sich der Sicherungsfall auf *„extreme Ausnahmefälle“* – was den Anwendungsbereich der Norm über Gebühr beschränken würde. Die Reihenfolge des Eintritts der genannten beiden Tatbestandsvoraussetzungen sei im Lichte dessen nicht relevant.
Zuletzt grenzte der Senat in Fortführung seiner Rechtsprechung (*Anm.: Urt. v. 11.09.1980 – 3 AZR 544/79*) noch einmal die ***„objektiven Merkmale des Sicherungsfalles“*** ein: Einerseits dürften die Anforderungen an die regelmäßig betriebsfernen Rentner nicht überzogen werden; andererseits dürfe eine Bewertung der Sachlage *„nicht allein aufgrund des äußeren Erscheinungsbildes [...] abschließend entschieden werden“*. Es komme einzig auf die *„objektiven Verhältnisse“* an. Zur Abklärung dieser Verhältnisse müsse der PSV zeitnah involviert werden. Ihm stünde insoweit ein *„Beurteilungsspielraum, anhand der ihm bekannten Umstände zu entscheiden, ob er den Konkursantrag stellt oder zur Vermeidung sinnloser Kosten davon absieht“* zu.

Der Tatbestand ist indes ausgeschlossen, wenn irgendeine Form der Betriebstätigkeit noch andauert, wie etwa im Falle der fortdauernden Liquidation.[649] Es kommt auf die vollständige Beendigung der Betriebstätigkeit beim

649 HWK/*Schipp*, BetrAVG, § 7, Rn. 41.

Vertragsarbeitgeber an, der rechtlich und wirtschaftlich Träger der Versorgungszusage ist. Damit ist gemeint, dass dieser jegliche unternehmerische Tätigkeit eingestellt haben muss und nicht etwa lediglich die Schließung eines oder mehrerer Betriebe.[650]

Zur Abgrenzung von den Sicherungsfällen aus § 7 Abs. 1 S. 4 Nrn. 1 und 2 BetrAVG darf des Weiteren kein Insolvenzantrag gestellt worden sein.[651] Damit sollen die Versorgungsberechtigten davor geschützt werden, selbst auf eigene Kosten die Eröffnung eines Insolvenzverfahrens bemühen zu müssen oder aber ansonsten der Willkür des unterlassenen Antrages des Arbeitgebers selbst ausgesetzt zu sein.[652] Ein solcher Antrag müsste aber zumindest zulässigerweise gestellt werden dürfen, was voraussetzt, dass der Arbeitgeber formal insolvenzverfahrensfähig und ein insolvenzrechtlicher Eröffnungsgrund nach §§ 17, 18 InsO gegeben ist.[653]

Schließlich darf ein Insolvenzverfahren offensichtlich mangels Masse nicht infrage kommen.[654] Offensichtlichkeit als anspruchsbegründende Anspruchsvoraussetzung ist hierbei anzunehmen, wenn ohne weiteres für einen in die betrieblichen Verhältnisse eingeweihten, neutralen Betrachter erkennbar ist, dass die objektiven Anhaltspunkte evident auf einen Mangel an Masse schließen lassen.[655] Im Kontrast zu früherer Rechtsprechung kommt es dabei nicht auf die Erkennbarkeit oder gar positive Kenntnis der Versorgungsberechtigten oder des PSV an.[656]

(2) Relevanter Zeitpunkt

Der Sicherungsfall nach § 7 Abs. 1 S. 4 Nr. 3 BetrAVG tritt in dem Moment ein, in welchem das letzte anspruchsbegründende Tatbestandskriterium erfüllt ist.[657] Das Einhalten einer bestimmten Reihenfolge, etwa dem gesetzlichen Wortlaut folgend, ist nicht erforderlich.[658] So kann die Feststellung der Masselosigkeit

---

650 Höfer Bd. I/*Höfer/Reich*, BetrAVG, § 7, Rn. 82; SHSS/*Wortmann*, Teil 16 A, Rn. 256.

651 Blomeyer/Rolfs/Otto/*Rolfs*, BetrAVG, § 7, Rn. 115.

652 Blomeyer/Rolfs/Otto/*Rolfs*, BetrAVG, § 7, Rn. 115.

653 HWK/*Schipp*, BetrAVG, § 7, Rn. 41; Höfer Bd. I/*Höfer/Reich*, BetrAVG, § 7, Rn. 79; NK-ArbR/*Schlewing* BetrAVG, § 7, Rn 27.

654 ErfK/*Steinmeyer*, BetrAVG, § 7, Rn. 25.

655 Blomeyer/Rolfs/Otto/*Rolfs*, BetrAVG, § 7, Rn. 120; Höfer Bd. I/*Höfer/Reich*, BetrAVG, § 7, Rn. 86; Schaub ArbR-Hdb./*Vogelsang*, § 281, Rn. 32.

656 BAG, Urt. v. 20.11.1984 – 3 AZR 444/82, NZA 1986, 156, 157, II. 2. der Gründe; BAG, Urt. v. 09.12.1997 – 3 AZR 429/96, NZA 1998, 941, 942, I. 1. a) der Gründe.

657 HWK/*Schipp*, BetrAVG, § 7, Rn. 43.

658 BAG, Urt. V. 20.11.1984 – 3 AZR 444/82, NZA 1986, 156, 157, II. 3. b) (1) der Gründe.

auch nach der vollständigen Beendigung der Betriebstätigkeit erfolgen.[659] Die spätere Wiederaufnahme der Betriebstätigkeit lässt die Ansprüche der Versorgungsberechtigten gegenüber dem PSV unbeschadet.[660] Vielmehr kann dieser in Bezug auf die im Wege der Legalzession nach § 9 Abs. 2 BetrAVG gesetzlich auf ihn übergangenen Versorgungsansprüche nun wirtschaftlich erfolgreicher gegen den Arbeitgeber als Schuldner vorgehen.[661]

IV. Umfang des Versicherungsschutzes

1. Höhe der Leistungen

Soweit die genannten Tatbestandsmerkmale vorliegen und die Versorgungsansprüche aufgrund des Eintritts des Sicherungsfalls nicht erfüllt werden („*anspruchsbegründender Kausalzusammenhang*"[662]), entsteht für Versorgungsempfänger mit bereits bestehenden, ggf. bereits laufenden Versorgungsansprüchen kraft Gesetzes ein Versicherungsanspruch gegen den PSV.[663] Versorgungsberechtigte mit einer aufrecht zu erhaltenden, gesetzlich unverfallbaren Anwartschaft erwerben eine Versicherungsanwartschaft in Gestalt eines auf den Eintritt des Versorgungsfalles bedingten Anspruchs.[664]

a) Rentner mit laufenden Bezügen

Nachdem sich die Ansprüche der Betriebsrentner nach Eintritt eines der Sicherungsfälle gem. § 7 Abs. 1 S. 1 bzw. S. 4 Nrn. 1 bis 3 BetrAVG gegen den PSV richten, gibt der Wortlaut von § 7 Abs. 1 S. 1 BetrAVG Aufschluss über den Umfang dieser Verpflichtungen des PSV. Diese hängen der Höhe nach spiegelbildlich an der dem jeweiligen Versorgungsanspruch zugrunde liegenden Versorgungszusage und orientieren sich ausschließlich an dieser (sog. *Akzessorietätsgrundsatz*).[665] So hat der PSV den Anspruch des jeweiligen Versorgungsberechtigten in der Höhe derjenigen Leistung zu erbringen, die der Arbeitgeber aufgrund der

---

659 Höfer Bd. I/*Höfer/Reich*, BetrAVG, § 7, Rn. 88.
660 Höfer Bd. I/*Höfer/Reich*, BetrAVG, § 7, Rn. 89.
661 HWK/*Schipp*, BetrAVG, § 7, Rn. 43; Höfer Bd. I/*Höfer/Reich*, BetrAVG, § 7, Rn. 89.
662 BAG, Urt. v. 20.09.2016 – 3 AZR 411/15, NZA 2017, 258, 262, III. 1. der Gründe.
663 Blomeyer/Rolfs/Otto/*Rolfs*, BetrAVG, § 7, Rn. 187; ErfK/*Steinmeyer*, BetrAVG, § 7, Rn. 2; Schaub ArbR-Hdb./*Vogelsang*, § 281, Rn. 35.
664 Blomeyer/Rolfs/Otto/*Rolfs*, BetrAVG, § 7, Rn. 187; ErfK/*Steinmeyer*, BetrAVG, § 7, Rn. 33.
665 Blomeyer/Rolfs/Otto/*Rolfs*, BetrAVG, § 7, Rn. 188; SHSS/*Wortmann*, Teil 16 A, Rn. 290.

Versorgungszusage zu erbringen hätte, wenn das Insolvenzverfahren nicht eröffnet worden wäre, § 7 Abs. 1 S. 1 BetrAVG a. E..[666] Betriebsrentner, welche bereits laufend Leistungen bezogen haben, muss der PSV weiterhin genauso stellen, als wenn deren Arbeitgeber nicht insolvent geworden wäre und die Versorgungsansprüche weiter leisten.[667] Dies gilt auch für Anspruchsberechtigte, die bereits vorgezogene Ruhegelder erhalten haben.[668]

Die dem Versorgungsanspruch zugrunde liegende Zusage muss im Einzelfall nach den allgemeinen Auslegungskriterien gem. §§ 133, 157 BGB ausgelegt werden, um die konkrete Anspruchshöhe feststellen zu können.[669] An das so erlangte Ergebnis ist der PSV gebunden. Er kann davon grundsätzlich weder nach unten oder nach oben abweichen.

Da sich der Anspruch akzessorisch nach der Versorgungszusage des Arbeitgebers richtet, ist der PSV auch in diesem Rahmen verpflichtet und berechtigt, bestimmte, über den grundliegenden Rentenanspruch hinausgehende Leistungen zu erbringen, aber ggf. auch zu kürzen oder anzurechnen.[670] Soweit danach die Versorgungszusage vorsieht, dass Versorgungsleistungen dritter Versorgungsträger auf die Betriebsrente angerechnet werden sollen, so ist der PSV auch hieran gebunden.

Der PSV ist demgegenüber aber im Grunde nicht dazu verpflichtet, im Rahmen von § 16 BetrAVG einen Teuerungsausgleich der von ihm gezahlten Renten vorzunehmen.[671] Das BAG begründet seine Auffassung mit der Ratio, dass der Betriebsrentner einerseits am wirtschaftlichen Erfolg seines ehemaligen Arbeitgebers auch nach seinem Ausscheiden beteiligt werden solle, sowie andererseits, dass eine angemessene Aufteilung der entstehenden Teuerungsraten zwischen Betriebsrentner und Unternehmen zu bestehen habe. Geriete das Unternehmen hingegen in wirtschaftliche Schieflage, sodass es Versorgungsleistungen teilweise oder gar ganz einstellen könne, müsse auch eine Anpassung ausscheiden. Dabei komme es allein auf die wirtschaftliche Lage des zusagenden Arbeitgebers an und nicht etwa auf die des PSV, der sich durch Beiträge aller versorgungsverpflichteten Arbeitgeber finanziere.[672] Anderes könne dagegen gelten, wenn ganz

---

666 NK-ArbR/*Schlewing*, BetrAVG, § 7, Rn. 3.

667 Schaub ArbR-Hdb./*Vogelsang*, § 281, Rn. 36.

668 Höfer Bd. I/*Höfer/Reich*, BetrAVG, § 7, Rn. 160.

669 Höfer Bd. I/*Höfer/Reich*, BetrAVG, § 7, Rn. 158.

670 Blomeyer/Rolfs/Otto/*Rolfs*, BetrAVG, § 7, Rn. 195.

671 BAG, Urt. v. 22.03.1983 – 3 AZR 574/81, NJW 1983, 2902, 2903, 1. der Gründe; BAG, Urt. v. 22.11.1994 – 3 AZR 767/93, NZA 1995, 887, 888, I. 1. der Gründe.

672 BAG, Urt. v. 22.03.1983 – 3 AZR 574/81, NJW 1983, 2902, 2903, 1. b) der Gründe.

erhebliche Inflationsraten im Geltungsbereich des BetrAVG entstünden.[673] Die Hürden hierfür setzte das BAG aber hoch an.

Ferner konstatiert diese Rechtsprechung, sollte die dem laufenden Versorgungsanspruch zugrunde liegende Versorgungs- oder Leistungsordnung individual- oder kollektivvertragliche Anpassungsklauseln vorsehen, müsse sich der PSV auch an diese halten.[674] Dies folge dem Grundsatz der Akzessorietät zwischen Versorgungs- und Versicherungsanspruch.[675]

Zuletzt kann eine Anpassungsverpflichtung des PSV auch aus einer betrieblichen Übung des Arbeitgebers resultieren, aber nur insoweit, als der Arbeitgeber sich selbst nicht mehr einseitig hiervon hätte lösen können.[676]

b) Versorgungsanwartschaften

Die Einstandspflicht des PSV erfährt im Gegensatz zu Versorgungsansprüchen, die sich wie gezeigt in Akzessorietät zur zugrunde liegenden Versorgungszusage bemessen, hinsichtlich Versorgungsanwartschaften eine gesetzliche Begrenzung.[677] Der Gesetzgeber bekräftigte auch hier seine Entscheidung, Anwartschaften als ein *„Minus zum Vollrecht"* zu kategorisieren und dachte diesen – letztlich auch mit Blick auf eine Verwaltungsvereinfachung für den PSV – einen geringeren Schutz zu als dem Versorgungsvollrecht.[678]

> Das BAG hatte mit seinem Urteil vom 22.11.1994 einen Sachverhalt zu entscheiden, in welchem ein mit einer unverfallbaren Anwartschaft nach Insolvenzeröffnung über das Vermögen seines Arbeitgebers ausgeschiedener Arbeitnehmer, dessen Ruhegehalt sich an der Leistungsordnung des Essener Verbandes orientierte, gegen den PSV auf die nach Eintritt des Sicherungsfalles vom Essener Verband erhöhten Bezüge klagte. Der beklagte PSV berief sich hingegen darauf, dass er bei unverfallbaren Anwartschaften keinerlei Anpassungen nach Eröffnung des ihn einstandspflichtig machenden Insolvenzverfahrens vornehmen müsse.
> Der 3. Senat gab dem PSV Recht, die Revision des Klägers blieb ohne Erfolg. Zwar habe der PSV in Ansehung des Akzessorietätsgrundsatzes aus § 7 Abs. 1 S. 1 BetrAVG bei

---

673 Zustimmend SHSS/*Wortmann*, Teil 16 A, Rn. 377.

674 BAG, Urt. v. 22.03.1983 – 3 AZR 574/81, NJW 1983, 2902, 2903, 2. a) der Gründe; vgl. auch SHSS/*Wortmann*, Teil 16 A, Rn. 378 f..

675 BAG, Urt. v. 22.11.1994 – 3 AZR 767/93, NZA 1995, 887, 888, I. 1. der Gründe; Blomeyer/Rolfs/Otto/*Rolfs*, BetrAVG, § 7, Rn. 201; Höfer Bd. I/*Höfer/Reich*, BetrAVG, § 7, Rn. 162.

676 Höfer Bd. I/*Höfer/Reich*, BetrAVG, § 7, Rn. 162.

677 Blomeyer/Rolfs/Otto/*Rolfs*, BetrAVG, § 7, Rn. 217; Paulsdorff, BetrAVG, § 7, Rn. 273.

678 BAG, Urt. v. 22.11.1994 – 3 AZR 767/93, NZA 1995, 887, 888, I. 1. der Gründe; vgl. auch Höfer Bd. I/*Höfer/Reich*, BetrAVG, § 7, Rn. 168.

laufenden Renten auch etwaige **individual- oder kollektivvertragliche dynamische Anpassungen** der Bezüge zu tragen. Dies gelte aber im Lichte von § 7 Abs. 2 i. V. m. § 2 Abs. 1, 2 und 5 BetrAVG (*Anm.: Veränderungssperre heute normiert in § 7 Abs. 2 S. 6 BetrAVG*) **nicht für unverfallbare Anwartschaften**. Diese **Veränderungssperre** entbinde den PSV im Falle unverfallbarer Anwartschaften selbst von individualvertraglich zugesagten Dynamisierungen der betrieblichen Altersversorgung. Den gesetzlich insolvenzgeschützten Umfang und damit die Höhe, in welcher der PSV einstandspflichtig wird, hinge allein von den gesetzlichen Bestimmungen ab. Der Gesetzgeber habe hiermit **für den PSV überschaubare Strukturen** schaffen wollen, die es ihm ermöglichen sollten, seine Verpflichtungen eindeutig und klar berechnen zu können.

(1) Unmittelbare Versorgungszusage

Soweit es sich bei der zu bewertenden, gesetzlich unverfallbaren Versorgungsanwartschaft um eine solche aus einer Direktzusage des Arbeitgebers handelt und der Arbeitnehmer im Zeitpunkt des Eintritts des Sicherungsfalles bereits ausgeschieden ist, greift gem. § 7 Abs. 2 S. 3 BetrAVG für die Berechnung der Höhe der insolvenzgesicherten, arbeitgeberfinanzierten Versorgungsanwartschaft § 2 Abs. 1 S. 1 BetrAVG unmittelbar ein.[679] Für arbeitnehmerseitig durch Entgeltumwandlung finanzierte Versorgungsanwartschaften gilt gem. § 7 Abs. 2 S. 3 a. E. hingegen § 2 Abs. 5 BetrAVG.

§ 2 Abs. 1 S. 1 BetrAVG sieht ein *ratierliches Verfahren* zur Ermittlung der Anspruchshöhe dahin gehend vor, dass lediglich derjenige Teil insolvenzgesichert ist, den der ausgeschiedene Arbeitnehmer im Verhältnis zur maximal erreichbaren Betriebszugehörigkeit zeitanteilig tatsächlich erdient hat (sog. *Quotierungsverfahren*).[680]

Das Ausscheiden aus dem Arbeitsverhältnis wird für die bei Eintritt des Sicherungsfalles noch aktiven Arbeitnehmer mit dessen Eintrittszeitpunkt gleichsam fingiert, § 7 Abs. 2 S. 4 BetrAVG.[681] Das bedeutet, dass auch für im Zeitpunkt des Eintritts des Sicherungsfalles noch beim Arbeitgeber beschäftigte Arbeitnehmer der Berechnungsweg mit der Ausnahme derselbe ist, dass lediglich die Beschäftigungszeiten in Anschlag zu bringen sind, die bis zum Eintritt des Sicherungsfalles erbracht worden sind.[682] Somit wird der Wortlaut von § 2 Abs. 1 S. 1 BetrAVG auch auf Arbeitnehmer erweitert, welche sich weiter in einem Arbeitsverhältnis

---

679 Blomeyer/Rolfs/Otto/*Rolfs*, BetrAVG, § 7, Rn. 218.

680 Gottwald InsR-Hdb./*Bertram*, § 109, Rn. 58; HWK/*Schipp*, BetrAVG, § 7, Rn. 26.

681 Schaub ArbR-Hdb./*Vogelsang*, § 281, Rn. 38, 39.

682 BAG, Urt. v. 12.03.1991 – 3 AZR 63/90, NZA 1992, 132, II. der Gründe; ErfK/*Steinmeyer*, BetrAVG, § 7, Rn. 39.

mit dem wirtschaftlich in Schieflage geratenen Arbeitgeber befinden und so eine Gleichbehandlung zwischen bereits ausgeschiedenen Arbeitnehmern und zum Zeitpunkt des Eintritts des Sicherungsfalles noch aktiver Belegschaft verfolgt.[683]

Für die Berechnung der Höhe des gesetzlich gesicherten Anwartschaftsteiles bei Direktzusagen sind gem. § 7 Abs. 2 S. 3 BetrAVG die § 2 Abs. 1 und 5 BetrAVG maßgeblich.[684] Zu beachten ist aber in diesem Zusammenhang, dass bei Entgeltumwandlung § 2 Abs. 5 BetrAVG eingreift, welcher anstelle des Quotierungsverfahrens vorsieht, dass diejenige Anwartschaft auf Leistungen aus den bis dahin umgewandelten Entgeltbestandteilen vom Zeitpunkt der Zusage auf betriebliche Altersversorgung bis zum Ausscheiden des Arbeitnehmers zu sichern ist.[685] Gleiches gilt entsprechend für eine unverfallbare Anwartschaft aus Beiträgen im Rahmen einer beitragsorientierten Leistungszusage. Hingegen kann § 2 Abs. 6 BetrAVG nicht als Berechnungsgrundlage herangezogen werden, da der Durchführungsweg der Direktzusage nicht mit einer Beitragszusage mit Mindestleistung verbunden werden kann, § 1 Abs. 2 Nr. 2 BetrAVG.[686]

Der PSV hat bei der Ermittlung der Anspruchshöhe des Weiteren Veränderungen der Versorgungsregelungen und der Bemessungsgrundlagen, die nach dem Eintritt des Sicherungsfalles entstehen, nicht zu berücksichtigen, § 7 Abs. 2 S. 6 BetrAVG (Veränderungssperre).[687] Der ebenfalls im Zuge des Inkrafttretens des BRSG zum 01.01.2018 eingefügte letzte Halbsatz des § 7 Abs. 2 S. 6 BetrAVG nimmt den PSV ferner aus der Anpassungsverpflichtung des neuen § 2a Abs. 2 BetrAVG heraus, der in bestimmten Fällen einen Ausgleich für mit unverfallbaren Anwartschaften ausgeschiedene Arbeitnehmer vorsieht.[688]

Es ließe sich mithin nach alledem konstatieren, dass die zu sichernden Ansprüche aus unverfallbaren Versorgungsanwartschaften im Zeitpunkt des Eintritts des Sicherungsfalles sozusagen „eingefroren" werden.[689] Hierbei haftet der PSV ausschließlich für Ansprüche, die nach den gesetzlichen Berechnungsgrundlagen des § 2 Abs. 1 und 5 BetrAVG errechnet werden, nicht aber für etwa

683 Blomeyer/Rolfs/Otto/*Rolfs*, BetrAVG, § 7, Rn. 217; NK-ArbR/*Schlewing*, BetrAVG, § 7, Rn. 40; Schaub ArbR-Hdb./*Vogelsang*, § 281, Rn. 38, 39.

684 HARV/*Arteaga/Veit*, B, Rn. 151; Höfer Bd. I/*Höfer*/Reich, BetrAVG, § 7, Rn. 168.

685 *Berenz*, BetrAV 2001, 507, 509.

686 Blomeyer/Rolfs/Otto/*Rolfs*, BetrAVG, § 7, Rn. 218.

687 NK-ArbR/*Schlewing*, BetrAVG, § 7, Rn. 40.

688 SHSS/Wortmann, Teil 16 A, Rn. 390.

689 ErfK/*Steinmeyer*, BetrAVG, § 7, Rn. 44; vgl. auch SHSS/Wortmann, Teil 16 A, Rn. 383.

vertraglich günstiger als das Quotierungsverfahren geregelte Berechnungsverfahren.[690]

(2) Direktversicherung

Die Höhe der vom PSV gesicherten Versorgungsanwartschaften, welche im Wege der Direktversicherung durchgeführt werden und dem gesetzlichen Insolvenzschutz unterfallen, richtet sich für rein arbeitgeberfinanzierte Leistungszusagen gem. § 7 Abs. 2 S. 3 BetrAVG nach § 2 Abs. 2 S. 2 BetrAVG und damit nach dem sog. *Ersatzverfahren* (auch *versicherungsvertragliche Lösung* genannt).[691] Das bei unmittelbaren Versorgungszusagen anzuwendende Quotierungsverfahren wird dem Wortlaut zufolge mithin verdrängt.[692]

Hiernach hat der PSV grundsätzlich gem. § 2 Abs. 1 BetrAVG für denjenigen Fehlbetrag einzustehen, den der Versorgungsanwärter dadurch erleidet, dass der Arbeitgeber seine Versicherungsrechte beeinträchtigt hat[693], also für denjenigen Betrag, welchen der Versicherer aufgrund des Versicherungsvertrages ohne den Eintritt des Sicherungsfalles und die damit einhergehenden wirtschaftlichen Folgen geleistet hätte (sog. *Soll-Versicherungsleistung*).[694] Dabei kann es sich im Falle einer nicht beseitigten Beleihung, Abtretung oder eines Widerrufs der Police sowohl um Teilbeträge handeln, als auch um die vollständige Versicherungssumme. Als Hauptanwendungsfall zielt das Gesetz jedoch auf Letzteres ab.[695]

Sollte die Versicherungsleistung lediglich teilweise ausfallen, muss bei der Berechnung des Anspruchs gegen den PSV ein Vergleich des sog. *Ist-Wertes* der Versicherung, also der nach der Beeinträchtigung noch verbliebene Teil der Versicherungsleistung, mit deren Soll-Wert angestellt werden, wobei der PSV die entsprechende Differenz zu tragen hat.[696] Die Soll-Versicherung ist gem. § 7 Abs. 2 S. 4 BetrAVG auf den Stichtag des Sicherungsfalles zurückzurechnen.[697]

---

690 BAG, Urt. v. 14.12.1999 – 3 AZR 684/98, NZA 2001, 33, 34, I. und III. der Gründe; Blomeyer/Rolfs/Otto/*Rolfs*, BetrAVG, § 7, Rn. 217; Höfer Bd. I/*Höfer/Reich*, BetrAVG, § 7, Rn. 175;

691 Blomeyer/Rolfs/Otto/*Rolfs*, BetrAVG, § 7, Rn. 225.

692 Höfer Bd. I/*Höfer/Reich*, BetrAVG, § 7, Rn. 189.

693 Blomeyer/Rolfs/Otto/*Rolfs*, BetrAVG, § 7, Rn. 225; SHSS/*Wortmann*, Teil 16 A, Rn. 400.

694 Blomeyer/Rolfs/Otto/*Rolfs*, BetrAVG, § 7, Rn. 226; Höfer Bd. I/*Höfer/Reich*, BetrAVG, § 7, Rn. 189.

695 ErfK/*Steinmeyer*, BetrAVG, § 7, Rn. 40.

696 Blomeyer/Rolfs/Otto/*Rolfs*, BetrAVG, § 7, Rn. 233.

697 ErfK/*Steinmeyer*, BetrAVG, § 7, Rn. 40; Schaub ArbR-Hdb./*Vogelsang*, § 281, Rn. 40.

Da der PSV von Gesetz wegen unter Ausschluss eines etwaigen Wahlrechts zur Anwendung der versicherungsförmigen Lösung verpflichtet ist, muss er die in § 2 Abs. 2 S. 2 Nrn. 1 bis 3 BetrAVG normierten sog. *sozialen Voraussetzungen* nicht erfüllen.[698]

Für Anwartschaften aus Beitragszusagen mit Mindestleistung, gilt § 2 Abs. 6 BetrAVG nach dem Telos der gesetzlichen Insolvenzsicherung über seinen Wortlaut hinaus ebenso, wonach die Anspruchshöhe demjenigen Kapital entspricht, welches dem Arbeitnehmer auf der Grundlage der bis zu seinem Ausscheiden geleisteten Beiträge inklusive Erträge planmäßig zuzurechnen ist, soweit diese Summe nicht vorher für den Ausgleich biometrischer Risiken aufgewandt wurde.[699]

Für die Frage, ob auch ggf. zu erwirtschaftende ***Überschussanteile*** der gesetzlichen Insolvenzsicherung unterstehen, muss im Lichte des Akezssorietätsgrundsatzes die der Versorgungsanwartschaft zugrunde liegende Versorgungszusage betrachtet und nötigenfalls ausgelegt werden.[700] Sind danach dem Versorgungsberechtigten ausdrücklich auch mögliche Überschussanteile an der Direktversicherung zugesagt (wie etwa gesetzlich im Rahmen der Eigenbeitragszusage bzw. Entgeltumwandlung gem. § 1 Abs. 2 Nr. 4 BetrAVG a. E., § 1b Abs. 5 S. 1 Nr. 1 BetrAVG vorgeschrieben), so werden auch diese in den Umfang von der vom PSV abzusichernden Anwartschaft umfasst.[701] Dies gilt aber nur insoweit, als besagte Überschussanteile bereits erwirtschaftet worden sind.[702] Für Überschussanteile, welche erst nach Eintritt des Sicherungsfalles hätten generiert werden können, hat der PSV demgegenüber nicht einzustehen.[703]

Für den sog. ***Ergänzungsanspruch*** aus § 2 Abs. 2 S. 1 BetrAVG (auch als *Auffüllungsanspruch* bezeichnet) besteht hingegen grundsätzlich kein

698 Blomeyer/Rolfs/Otto/*Rolfs*, BetrAVG, § 7, Rn. 225; Höfer Bd. I/*Höfer/Reich*, BetrAVG, § 7, Rn. 190.

699 Blomeyer/Rolfs/Otto/*Rolfs*, BetrAVG, § 7, Rn. 246; zu den Besonderheiten der Insolvenzsicherung der Performance durch den PSV siehe unten bei Pensionsfonds Teil 2 B. IV. 1. b) (4).

700 BAG, Urt. v. 16.02.2010 – 3 AZR 479/08, NZA-RR 2010, 601, 603, I. 1 der Gründe; vgl. auch Blomeyer/Rolfs/Otto/*Rolfs*, BetrAVG, § 7, Rn. 228.

701 Vgl. auch PSV-Merkblatt 110/M 6, Ziff. 1.1, Höfer Bd. I/*Höfer/Reich*, BetrAVG, § 7, Rn. 195.

702 SHSS/*Wortmann*, Teil 16 A, Rn. 401.

703 So die Rechtsauffassung des PSV; Blomeyer/Rolfs/Otto/*Rolfs*, BetrAVG, § 7, Rn. 228; *Doetsch*, FS Höfer 2011, 15, 29; *Kießling*, NZI 2008, 469, 470; a. A. Höfer Bd. I/*Höfer/Reich*, BetrAVG, § 7, Rn. 196 f..

Insolvenzschutz.[704] Der Wortlaut des § 7 Abs. 2 S. 3 BetrAVG verweist ausdrücklich auf die Anwendung der versicherungsmathematischen Lösung aus § 2 Abs. 2 S. 2 BetrAVG, womit sowohl das Quotierungsverfahren als auch der Ergänzungsanspruch ausgeschlossen sind.[705]

Problematisch ist aber die Bewertung der Insolvenzsicherung des Ergänzungsanspruchs bei Arbeitnehmern, welche bereits vor Eintritt des Sicherungsfalles aus dem Beschäftigungsverhältnis ausgeschieden sind und denen gegenüber nicht die Wahl der versicherungsrechtlichen Lösung nach § 2 Abs. 2 S. 2 BetrAVG erklärt worden ist. In diesem Falle kann dem Arbeitnehmer möglicherweise ein Anspruch nach der arbeitsrechtlichen Lösung zustehen, welche dem Gesetzeswortlaut zufolge auch den Ergänzungsanspruch beinhalten würde.

Sollte Letzteres im Zeitpunkt des Eintritts des Sicherungsfalles der Fall sein, so kann dem Arbeitnehmer ein Ergänzungsanspruch zustehen. Ob in dieser Konstellation jener Anspruch vom PSV zu sichern ist, wird in der Literatur unterschiedlich bewertet.

Einerseits wird argumentiert, dieser Ergänzungsanspruch des ausgeschiedenen Arbeitnehmers könne nicht insolvenzgesichert sein, da § 7 Abs. 2 S. 3 BetrAVG allein auf die versicherungsrechtliche Lösung in § 2 Abs. 2 S. 2 BetrAVG verweise und gerade nicht auf das in S. 1 in Bezug genommene Quotierungsverfahren samt Ergänzungsanspruch.[706] In Fällen, in welchen vor der Kodifikation der arbeitgeberseitigen Einstandspflicht in § 1 Abs. 1 S. 3 BetrAVG im Jahre 2001 womöglich noch eine Bewertung des Ergänzungsanspruchs als unmittelbare Versorgungszusage infrage gekommen und damit auch der durch den Wortlaut von § 2 Abs. 2 S. 2 BetrAVG ausgelöste Ausschluss des Quotierungsverfahrens unbeachtlich gewesen sei, könne seit der ausdrücklichen Aufnahme der Einstandspflicht in den Gesetzestext keine unmittelbare Versorgungszusage mehr erkannt werden.[707] Der Ergänzungsanspruch sei also nicht unter § 7 Abs. 2 S. 1 Nr. 1 BetrAVG, sondern vielmehr unter Nr. 2 zu subsumieren.[708] Damit einher gehe sodann auch der strikt anzuwendende Verweis auf die versicherungsrechtliche Lösung, welche für den Ergänzungsanspruch und dessen Insolvenzsicherung

---

704 Höfer Bd. I/*Höfer/Reich*, BetrAVG, § 7, Rn. 191; Schaub ArbR-Hdb./*Vogelsang*, § 281, Rn. 40.

705 Höfer Bd. I/*Höfer/Reich*, BetrAVG, § 7, Rn. 191.

706 Blomeyer/Rolfs/Otto/*Rolfs*, BetrAVG, § 7, Rn. 231; Schaub ArbR-Hdb./*Vogelsang*, § 281, Rn. 40; SHSS/*Wortmann*, Teil 16 A, Rn. 402.

707 Blomeyer/Rolfs/Otto/*Rolfs*, BetrAVG, § 7, Rn. 231.

708 Blomeyer/Rolfs/Otto/*Rolfs*, BetrAVG, § 7, Rn. 158; Gottwald InsR-Hdb./*Bertram*, § 109, Rn. 33.

auch bei vor Eintritt des Sicherungsfalles ausgeschiedenen Arbeitnehmern keinen Raum mehr ließe.

Andere Stimmen der Literatur bewerten de Ergänzungsanspruch als insolvenzgesichert.[709] Es wird argumentiert, es handele sich dabei um einen der arbeitgeberseitigen Einstandspflicht unterfallenden Anspruch des Versorgungsberechtigten, welcher in Ansehung von § 7 Abs. 2 S. 1 Nr. 1 und S. 3 BetrAVG als unmittelbare Versorgungszusage des Arbeitgebers zu qualifizieren sei und demgemäß der uneingeschränkten Insolvenzsicherung durch den PSV unterfalle.[710] Der Wortlaut von § 2 Abs. 2 S. 2 BetrAVG schließe das Quotierungsprinzip im Hinblick auf § 7 Abs. 2 S. 1 Nr. 1 BetrAVG nicht aus.

Mit letztgenannter Ansicht muss der Ergänzungsanspruch von bereits vor Eintritt des Sicherungsfalles ohne ausdrückliche Wahl des Ersatzverfahrens ausgeschiedenen Arbeitnehmern als insolvenzgesichert angesehen werden.[711] Er ist – auch nach der gesetzlichen Festschreibung der Einstandspflicht des Arbeitgebers – als unmittelbare Versorgungszusage und damit als Anspruch aus dem Versorgungsverhältnis einzuordnen, die die Insolvenzsicherung durch den PSV auslöst.[712]

Der Arbeitgeber hat im Rahmen von § 1 Abs. 1 S. 3 BetrAVG für dasjenige einzustehen, was der externe Versorgungsträger – aus welchem Grunde auch immer – nicht erbringt, und zwar verschuldensunabhängig. So liegt es auch im Hinblick auf denjenigen Betrag, der die Differenz zwischen der nach § 2 Abs. 2 S. 1 BetrAVG errechneten Quote und dem tatsächlichen Wert der Versicherung abbildet. Diesen Anspruch des Arbeitnehmers hat der PSV mit Eintritt des Sicherungsfalles abzusichern.

Dieser Vorteil gegenüber noch aktiv Beschäftigten, den vor Eintritt des Sicherungsfalls bereits ausgeschiedene Arbeitnehmer danach ggf. innehaben, zieht eine Ungleichbehandlung dieser beiden Gruppen nach sich.[713] Diese Ungleichbehandlung muss aber hinter der vom Gesetzgeber für die Belange des PSV intendierten Vereinfachung der Berechnung und Verwaltung von u. U. über langjährige Zeiträume dem Umfange nach zu antizipierenden Anwartschaften zurücktreten.[714]

---

709 ErfK/*Steinmeyer*, BetrAVG, § 2, Rn. 19; Höfer Bd. I/*Höfer/Reich*, BetrAVG, § 7, Rn. 192; NK-ArbR/*Vienken*, BetrAVG, § 2, Rn. 41.

710 Höfer Bd. I/*Höfer/Reich*, BetrAVG, § 7, Rn. 192 f..

711 I. E. so auch Karst/Cisch/*Karst*, BetrAVG, § 7, Rn. 35

712 ErfK/*Steinmeyer*, BetrAVG, § 2, Rn. 19; Näheres zur Insolvenzsicherung der Einstandspflicht des Arbeitgebers aus § 1 Abs. 1 S. 3 BetrAVG oben unter Teil 2 II. 2. c).

713 Höfer Bd. I/*Höfer/Reich*, BetrAVG, § 7, Rn. 193.

714 Höfer Bd. I/*Höfer/Reich*, BetrAVG, § 7, Rn. 193.

(3) Unterstützungskasse

Für die Berechnung des insolvenzgeschützten Umfanges einer Versorgungsanwartschaft, welche über eine Unterstützungskasse durchgeführt wird, gelten in Ansehung von § 7 Abs. 2 S. 3 BetrAVG grundsätzlich die Regelungen über das Quotierungsverfahren aus § 2 Abs. 1 S. 1 BetrAVG.[715] Das Gesetz zeichnet die Berechnungsgrundsätze für die Unterstützungskasse in § 7 Abs. 2 S. 3 2. Hs. BetrAVG allerdings genau vor.[716] Hiernach richtet sich die Höhe des Anspruchs des Versorgungsanwärters gegen den PSV *„nach dem Teil der nach der Versorgungsregelung vorgesehenen Versorgung, der dem Verhältnis der Dauer der Betriebszugehörigkeit zu der Zeit vom Beginn der Betriebszugehörigkeit bis zum Erreichen der in der Versorgungsregelung vorgesehenen festen Altersgrenze entspricht"*. Auch hier gelten nach § 7 Abs. 2 S. 3 BetrAVG a. E. die Modifikationen des § 2 Abs. 5 BetrAVG für Entgeltumwandlung und beitragsorientierte Leistungszusage.[717]

(4) Pensionsfonds

In Gestalt von § 7 Abs. 2 S. 5 BetrAVG erfährt der Pensionsfonds eine spezielle Regelung zur Ermittlung der Höhe der vom PSV zu sichernden Anwartschaften.[718] Dabei unterscheidet die Vorschrift zwischen den verschiedenen Formen der Leistungszusage und der Beitragszusage mit Mindestleistung.[719]

Für den Fall der Leistungszusage verweist § 7 Abs. 2 S. 5 1. Hs. BetrAVG auf die Grundsätze der unmittelbaren Versorgungszusage gem. § 7 Abs. 2 S. 3 BetrAVG, wiederum mit Verweis auf das Quotierungsverfahren in § 2 Abs. 1 BetrAVG. Einzig bei dem Einsatz von Entgeltumwandlung und im Falle einer beitragsorientierten Leistungszusage normiert § 7 Abs. 2 S. 3 BetrAVG statt des ratierlichen Berechnungsverfahrens die Besonderheiten gem. § 2 Abs. 5 BetrAVG und dessen Berechnungsmaßstäbe.[720]

Sollte der Pensionsfonds durch eine Beitragszusage mit Mindestleistung finanziert sein, orientiert sich die Höhe der zu sichernden Anwartschaft gem. § 7 Abs. 2 S. 5 2. Hs. BetrAVG an § 2 Abs. 6 BetrAVG. Hiernach bestimmt *„das*

---

715 Blomeyer/Rolfs/Otto/*Rolfs*, BetrAVG, § 7, Rn. 240; Höfer Bd. I/*Höfer/Reich*, BetrAVG, § 7, Rn. 203.
716 Vgl. Blomeyer/Rolfs/Otto/*Rolfs*, BetrAVG, § 7, Rn. 241.
717 SHSS/*Wortmann*, Teil 16 A, Rn. 408.
718 Höfer Bd. I/*Höfer/Reich*, BetrAVG, § 7, Rn. 206.
719 SHSS/*Wortmann*, Teil 16 A, Rn. 410.
720 Höfer Bd. I/*Höfer/Reich*, BetrAVG, § 7, Rn. 206.

dem Arbeitnehmer planmäßig zuzurechnende Versorgungskapital auf der Grundlage der bis zu seinem Ausscheiden geleisteten Beiträge" den Umfang seiner aufrecht zu erhaltenden Anwartschaft, wobei das Ausscheiden des noch bei dem Arbeitgeber aktiven Arbeitnehmers mit Eintritt des Sicherungsfalles in Ansehung von § 7 Abs. 2 S. 4 BetrAVG fingiert wird. Obschon theoretisch die Frage des Insolvenzschutzes von Direktversicherungen, welche mittels einer Beitragszusage mit Mindestleistung finanziert werden, aufgeworfen werden könnte, liegt der Hauptanwendungsbereich der gesetzlichen Insolvenzsicherung im Zusammenhang mit der Beitragszusage mit Mindestleistung bei den Pensionsfonds, da Direktversicherungen im Vergleich wesentlich seltener der Insolvenzsicherungspflicht unterliegen.[721]

Ob der PSV auch für die Erträge aus der Performance des Pensionsfonds, die über der Mindestleistung liegen und bei Beginn der Versorgung noch vorhanden und nicht etwa für einen biometrischen Risikoausgleich verbraucht worden sind, einzustehen hat, ist umstritten.

Der **PSV** selbst sieht grundsätzlich lediglich die garantierte Mindestleistung als insolvenzgeschützt an und konstatiert, dass es gerade nur auf die zugrunde liegende Versorgungszusage ankommen könne und ob diese über die Mindestleistung hinausgehende Verpflichtungen, wie etwa einen Garantiezins, ausdrücklich vorsähe.[722] Sei dies der Fall, so hafte der PSV auch für diesen über der Mindestleistung liegenden Betrag. Sollte die Versorgungsregelung einer solch klaren Verpflichtung des Arbeitgebers hingegen entbehren, so dürfe auch der PSV nicht darüber hinausgehend belastet werden. Der PSV weist danach auf seinem Merkblatt 300/M 14/1.18 für Versorgungsanwärter darauf hin, dass „*gesetzlich unverfallbare Versorgungsanwartschaften in Höhe der Summe der bis zum Sicherungsfall oder vorherigen Austritt zugesagten Beiträge, soweit sie nicht rechnungsmäßig für einen biometrischen Risikoausgleich verbraucht wurden*" insolvenzgesichert seien.[723]

Nach **anderer Ansicht** wird die Sicherungspflicht des PSV in jedem Falle auch für die über der Mindestleistung liegenden, **vor** Eintritt des Versorgungsfalles erwirtschafteten Erträge, soweit noch vorhanden, bejaht.[724] Es wird argumentiert, der PSV habe aufgrund der Tatsache, dass auch der Arbeitgeber dem

721 KBHB/*Berenz*, BetrAVG, § 7, Rn. 128.

722 Vgl. PSV-Merkblatt 300/M 14/1.18, Ziff. 3.1.

723 Vgl. HK-ArbR/*Heck*, BetrAVG, § 7, Rn. 23.

724 Blomeyer/Rolfs/Otto/*Rolfs*, BetrAVG, § 7, Rn. 248; ErfK/*Steinmeyer*, BetrAVG, § 7, Rn. 42; *Langohr-Plato/Teslau*, DB 2003, 661, 665; i. E. so auch Höfer Bd. I/*Höfer/Reich*, BetrAVG, § 7, Rn. 209.

insoweit unmissverständlichen Wortlaut von §§ 1 Abs. 2 Nr. 2, 2 Abs. 6 BetrAVG nach für *„das planmäßig zuzurechnende Versorgungskapital auf der Grundlage der bis zu seinem Ausscheiden geleisteten Beiträge (Beiträge* ***und*** *die bis zum Eintritt des Versorgungsfalls erzielten Erträge), mindestens die Summe der bis dahin zugesagten Beiträge, soweit sie nicht rechnungsmäßig für einen biometrischen Risikoausgleich verbraucht wurden“* zu haften habe, aufgrund der zwischen Versorgungszusage und Anwartschaft bestehenden Akzessorietät in ebendiesem Umfang einzutreten.[725] Sollte der Arbeitgeber also bereits Beiträge gezahlt haben, aus welchen *tatsächlich* Erträge erwirtschaftet worden sind, stünden dem Versorgungsanwärter nach § 1 Abs. 2 Nr. 2 BetrAVG auch diese erzielten Erträge zu, was wiederum auch den PSV der Höhe seiner Einstandspflicht nach binde.[726]

Letztgenannter Auffassung ist entgegen der vom PSV in seinem Merkblatt niedergelegten Ansicht beizupflichten. Zwar dürfte das Argument der Akzessorietät der Einstandsverpflichtung des PSV zu der zugrunde liegenden Versorgungszusage in Ansehung der in § 7 Abs. 2 S. 3 bis 5 BetrAVG gesetzlich niedergelegten, generellen Beschränkung des Insolvenzschutzes von Versorgungsanwartschaften gegenüber Versorgungsvollrechten von etwas weniger Gewicht sein. Und doch verweist der Gesetzgeber in § 7 Abs. 2 S. 5 BetrAVG ausdrücklich auf den § 2 Abs. 6 BetrAVG, der gerade vorsieht, dass sich die Anwartschaft des Arbeitnehmers, die sich im Falle der Beitragszusage mit Mindestleistung im Gegensatz zu anderen Zusagearten gerade erst im Zeitpunkt des Eintritts des Versorgungsfalles überhaupt beziffern lässt, auch auf Erträge aus den tatsächlich geleisteten Beiträgen bezieht, soweit diese in diesem Moment noch vorhanden sind. Diese Besonderheit rechtfertigt auch die insoweit besonders gelagerte Insolvenzsicherungspflicht des PSV.

2. Anspruchszeitraum

Im Zuge des Inkrafttretens des RRG zum 01.01.1999 legte der Gesetzgeber nunmehr auch die genauen Zeitpunkte des Entstehens und des Endens der Ansprüche gegen den PSV in § 7 Abs. 1a BetrAVG fest.

Hiernach entsteht der Versicherungsanspruch gegen den PSV mit dem Beginn des Kalendermonats, der auf den Eintritt des Sicherungsfalles folgt.[727] Zu beachten ist in diesem Zusammenhang, dass § 7 Abs. 1a BetrAVG mitnichten

725 Blomeyer/Rolfs/Otto/*Rolfs*, BetrAVG, § 7, Rn. 248.

726 ErfK/*Steinmeyer*, § 7 BetrAVG, Rn. 42; *Langohr-Plato/Teslau*, DB 2003, 661, 665; i. E. so auch Höfer Bd. I/*Höfer/Reich*, BetrAVG, § 7, Rn. 209.

727 NK-ArbR/*Schlewing*, BetrAVG, § 7, Rn. 35.

die Fälligkeit des Versicherungsanspruchs regelt.[728] Diese richtet sich akzessorisch nach der Fälligkeit des zugrunde liegenden Versorgungsanspruchs.[729] Zwar handelt es sich bei der Rechtsbeziehung zwischen Versorgungsberechtigtem und PSV um ein gesetzliches Schuldverhältnis, welches die Anwendung des VVG grundsätzlich ausschließt; jedoch verweist § 7 Abs. 1 S. 3 BetrAVG auf § 14 VVG, wonach für das Eintreten der Fälligkeit des Versicherungsanspruchs die Beendigung der zur Feststellung des Versicherungsfalles und des Umfanges der Leistung des Versicherers notwendigen Erhebungen erforderlich werden.[730] Dies kann eine weitere zeitliche Verzögerung der Fälligkeit des Anspruchs gegen den PSV zur Folge haben, soweit der PSV ähnlich einem Versicherungsunternehmen Nachforschungen zur Feststellung seiner Verpflichtungen vornehmen muss.[731]

Schließlich endet der Anspruch gegen den PSV mit Ablauf des Sterbemonats des Begünstigten, § 7 Abs. 1a S. 2 BetrAVG.[732] Soweit allerdings die zugrunde liegende Versorgungszusage etwas anderes vorsieht, wird die Regelung dementsprechend modifiziert.[733]

Der PSV steht im Übrigen auch für rückständige Versorgungsleistungen ein, soweit diese bis zu zwölf Monate vor Einsetzen der Leistungspflicht des PSV entstanden sind, § 7 Abs. 1a S. 3 BetrAVG.[734] In diesem Zusammenhang gestalten sich diejenigen Fälle problematisch, in welchen den Versorgungsberechtigten nicht etwa eine monatliche Rente, sondern eine einmalige Kapitalleistung zugedacht war.

Das BAG sieht § 7 Abs. 1a S. 3 BetrAVG als lediglich auf laufende, turnusmäßig gezahlte Renten, nicht aber auf Kapitalleistungen anwendbar an.[735]

Der 3. Senat hatte sich durch Urteil vom 20.09.2016 mit einem Sachverhalt auseinanderzusetzen, in welchem ein Betriebsrentner gegen den PSV vorging. Der Kläger erstrebte vom beklagten PSV nach Insolvenz seiner vormaligen Arbeitgeberin die Sicherung seines Versorgungsanspruchs, welcher als einmalige Kapitalleistung ausgestaltet war.

Der Versorgungsanspruch des 1949 geborenen Klägers ergab sich aus einer Betriebsvereinbarung. Darin war unter anderem geregelt, dass die Berechtigten einen Anspruch auf ihre Versorgung als Altersleistung erhalten sollten, wenn *„ihr Arbeitsverhältnis mit*

728 Blomeyer/Rolfs/Otto/*Rolfs*, BetrAVG, § 7, Rn. 191.
729 SHSS/*Wortmann*, Teil 16 A, Rn. 298.
730 SHSS/*Wortmann*, Teil 16 A, Rn. 298.
731 ErfK/*Steinmeyer*, BetrAVG, § 7, Rn. 33.
732 Blomeyer/Rolfs/Otto/*Rolfs*, BetrAVG, § 7, Rn. 189.
733 NK-ArbR/*Schlewing*, BetrAVG, § 7, Rn. 35.
734 SHSS/*Wortmann*, Teil 16 A, Rn. 312.
735 BAG, Urt. v. 20.09.2016 – 3 AZR 411/15, NZA 2017, 258, 260, I. 3. der Gründe.

oder nach Vollendung des 60. Lebensjahres endet". Bis zu einem Versorgungsguthaben von 90.000 DM sollte die Versorgung als einmalige Kapitalleistung erfolgen. Nachdem der Kläger aus seinem Arbeitsverhältnis ausgeschieden war, holte er im Jahr 2011 Auskunft über den Stand seines Versorgungsguthabens ein. Hierbei wurde ihm mitgeteilt, dass sein Versorgungsanspruch erst „*mit Bewilligung einer Rente aus der gesetzlichen Rentenversicherung fällig*" werde.
Über das Vermögen der ehemaligen Arbeitgeberin wurde im September 2011 die vorläufige Verwaltung angeordnet und schließlich im Dezember 2012 das Insolvenzverfahren eröffnet. Im Oktober 2013 beantragte der Kläger bei dem beklagten PSV die Übernahme seiner Versorgung und die Auszahlung der vereinbarten Kapitalleistung.
Dieses Begehren lehnte der PSV unter Verweis auf § 7 Abs. 1a S. 3 BetrAVG ab. Insbesondere sei § 7 Abs. 1a S. 3 BetrAVG auch auf Kapitalleistungen anwendbar. Der PSV begründete seine Ablehnung insofern weiter, dass seine Einstandspflicht erst am 01.01.2013 eingetreten sei. Allerdings sei nicht dieses Datum, sondern vielmehr der Entstehenszeitpunkt des Versorgungsanspruchs relevant. Soweit der PSV sich also ab dem 01.01.2013 einstandspflichtig sah, müsse er rückwirkend nur bis zum 01.01.2012 entstandene Ansprüche übernehmen. Der Versorgungsanspruch des Klägers hingegen sei laut der genannten Betriebsvereinbarung hingegen „*mit Vollendung des 60. Lebensjahres*" im Jahre 2009 entstanden und liege damit außerhalb des von § 7 Abs. 1a S. 3 BetrAVG gesetzten Zeitfensters.
Das BAG folgte dieser Rechtsauffassung des PSV nicht und stellte zunächst fest, dass es der Einstandspflicht des PSV nicht entgegenstehe, dass der **Versorgungsfall** des Klägers **vor Eintritt des Sicherungsfalles** bei dessen vormaliger Arbeitgeberin eingetreten sei. Hierzu legte das Gericht § 7 Abs. 1 S. 1 BetrAVG aus und konstatierte, dass dessen **Wortlaut** nicht nur in der Zukunft, sondern auch in der Vergangenheit entstandene, **rückständige Ansprüche erfasse**. Diese beiden Anspruchsgruppen könnten gleichermaßen von der Zahlungsunfähigkeit des Arbeitgebers betroffen sein. Dieses Verständnis der Norm belegten auch deren **Sinn und Zweck** dergestalt, dass eine wirksame Insolvenzsicherung von Betriebsrentenansprüchen durch die §§ 7 ff. BetrAVG bezweckt werden sollte. Würden rückständige Versorgungsleistungen nicht davon erfasst, so würde eine Lücke in das vom Gesetzgeber intendierte Schutzsystem gerissen. Gerade in der Rentenbezugsphase befindliche Personen könnten im Falle des Ausbleibens rückständiger Versorgungsleistungen diesen finanziellen Ausfall nicht ohne weiteres anderweitig auffangen und seien deswegen in besonderem Maße schutzbedürftig.
Schließlich sei der PSV auch nicht durch § 7 Abs. 1a S. 3 BetrAVG von seiner Einstandspflicht für das Versorgungskapital des Klägers befreit. **Diese Norm finde auf Kapitalleistungen keine Anwendung**. Dies folgerte das BAG bereits aus deren **Wortlaut**, welcher von „*Versorgungsleistungen*" spreche. Der Umstand, dass dieser Begriff im Plural verwendet werde, indiziere, dass die Vorschrift „*erkennbar auf periodische Rentenansprüche*" abziele, die „*regelmäßig nicht einmalig, sondern zu mehreren aufeinanderfolgenden Zeitpunkten entstehen*". Darüber hinaus spreche auch die Formulierung „*soweit diese bis zu zwölf Monate vor Entstehen der Leistungspflicht des PSV entstanden*" seien für iterativ zu zahlende Rentenleistungen. Zudem sei auch im systematischen Zusammenhang mit § 7 Abs. 1a S. 2 BetrAVG zu konstatieren, dass lediglich laufende

Renten ein solches „*Ende*“ haben könnten, nicht aber eine einmalige Kapitalleistung. Unterstützt werde dieses Verständnis schließlich auch durch den **Gesetzeszweck**, der nach der Begründung des Gesetzesentwurfs „*dem Charakter der Betriebsrente als Monatsrente*“ entsprechen sollte.

3. Höchstgrenzen

Dem sozialen Schutzgedanken des Insolvenzschutzes betrieblicher Altersversorgung folgend, wird die Einstandspflicht des PSV von Gesetzes wegen begrenzt.[736] In Änderung der bis zum 31.12.1998 geltenden Rechtslage werden die Ansprüche der Versorgungsberechtigten mit laufenden Leistungen seit Inkrafttreten des RRG zum 01.01.1999 nicht mehr auf das Dreifache der monatlichen Beitragsbemessungsgrenze in der gesetzlichen Rentenversicherung beschränkt, sondern nunmehr auf das Dreifache der monatlichen Bezugsgröße nach § 18 Viertes Buch Sozialgesetzbuch (SGB IV).[737] Jenseits dieser Grenze sieht der Gesetzgeber eine soziale Schutzbedürftigkeit des Betroffenen als nicht mehr gegeben an.[738] Hinsichtlich des Betrages, welcher diese gesetzliche Höchstgrenze überschreitet (sog. *Exzedenten*), muss anderweitig Insolvenzschutz geschaffen werden, beispielsweise durch die Verpfändung von Bezugsrechten an einer Rückdeckungsversicherung des Arbeitgebers oder die Bestellung einer Treuhand (*Contractual Trust Arrangement (CTA)*).[739]

Die maßgebliche Bezugsgröße bestimmt sich zum Zeitpunkt der ersten Fälligkeit des Anspruchs gegen den PSV als Träger der gesetzlichen Insolvenzsicherung, § 7 Abs. 3 BetrAVG a. E..[740] Für unter den Schutzmantel der gesetzlichen Insolvenzsicherung fallende, unverfallbare Anwartschaften gilt, dass der maßgebliche Zeitpunkt für die Feststellung der Bezugsgröße mit der erstmaligen Fälligkeit des ersten Leistungsanspruchs gegen den PSV zusammenfällt.[741]

Die gesetzliche Höchstgrenze betrifft gem. § 7 Abs. 3 S. 2 BetrAVG neben laufenden Rentenleistungen auch Kapitalleistungen und begrenzt diese auf 10 %

---

736 Schaub ArbR-Hdb./*Vogelsang*, § 281, Rn. 43.

737 ErfK/*Steinmeyer*, BetrAVG, § 7, Rn. 45; Höfer Bd. I/*Höfer/Reich*, BetrAVG, § 7, Rn. 210; *Schnitker/Sittard*, NZA 2012, 963.

738 Vgl. BT-Drs. 7/2843, S. 9; Blomeyer/Rolfs/Otto/*Rolfs*, BetrAVG, § 7, Rn. 251.

739 Siehe zu den Grundzügen privatvertraglichen Insolvenzschutzes durch Installation eines CTA oder durch Verpfändung von Rückdeckungsversicherungen Teil 4.

740 Blomeyer/Rolfs/Otto/*Rolfs*, BetrAVG, § 7, Rn. 253.

741 Höfer Bd. I/*Höfer/Reich*, BetrAVG, § 7, Rn. 211, 225.

der Leistung als Jahresbetrag.[742] Damit ist der Jahresbetrag der Bezugsgröße gem. § 18 SGB IV maßgeblich, welcher auf eine fiktiv festgesetzte Laufzeit von zehn Jahren hochzurechnen ist.[743]

Das Dreifache der monatlichen Bezugsgröße variiert zwischen den alten und neuen Bundesländern.[744] Für die Feststellung, welche Bezugsgröße für den einzelnen Versorgungsberechtigten einschlägig ist, kommt es auf den Sitz des Unternehmens an, bei welchem die Versorgungsansprüche erdient worden sind.[745]

Im Jahr 2018 beläuft sich die gesetzliche Höchstgrenze für laufende Leistungen in den alten Bundesländern auf 9.135 EUR bzw. 8.805 EUR in den neuen.[746] Für Kapitalleistungen liegt der gesetzlich insolvenzgeschützte Maximalbetrag, gem. § 7 Abs. 3 S. 2 BetrAVG das 120-fache der monatlichen Höchstgrenze[747], in den alten Bundesländern bei 1.096.200 EUR und in den neuen Bundesländern bei 970.200 EUR.[748]

4. Anzurechnende Leistungen

a) Minderung des Anspruchs gegen den PSV

Weil es sich bei der Leistungsverpflichtung des PSV um eine Ausfallhaftung handelt, die den Versorgungsberechtigten so stellen soll, als sei der Arbeitgeber nicht in Insolvenz gefallen bzw. von einem anderen Sicherungsfall betroffen worden, muss er sich dasjenige auf seinen Anspruch gegen den PSV anrechnen lassen, was der Arbeitgeber selbst oder aber *„sonstige Versorgungsträger“* nach Eintritt

---

742 Der Gesetzgeber ging bei der Konzeption dieser Norm von einer zehnjährigen Rentenbezugsdauer aus, SHSS/Wortmann, Teil 16 A, Rn. 318; vgl. auch HWK/*Schipp*, BetrAVG, § 7, Rn. 54.

743 Vgl. PSV-Merkblatt 300/M 13/1.18 Ziff. 1.1; ErfK/*Steinmeyer*, BetrAVG, § 7, Rn. 45.

744 Vgl. Verweis auf § 18 SGB IV, dort § 18 Abs. 2 SGB IV.

745 Höfer Bd. I/*Höfer/Reich,* BetrAVG, § 7, Rn. 230.

746 Website BMAS, „Bezugsgröße“, www.bmas.de/DE/Themen/Rente/Rentenlexikon/Functions/glossar.html?cms_lv2=75272&cms_lv3=86236#glossar86236; Website der aba, „Insolvenzsicherung“, www.aba-online.de/news/77/insolvenzsicherung.html (zuletzt aufgerufen am 21.01.2019).

747 Vgl. Blomeyer/Rolfs/Otto/*Rolfs*, BetrAVG, § 7, Rn. 266.

748 Website BMAS, „Bezugsgröße“, www.bmas.de/DE/Themen/Rente/Rentenlexikon/Functions/glossar.html?cms_lv2=75272&cms_lv3=86236#glossar86236; Website der aba, „Insolvenzsicherung“, www.aba-online.de/news/77/insolvenzsicherung.html (zuletzt aufgerufen am 21.01.2019).

des Sicherungsfalles noch an Versorgungsleistungen erbringen, § 7 Abs. 4 S. 1 BetrAVG.[749]

Hinsichtlich anzurechnender Leistungen des Arbeitgebers kann es sich beispielsweise um Zahlungen aus dessen insolvenzfreiem Vermögen oder aus einem Verkauf des Unternehmens fließenden Erlös handeln.[750] Der Versorgungsberechtigte kann sich aber auch aus ggf. zeitlich vorgelagert gestellten, dem Versorgungsanspruch **nicht akzessorischen** Sicherungsrechten ganz oder teilweise befriedigen, weil diese nicht im Rahmen des gesetzlichen Forderungsübergangs gem. § 9 Abs. 2 BetrAVG i. V. m. §§ 412, 401 Abs. 1 BGB mit Eintritt des Sicherungsfalles auf den PSV übergehen.[751]

Als *„sonstiger Träger der Versorgung"* i. S. d. § 7 Abs. 4 S. 1, 2. Alt. BetrAVG kann auch ein Lebensversicherer zu qualifizieren sein, der nach Freigabe einer Rückdeckungsversicherung durch den Arbeitgeber oder Insolvenzverwalter an den Versorgungsberechtigten leistet.[752]

b) Sonderproblem: Anrechnung der Leistungen des Treuhänders im CTA-Modell

Umstritten ist hingegen, ob auch ein Treuhänder, der im Rahmen eines *Contractual Trust Arrangements*[753] an die Versorgungsberechtigten leistet, als ein solcher *„sonstiger Versorgungsträger"* anzusehen ist. Wäre dies der Fall, müssten sich die Versorgungsberechtigten die Leistungen des Treuhänders auf ihren Anspruch gegen den PSV anrechnen lassen.

(1) Anrechnung nach § 7 Abs. 4 S. 1 BetrVG

Die Befürworter dieser These unterlegen ihre Ansicht mit dem Argument, dass § 7 Abs. 4 S. 1 BetrAVG der cessio legis aus § 9 Abs. 2 BetrAVG strukturell

749 Blomeyer/Rolfs/Otto/*Rolfs*, BetrAVG, § 7, Rn. 269; ErfK/*Steinmeyer*, BetrAVG, § 7, Rn. 47; HK-ArbR/*Heck*, BetrAVG, § 7, Rn. 27; HWK/*Schipp*, BetrAVG, § 7, Rn. 52; SHSS/*Wortmann*, Teil 16 A, Rn. 351.

750 Höfer Bd. I/*Höfer/Reich*, BetrAVG, § 7, Rn. 232.

751 Blomeyer/Rolfs/Otto/*Rolfs*, BetrAVG, § 7, Rn. 271; Höfer Bd. I/*Höfer/Reich*, BetrAVG, § 7, Rn. 233; SHSS/*Wortmann*, Teil 16 A, Rn. 373.

752 In diese Richtung tendierend BGH, Urt. v. 28.09.1981 – II ZR 181/80, DB 1982, 126, 128, VI. der Gründe; Blomeyer/Rolfs/Otto/*Rolfs*, BetrAVG, § 7, Rn. 272 m. w. N.; Höfer Bd. I/*Höfer/Reich*, BetrAVG, § 7, Rn. 234; SHSS/*Wortmann*, Teil 16 A, Rn. 362; a. A. *Berenz*, DB 2006, 2125, 2126.

753 Näheres zu CTAs unter Teil 4 A.

vorgehe, den Forderungsübergang aber nicht ausschließe.[754] Der Treuhänder könne, wenn er der Versorgungszusage des Arbeitgebers i. R. d. Treuhandvereinbarung gleichzeitig beigetreten sei, trotz der Legalzession und ohne Rücksicht auf § 407 Abs. 1 BGB weiterhin befreiend an den Versorgungsberechtigten Leistungen erbringen. Der Treuhänder genieße im Lichte von § 9 Abs. 2 S. 2 BetrAVG ein *„Befriedigungsvorrecht“* gegenüber dem PSV.[755] Auch wird argumentiert, der Treuhänder könne als Arbeitgeber im Sinne der Norm verstanden werden, denn er wolle die Versorgungsleistungen in der Regel als eigene Leistung gegenüber den Versorgungsberechtigten erbringen, vorausgesetzt, er sei der Versorgungszusage als weiterer Schuldner beigetreten.[756]

Hierzu wird zudem die Ansicht vertreten, ein Forderungsübergang auf den PSV könne dort in Betracht kommen, wo die Treuhand als dem Versorgungsanspruch akzessorisches Sicherungsrecht ausgestaltet sei (sog. *„Verpfändungsmodell“* oder *„einseitige Treuhand“*).[757] Indes sei dies die Ausnahme und die – sich in der Praxis durchsetzende[758] – Vereinbarung der Sicherungstreuhand (sog. *„doppelseitige Treuhand“*) als Vertrag zugunsten der Versorgungsberechtigten nach § 328 BGB als schuldrechtliche Abrede der Versorgungszusage grundsätzlich nicht akzessorisch, womit auch einer cessio legis des Treuhandvermögens nach § 9 Abs. 2 BetrAVG die Grundlage entzogen sei.[759] Zuletzt spreche aber der erklärte Wille des Gesetzgebers, den Verwaltungsaufwand für den PSV möglichst schlank und handhabbar zu gestalten, dafür, dass der Treuhänder als *„sonstiger Versorgungsträger“* zu klassifizieren und demnach eine Anrechnung von dessen Leistungen i. S. v. § 7 Abs. 4 S. 1 BetrAVG vorzunehmen sei. Der PSV müsse danach lediglich für den nicht vom Treuhänder übernommenen Teil der Versorgung aufkommen, was zu einer Verwaltungsvereinfachung führe.[760]

---

754 Die Anrechnung der Leistungen des Treuhänders ohne nähere Begründung bejahend *Passarge*, DB 2005, 2746, 2750.

755 Blomeyer/Rolfs/Otto/*Rolfs*, BetrAVG, § 7, Rn. 272a, § 9, Rn. 65; in diese Richtung tendierend auch *Schnitker/Sittard*, NZA 2012, 963, 967; a. A. SHSS/*Wortmann*, Teil 16 A, Rn. 359.

756 Höfer Bd. I/*Höfer/Reich*, ART, Kap. 12, Rn. 209.

757 Höfer Bd. I/*Höfer/Reich*, ART, Kap. 12, Rn. 208; siehe zu den verschiedenen CTA-Modellen Teil 4 A.

758 *Diller/Tresselt*, ZIP 2017, 2084, 2085.

759 Vgl. auch *Birkel/Obenberger*, BB 2011, 2051, 2054.

760 Höfer Bd. I/*Höfer/Reich*, ART, Kap. 12, Rn. 211.

(2) Keine Anrechnung im Lichte des Übergangs des CTA-Vermögens auf den PSV

Demgegenüber wird vertreten, es finde ausdrücklich ein gesetzlicher Forderungsübergang nach § 9 Abs. 2 BetrAVG hinsichtlich der Ansprüche der Versorgungsberechtigten gegen den Treuhänder auf den PSV statt, was einer Anrechnung nach § 7 Abs. 4 S. 1 BetrAVG entgegenstünde.[761] Neben streng akzessorischen Sicherungsrechten gingen im Wege der cessio legis auch „*Schuldbeitritte und ähnliche Sicherungsinstrumente*" mit über.[762]

Eine Anrechnung von Leistungen des Treuhänders scheitere aber jedenfalls daran, dass der Treuhänder ein nicht vom BetrAVG vorgesehener Versorgungsträger sei.[763] Nur solche könnten die Rechtsfolge des § 7 Abs. 4 S. 1 BetrAVG auslösen.[764] Darüber hinaus greife § 9 Abs. 2 BetrAVG im Hinblick auf dem Versorgungsanspruch akzessorische Sicherungsrechte einer Anrechnung nach § 7 Abs. 4 S. 1 BetrAVG vor. Diesem Mechanismus unterfielen nicht nur „klassische" Sicherungsinstrumente wie Pfandrechte oder Hypotheken, sondern analog § 401 Abs. 1 BGB auch Treuhandmodelle wie die verschiedenen Formen des CTA.[765]

(3) Einschätzung

Richtigerweise wird man einen differenzierten Standpunkt dahin gehend einnehmen müssen, dass es auf die Ausgestaltung des CTA im Einzelfall ankommt. Sicherungsrechte aus CTA-Konstruktionen, seien sie als Verpfändungsmodell oder doppelseitige Treuhand mit Schuldbeitritt des Treuhänders zur Versorgungszusage gestaltet, gehen im Wege der cessio legis nach § 9 Abs. 2 S. 1 BetrAVG auf den PSV über. Damit steht dem PSV auch das mit der Abdeckung der Versorgungsrechte korrespondierende Sicherungsvermögen zu.[766] Da es sich bei § 7 Abs. 4 BetrAVG aber um eine Norm mit Vorrang vor § 9 Abs. 2 S. 1 BetrAVG handelt, kann der Treuhänder aber im Falle eines zuvor erklärten

---

761 *Berenz*, DB 2006, 2125, 2126; *Diller/Tresselt*, ZIP 2017, 2084, 2086; *Rößler*, BB 2010, 1405, 1413; SHSS/*Wortmann*, Teil 16 A, Rn. 356 m. w. N..

762 *Diller/Tresselt*, ZIP 2017, 2084, 2086.

763 *Berenz*, DB 2006, 2125, 2126.

764 *Schnitker/Sittard*, NZA 2012, 963, 967; a. A. Höfer Bd. I/*Höfer/Reich*, ART, Kap. 12, Rn. 209, der eine wörtliche Auslegung der Norm und die Begrenzung auf vom BetrAVG genannte Versorgungsträger als ihr zweckwidrig ansieht.

765 Vgl. BAG, Urt. v. 12.12.1989 – 3 AZR 540/88, NZA 1990, 475, 476, I. 3. c) der Gründe.

766 *Berenz*, DB 2006, 2125, 2126; *Diller/Tresselt*, ZIP 2017, 2084, 2086; *Rößler*, BB 2010, 1405, 1413; SHSS/*Wortmann*, Teil 16 A, Rn. 356.

Schuldbeitritts als sonstiger Versorgungsträger mit befreiender Wirkung an die Versorgungsberechtigten leisten – ohne Rücksicht auf § 407 Abs. 1 BGB.[767] Dieser Ansatz dürfte in zweierlei Hinsicht praktikabel sein, denn zum einen werden die Versorgungsberechtigten auf diese Weise zeitnah befriedigt. Zum anderen erfährt der PSV dahin gehend eine Verwaltungsentlastung.[768]

Anders liegt es aber bei doppelseitigen Treuhand-Konstruktionen, bei denen kein Schuldbeitritt seitens des Treuhänders zur Versorgungszusage stattgefunden hat. Hier muss ein Übergang des CTA-Vermögens vom Treuhänder auf den PSV aufgrund mangelnder Akzessorietät zur Versorgungszusage gem. § 9 Abs. 2 S. 1 BetrAVG i. V. m. §§ 412, 401 BGB ausscheiden.[769] Der PSV kann den Versorgungsberechtigten jedoch auf die Verwertung dieser Sicherheiten verweisen oder aber die Abtretung derselben verlangen.[770]

In der Praxis dürften sich PSV und Treuhänder indes regelmäßig bereits frühzeitig miteinander in Verbindung setzen, um eine gemeinsame gütliche Einigung im Interesse der Versorgungsberechtigten zu erzielen. Soweit der Treuhänder im Falle unklarer Rechtsverhältnisse etwa schon Zahlungen an den Versorgungsberechtigten vorgenommen hat, muss sich dieser jene Leistungen jedenfalls aus Billigkeitsgesichtspunkten auf seinen möglicherweise auch rückwirkend bestehenden Versicherungsanspruch gegen den PSV anrechnen lassen. Eine doppelte Leistung seiner Versorgungsbezüge kann der Versorgungsberechtigte gerade nicht beanspruchen.

c) Vertikale und horizontale Aufteilung der Versorgungsverpflichtungen

Soweit das Unternehmen nicht im Rahmen des insolvenzrechtlichen Regelverfahrens liquidiert, sondern mit Durchführung des Insolvenzplanverfahrens nach den §§ 217 ff. InsO fortgeführt werden soll und in jenem Insolvenzplan eine bestimmte Quote vorgesehen ist, in welcher Höhe der Arbeitgeber für die Versorgung selbst aufzukommen hat, vermindert sich der Anspruch der Versorgungsberechtigten gegen den PSV in Ansehung dieser Quote entsprechend, § 7 Abs. 4 S. 2 BetrAVG.[771] Diese Anrechnung findet erst mit der Bestätigung des

---

767 Blomeyer/Rolfs/Otto/*Rolfs*, BetrAVG, § 7, Rn. 272a.

768 Blomeyer/Rolfs/Otto/*Rolfs*, BetrAVG, § 7, Rn. 272a; *Rolfs*, NZA-Beil. 2012, 75, 76.

769 Höfer Bd. I/*Höfer/Reich*, ART, Kap. 12, Rn. 207.

770 BAG, Urt. v. 09.12.1997 – 3 AZR 429/96, NZA 1998, 941, 942, II. der Gründe; *Berenz*, DB 2004, 1098, 1099; Höfer Bd. I/*Höfer*, BetrAVG, § 9, Rn. 25; siehe hierzu unten Teil 2 C. I. 1. b).

771 HWK/*Schipp*, BetrAVG, § 7, Rn. 51; SHSS/*Wortmann*, Teil 16 A, Rn. 367; Näheres zur Gestaltung des Fortführungsplanes unten Teil 2 C. II. 2..

Insolvenzplanes durch das Insolvenzgericht statt, § 248 Abs. 1 InsO.[772] Hierbei handelt es sich um die sog. *vertikale (quotale) Aufteilung* der Versorgungslasten zwischen Arbeitgeber und PSV.

Neben der in § 7 Abs. 4 S. 2 BetrAVG skizzierten Lösung kann im Insolvenzplan aber auch vorgesehen werden, dass der PSV in Abhängigkeit des individuell erforderlichen Sanierungsumfanges vorübergehend oder für einen bestimmten Zeitraum 100 % der laufenden Versorgungsleistungen übernimmt und dabei beispielsweise die unverfallbaren Anwartschaften bei dem Arbeitgeber verbleiben, § 7 Abs. 4 S. 3 BetrAVG.[773] Die Vorzüge dieser *horizontalen (zeitlichen) Aufteilung* der Versorgungsverpflichtungen liegen in der unmittelbar wahrzunehmenden Finanzhilfe[774] für das angeschlagene Unternehmen sowie in der starken Verwaltungsvereinfachung für den PSV, der sich in der genannten Situation nicht mit der oftmals komplexen Feststellung und Berechnung der unverfallbaren Anwartschaften auseinanderzusetzen hat, sondern lediglich die laufenden Leistungen, deren Höhe bereits feststeht, für einen bestimmten Zeitraum zu übernehmen hat.[775]

Die dargestellten Modelle sind gem. § 7 Abs. 4 S. 4 BetrAVG auf den Sicherungsfall des außergerichtlichen Vergleichs nach § 7 Abs. 1 S. 4 Nr. 2 BetrAVG entsprechend anwendbar.[776]

d) Besserungsklausel zugunsten des PSV im Insolvenzplan, § 7 Abs. 4 S. 5 BetrAVG

Schließlich können die Versorgungsverpflichtungen, die der PSV übernimmt, auch durch eine sog. *Besserungsklausel* zu dessen Gunsten gestaltet werden.[777] Hier normiert § 7 Abs. 4 S. 5 BetrAVG, dass in einem Insolvenzplan nach den §§ 217 ff. InsO eine Besserungsklausel zugunsten des PSV vorgesehen werden „*soll*".

---

772 Blomeyer/Rolfs/Otto/*Rolfs*, BetrAVG, § 7, Rn. 274.

773 SHSS/*Wortmann*, Teil 16 A, Rn. 367.

774 *Bremer*, DB 2011, 875, 876; *Chardon/Flitsch*, DZWir 2004, 485, 489; a. A. K. Schmidt/*Spliedt*, § 222, Rn. 24, der in den übernommenen Versorgungsansprüchen durch den PSV im Vergleich zu den übrigen Gläubigern keine andersartige Liquiditätsunterstützung sieht, sondern im Gegenteil die spätere Wiederübernahme durch den Arbeitgeber eine Begünstigung für den PSV darstelle.

775 Höfer Bd. I/*Höfer/Reich*, BetrAVG, § 7, Rn. 244, 245; zu den Gestaltungsmöglichkeiten im Rahmen eines Insolvenzplanes siehe Teil 2 C. II..

776 Zum außergerichtlichen Vergleich siehe Teil 2 B. III. 2. b).

777 Schaub ArbR-Hdb./*Vogelsang*, § 281, Rn. 44.

Diese Vorschrift ist seit Inkrafttreten des RRG zum 01.01.1999 in der Norm enthalten.[778] Zuvor bestand die Leistungspflicht des PSV nach der Rechtsprechung in Höhe der entsprechenden Quotenregelung auch nach wirtschaftlicher Gesundung des betroffenen Unternehmens fort.[779] Der Gesetzgeber hat den Beteiligten eines Insolvenzplans mit der nunmehr enthaltenen Regelung für eine Besserungsklausel ein Instrument an die Hand gegeben, mit welchem der PSV bei Eintritt bestimmter wirtschaftlicher Verbesserungen wieder entlastet werden kann.[780] Ohne eine solche Klausel bestehen die ggf. gequotelten Einstandsverpflichtungen des PSV auch bei einer Verbesserung der Lage des Arbeitgebers in der gleichen Höhe fort.[781]

Eine solche Besserungsklausel sollte also dahin gehend gestaltet werden, dass der Arbeitgeber die Versorgungsleistungen wieder selbst zu übernehmen hat, sobald sich die wirtschaftliche Lage des angeschlagenen Unternehmens nachhaltig verbessert.[782] Was genau eine derartige nachhaltige Besserung konstituiert, muss präzise und detailliert im Insolvenzplan niedergelegt werden.[783] Dafür bieten sich bestimmte Schwellenwerte oder andere betriebswirtschaftliche Kennzahlen als Parameter an.[784]

5. *Ausschluss des Anspruchs wegen Missbrauch*

Zum Schutze des PSV und der diesen finanzierenden Solidargemeinschaft der Arbeitgeber schließt das Gesetz für den Fall des Versicherungsmissbrauchs in den unter § 7 Abs. 5 BetrAVG genannten Fällen die Leistungspflicht des PSV aus.[785] Der Gesetzgeber beabsichtigte hiermit, den PSV, der seine gesetzlichen Haftungsverpflichtungen nicht selbst beeinflussen kann, vor missbräuchlichem Verhalten der Beteiligten abzusichern.[786]

---

778 Blomeyer/Rolfs/Otto/*Rolfs*, BetrAVG, § 7, Rn. 278.

779 BVerwG, Urt. v. 23.05.1995 – 1 C 32/92, NZA-RR 1996, 102, 103, 1. b) ee) der Gründe.

780 ErfK/*Steinmeyer*, BetrAVG. § 7, Rn. 48.

781 ErfK/*Steinmeyer*, BetrAVG, § 7, Rn. 48; Höfer Bd. I/*Höfer/Reich*, BetrAVG, § 7, Rn. 307.

782 ErfK/*Steinmeyer*, BetrAVG, § 7, Rn. 48.

783 Beck/Depré/*Pluta/Heidrich*, § 30, Rn. 120b; Höfer Bd. I/*Höfer/Reich*, BetrAVG, § 7, Rn. 249; *Rieger*, NZI 2013, 671, 673.

784 Ausführlich zur Einrichtung und Ausgestaltung einer Besserungsklausel im Insolvenzplan gem. § 7 Abs. 4 S. 5 BetrAVG siehe Teil 2 C. II. 2. b) (1).

785 Beck/Depré/*Pluta/Heidrich*, § 30, Rn. 110; ErfK/*Steinmeyer*, BetrAVG, § 7, Rn. 49; Höfer Bd. I/*Höfer/Reich*, BetrAVG, § 7, Rn. 252.

786 Blomeyer/Rolfs/Otto/*Rolfs*, BetrAVG, § 7, Rn. 280; Höfer Bd. I/*Höfer/Reich*, BetrAVG, § 7, Rn. 252.

Im Gegensatz zu etwa § 81 VVG, welcher zum einen ein Verschulden des Versicherungsnehmers voraussetzt sowie auf den Eintritt des Versicherungsfalles abstellt, zielt § 7 Abs. 5 BetrAVG auf den jeweiligen Begründungsakt der ausgezählten Rechtshandlungen ab und verlangt seinem Wortlaut nach gerade kein Verschulden des Arbeitgebers am Eintritt des Sicherungsfalles.[787] Zudem ist es auch nicht erforderlich, dass der Arbeitgeber durch sein Handeln irgendeinen Vorteil erlangt.[788]

Die Vorschrift kennt drei unterschiedliche Tatbestände in den Sätzen 1 bis 3, nämlich den *allgemeinen Missbrauchstatbestand* (S. 1), die *widerlegliche Missbrauchsvermutung* bei schlechter wirtschaftlicher Lage des Arbeitgebers (S. 2) sowie eine *unwiderlegbare Vermutung* in Bezug auf die zeitliche Nähe der missbräuchlichen Handlung zum Eintritt des Sicherungsfalles (S. 3).[789]

Die Rechtsfolge aller drei Missbrauchstatbestände ist ein Ausschluss des Anspruchs gegen den PSV.[790] Dieser hat dabei kein Wahlrecht, ob er an den jeweiligen Versorgungsberechtigten dennoch leisten will, sondern vielmehr die Verpflichtung – insbesondere gegenüber den finanzierenden Arbeitgebern – diese Ansprüche bei Vorliegen einer der Varianten des § 7 Abs. 5 BetrAVG nicht zu erfüllen.[791]

Von den rechtlichen Konsequenzen im Verhältnis zum PSV unberührt bleibt die zugrunde liegende Versorgungszusage des Arbeitgebers an seinen Arbeitnehmer.[792] Selbst wenn eine originäre Zusage oder eine Verbesserung einer bestehenden Zusage unter einen der Missbrauchstatbestände fällt, bleibt diese Rechtshandlung zwischen den Parteien wirksam und ist nicht aufgrund eines Verstoßes gegen ein gesetzliches Verbot i. S. v. § 134 BGB nichtig.[793]

Diese Rechtsansicht hat das BAG zuletzt mit Urteil vom 24.02.2011 manifestiert. Zugrunde lag ein Sachverhalt, in welchem sich ein Arbeitnehmer, der im Wege eines dreiseitigen Vertrages von seiner alten Arbeitgeberin (Muttergesellschaft) zu einer

787 BAG, Urt. v. 19.02.2002 – 3 AZR 137/01, NZA 2003, 282, 284, II. 1. der Gründe; Blomeyer/Rolfs/Otto/*Rolfs*, BetrAVG, § 7, Rn. 280; ErfK/*Steinmeyer*, BetrAVG, § 7, Rn. 49; Höfer Bd. I/*Höfer/Reich*, BetrAVG, § 7, Rn. 252.

788 Höfer Bd. I/*Höfer/Reich*, BetrAVG, § 7, Rn. 257.

789 SHSS/*Wortmann*, Teil 16 A, Rn. 418.

790 Gottwald InsR-Hdb./*Bertram*, § 109, Rn. 71.

791 Höfer Bd. I/*Höfer/Reich*, BetrAVG, § 7, Rn. 253.

792 SHSS/*Wortmann*, Teil 16 A, Rn. 419.

793 BAG, Urt. v. 24.02.2011 – 6 AZR 626/09, NZA-RR 2012, 148, 151, D. I. 1. a) der Gründe; Blomeyer/Rolfs/Otto/*Rolfs*, BetrAVG, § 7, Rn. 292; *Diller*, ArbRAktuell 2011, 302.

neuen Arbeitgeberin (Tochtergesellschaft) gewechselt war. Dieser Vertrag enthielt unter anderem auch eine befreiende Schuldübernahme seiner Versorgungsansprüche von der alten auf die neue Arbeitgeberin. Letztere wurde kurze Zeit später insolvent. Der Kläger wollte nunmehr gegen ebendiesen Vertrag vorgehen und feststellen lassen, dass er noch bei der Muttergesellschaft beschäftigt sei. Zur Begründung führte er unter anderem an, der **Vertrag sei wegen Versicherungsmissbrauchs zu Lasten des PSV nach § 7 Abs. 5 BetrAVG unwirksam.**
Der 6. Senat führte aus, dass als **Rechtsfolge** eines Missbrauchs i. S. v. § 7 Abs. 5 BetrAVG im Lichte der Schutzrichtung der Norm **lediglich der Leistungsausschluss zu Gunsten des PSV** vorgesehen sei. Es handele sich bei der Vorschrift **nicht um ein Verbotsgesetz nach § 134 BGB**, denn lediglich der PSV solle vor missbräuchlicher Inanspruchnahme geschützt werden.

a) Allgemeiner Missbrauchstatbestand, § 7 Abs. 5 S. 1 BetrAVG

Der Anspruch gegen den PSV besteht nach S. 1 nicht, *„soweit nach den Umständen des Falles die Annahme gerechtfertigt ist, dass es der alleinige oder überwiegende Zweck der Versorgungszusage oder ihre Verbesserung oder der für die Direktversicherung in § 1b Abs. 2 Satz 3 genannten Tatbestände gewesen ist, den Träger der Insolvenzsicherung in Anspruch zu nehmen“*. Dieser generelle Schutzmechanismus zugunsten des PSV ist als gesetzliche Konkretisierung unzulässiger Rechtsausübung nach § 242 BGB zu verstehen.[794]

Der Missbrauchstatbestand spricht verschiedene gesetzlich missbilligte Rechtshandlungen des Arbeitgebers in Gestalt eines *„objektiven Tatbestands“* an.[795] Zunächst können der Vorgang der originären Zusage von betrieblicher Altersversorgung, aber auch jeglicher Verbesserungsmaßnahmen an der Versorgung unter besonderen Voraussetzungen einen Missbrauch i. S. d. Norm darstellen. Ferner kann auch die Vornahme von *„in § 1b Abs. 2 S. 3 genannten Tatbeständen“* an Direktversicherungen, also etwa Abtretungen, Beleihungen oder aber auch Verpfändungen der Versicherungspolice, eine Missbrauchskontrolle nach § 7 Abs. 5 BetrAVG auslösen.[796]

Eine Verbesserung der Zusage i. S. v. § 7 Abs. 5 S. 1 Var. 2 BetrAVG ist immer dann gegeben, wenn sie den Arbeitnehmer im Gegensatz zum status quo ante in irgendeiner Weise begünstigt.[797] In Betracht kommen beispielsweise eine Abkürzung von Unverfallbarkeitszeiten, aber auch jede Erhöhung der

---

794 Blomeyer/Rolfs/Otto/*Rolfs*, BetrAVG, § 7, Rn. 282.
795 Eine solche Aufteilung vornehmend bspw. SHSS/*Wortmann*, Teil 16 A, Rn. 424 ff..
796 NK-ArbR/*Schlewing*, BetrAVG, § 7, Rn. 58.
797 BAG, Urt. v. 24.06.1986 – 3 AZR 645/84, NZA 1987, 309, 310, II. 1. b) der Gründe.

Versorgungsansprüche und -leistungen. Denkbar ist daneben auch eine Konstellation, in welcher ein zweites, vom Ursprungsarbeitgeber rechtlich unabhängiges Unternehmen geschaffen wird, auf welches die bestehenden Versorgungsverpflichtungen in der Absicht übertragen werden, dieses Zweitunternehmen in die Insolvenz gehen zu lassen, um sich seiner originären Verpflichtungen zu entledigen.[798]

Allen Handlungen des Arbeitgebers aus S. 1 ist gemein, dass sie den Einstandsumfang des PSV erhöhen.[799] Da es aber gerade auf Verhaltensweisen des Arbeitgebers selbst ankommt, fallen beispielsweise positive Veränderungen der Bemessungsgrundlagen für das versorgungsfähige Einkommen nicht unter den Missbrauchstatbestand.[800]

Es ist darüber hinaus erforderlich, dass eine hiernach gesetzlich missbilligte Handlung durch den Arbeitgeber gerade mit dem *„alleinigen oder überwiegenden“* Ziel vorgenommen wird, den PSV dafür einstandspflichtig werden zu lassen (*„subjektiver Tatbestand“*).[801]

Der Gesetzeswortlaut spricht neben dem Erfordernis dieser Zwecksetzung nicht ausdrücklich an, dass es einer irgendwie gearteten Beteiligung des Versorgungsberechtigten selbst bedürfe. Mit Sinn und Zweck der gesetzlichen Insolvenzsicherung und dem intendierten Schutz des Arbeitnehmers wäre es aber nicht vereinbar, wenn man ihn für etwas bestrafte, womit er nicht im Ansatz etwas zu tun hätte.[802] Daher entspricht es in höchstrichterlicher Rechtsprechung[803] und dem ganz überwiegenden Teil der Literatur[804] der allgemeinen Meinung, dass der Arbeitnehmer an dem Missbrauch irgendwie beteiligt gewesen sein muss, wenn in rechtlicher Konsequenz bei einer Verbesserung seiner Zusage die Reduzierung oder im Falle einer originären Zusage gar der Wegfall seines Insolvenzsicherungsanspruchs gegen den PSV droht. Anderenfalls wäre eine Einbuße des Insolvenzschutzes seiner Ansprüche ungerechtfertigt.[805] Es ist insofern für die

---

798 Höfer Bd. I/*Höfer/Reich*, BetrAVG, § 7, Rn. 255.

799 Beck/Depré/*Pluta/Heidrich*, § 30, Rn. 112.

800 BAG, Urt. v. 20.07.1993 – 3 AZR 99/93, NZA 1994, 121, 125, IV. der Gründe; Blomeyer/Rolfs/Otto/*Rolfs*, BetrAVG, § 7, Rn. 286.

801 KBHB/*Berenz*, BetrAVG, § 7, Rn. 163.

802 NK-ArbR/*Schlewing* BetrAVG, § 7, Rn. 59.

803 BAG, Urt. v. 17.10.1995 – 3 AZR 420/94, NZA 1996, 880, 881, 3. b) aa) der Gründe; BAG, Urt. v. 19.02.2002 – 3 AZR 137/01, NZA 2003, 282, 284, II. 2. der Gründe.

804 Blomeyer/Rolfs/Otto/*Rolfs*, BetrAVG, § 7, Rn. 283; ErfK/*Steinmeyer*, BetrAVG, § 7, Rn. 50; HWK/*Schipp*, § 7, Rn. 57; Höfer Bd. I/*Höfer/Reich*, BetrAVG, § 7, Rn. 260.

805 Vgl. Karst/Cisch/*Karst*, BetrAVG, § 7, Rn. 36.

Annahme eines Missbrauchs i. S. v. § 7 Abs. 5 S. 1 BetrAVG erforderlich, dass der versorgungsberechtigte Arbeitnehmer an der Vornahme einer der gesetzlich missbilligten Handlungsalternativen beteiligt war und gleichzeitig auch deren Zweck „*zumindest erkennen*" konnte.[806]

Seine Rechtsansicht aus dem Urteil vom 17.10.1995 bekräftigend, entschied der 3. Senat am 19.02.2002 auch für den Fall eines Versorgungsanwärters, dessen Arbeitgeberin zum Zeitpunkt der Erteilung seiner Zusage bereits in einer schwierigen wirtschaftlichen Situation befangen war, dass die **Beteiligung eines Arbeitnehmers** an dem potentiellen Missbrauch der Einstandspflicht des PSV ein **konstitutives Merkmal des Leistungsausschlusses** nach § 7 Abs. 5 BetrAVG darstelle. Der beklagte PSV verweigerte die Insolvenzsicherung der Versorgungsanwartschaft des Klägers insbesondere mit dem Einwand des Versicherungsmissbrauchs. Streitig war in diesem Zusammenhang speziell, inwieweit der klagende Arbeitnehmer die prekäre **Lage** seiner Arbeitgeberin hätte **erkennen können**. Diese war ein Unternehmen aus der ehemaligen DDR, welches im Laufe der Zeit mehrere Male umfirmiert worden war und Anfang der 1990er Jahre ein Auf und Ab seiner Erträge und Umsätze zu verzeichnen hatte.
Der beklagte PSV war der Ansicht, der Arbeitgeber habe sich bereits zum Zeitpunkt der Erteilung der Zusage in einer desolaten Wirtschaftslage befunden. Hiergegen trug der Kläger vor, er habe sich bei Erteilung der Zusage vielmehr darauf verlassen, dass eine erfolgreiche Sanierung durchgeführt werden würde.
Das BAG konstatierte erneut, dass der Versicherungsmissbrauch nach der „*Grundregel*" des § 7 Abs. 5 S. 1 BetrAVG sowohl äußere, als auch innere Tatbestandsmerkmale aufweise. Insbesondere sei es dem Versorgungsberechtigten unbenommen, sowohl einen Beweis des PSV nach § 7 Abs. 5 S. 1 als auch nach der widerleglichen Vermutung aus S. 2 zu erschüttern. Denn es sei nicht gerechtfertigt, dem versorgungsberechtigten Arbeitnehmer teilweise oder sogar gänzlich dessen Insolvenzschutz wegen Missbrauchs abzuerkennen, wenn er an der missbräuchlichen Maßnahme nicht beteiligt war. Es komme daher „*nicht allein auf die Sicht des Versorgungsschuldners und des von ihm mit der Versorgungszusage verfolgten Zwecks*" an. Der **Versorgungsberechtigte** müsse, dem Schutzzweck der gesetzlichen Insolvenzsicherung folgend, „*den **missbilligten Zweck der Maßnahme zumindest erkennen können***". Dazu, forderte der Senat, müsse sich dem Arbeitnehmer die Erkenntnis „*geradezu **aufdrängen***", dass sein Arbeitgeber für die ihm erteilte Zusagen nicht mehr werde aufkommen können. Ob dies in dem zu entscheidenden Fall zu bejahen wäre, musste das BAG aufgrund fehlender Tatsachengrundlage per Zurückweisung dem LAG überlassen. Hierzu gab der Senat schließlich noch zu bedenken, dass auch eine Zurechnung des Wissens von Gremienmitgliedern, wie beispielsweise eines Betriebsrats, an den Arbeitnehmer denkbar wäre. Besonders wichtig sei in diesem Zusammenhang, inwieweit der Arbeitgeber seine schwierige wirtschaftliche Lage nach außen dringen ließ.

806 BAG, Urt. v. 17.10.1995 – 3 AZR 420/94, NZA 1996, 880, 881, 3. b) aa) der Gründe; BAG, Urt. v. 19.02.2002 – 3 AZR 137/01, NZA 2003, 282, 284, II. 2. der Gründe.

Für das Vorliegen einer solchen Erkennbarkeit ist demzufolge erforderlich, dass es sich dem Versorgungsberechtigten in einem Klima der ohne Weiteres erkennbaren wirtschaftlichen Schwierigkeiten seines Arbeitgebers gleichsam *„aufdrängen“* müsste, dass sein Arbeitgeber später Zusagen oder Verbesserungen nicht erfüllen oder aber etwa Abtretungen oder Beleihungen seines Bezugsrechts an einer Direktversicherung nicht wieder ausgleichen können werde, sodass diese versprochenen Leistungen letztlich den PSV treffen.[807]

Diese Erkennbarkeit für den Versorgungsberechtigten wird aber in der Situation schwierig zu bewerten sein, in welcher der Arbeitnehmer seinem Arbeitgeber gegenüber die Zustimmung für die Belastung seines unwiderruflichen Bezugsrechts erteilt, aber gleichzeitig der festen Überzeugung ist, u. a. mit seinem Beitrag werde sich das Unternehmen wirtschaftlich wieder erholen.[808]

> So stellte das BAG für diesen Grenzfall in seinem Urteil vom 17.10.1995 fest, dass ein Arbeitnehmer, der im Vertrauen auf eine erfolgreiche Sanierung seines Arbeitgebers seine Zustimmung zur Beleihung seines Bezugsrechts an einer Direktversicherung gebe, nicht rechtsmissbräuchlich handele, wenn er bei späterem Eintreten eines Sicherungsfalles bei seinem Arbeitgeber vom PSV Insolvenzschutz begehre.
> Zugrunde lag ein Sachverhalt, in welchem der wirtschaftlich angeschlagene Arbeitgeber zu Sanierungszwecken von dem klagenden Arbeitnehmer die Zustimmung zur Beleihung seiner Direktversicherung erbeten hatte. Dieser war dem Verlangen nachgekommen, da zu diesem Zeitpunkt bereits von mehreren Wirtschaftsprüfungsgesellschaften diverse Sanierungskonzepte erarbeitet worden waren. Die Hoffnung auf wirtschaftliche Gesundung zerschlug sich jedoch später, als bekannt wurde, dass zwei Mitarbeiter die den Konzepten zugrundeliegenden Bilanzen manipuliert hatten. Dem Begehren des Klägers nach Insolvenzsicherung seiner Versorgungsrechte entsprach der beklagte PSV mit dem Hinweis auf missbräuchliches Verhalten des Klägers nicht.
> Der Senat urteilte, dass **nicht jede Risikoerhöhung** zu Lasten des PSV per se als **Rechtsmissbrauch** i. S. v. § 7 Abs. 5 BetrAVG zu **qualifizieren** sei. Die Zustimmung zu der Beleihung allein reiche nicht aus. Vielmehr müssten Arbeitgeber und Arbeitnehmer in diesem Zeitpunkt **kollusiv** zum Nachteil des PSV **zusammenwirken.**
> Ein solches gemeinsames Vorgehen zum Zwecke der Inanspruchnahme des PSV zwischen dem Kläger und seinem Arbeitgeber lehnte das BAG hier ab. Der Arbeitnehmer **durfte auf die Sanierungskonzepte** der Beratungsgesellschaften **vertrauen**. Gerade in Ansehung der Beteiligung Dritter, die die Bilanzen manipuliert hatten, sei eine Missbrauchsabsicht beim Kläger nicht zu erkennen.

Die vorstehenden Ausführungen zu Zusagen oder Verbesserungen betrieblicher Versorgungsansprüche gelten sinngemäß auch für die wirtschaftliche

807 Vgl. HK-ArbR/*Heck*, BetrAVG, § 7, Rn. 28, 29.
808 BAG, Urt. v. 17.10.1995 – 3 AZR 420/94, NZA 1996, 880, 881, 3. b) bb) der Gründe.

Belastung von Bezugsrechten an Direktversicherungen i. S. v. § 7 Abs. 5 S. 1 Var. 3 BetrAVG.[809] Allerdings erfolgt die missbräuchliche Rechtshandlung hier nicht wie bei der Zusage oder Verbesserung derselben zugunsten des Arbeitnehmers, sondern zu dessen Lasten.[810] Dennoch ist auch hierbei ein kollusives Zusammenwirken von Arbeitgeber und Arbeitnehmer mit der Intention, den PSV später in Anspruch zu nehmen, erforderlich.

Eine Belastung eines Bezugsrechts, an welchem der Versorgungsberechtigte lediglich ein widerrufliches oder aber eingeschränkt unwiderrufliches Bezugsrecht hält, ist aber nicht von der Zustimmung des Arbeitnehmers abhängig und birgt demnach dem Normzweck entsprechend keinen Anwendungskorridor für einen etwaigen Missbrauch, an welchem dieser beteiligt sein könnte.[811] Folglich erfasst der Tatbestand des S. 1 lediglich die mitwirkungsbedürftigen Rechtshandlungen des Arbeitgebers zulasten des Versorgungsberechtigten.[812]

Die Beweislast für das Vorliegen der genannten objektiven und subjektiven Tatbestandsvoraussetzungen trägt nach den allgemeinen Regeln der Beweislastverteilung der PSV, der sich hierauf beruft.[813] Hinsichtlich der missbräuchlichen Zwecksetzung durch den Arbeitgeber sowie deren Erkennbarkeit für den Arbeitnehmer kann sich der PSV zum Nachweis Indizien bedienen.[814] Dazu gehören etwa die Umstände der Zusage oder Verbesserung, verwandtschaftliche Verbindungen sowie die Betriebsüblichkeit des Ausmaßes der Zusage oder Verbesserung.[815] In jedem Fall aber verlangt der Wortlaut des S. 1 eine dezidierte Einzelfallbetrachtung, woran sich letztlich auch die individuelle Beweiskraft der einzelnen Indizien bemessen wird.

b) Widerlegliche Vermutung des Missbrauchs, § 7 Abs. 5 S. 2 BetrAVG

Am Wortlaut des S. 1 orientiert, jedoch ausdrücklich nicht auf die Belastung von Direktversicherungen anzuwenden[816], eröffnet S. 2 eine Beweiserleichterung für

809 Höfer Bd. I/*Höfer/Reich*, BetrAVG, § 7, Rn. 263.

810 Höfer Bd. I/*Höfer/Reich*, BetrAVG, § 7, Rn. 265.

811 Höfer Bd. I/*Höfer/Reich*, BetrAVG, § 7, Rn. 266.

812 Blomeyer/Rolfs/Otto/*Rolfs*, BetrAVG, § 7, Rn. 288.

813 BAG, Urt. v. 17.10.1995 – 3 AZR 420/94, NZA 1996, 880, 881, 3. b) bb) der Gründe; BAG, Urt. v. 19.02.2002 – 3 AZR 137/01, NZA 2003, 282, 284, II. 1. der Gründe; BAG, Urt. v. 19.01.2010 – 3 AZR 660/09, BeckRS 2010, 68806, B. I. 3. c) der Gründe; ErfK/*Steinmeyer*, BetrAVG, § 7, Rn. 51; HK-ArbR/*Heck*, BetrAVG, § 7, Rn. 29; Höfer Bd. I/*Höfer/Reich*, BetrAVG, § 7, Rn. 258; kritisch KBHB/*Berenz*, BetrAVG, § 7, Rn. 165.

814 Vgl. Karst/Cisch/*Karst*, BetrAVG, § 7, Rn. 44.

815 Blomeyer/Rolfs/Otto/*Rolfs*, BetrAVG, § 7, Rn. 289.

816 Schaub ArbR-Hdb./*Vogelsang*, § 281, Rn. 50.

den PSV, der in diesem Zusammenhang zunächst lediglich nachzuweisen hat, dass sich der Arbeitgeber bei der Zusage oder Verbesserung einer Versorgung in einer derartig schlechten wirtschaftlichen Lage befunden hat, dass *„zu erwarten war, dass die Zusage nicht erfüllt werde"*.[817] Hierzu eignen sich ein objektives Gutachten und die Beleuchtung insbesondere der Gewinn- und Umsatzstruktur des Unternehmens, sowie die Prüfung weiterer betriebswirtschaftlicher Kennzahlen, etwa hinsichtlich der Rentabilität oder der Beschäftigungssituation.[818] Soweit dem PSV dieser Nachweis gelingt, sieht die Vorschrift eine Vermutung der missbilligten Zwecksetzung der betreffenden Rechtshandlung vor.[819]

Diese gesetzliche Vermutung ist indes *widerleglich* ausgestaltet.[820] Mit der wohl herrschenden Meinung erleichtert diese dem PSV den Nachweis der missbräuchlichen Zielsetzung der Zusage oder Verbesserung der Zusage. Eine Beweislastumkehr findet hingegen nicht statt. Der Versorgungsberechtigte kann sodann darlegen und beweisen, dass ein missbräuchlicher Zweck für ihn nicht erkennbar war.[821] Insoweit gelten die Grundsätze aus den Ausführungen zu S. 1, wonach die schlechte Lage des Unternehmens derart offensichtlich sein muss, dass es sich dem Arbeitnehmer geradezu *„aufdrängen"* musste, dass die ihm gegebenen Zusagen nicht vom Arbeitgeber erfüllt werden können.[822] Diese Erkennbarkeit muss der Versorgungsberechtigte abstreiten. Er kann diese Behauptung durch Indizien untermauern.

Einige Stimmen in der Literatur monieren hierbei zu Recht, dass die gesetzgeberisch beabsichtigte Beweiserleichterung zugunsten des PSV „nicht zu Ende gedacht" worden ist, da es dem PSV zwar oftmals möglich sein wird, die schlechte wirtschaftliche Situation des Arbeitgebers zum Zeitpunkt der Zusage oder Verbesserung derselben zu beweisen. Viel schwieriger aber dürfte die Erschütterung der Behauptung des Arbeitnehmers sein, er habe von der missbräuchlichen Zwecksetzung des Arbeitgebers keine Kenntnis gehabt.[823] Dies dürfte zur Folge

817 Blomeyer/Rolfs/Otto/*Rolfs*, BetrAVG, § 7, Rn. 293; ErfK/*Steinmeyer*, BetrAVG, § 7, Rn. 52; a. A. HK-ArbR/*Heck*, BetrAVG, § 7, Rn. 29, der in S. 2 eine Beweislastumkehr zu Gunsten des PSV erblickt.

818 Blomeyer/Rolfs/Otto/*Rolfs*, BetrAVG, § 7, Rn. 295.

819 NK-ArbR/*Schlewing*, BetrAVG, § 7, Rn. 60.

820 Blomeyer/Rolfs/Otto/*Rolfs*, BetrAVG, § 7, Rn. 294; ErfK/*Steinmeyer*, BetrAVG, § 7, Rn. 52; HWK/*Schipp*, BetrAVG, § 7, Rn. 57; Höfer Bd. I/*Höfer/Reich*, BetrAVG, § 7, Rn. 269.

821 BAG, Urt. v. 19.02.2002 – 3 AZR 137/01, NZA 2003, 282, 284, II. 2. der Gründe; so auch NK-ArbR/*Schlewing*, BetrAVG, § 7, Rn. 60.

822 HK-ArbR/*Heck*, BetrAVG. § 7, Rn. 29.

823 Höfer Bd. I/*Höfer/Reich*, BetrAVG, § 7, Rn. 269; KBHB/*Berenz*, BetrAVG, § 7, Rn. 167.

haben, dass diese in § 7 Abs. 5 S. 2 BetrAVG zugunsten des PSV normierte Beweiserleichterung regelmäßig nicht zur beabsichtigten Erleichterung führt.

c) Unwiderlegliche Vermutung des Missbrauchs, § 7 Abs. 5 S. 3 BetrAVG

(1) Grundsatz

Schließlich normiert § 7 Abs. 5 S. 3 Hs. 1 BetrAVG die *unwiderlegbare* Vermutung des Versicherungsmissbrauchs *„bei Zusagen und Verbesserungen von Zusagen, die in den beiden letzten Jahren vor dem Eintritt des Sicherungsfalls erfolgt sind"*.[824] Die Vorschrift folgt dabei der rechtsgedanklichen Struktur der §§ 133, 134 InsO und verknüpft den Missbrauch mit dem starken Indiz der *zeitlichen Nähe* der Rechtshandlung zum Eintritt des Sicherungsfalles.[825] Auch dieser Missbrauchstatbestand gilt seinem Wortlaut zufolge nicht für die Belastung von Direktversicherungen, zielt mithin lediglich auf originäre Versorgungszusagen sowie deren Verbesserungen ab.

Hiernach besteht für diese beiden letztgenannten Rechtshandlungen grundsätzlich kein Insolvenzschutz durch den PSV, soweit diese in den letzten zwei Jahren vor Eintritt des Sicherungsfalles erfolgt sind.[826] Es kommt dabei nicht auf das Wirksamwerden dieser Verpflichtungen, sondern auf deren Begründungsakt an.[827] Aus diesem Grunde werden etwa dynamische, automatische Anpassungen der Versorgungsbezüge nicht von S. 3 erfasst, wenn deren Rechtsgrundlagen außerhalb der Zwei-Jahres-Frist geschaffen wurde und sie lediglich innerhalb dieser Frist ihre Wirkung entfalten.[828]

Das BAG hatte mit Urteil vom 02.06.1987 in einem Fall zu entscheiden, in welchem in verschiedenen Schritten die Höchstgrenze für eine Versorgungszusage für den klagenden Arbeitnehmer erst herab-, und dann wieder heraufgesetzt worden war. Die zeitlich zunächst außerhalb des nach alter Rechtslage noch geltenden Ein-Jahres-Zeitraumes ausgearbeiteten Beschlussentwürfe zur Höhe der Versorgungsbezüge wurden vom Vorstand der Arbeitgeberin erst innerhalb dieser Sperrfrist zum Beschluss angenommen und auch innerhalb dieser Frist eine entsprechende Erhöhung der Höchstgrenzen der Versorgungsrechte beschlossen. Die Arbeitgeberin ging ein knappes Jahr nach diesem Beschluss in Konkurs. Im Vergleichsverfahren einigte man sich mit dem PSV auf eine

---

824 SHSS/*Wortmann*, Teil 16 A, Rn. 438.

825 ErfK/*Steinmeyer*, BetrAVG, § 7, Rn. 53.

826 NK-ArbR/*Schlewing*, BetrAVG, § 7, Rn. 61.

827 BAG, Urt. v. 02.06.1987 – 3 AZR 764/85, NZA 1988, 19, 20, 2. c) der Gründe; Höfer Bd. I/*Höfer* BetrAVG, § 7, Rn. 277.

828 Vgl. Beck/Depré/*Pluta/Heidrich*, § 30, Rn. 113.

von ihm zu übernehmende Quote von 60 %. Der PSV legte bei seiner Berechnung aber nicht die zuletzt vom Vorstand beschlossene Höchstgrenze, sondern die erheblich darunter liegende, ältere Höchstgrenze als Berechnungsmaßstab zugrunde. Hiergegen wandte sich der Kläger. Dem hielt der beklagte PSV entgegen, eine Insolvenzsicherung für die innerhalb der Jahresfrist von § 7 Abs. 5 S. 3 BetrAVG liegende Verbesserung seiner Versorgungszusage bestehe nicht.
Der Kläger unterlag in allen Instanzen. Der 3. Senat entschied zu Gunsten des PSV und lehnte eine Insolvenzsicherung hinsichtlich der Versorgungserhöhung, deren Rechtsgrundlage erst innerhalb der einjährigen Sperrfrist des § 7 Abs. 5 S. 3 BetrAVG geschaffen worden war, ab. Insbesondere wurde das Problem **des für die Missbrauchsprüfung relevanten Zeitpunktes** angesprochen. Nach Ansicht des Senats erlaube der Wortlaut der Norm grundsätzlich auch ein Verständnis dahingehend, dass es auf den Moment des Wirksamwerdens der Verbesserung ankomme. Dies sei aber mit dem Telos der Vorschrift nicht zu vereinbaren. Die unwiderlegliche Vermutung des S. 3 solle den PSV und letztlich die Solidargemeinschaft der die Insolvenzsicherung finanzierenden Arbeitgeber vor letzten „Wohltaten" des Arbeitgebers an seine Arbeitnehmer schützen. Diese Zielsetzung mache aber nur dann Sinn, wenn es auf den **Begründungsakt** ankomme. Auf diesen Zeitpunkt sei mithin abzustellen.

Anders als bei S. 1 oder 2 ist innerhalb dieser unwiderleglichen Vermutung keine subjektive Komponente bei dem betroffenen Versorgungsberechtigten erforderlich.[829] Der missbräuchliche Zweck wird bereits unwiderleglich vermutet. Da es sich um eine Vermutung iuris et de iure handelt, hat der Versorgungsberechtigte mithin keine rechtliche Handhabe, diese zu erschüttern.[830]

Der PSV braucht in der Folge – abgesehen von der Darlegung des Zusage- bzw. Verbesserungszeitpunktes – den Nachweis des Missbräuchlichkeit der Rechtshandlung nicht mehr zu führen.[831]

(2) Rückausnahmen

Das Gesetz nennt jedoch zwei Ausnahmen von dem Grundsatz der unwiderleglichen Vermutung der missbräuchlichen Zwecksetzung von Zusage oder Verbesserung derselben, § 7 Abs. 5 S. 3 Nrn. 1 und 2 BetrAVG.[832]

---

829 Blomeyer/Rolfs/Otto/*Rolfs*, BetrAVG, § 7, Rn. 297; KBHB/*Berenz*, BetrAVG, § 7, Rn. 172.

830 St. Rspr., BAG, Urt. v. 24.11.1998 – 3 AZR 423/97, NZA 1999, 650, 652, III. 2. der Gründe; Beck/Depré/*Pluta/Heidrich*, § 30, Rn. 117; Blomeyer/Rolfs/Otto/*Rolfs*, BetrAVG, § 7, Rn. 296; NK-ArbR/*Schlewing*, BetrAVG, § 7, Rn. 61.

831 KBHB/*Berenz*, BetrAVG, § 7, Rn. 172; Höfer Bd. I/*Höfer/Reich*, BetrAVG, § 7, Rn. 273.

832 NK-ArbR/*Schlewing*, BetrAVG, § 7, Rn. 62.

So sind entgegen des S. 3 Hs. 1 solche Versorgungszusagen sofort insolvenzgeschützt, welche ab dem 01.01.2002 gegeben wurden und im Wege der Entgeltumwandlung vom Arbeitnehmer finanziert werden.[833] Allerdings ist der korrespondierende Insolvenzsicherungsanspruch zur Kalkulationsverlässlichkeit des PSV auf einen Betrag *„von bis zu 4 % der Beitragsbemessungsgrenze in der allgemeinen Rentenversicherung für eine betriebliche Altersversorgung“* begrenzt.[834] Für darüber hinausgehende Versorgungsansprüche greift nach wie vor die Zwei-Jahres-Frist des S. 3 Hs. 1.[835]

Dem rechtspolitischen Ansinnen nach besserer Mobilität der Arbeitnehmer und dem daraus resultierenden Erfordernis vereinfachter Portabilität der Versorgungsrechte folgend, sieht S. 3 Nr. 2 auch für *„im Rahmen von Übertragungen gegebene Zusagen“* einen umgehenden Insolvenzschutz durch den PSV vor.[836] Auch dieser hat allerdings eine gesetzliche Begrenzung erfahren und besteht bis zur Höhe der Beitragsbemessungsgrenze in der allgemeinen Rentenversicherung.

Die Norm erfasst über ihren Wortlaut hinaus auch die Alternative des *„Übernehmens“* aus § 4 Abs. 2 Nr. 1 BetrAVG.[837]

Zu beachten ist in dem Zusammenhang mit beiden Rückausnahmen aber, dass sie sich lediglich auf den Leistungsausschluss des PSV nach S. 3 und die darin normierte, *unwiderlegliche* Vermutung des Versicherungsmissbrauchs beziehen. Sollte es dem PSV aber gelingen, den Beweis gesetzlich missbilligter Zwecksetzung nach S. 1 oder S. 2 zu führen, so ist ein Leistungsausschluss auch in den Konstellationen der Entgeltumwandlung nach § 1a BetrAVG oder der Übertragung nach § 4 BetrAVG denkbar.[838]

V. Übertragung der Leistungspflicht auf Pensionskasse oder Lebensversicherer, § 8 BetrAVG

Ferner besteht ein Anspruch gegen den PSV auch dann nicht, wenn *„eine Pensionskasse oder ein Unternehmen der Lebensversicherung“* sich dem PSV gegenüber

---

833 Vgl. auch BT-Drs. 14/9442, S. 48; Blomeyer/Rolfs/Otto/*Rolfs*, BetrAVG, § 7, Rn. 305; HARV/*Arteaga/Veit*, B, Rn. 155.

834 BT-Drs. 15/2150, S. 54; ErfK/*Steinmeyer*, BetrAVG, § 7, Rn. 54.

835 Vgl. HWK/*Schipp*, BetrAVG, § 7, Rn. 58.

836 BT-Drs. 15/2150, S. 54; Blomeyer/Rolfs/Otto/*Rolfs*, BetrAVG, § 7, Rn. 307.

837 HWK/*Schipp*, BetrAVG, § 7, Rn. 58a; Höfer Bd. I/*Höfer/Reich*, BetrAVG, § 7, Rn. 295; vgl. auch BT-Drs. 15/2150, S. 53.

838 KBHB/*Berenz*, BetrAVG, § 7, Rn. 178.

dazu bereit erklärt, „*diese Leistungen zu erbringen*“ und die Versorgungsberechtigten, welche einen Anspruch nach § 7 BetrAVG innehaben, gegen diesen externen Versorgungsträger einen unmittelbaren Leistungsanspruch erwerben, § 8 Abs. 1 BetrAVG.[839] Dem PSV sollte hiermit die Möglichkeit gegeben werden, sich von seiner Leistungspflicht einseitig – das heißt ohne Zustimmung durch die Versorgungsberechtigten unter Durchbrechung des Grundsatzes der hierzu erforderlichen Gläubigergenehmigung nach § 415 Abs. 1 BGB – zu befreien.[840]

Sinn und Zweck der Einbeziehung der genannten Versorgungsträger ist es, den Verwaltungsaufwand des PSV zu verschmälern und die Abläufe zu vereinfachen.[841] Der PSV hat von dieser Möglichkeit insofern Gebrauch gemacht, als dass er durch § 2 Abs. 2 seiner Satzung ein Konsortium von derzeit 49 Lebensversicherungsunternehmen zur Ausführung seiner gesetzlichen Pflichten eingeschaltet hat.[842] Das Konsortium ist als GbR ausgestaltet; das Konsortium selbst ist daher nicht Leistender für die Einstandsverpflichtungen des PSV, sondern das jeweilige Einzelversicherungsunternehmen.[843]

Zivilrechtlich betrachtet handelt es sich bei der Abrede zwischen PSV und den Lebensversicherern um eine – gesetzlich vorgesehene – befreiende Schuldübernahme i. S. d. §§ 414 ff. BGB.[844] Das „*unmittelbare Forderungsrecht*“ erweist sich in Anbetracht der Durchführung der Aufgaben durch das Lebensversichererkonsortium als unwiderruflich ausgestaltetes Bezugsrecht an dessen Leistungen, letztlich als ein echter Vertrag zugunsten Dritter, § 328 Abs. 1 BGB.[845]

Auch kann der PSV Versorgungsansprüche, die er im Wege von § 7 BetrAVG zu übernehmen hätte, auf einen Pensionsfonds übertragen, wenn dessen „*Trägerunternehmen die Eintrittspflicht […] ausgelöst hat*“, § 8 Abs. 2 S. 1 BetrAVG. Diese Übertragung auf den Versorgungsträger unterliegt jedoch der Zustimmung durch die BaFin, welche diese nur erteilen darf, „*wenn durch Auflagen […] die dauernde Erfüllbarkeit der Leistungen aus dem Pensionsplan sichergestellt werden kann*“, § 8 Abs. 2 S. 2 BetrAVG.[846] Soweit für den betroffenen Pensionsfonds also verlässlich dargelegt werden kann, dass er auch die zukünftigen

839 Blomeyer/Rolfs/Otto/*Rolfs*, BetrAVG, § 8, Rn. 1.

840 Höfer Bd. I/*Höfer*, BetrAVG, § 8, Rn. 1.

841 Blomeyer/Rolfs/Otto/*Rolfs*, BetrAVG, § 8, Rn. 1; HWK/*Schipp*, BetrAVG, § 8, Rn. 1.

842 Geschäftsbericht des PSV 2017, S. 7, 44 f.; vgl. auch ErfK/*Steinmeyer*, BetrAVG, § 8, Rn. 2; HWK/*Schipp*, BetrAVG, § 8, Rn. 1; Höfer Bd. I/*Höfer* BetrAVG, § 8, Rn. 3, 4.

843 Näher zur aktuellen Ausgestaltung siehe oben Teil 2 A. III. 1..

844 HWK/*Schipp*, § 8, Rn. 1.

845 ErfK/*Steinmeyer*, BetrAVG, § 8, Rn. 2; Höfer Bd. I/*Höfer* BetrAVG, § 8, Rn. 11.

846 BeckOK ArbR/*Molkenbur*, BetrAVG, § 8, Rn. 2.

Versorgungsverpflichtungen seines nunmehr insolventen Trägerunternehmens abdecken können wird, kann der Pensionsfonds als Gläubiger binnen drei Monaten nach Eröffnung des Insolvenzverfahrens bei der BaFin die Genehmigung für die Übertragung der Verpflichtungen des PSV auf sich beantragen.[847]

Der Versorgungsberechtigte selbst kann zudem seit Inkrafttreten des BRSG zum 01.01.2018 vom PSV verlangen, dass an die Stelle seines Insolvenzsicherungsanspruchs nach § 7 BetrAVG die Leistungen aus einer Rückdeckungsversicherung treten, soweit die Versorgungsregelung auf die Rückdeckungsversicherung verweist, § 8 Abs. 3 S. 1 BetrAVG.[848] Eine solche Verweisung kann beispielsweise in Versorgungsordnungen dergestalt aufgenommen werden, dass der Arbeitnehmer die Erlaubnis erhält, die Rückdeckungsversicherung im Insolvenzfalle zur Befriedigung seines Versorgungsrechts zu verwenden.[849] Dies gilt nur insoweit, wie die Versorgungsleistungen mit der Rückdeckungsversicherung verbunden ist.[850] Eine Rückdeckungsversicherung kann sowohl zur Absicherung von unmittelbaren Versorgungszusagen durch den Arbeitgeber, als auch von Unterstützungskassen oder Pensionsfonds zur Absicherung der über sie durchgeführten Zusagen selbst abgeschlossen werden.[851]

Über dieses Wahlrecht hat der PSV den Versorgungsberechtigten zu informieren, welcher sich sodann binnen sechs Monaten zu entscheiden hat, § 8 Abs. 3 S. 5 BetrAVG. Der Vorteil der Wahl der Übernahme der Rückdeckungsversicherung für den Arbeitnehmer liegt darin, dass seine Ansprüche in der Zukunft durch die Entrichtung seiner Beiträge noch ansteigen können.[852]

Ausgeschlossen ist dieses Recht des Versorgungsberechtigten aber immer dann, wenn die Rückdeckungsversicherung in die Insolvenzmasse fällt, § 8 Abs. 3 S. 2 BetrAVG. Dies ist dann der Fall, wenn der Arbeitgeber zur Finanzierung der getätigten Versorgungszusage eine Rückdeckungsversicherung abgeschlossen hat, wobei der Arbeitgeber selbst Versicherungsnehmer und Bezugsberechtigter ist – der Versorgungsberechtigte mithin mit dieser Police nichts zu tun hat.[853]

---

847 Blomeyer/Rolfs/Otto/*Rolfs* BetrAVG, § 8, Rn. 20; HWK/*Schipp*, § 8, Rn. 3; für den Fall, dass die BaFin diese Genehmigung nicht erteilt, findet ein Vermögensübergang des Pensionsfonds auf den PSV statt, § 9 Abs. 3a BetrAVG, siehe dazu unten Teil 2 C. I. 3.

848 Blomeyer/Rolfs/Otto/*Rolfs* BetrAVG, § 8, Rn. 26.

849 ErfK/*Steinmeyer*, BetrAVG, § 8, Rn. 4; Höfer Bd. I/*Höfer*, BetrAVG, § 8, Rn. 26.

850 Höfer Bd. I/*Höfer*, BetrAVG, § 8, Rn. 30.

851 Höfer Bd. I/*Höfer*, BetrAVG, § 8, Rn. 23.

852 ErfK/*Steinmeyer*, BetrAVG, § 8, Rn. 4; Höfer Bd. I/*Höfer*, BetrAVG, § 8, Rn. 25.

853 Blomeyer/Rolfs/Otto/*Rolfs*, BetrAVG, § 8, Rn. 29.

Anders hingegen liegt es, wenn der Arbeitgeber sein diesbezügliches Bezugsrecht vor Eintritt der Insolvenz an den Arbeitnehmer verpfändet hat.[854]

Im Falle dessen, dass der PSV seine Leistungsverpflichtungen nach § 8 Abs. 2 BetrAVG auf einen Pensionsfonds übertragen hat, ist das genannte Wahlrecht des Versorgungsberechtigten ebenfalls ausgeschlossen, § 8 Abs. 3 S. 2 Alt. 2 BetrAVG.[855]

Soweit der Versorgungsberechtigte also noch auf die Leistungen der Rückdeckungsversicherung zugreifen könnte, hat er das Recht, in diese Versicherung als Versicherungsnehmer anstelle seines Arbeitgebers einzutreten und die Police *„mit eigenen Beiträgen fortzusetzen"*, § 8 Abs. 3 S. 3 BetrAVG.[856] Über dieses Recht hat der PSV die Versorgungsberechtigten zu informieren. Diese können ihr Wahlrecht zwischen gesetzlicher Insolvenzsicherung und Befriedigung durch Leistungen aus der Rückdeckungsversicherung nur innerhalb von sechs Monaten ab Information geltend machen, § 8 Abs. 3 S. 5 BetrAVG.[857]

VI. Abfindung von Kleinstanwartschaften durch den PSV, § 8a BetrAVG

Schließlich hat der PSV unter den Voraussetzungen von § 8a BetrAVG verschiedene Möglichkeiten, Anwartschaften sowie laufende Leistungen einseitig ohne Zustimmung des Versorgungsberechtigten abzufinden.[858] Es kommt in diesem Zusammenhang nicht auf die Rechtsgrundlage für die jeweils zugrunde liegende Zusage an.[859]

Zunächst konstatiert diese Vorschrift für sog. *Kleinstanwartschaften* und *-leistungen* ein Abfindungsrecht des PSV, § 8a S. 1 BetrAVG.[860] Dieses gilt für Anwartschaften, welche bei Eintritt des Versorgungsfalles eine laufende Leistung in Höhe von bis zu 1 % der monatlichen Bezugsgröße aus § 18 SGB IV vorsehen sowie für aus Anwartschaften resultierende Kapitalleistungen, wobei hier die Bagatellgrenze bei dem 1,2-Fachen der monatlichen Bezugsgröße gezogen

854 Insbesondere bei Direktzusagen und Unterstützungskassenzusagen der Regelfall, vgl. Höfer Bd. I/*Höfer*, BetrAVG, § 8, Rn. 32; Näheres zur Insolvenzfestigkeit der Verpfändung von Rückdeckungsversicherungen in Teil 4 B. II. dieser Arbeit.

855 Blomeyer/Rolfs/Otto/*Rolfs*, BetrAVG, § 8, Rn. 30.

856 ErfK/*Steinmeyer*, BetrAVG, § 8, Rn. 4.

857 ErfK/*Steinmeyer*, BetrAVG, § 8, Rn. 4.

858 Blomeyer/Rolfs/Otto/*Rolfs*, BetrAVG, § 8a, Rn. 1.

859 Blomeyer/Rolfs/Otto/*Rolfs*, BetrAVG, § 8a, Rn. 9; Höfer Bd. I/*Höfer* BetrAVG, § 8a, Rn. 9.

860 ErfK/*Steinmeyer*, BetrAVG, § 8a, Rn. 1.

wurde.[861] Entsprechendes ist anzuwenden bei bereits laufenden Leistungen, § 8a S. 2 BetrAVG.

Damit Anwartschaften dem Anwendungsbereich von § 8a BetrAVG unterfallen, ist ihre gesetzliche Unverfallbarkeit nach § 1b BetrAVG erforderlich.[862] Keine Voraussetzung bildet nach Sinn und Zweck der Norm das Ausscheiden aus dem Arbeitsverhältnis. Vielmehr gilt in Ansehung der Orientierung des § 8a BetrAVG an § 7 BetrAVG auch hier, dass auch noch nach Eintritt des Sicherungsfalles weiter beschäftigte Arbeitnehmer und deren Anwartschaften erfasst werden.[863] Dies ist insbesondere im Zusammenhang mit dem Sicherungsfall des außergerichtlichen Vergleichs nach § 7 Abs. 1 S. 4 Nr. 2 BetrAVG zu beachten.[864]

Ein der Höhe nach unbegrenztes Abfindungsrecht kommt dem PSV dann zu, wenn *„dem Arbeitnehmer die Beiträge zur gesetzlichen Rentenversicherung erstattet worden sind"*, § 8a S. 1 Alt. 2 BetrAVG.[865]

Des Weiteren besteht eine – wiederum der Höhe nach unbeschränkte – Abfindungsmöglichkeit für den PSV, wenn die betreffende Anwartschaft oder laufende Leistung über eine Direktversicherung durchgeführt wird, § 8a S. 3 BetrAVG.[866] Hierbei findet der PSV die Versorgungsberechtigten nicht im engeren Sinn ab, sondern „füllt" vielmehr die durch die wirtschaftliche Belastung des jeweiligen Bezugsrechts entstandene Versorgungslücke durch Leistung an den Versicherer wieder „auf".[867] Hierdurch befreit sich der PSV einseitig von seiner Leistungsverpflichtung gegenüber dem Versorgungsberechtigten. Sinn und Zweck dieser Vorschrift liegen in dem Gedanken, einerseits für den PSV eine Verwaltungsvereinfachung zu schaffen und andererseits eine Versorgung gleichsam „aus einer Hand" zu organisieren.[868] Bei der Abfindung über Leistung an den Versicherer findet ein Schuldnerwechsel vom PSV auf das Lebensversicherungsunternehmen statt.[869]

Allen Abfindungsmöglichkeiten des PSV ist gemein, dass sie einseitig durch den PSV, also ohne Zustimmung durch den Versorgungsberechtigten vorgenommen werden können.[870] Die Versorgungsberechtigten haben demgegenüber

861 Höfer Bd. I/*Höfer*, BetrAVG, § 8a, Rn. 6.
862 Höfer Bd. I/*Höfer*, BetrAVG, § 8a, Rn. 9.
863 Höfer Bd. I/*Höfer*, BetrAVG, § 8a, Rn. 10.
864 Höfer Bd. I/*Höfer*, BetrAVG, § 8a, Rn. 11.
865 Blomeyer/Rolfs/Otto/*Rolfs*, BetrAVG, § 8a, Rn. 8.
866 Höfer Bd. I/*Höfer*, BetrAVG, § 8a, Rn. 16.
867 ErfK/*Steinmeyer*, BetrAVG, § 8a, Rn. 22.
868 Blomeyer/Rolfs/Otto/*Rolfs*, BetrAVG, § 8a, Rn. 19.
869 Höfer Bd. I/*Höfer*, BetrAVG, § 8a, Rn. 18.
870 Blomeyer/Rolfs/Otto/*Rolfs*, BetrAVG, § 8a, Rn. 10.

gerade keinen Anspruch darauf, dass ihre Versorgungsrechte abgefunden werden. Die Entscheidung darüber obliegt vielmehr dem PSV in freiem Ermessen.[871]

Die jeweilige Höhe der Abfindung richtet sich in Ansehung von § 8a S. 4 BetrAVG und der darin enthaltenen Verweisung auf § 3 Abs. 5 BetrAVG nach § 4 Abs. 5 BetrAVG.[872] Zudem hat der Gesetzgeber zur nachhaltigen Sicherung des Versorgungszwecks auch auf die § 2 Abs. 2 S. 4 bis 6 BetrAVG Bezug genommen und die darin enthaltenen Verfügungsbeschränkungen auch auf ggf. zu zahlende Abfindungen appliziert.[873]

C. Der PSV im Insolvenzverfahren

Der PSV tritt im Regelinsolvenzverfahren wie im Insolvenzplanverfahren in einer Sonderstellung im Kontrast zu den anderen Gläubigern auf. Er ist dabei als gesetzlicher Zwangsgläubiger anzusehen.[874] Die Forderungen, die der PSV in den insolvenzrechtlichen Verfahren geltend macht, unterscheiden sich von anderen, einfachen Insolvenzforderungen dergestalt, dass sie auf teils jahrzehntelange Dauer ausgerichtet sind und von personalen sowie biologischen Ereignissen abhängen.[875] Diese Besonderheiten rechtfertigen die exponierte Stellung des PSV in der Insolvenz des Arbeitgebers.

Die Rahmenbedingungen für die Eintrittspflicht des PSV für Versorgungsrechte im Insolvenzfall des Arbeitgebers vorausgeschickt, soll nunmehr seine besondere Stellung in der Unternehmensinsolvenz untersucht werden. Dieses Kapitel setzt sich daher in seinem ersten Teil mit der Rechtsstellung des PSV im Regelinsolvenzverfahren über das Vermögen des Arbeitgebers auseinander und beleuchtet dabei die verschiedenen Rechtsbeziehungen zu den beteiligten Akteuren. Es folgt daran anschließend eine Betrachtung der rechtlichen Eckpunkte bei der Durchführung von Insolvenzplanverfahren unter Beteiligung des PSV. Insbesondere die im Falle eines Fortführungsplanes zu beachtenden rechtlichen Besonderheiten für den PSV werden erörtert.

---

871 Blomeyer/Rolfs/Otto/*Rolfs*, BetrAVG, § 8a, Rn. 14; Höfer Bd. I/*Höfer*, BetrAVG, § 8a, Rn. 3.

872 ErfK/*Steinmeyer*, BetrAVG, § 8a, Rn. 16.

873 ErfK/*Steinmeyer*, BetrAVG, § 8a, Rn. 1; Höfer Bd. I/*Höfer*, BetrAVG, § 8a, Rn. 21.

874 *Bremer*, DB 2011, 875.

875 *Bremer*, DB 2011, 875.

I. Regelinsolvenzverfahren

Das Insolvenzverfahren verfolgt das Ziel gleichmäßiger Gläubigerbefriedigung, § 1 InsO.[876] Orientiert am Marktwert des Unternehmens wird innerhalb des Insolvenzverfahrens entweder eine Unternehmenserhaltung oder aber die Liquidation des Vermögens des jeweiligen Schuldners angestrebt.[877]

Mit Eröffnung des Insolvenzverfahrens tritt der Insolvenzverwalter – dessen Annahme des Amtes unterstellt – in sein Amt ein, § 27 Abs. 1 InsO.[878] Mit dem Eröffnungsbeschluss werden die Gläubiger aufgefordert, ihre Forderungen anzumelden, § 28 Abs. 1 S. 1 InsO.[879]

Der PSV tritt im Regelinsolvenzverfahren wie auch im Planverfahren nach den §§ 217 ff. InsO als Rechtsnachfolger der Versorgungsberechtigten auf, deren Versorgungsanwartschaften und -ansprüche mit Eröffnung des Insolvenzverfahrens im Wege einer Legalzession gem. § 9 Abs. 2 BetrAVG auf ihn übergehen. Diese Forderungen macht der PSV im Insolvenzverfahren sodann geltend.[880]

Das Betriebsrentenrecht enthält nicht zuletzt aufgrund der speziellen Rechtsqualität der Rentenanwartschaften und -ansprüche sowie der Zwangsgläubigerschaft des PSV einige Besonderheiten der Beteiligung des PSV am Regelinsolvenzverfahren. Hiermit beschäftigt sich der folgende Abschnitt.

1. *Der PSV und die Versorgungsberechtigten*

a) *Mitteilung der Versorgungsrechte, § 9 Abs. 1 BetrAVG*

Die Eröffnung des Insolvenzverfahrens respektive der Eintritt eines der anderen Sicherungsfälle nach § 7 Abs. 1 S. 4 BetrAVG markiert den Zeitpunkt, ab welchem der PSV unter den Voraussetzungen von § 7 Abs. 1 und 2 BetrAVG für Versorgungsansprüche und -anwartschaften eintrittspflichtig wird.[881]

Gem. § 9 Abs. 1 S. 1 BetrAVG teilt der PSV den Versorgungsberechtigten schriftlich mit, dass ihnen Ansprüche bzw. Anwartschaften gegen ihn als Träger der gesetzlichen Insolvenzsicherung zustehen.[882] Diese Mitteilung durch den

---

876 Grundsätzliches zu den Zielen des Insolvenzverfahrens vgl. Uhlenbruck/*Pape*, InsO, § 1, Rn. 1.

877 MüKo InsO/*Stürner*, Einl., Rn. 2; *Reischl*, Insolvenzordnung, Rn. 3; i. E. so auch Uhlenbruck/*Pape*, InsO, § 1, Rn. 1.

878 Uhlenbruck/*Zipperer*, InsO, § 27, Rn. 7.

879 Uhlenbruck/*Zipperer*, InsO, § 28, Rn. 2.

880 *Schnitker/Sittard*, NZA 2012, 963.

881 NK-ArbR/*Schlewing*, BetrAVG, § 7, Rn. 3.

882 Blomeyer/Rolfs/Otto/*Rolfs*, BetrAVG, § 9, Rn. 6, 7.

PSV, mit welcher er den Versorgungsberechtigten über seine Ansprüche informiert, stellt weder eine Anspruchsgrundlage, noch eine Willenserklärung des PSV dar.[883] Es handelt sich insoweit auch nicht um einen Verwaltungsakt, sondern lediglich um eine deklaratorische Wissenserklärung, die dem Versorgungsberechtigten bzw. -anwärter aber noch keine Rechte zuleitet.[884]

Soweit diese Mitteilung nicht erfolgt, ist der Versorgungsberechtigte angehalten, dem PSV „*spätestens ein Jahr nach dem Sicherungsfall*" seine Ansprüche anzuzeigen, § 9 Abs. 1 S. 2 BetrAVG.[885]

b) Forderungsübergang, § 9 Abs. 2 BetrAVG

Die Mitteilung des PSV an den Versorgungsberechtigten (mit Zugang, § 130 BGB), bzw. abweichend von diesem Grundsatz der Zeitpunkt der Eröffnung des Insolvenzverfahrens, löst den in § 9 Abs. 2 S. 1 BetrAVG normierten gesetzlichen Forderungsübergang der Versorgungsrechte auf den PSV aus.[886] Grund hierfür ist, dass der Versorgungsberechtigte nach § 7 Abs. 1 oder 2 BetrAVG einen gesetzlichen Versicherungsanspruch gegen den PSV erhält und dieser im Gegenzug dafür den zugrunde liegenden Versorgungsanspruch zur Schadensminderung im Wege der Geltendmachung im Insolvenzverfahren übertragen bekommt.[887] Der Versorgungsberechtigte soll nach Eintritt des Sicherungsfalles keine „doppelten" Ansprüche gegen den PSV einerseits und seinen Arbeitgeber andererseits erhalten.[888] Soweit also der PSV die Versorgung des Berechtigten übernimmt, geht dessen Versorgungsanspruch gegen seinen (ehemaligen) Arbeitgeber auf den PSV über. Der Versorgungsanspruch an sich bleibt bei diesem Vorgang in seiner ursprünglichen Form erhalten – lediglich der Gläubiger ändert sich vom Versorgungsberechtigten zum PSV.[889]

Es gehen sowohl Versorgungsansprüche als auch Versorgungsanwartschaften auf den PSV über.[890] Versorgungsanwartschaften wandeln sich im Zeitpunkt des Überganges auf den PSV in Zahlungsansprüche um, welche nach § 45 InsO

---

883 BAG, Urt. v. 29.09.2010 – 3 AZR 546/08, NZA 2011, 210, 211, II. 2. b) der Gründe.

884 Schaub ArbR-Hdb./*Vogelsang*, § 281, Rn. 52.

885 BeckOK ArbR/*Molkenbur*, BetrAVG, § 9, Rn. 3.

886 Blomeyer/Rolfs/Otto/*Rolfs*, BetrAVG, § 9, Rn. 38, 39.

887 LAG Köln, Urt. v. 10.05.2016 – 12 Sa 864/15, NZA-RR 2016, 543, 546, B. III. 1 der Gründe; *Berenz*, DB 2004, 1098.

888 Blomeyer/Rolfs/Otto/*Rolfs*, BetrAVG, § 9, Rn. 30; Höfer Bd. I/*Höfer*, BetrAVG, § 9, Rn. 21.

889 Höfer Bd. I/*Höfer*, BetrAVG, § 9, Rn. 22.

890 Blomeyer/Rolfs/Otto/*Rolfs*, BetrAVG, § 9, Rn. 42, 44.

kapitalisiert als unbedingte Forderungen im Insolvenzverfahren gegen die Masse geltend zu machen sind, § 9 Abs. 2 S. 3 BetrAVG.[891] Die Versorgungsanwärter erwerben aber zu diesem Zeitpunkt nicht etwa einen korrelierenden Zahlungsanspruch gegen den PSV. Sie erhalten in Abhängigkeit ihrer zum Zeitpunkt der Eröffnung des Insolvenzverfahrens bestehenden Versorgungsanwartschaft eine Versicherungsanwartschaft gegen den PSV bedingt auf den Eintritt des späteren Versorgungsfalles.[892]

Der PSV, dem im Zuge dieser cessio legis auch die Aktivlegitimation über die Versorgungsrechte zukommt, macht diese Versorgungsrechte sodann im Insolvenzverfahren geltend.[893] Einwendungen gegen das Bestehen oder die Höhe des Versorgungsrechts durch den Arbeitgeber können nunmehr auch gegen den PSV gerichtet werden, §§ 404, 412 BGB.[894]

Es ist dem PSV indes unbenommen, den Versorgungsberechtigten dazu zu ermächtigen, seine Ansprüche gegen den Arbeitgeber etwa im Rahmen eines Rechtsstreits als gewillkürter Prozessstandschafter durchzusetzen.[895] Die Rechtswirkungen dieses Verfahrens binden alsdann auch den PSV, § 325 ZPO.[896]

Versorgungsrechte, die der PSV nicht oder nicht umfassend übernimmt, wie beispielsweise die Höchstgrenze des § 7 Abs. 3 BetrAVG überschreitende Zusagen oder außerhalb des der gesetzlichen Insolvenzsicherung berechtigten Personenkreises aus § 17 Abs. 1 S. 1 und 2 BetrAVG liegende Versorgungsverpflichtungen, verbleiben in dem nicht vom PSV gesicherten Umfange bei den jeweiligen Versorgungsberechtigten.[897] Diese Ansprüche haben sie sodann selbst gegenüber ihrem Arbeitgeber und der Insolvenzmasse geltend zu machen.[898]

Neben den Versorgungsrechten gehen auch etwaige der Versorgungszusage **akzessorische** Sicherungsrechte im Wege der Legalzession nach § 9 Abs. 2 S. 1

---

891 BGH, Urt. v. 23.01.1992 – IX ZR 94/91, NZA 1992, 653, II. 1. der Gründe; Höfer Bd. I/*Höfer*, BetrAVG, § 9, Rn. 54; KK-InsO/*Hess*, § 45, Rn. 15, 16.

892 Höfer Bd. I/*Höfer*, BetrAVG, § 9, Rn. 27.

893 Höfer Bd. I/*Höfer*, BetrAVG, § 9, Rn. 37; zur insolvenzrechtlichen Qualifikation der einzelnen Versorgungsrechte siehe unten unter Teil 2 C. I. 2.b).

894 *Berenz*, DB 2004, 1098.

895 BAG, Urt. v. 05.05.2015 – 1 AZR 763/13, NZA 2015, 1331, 1333, II. 2. b) der Gründe; Blomeyer/Rolfs/Otto/*Rolfs*, BetrAVG, § 9, Rn. 50; Höfer Bd. I/*Höfer*, BetrAVG, § 9, Rn. 52.

896 Blomeyer/Rolfs/Otto/*Rolfs*, BetrAVG, § 9, Rn. 50.

897 Blomeyer/Rolfs/Otto/*Rolfs*, BetrAVG, § 9, Rn. 58; Höfer Bd. I/*Höfer*, BetrAVG, § 9, Rn. 32.

898 *Berenz*, DB 2004, 1098.

BetrAVG auf den PSV über.[899] Dabei kann es sich beispielsweise um an den Versorgungsberechtigten verpfändete Rechte an zur Finanzierung der Zusage vom Arbeitgeber abgeschlossenen Rückdeckungsversicherungen, um Rechte aus einseitigen oder mit einem Schuldbeitritt des Treuhänders ausgestatteten CTAs oder anderen Sicherungsrechten wie etwa Hypotheken handeln.[900]

Demgegenüber gehen vom Arbeitgeber eingeräumte, **nicht akzessorische** Sicherungsrechte wie etwa Grundschulden, nicht im Wege von § 9 Abs. 2 S. 1 BetrAVG auf den PSV über.[901] Soweit sich der Versorgungsberechtigte aber hieraus selbstständig befriedigt, vermindert sich sein Insolvenzsicherungsanspruch gegen den PSV in diesem Umfange nach § 7 Abs. 4 BetrAVG.[902] Der PSV kann, soweit gerade kein gesetzlicher Forderungsübergang nach § 9 Abs. 2 BetrAVG stattfindet, von dem Versorgungsberechtigten aber die Abtretung von (Haftungs-)ansprüchen gegen Dritte für die Versorgungsleistung an sich verlangen.[903] Zwar ändert das Bestehen solcher Ansprüche an dem Umfang der Eintrittspflicht des PSV zunächst nichts. Er kann die Übertragung dieser Ansprüche an sich aber verlangen, um auch auf diesem Wege seinen durch seine gesetzliche Eintrittspflicht entstandenen Schaden zu vermindern.[904]

Des Weiteren darf der gesetzliche Forderungsübergang *„nicht zum Nachteil des Versorgungsberechtigten geltend gemacht werden"*, § 9 Abs. 2 S. 2 BetrAVG (sog. *Subrogationsklausel*).[905] Das beinhaltet, dass der Versorgungsberechtigte aufgrund der Legalzession keine Einbußen erleiden darf. Dies kann etwa der Fall sein, wenn das vom PSV Geleistete hinter der ursprünglichen Zusage des Arbeitgebers zurückbleibt. Soweit der Versorgungsberechtigte sich also anderweitig, insbesondere durch die Verwertung von akzessorischen Sicherungsrechten, vollständig bis zur Höhe der Zusage befriedigen könnte, muss ihm diese Möglichkeit eingeräumt werden.[906] Ihm ist insoweit ein vorrangiger Zugriff auf das Sicherungsrecht bzw. auf den Erlös aus demselben zu gewähren.[907]

---

899 Vgl. *Diller/Tresselt*, ZIP 2017, 2084, 2086.

900 Blomeyer/Rolfs/Otto/*Rolfs*, BetrAVG, § 9, Rn. 45a; HWK/*Schipp*, BetrAVG, § 9, Rn. 7; Näheres zum Übergang von Rechten an CTAs siehe auch Teil 2 B. IV. 4. a).

901 *Berenz*, DB 2004, 1098, 1099; Blomeyer/Rolfs/Otto/*Rolfs*, BetrAVG, § 9, Rn. 46.

902 Höfer Bd. I/*Höfer*, BetrAVG, § 9, Rn. 25.

903 *Berenz*, DB 2004, 1098, 1099; Höfer Bd. I/*Höfer*, BetrAVG, § 9, Rn. 25.

904 BAG, Urt. v. 09.12.1997 – 3 AZR 429/96, NZA 1998, 941, 942, II. der Gründe; *Berenz*, DB 2004, 1098, 1099; Höfer Bd. I/*Höfer*, BetrAVG, § 9, Rn. 25.

905 NK-ArbR/*Vogt*, BetrAVG, § 9, Rn. 19.

906 NK-ArbR/*Vogt*, BetrAVG, § 9, Rn. 19.

907 *Berenz*, DB 2004, 1098, 1099; Höfer Bd. I/*Höfer*, BetrAVG, § 9, Rn. 48.

Wie ausgeführt, gehen die Versorgungsansprüche nur insoweit auf den PSV über, als dieser aufgrund von § 7 Abs. 1 und 2 BetrAVG für die Versorgungsansprüche und -anwartschaften für diese einsteht.[908]

2. *Geltendmachung der übergegangenen Versorgungsrechte durch den PSV*

Nach dem gesetzlich angeordneten Übergang der Versorgungsrechte auf den PSV nimmt dieser – in aller Regel als Großgläubiger – insoweit am Insolvenzverfahren über das Vermögen des Arbeitgebers teil.[909] Damit zusammenhängend entstehen für die Beteiligten untereinander bestimmte, durch das BetrAVG normierte Informationspflichten.[910] Insbesondere stellt sich ferner die Frage nach der korrekten insolvenzrechtlichen Einordnung der auf den PSV übergegangenen Ansprüche.

a) Informationspflichten des Insolvenzverwalters gegenüber dem PSV

Mit Eröffnung des Insolvenzverfahrens nach den §§ 11 ff. InsO tritt der Insolvenzverwalter in sein Amt ein, § 27 Abs. 1 S. 1 InsO.[911] In diesem Moment treffen ihn gegenüber dem PSV Mitteilungspflichten gem. § 11 Abs. 3 BetrAVG.[912] Er hat dem Träger der gesetzlichen Insolvenzsicherung die Eröffnung des Insolvenzverfahrens anzuzeigen und dem PSV alle nach § 11 Abs. 3 S. 1 und 2 BetrAVG erforderlichen Unterlagen und Daten zugänglich zu machen.[913] Es handelt sich hierbei um eine privatrechtlich ausgestaltete Verpflichtung des Insolvenzverwalters.[914] In den übrigen Sicherungsfällen nach § 7 Abs. 1 S. 4 BetrAVG treffen diese Informationspflichten den Arbeitgeber bzw. die externen Versorgungsträger, § 11 Abs. 5 BetrAVG.

Der Arbeitgeber hat aber auch im Rahmen des Sicherungsfalles der Eröffnung des Insolvenzverfahrens gem. § 11 Abs. 4 BetrAVG die Pflicht, auf Anforderung den Insolvenzverwalter mit den für dessen Verpflichtung nach § 11 Abs. 3 BetrAVG erforderlichen Informationen auszustatten und ihn bei der Beschaffung dieser Daten zu unterstützen.[915] Diese § 11 Abs. 3 BetrAVG systematisch

908 NK-ArbR/*Vogt*, BetrAVG, § 9, Rn. 12.
909 Gottwald InsR-Hdb./*Bertram*, § 109, Rn. 94.
910 Schaub ArbR-Hdb./*Vogelsang*, § 281, Rn. 59.
911 Nerlich/Römermann/*Mönning/Schweizer*, InsO, § 27, Rn. 23.
912 NK-ArbR/*Vogt*, BetrAVG, § 11, Rn. 7.
913 HWK/*Schipp*, BetrAVG, § 11, Rn. 6; Schaub ArbR-Hdb./*Vogelsang*, § 281, Rn. 55.
914 Blomeyer/Rolfs/Otto/*Rolfs*, BetrAVG, § 11, Rn. 47.
915 Blomeyer/Rolfs/Otto/*Rolfs*, BetrAVG, § 11, Rn. 56.

nachgelagerte Verpflichtung trifft auch die *„nach § 7 Berechtigten"*, die aufgrund ihrer unmittelbaren Nähe zu ihren eigenen Versorgungsansprüchen und -anwartschaften in aller Regel die verlässlichsten Informationen hierüber haben dürften.[916]

Der Insolvenzverwalter hat die Mitteilung an den PSV nach § 11 Abs. 3 S. 1 BetrAVG a. E. *„unverzüglich"*, also ohne schuldhaftes Zögern, zu unternehmen.[917] Der Gesetzgeber hatte hierbei – im Interesse der Versorgungsberechtigten und deren zügiger Rechtsklarheit – eine zeitnahe Erfassung und Abwicklung des gesetzlichen Insolvenzschutzes durch den PSV im Blick, der erst durch den Erhalt der relevanten Daten dazu in die Lage versetzt wird, die Identität der Berechtigten sowie die individuelle Höhe der Versorgungsrechte zu prüfen.[918]

Im Einzelnen wird der PSV vom Insolvenzverwalter Informationen über die Anzahl der Versorgungsempfänger und Anwärter mit unverfallbaren Anwartschaften abfragen, den Beschluss über die Eröffnung des Insolvenzverfahrens sowie ggf. ein aktuelles versicherungsmathematisches Gutachten über den Umfang der Arbeitgeberverpflichtungen aus der betrieblichen Altersversorgung im Unternehmen anfordern.[919] Weiter werden auch Versorgungsordnungen und andere kollektive Rechtsgrundlagen für die Gewährung betrieblicher Altersversorgung, wie etwa Leistungspläne von Pensionsfonds oder Unterstützungskassen, von Interesse für den PSV sein.[920]

Zur Erfassung dieser nach § 9 Abs. 3 BetrAVG mitzuteilenden Daten stellt der PSV auf seiner Website Vordrucke für den Insolvenzverwalter zur Verfügung.[921]

Soweit der Insolvenzverwalter oder ein sonstiger, nach § 11 Abs. 3 und 4 BetrAVG zur Mitteilung an der PSV Verpflichteter dieser Verpflichtung nicht nachkommt, muss der PSV seine Leistung nicht erbringen, wenn ihm sonst eine Prüfung des Bestehens eines Insolvenzsicherungsanspruchs sowie dessen Höhe

---

916 ErfK/*Steinmeyer*, BetrAVG, § 11, Rn. 5.

917 NK-ArbR/*Vogt*, BetrAVG, § 11, Rn. 7.

918 Blomeyer/Rolfs/Otto/*Rolfs*, BetrAVG, § 11, Rn. 1, 47; ErfK/*Steinmeyer*, BetrAVG, § 11, Rn. 5; Höfer Bd. I/*Höfer*, BetrAVG, § 11, Rn. 36.

919 Höfer Bd. I/*Höfer*, BetrAVG, § 11, Rn. 37.

920 Blomeyer/Rolfs/Otto/*Rolfs*, BetrAVG, § 11, Rn. 52; Höfer Bd. I/*Höfer*, BetrAVG, § 11, Rn. 37.

921 Website des PSV, „Meldung der Versorgungsberechtigten", www.psvag.de/insolvenzleistung/insolvenzverwalter/meldung-der-versorgungsberechtigten.html (zuletzt aufgerufen am 21.01.2019).

nicht möglich ist.[922] Verletzt der Insolvenzverwalter schließlich seine Pflicht aus § 11 Abs. 3 BetrAVG, macht er sich ggf. persönlich haftbar.[923]

b) Insolvenzrechtliche Qualifikation der übergegangenen Versorgungsrechte

Dadurch, dass die auf den PSV im Wege von § 9 Abs. 2 BetrAVG übergehenden Versorgungsrechte unterschiedliche Qualitäten haben, es sich nämlich um laufende Rentenansprüche wie auch Anwartschaften handelt, wobei das Erstarken Letzterer zum Vollanspruch zeitlich ungewiss ist, ist auch die insolvenzrechtliche Beurteilung der Eingruppierung als Insolvenz- oder Masseverbindlichkeit differenziert vorzunehmen.

Gem. § 9 Abs. 2 S. 3 BetrAVG meldet der PSV sowohl laufende Versorgungsansprüche als auch -anwartschaften als unbedingte Forderung nach §§ 174 Abs. 1, 45 InsO kapitalisiert zur Insolvenztabelle an.[924] Auf diese Ansprüche erhält der PSV im Regelverfahren, soweit es sich um Insolvenzforderungen nach § 38 InsO handelt, die schon vor Insolvenzeröffnung begründet wurden, eine quotale Befriedigung.[925] In welchem Umfange der PSV allerdings den durch den Insolvenzfall des Arbeitgebers entstehenden Schaden durch seine Teilnahme am Insolvenzverfahren mindern kann, hängt davon ab, welche insolvenzrechtliche Qualität die übergegangenen Forderungen aufweisen, mithin, inwiefern diese Insolvenz- oder Masseforderungen darstellen.

Zu unterscheiden ist für diese Bewertung zunächst, ob die Forderung auf einem Versorgungsvollrecht oder aber auf einer Anwartschaft fußt. Soweit es sich nämlich um Ansprüche aus einer bereits **laufenden Versorgungsleistung** handelt, sind jedenfalls rückständige Versorgungsansprüche unstreitig einfache Insolvenzforderungen nach § 38 InsO.[926]

Gleiches gilt mit der **herrschenden Meinung in Rechtsprechung und Literatur** auch für gem. § 9 Abs. 2 BetrAVG auf den PSV übergegangene, zukünftige Rentenansprüche aus bereits laufender Versorgung.[927] Begründet wird

---

922 Vgl. nur LG Köln, Urt. v. 28.12.1988 – 24 O 82/87, DB 1989, 1780; HWK/*Schipp*, BetrAVG, § 11, Rn. 6.

923 ErfK/*Steinmeyer*, BetrAVG, § 11, Rn. 5; Höfer Bd. I/*Höfer*, BetrAVG, § 11, Rn. 39; NK-ArbR/*Vogt*, BetrAVG, § 11, Rn. 7.

924 Höfer Bd. I/*Höfer*, § 9, Rn. 38; NK-ArbR/*Vogt*, BetrAVG, § 9, Rn. 20.

925 Gottwald InsR-Hdb./*Bertram*, § 109, Rn. 91.

926 Vgl. Uhlenbruck/*Sinz*; InsO, § 38, Rn. 66.

927 BeckOK InsO/*Jilek*, § 38, Rn. 22; Braun/*Bäuerle*, InsO, § 38, Rn. 8; FK-InsO/*Bornemann*, § 38, Rn. 21, 25; MüKo InsO/*Ehricke*, § 38, Rn. 19, 20; Nerlich/Römermann/*Andres*, InsO, § 38, Rn. 20; Uhlenbruck/*Sinz*; InsO, § 38, Rn. 58.

diese Auffassung damit, der zeitlich iterativ fällig werdende Anspruch auf eine betriebliche Pension finde seine Rechtsgrundlage in dem sog. *Rentenstammrecht*, welches zeitlich – in aller Regel – vor dem Insolvenzfall begründet worden sei.[928] Dieses Rentenstammrecht werde über die Dauer des Arbeitsverhältnisses durch die geleistete Betriebstreue angereichert und sei zu dem Zeitpunkt des Eintritts des Versorgungsfalles umfassend erdient.[929] Das Arbeitgebervermögen sei zu diesem Zeitpunkt bereits mit dem erwarteten Gegenwert der zugesagten Betriebsrente ausgestattet. Die aus dem Rentenstammrecht erwachsenden Pensionsansprüche entstünden somit nicht immer neu, sondern setzten sich aufgrund eines vor Insolvenzeröffnung liegenden einheitlichen Rechtsbegründungsaktes fort.[930]

Nach **anderer Auffassung** in der Literatur sind die einzelnen Versorgungsansprüche, welche nach Eröffnung des Insolvenzverfahrens entstehen, als Masseforderungen nach § 55 Abs. 1 Nr. 2 InsO einzuordnen.[931] Diese Ansicht missachtet allerdings die betriebsrentenrechtliche Besonderheit des „Ansammelns" des späteren Rentenanspruchs durch geleistete Betriebstreue. Eine Einordnung zukünftiger Versorgungsansprüche als Masseverbindlichkeiten risse den engen Zusammenhang der einzelnen Pensionsleistung mit dem zugrunde liegenden Rentenstammrecht auseinander, was letztlich der Systematik des Erwerbs einer Betriebsrente zuwiderliefe.

Im Hinblick auf **Versorgungsanwartschaften** ist in einem ersten Schritt zwischen noch verfallbaren und bereits gesetzlich unverfallbaren Anwartschaften zu unterscheiden.[932] Hat der Versorgungsanwärter lediglich eine verfallbare Anwartschaft auf eine spätere Betriebsrente inne, so hat er bei Eröffnung des Insolvenzverfahrens keinen Anspruch gegen den PSV nach § 7 BetrAVG.[933] Seine Anwartschaft geht daher auch nicht auf den PSV über, vielmehr muss sich der Versorgungsberechtigte selbst im Wege der Forderungsanmeldung als Insolvenzgläubiger i. S. v. § 38 InsO am Insolvenzverfahren beteiligen.[934]

Soweit hingegen eine gesetzlich unverfallbare Anwartschaft im Wege der Legalzession auf den PSV übergeht, wird dieser die Anwartschaft berechnen

928 BAG, Urt. v. 04.07.1969 – 3 AZR 212/68, NJW 1970, 964, II. 1. der Gründe; K. Schmidt/*Büteröwe*, § 38, Rn. 17.

929 BeckOK InsO/*Jilek*, § 38, Rn. 22.

930 Vgl. *Reischl*, Insolvenzrecht, Rn. 376.

931 *Ganter*, NZI 2013, 769.

932 *Ganter*, NZI 2013, 769.

933 Vgl. Beck/Depré/*Pluta/Heidrich*, § 30, Rn. 82.

934 Beck/Depré/*Pluta/Heidrich*, § 30, Rn. 68.

und nach § 9 Abs. 2 S. 3 BetrAVG i. V. m. § 45 InsO kapitalisiert als unbedingte Forderung im Insolvenzverfahren geltend machen.[935] Auch diese kapitalisierten Ansprüche stellen Insolvenzforderungen nach § 38 InsO dar, weil deren Rechtsgrundlage ebenfalls der Eröffnung des Insolvenzverfahrens zeitlich vorgelagert geschaffen wurde.[936] Im Moment des Forderungsübergangs auf den PSV wandelt sich die Versorgungsanwartschaft in einen Zahlungsanspruch, welcher vom PSV nach §§ 174 ff. i. V. m. 45 S. 1 InsO zur Tabelle angemeldet wird.[937]

Wird das Arbeitsverhältnis samt bereits gesetzlich unverfallbarer Versorgungsanwartschaft auch über die Eröffnung des Insolvenzverfahrens hinaus fortgesetzt, etwa im Wege der Erfüllungswahl durch den Insolvenzverwalter, so ist der in dieser Zeitspanne erdiente Teil der Versorgungsanwartschaft hingegen als Masseverbindlichkeit zu kategorisieren, § 55 Abs. 1 Nr. 2 BetrAVG.[938] Gleiches gilt für eine Anwartschaft, die erst durch die Fortsetzung im laufenden Insolvenzverfahren gesetzlich unverfallbar wird.[939] Allerdings ist eine solche, erst nach Eintritt des Sicherungsfalles unverfallbar gewordene Anwartschaft nicht vom PSV gesichert. Die Geltendmachung im Insolvenzverfahren obliegt sodann dem Versorgungsberechtigten selbst.[940]

Für die nach Eröffnung des Insolvenzverfahrens erdienten Anteile der Anwartschaft steht der PSV indes nicht ein, § 7 Abs. 2 BetrAVG sichert Anwartschaften lediglich bis zum Eröffnung des Insolvenzverfahrens.[941]

Versorgungsanwartschaften sind betragsmäßig unbestimmt i. S. v. § 45 S. 1 2. Alt. InsO.[942] Durch den Verweis in § 9 Abs. 2 S. 3 BetrAVG sind Versorgungsanwartschaften gesetzlich als unbedingt anzusehen, was die Anwendbarkeit von § 191 InsO ausschließt.[943] Der PSV hat die Versorgungsanwartschaft ihrem Zeitwert zum Zeitpunkt der Eröffnung des Insolvenzverfahrens folgend nach

---

935 Blomeyer/Rolfs/Otto/*Rolfs*, BetrAVG, § 9, Rn. 52; Gottwald InsR-Hdb./*Bertram*, § 109, Rn. 94; Schaub ArbR-Hdb./*Vogelsang*, § 281, Rn. 63.

936 *Ganter*, NZI 2013, 769, 770.

937 BAG, Urt. v. 05.05.2015 – 1 AZR 763/13, NZA 2015, 1331, 1333, II. 2. b) der Gründe; Blomeyer/Rolfs/Otto/*Rolfs*, BetrAVG, § 9, Rn. 52.

938 BAG, Urt. v. 22.12.2009 – 3 AZR 814/07, NZA 2010, 568, 569, B. I. 1. der Gründe; Beck/Depré/*Pluta/Heidrich*, § 30, Rn. 68; Blomeyer/Rolfs/Otto/*Rolfs*, Vorb. zu §§ 7–15 BetrAVG, Rn. 27; Uhlenbruck/*Sinz*, InsO, § 55, Rn. 76.

939 Beck/Depré/*Pluta/Heidrich*, § 30, Rn. 68.

940 Beck/Depré/*Pluta/Heidrich*, § 30, Rn. 68.

941 BAG, Urt. v. 06.12.2007 – IX ZR 284/03, NZA 2008, 306, 309, II. 2. der Gründe; Beck/Depré/*Pluta/Heidrich*, § 30, Rn. 68.

942 Braun/*Bäuerle*, InsO, § 45, Rn. 10.

943 Braun/*Bäuerle*, InsO, § 45, Rn. 10.

versicherungsmathematischen Grundsätzen zu berechnen und nötigenfalls nach § 45 S. 1 InsO zu schätzen.[944] Weil Versorgungsanwartschaften durch Eintritt des Sicherungsfalles der Insolvenz des Arbeitgebers sofort fällig werden, müssen die jeweiligen Forderungen zudem abgezinst werden.[945] Einen vom PSV angebrachten Rechnungszinsfuß i. H. v. 5,5 % hat das BAG für zulässig erachtet.[946]

Diese so errechneten, kapitalisierten Forderungen kann der PSV als Sammelanmeldungen gegenüber der Insolvenztabelle geltend machen.[947] Voraussetzung hierfür ist aber, dass sich auch diese gleichartigen Ansprüche jeweils voneinander abgrenzen, mithin individualisieren lassen.[948]

3. *Vermögensübergang externer Versorgungsträger auf den PSV*

Schließlich ist als Rechtsfolge des Eintritts eines Sicherungsfalles unter § 9 Abs. 3 BetrAVG normiert, dass im Falle der Durchführung über eine Unterstützungskasse und der Insolvenz ihres Trägerunternehmens ihr „*Vermögen einschließlich aller Verbindlichkeiten*" auf den PSV übergeht, § 9 Abs. 3 S. 1 BetrAVG.[949] Bei Gruppenunterstützungskassen kann der Vermögensübergang in dem Verhältnis der auf das insolvente Trägerunternehmen entfallenden Versorgungszusagen geltend gemacht werden, § 9 Abs. 3 S. 3 BetrAVG.[950] Die Vorschrift ist über ihren Wortlaut hinaus dahin gehend zu verstehen, dass es sich nicht nur um „*Leistungen*" des PSV handelt, in deren Fall sich der Vermögensübergang vollzieht, sondern auch Anwartschaften hiervon erfasst sind.[951]

Der Vermögensübergang findet selbst dann statt, wenn die Unterstützungskasse – im Gegensatz zu ihrem Trägerunternehmen – noch solvent wäre.[952] Die Normierung des Überganges neben § 9 Abs. 2 BetrAVG war notwendig, weil nach der Gesetzeskonzeption gerade kein unmittelbarer Anspruch des Versorgungsberechtigten gegen die Unterstützungskasse besteht.[953]

Es vollzieht sich aber kein Vermögensübergang beim Sicherungsfall des außergerichtlichen Vergleichs nach § 7 Abs. 1 S. 4 Nr. 2 BetrAVG, es sei denn,

---

944 *Berenz*, DB 2004, 1098–1100; vgl. Braun/*Bäuerle*, InsO, § 45, Rn. 9; *Reischl*, Rn. 373.
945 Schaub ArbR-Hdb./*Vogelsang*, § 281, Rn. 63.
946 BAG, Urt. v. 11.10.1988 – 3 AZR 295/87, NZA 1989, 303, 304, II. 2. der Gründe.
947 Uhlenbruck/*Sinz*, InsO, § 174, Rn. 25.
948 Uhlenbruck/*Sinz*, InsO, § 174, Rn. 25.
949 Schaub ArbR-Hdb./*Vogelsang*, § 281, Rn. 64.
950 Schaub ArbR-Hdb./*Vogelsang*, § 281, Rn. 64.
951 ErfK/*Steinmeyer*, BetrAVG, § 9, Rn. 10.
952 BAG, Urt. v. 12.02.1991 – 3 AZR 30/90, NZA 1991, 723, 725, II. 2. b) der Gründe.
953 ErfK/*Steinmeyer*, BetrAVG, § 9, Rn. 10.

dass es sich dabei um einen Liquidationsvergleich handelt, der auf die vollständige Beendigung der Betriebstätigkeit des betroffenen Unternehmens ausgelegt ist, § 9 Abs. 3 S. 4 BetrAVG.[954]

Soweit die BaFin ihre Zustimmung für die Übertragung der Leistungspflicht vom PSV auf einen Pensionsfonds nach § 8 Abs. 2 BetrAVG nicht erteilt hat, geht das Vermögen des Pensionsfonds entsprechend auf den PSV über, § 9 Abs. 3a i. V. m. Abs. 3 BetrAVG.[955]

II. Insolvenzplanverfahren

Neben dem Regelinsolvenzverfahren, welches sich strikt nach den Vorschriften der InsO richtet und in welchem dem PSV in aller Regel einzig eine Quote auf seine angemeldeten Forderungen zukommt, existiert die Möglichkeit der Durchführung eines Insolvenzplanverfahrens nach den §§ 217 ff. InsO, wobei gemeinschaftlich ausgehandelte Lösungen zur Bewältigung der Insolvenz durch die Gläubigerschaft getroffen und neben einer Liquidation des Schuldnerunternehmens insbesondere auch eine Sanierung und Fortführung des Unternehmens angestrebt werden können.[956]

Das Insolvenzplanverfahren soll allen am Verfahren Beteiligten die Möglichkeit eröffnen, durch Verhandlungen und individuelle Übereinkünfte das Insolvenzverfahren einvernehmlich zu gestalten und so letztlich privatautonom zu bewältigen.[957] Im Rahmen eines Insolvenzplanes kann sowohl eine Liquidation als auch eine Fortführung eines Unternehmens oder eines Betriebes unter dem Regiment der Gläubigerautonomie gestaltet werden, wobei die Fortführung und Sanierung des Schuldnerunternehmens aus strategischen Gesichtspunkten aus der Warte der Gläubigerschaft, wie etwa einer höheren Quote, oftmals opportun erscheinen wird.[958] Durch das Gesetz zur weiteren Erleichterung der Sanierung von Unternehmen (ESUG), welches zum 01.03.2012 in Kraft trat, sollten nach dem Willen des Gesetzgebers die Möglichkeiten der Sanierung im Rahmen des Insolvenzverfahrens ausgebaut und ein größerer Einfluss der Gläubiger auf das Verfahren verfestigt werden.[959]

---

954 ErfK/*Steinmeyer*, BetrAVG, § 9, Rn. 14.

955 Schaub ArbR-Hdb./*Vogelsang*, § 281, Rn. 64.

956 Beck/Depré/*Exner/Wittmann*, § 43, Rn. 1; Nerlich/Römermann/*Braun*, InsO, § 217, Rn. 1; Uhlenbruck/*Lüer/Streit*, InsO, § 217, Rn. 1.

957 FK-InsO/*Jaffé*, § 217 ff., Rn. 5.

958 *Reischl*, Insolvenzrecht, Rn. 813.

959 BT-Drs. 17/5712 S. 2; *Paulus*, NZI 2015, 1001, 1002; *Reischl*, Insolvenzrecht, Rn. 3; *Rieger*, NZI 2013, 671.

Das Verfahren um einen Insolvenzplan ist geprägt von der starken Beteiligung der Gläubiger. Sie können als Gläubigerversammlung den Insolvenzverwalter damit beauftragen, einen Insolvenzplan zu erstellen, § 218 Abs. 2 InsO.[960] Daneben können sie als Gläubigerausschuss nach § 218 Abs. 3 InsO an der Aufstellung des Planes mitwirken.[961] Es werden zumeist vier verschiedene Arten des Insolvenzplanes bemüht. Dabei handelt es sich um den Plan zur Eigensanierung, zur übertragenden Sanierung, zur vom Regelverfahren abweichenden Liquidation des Schuldner-Unternehmens oder zu einer von den allgemeinen Verteilungsregelungen abweichenden Schuldenregulierung.[962]

Sobald der Plan aufgestellt und von der Gläubigerschaft angenommen worden ist, wird der Insolvenzplan durch den Schuldner oder den Insolvenzverwalter beim Insolvenzgericht vorgelegt, § 218 Abs. 1 InsO.[963] Aufgrund der gesetzgeberischen Entscheidung für eine enge Einbindung der Gläubiger hat der Insolvenzverwalter aber bei Aufstellung des Planes gem. § 218 Abs. 3 InsO die Interessen der Gläubiger zu berücksichtigen, die diese durch ihre Mitwirkung in Gestalt von Gläubigerausschuss, ggf. Betriebsrat oder Sprecherausschuss, kommunizieren.[964] Das Insolvenzgericht prüft alsdann den Plan nach § 231 InsO auf seine verfahrensrechtliche Richtigkeit sowie darauf, ob die enthaltenen Regelungen nicht offensichtlich unerreichbar sind.[965] Soweit das Gericht den Plan nicht aufgrund des Kataloges aus § 231 Abs. 1 InsO zurückweist, leitet es den Insolvenzplan den einzelnen Beteiligten zur Stellungnahme nach § 232 InsO zu, insbesondere dem Gläubigerausschuss, soweit ein solcher besteht, sowie etwaigen Kollektivvertretungen wie Betriebsräten.[966] Nach einem Erörterungs- und Abstimmungstermin stimmen die einzelnen Gläubigergruppen über die Annahme des Planes nach den §§ 237 ff. InsO ab. Soweit der Schuldner zu dem so angenommenen Insolvenzplan seine Zustimmung erteilt hat oder ein Widerspruch nach § 247 Abs. 2 InsO als unerheblich anzusehen ist, bestätigt das Insolvenzgericht nach Anhörung des Insolvenzverwalters, des Gläubigerausschusses sowie des Schuldners, den Plan durch Beschluss.[967] Erwächst diese gerichtliche Bestätigung in Rechtskraft, so wird das Regelinsolvenzverfahren aufgehoben, § 258 InsO, und

---

960 BeckOK InsO/*Geiwitz/von Danckelmann*, § 218, Rn. 14.

961 Braun/*Braun/Frank*, InsO, § 218, Rn. 4.

962 Braun/*Braun/Frank*, InsO, Vorb. zu § 217, Rn. 13 f..

963 Nerlich/Römermann/*Braun*, InsO, § 218, Rn. 3, 25.

964 Nerlich/Römermann/*Braun*, InsO, § 218, Rn. 29.

965 Braun/*Braun/Frank*, InsO, § 231, Rn. 1.

966 Nerlich/Römermann/*Braun*, InsO, § 232, Rn. 1–4.

967 Uhlenbruck/*Lüer/Streit*, InsO, § 248, Rn. 1, 4.

der Schuldner erhält die Verfügungsmacht über die Masse zurück, § 259 Abs. 1 S. 2 InsO[968]; das Amt des Insolvenzverwalters endet zeitgleich, § 259 Abs. 1 S. 1 InsO.[969] Hinsichtlich der Gläubiger treten mit der rechtskräftigen Bestätigung des Insolvenzplanes nach § 248 Abs. 1 InsO dessen materielle Rechtswirkungen ein, sodass die im Plan erarbeiteten teilweisen oder quotalen Forderungsverzichte auch nur noch bis zu dieser Quote geltend gemacht und durchgesetzt werden können.[970]

Soweit der PSV als Gläubiger infolge der cessio legis nach § 9 Abs. 2 BetrAVG am Insolvenzplanverfahren teilnimmt, geben § 7 Abs. 4 S. 2 und 3 BetrAVG einige besondere Möglichkeiten teilweisen – ggf. vorübergehenden – Forderungsverzichts aufseiten des PSV zur Entlastung des Schuldnerunternehmens.[971] Wie bereits an anderer Stelle[972] dargetan, bieten § 7 Abs. 4 S. 2 und 3 BetrAVG mit den Varianten *horizontaler* oder *vertikaler* Aufteilung von Versorgungsverpflichtungen zwischen dem PSV und dem insolventen Arbeitgeber für beide Seiten attraktive Gestaltungsoptionen im Rahmen eines Insolvenzplanes.[973] Beide Alternativen haben gemein, dass der Arbeitgeber seine Versorgungsverpflichtungen zu einem späteren Zeitpunkt einmal wieder selbst übernehmen soll, sodass deren Hauptanwendungsbereich naturgemäß im Fortführungsplan zu sehen ist.[974]

Im folgenden Abschnitt werden diese und weitere Besonderheiten im Zusammenhang mit der Beteiligung des PSV am Insolvenzplanverfahren dargetan.

1. *Liquidationsplan*

Im Rahmen eines Liquidationsplanes kann die Abwicklung eines Unternehmens mittels vom Regelverfahren abweichenden Vereinbarungen und anderen Arten der Schuldenregulierung organisiert werden.[975] Die besonderen Regelungen bei

---

968 Uhlenbruck/*Lüer/Streit*, InsO, § 259, Rn. 1.

969 LAG Köln, Urt. v. 10.05.2016 – 12 Sa 864/15 – NZA-RR 2016, 543, Ls. 1.

970 BAG, Urt. v. 05.05.2015 – 1 AZR 764/13, BeckRS 2015, 72431, III. 2. a) der Gründe; allerdings kann auch mit im Wege eines bestätigten Insolvenzplanes erlassenen Forderungen aufgerechnet werden, soweit diese zum Zeitpunkt der Eröffnung des Insolvenzverfahrens bereits bestanden, vgl. BGH, Urt. v. 19.05.2011 – IX ZR 222/08, NJW-RR 2011, 1142, 1143, II. 2 und 3 der Gründe.

971 MüKo InsO/*Eidenmüller*, § 221, Rn. 94.

972 Näheres hierzu unter Teil 2 B. IV. 4. a).

973 Beck/Depré/*Pluta/Heidrich*, § 30, Rn. 119, 119a.

974 Höfer Bd. I/*Höfer/Reich*, BetrAVG, § 7, Rn. 243.

975 Braun/*Braun/Frank*, InsO, Vor § 217, Rn. 14; Uhlenbruck/*Lüer/Streit*, InsO, § 217, Rn. 1.

einer Beteiligung des PSV hieran finden innerhalb des Liquidationsplanes keine Anwendung.[976]

Auch bei einer übertragenden Sanierung findet innerhalb des Planverfahrens eine Liquidation des Unternehmens statt, sodass dieses Verfahren auch als Liquidationsplan zu verstehen ist.[977] Dies gilt allerdings nur, soweit eine vollständige Übertragung der Vermögensbestandteile des Unternehmens angestrebt wird und danach die Liquidation der *„leeren Hülle"* des Unternehmens beabsichtigt ist. Bleibt hingegen ein Teil des Unternehmens intakt und wird teilweise fortgeführt, handelt es sich um einen Insolvenzplan mit dem Ziel der teilweisen Unternehmensfortführung, sodass die Sondervorschriften für den PSV eingreifen.[978]

Innerhalb eines Liquidationsplanes kann der Insolvenzverwalter ohne Zustimmung der Versorgungsanwärter zudem unter den Voraussetzungen der § 3 Abs. 1 und 4 BetrAVG denjenigen Teil der Anwartschaften ausschließlich von weiterbeschäftigten Arbeitnehmern abfinden, welcher während des Insolvenzverfahrens erdient worden ist.[979] Diese besondere Abfindungsmöglichkeit soll der weiteren Vereinfachung der Abwicklung von Unternehmen dienen, deren Betriebstätigkeit vollständig eingestellt worden ist und welche vollständig liquidiert werden sollen.[980]

2. *Fortführungsplan*

a) *Grundsätzliches*

Nicht nur die Abwicklung eines Unternehmens mittels eines Liquidationsplanes, sondern insbesondere die Eigensanierung durch einen Fortführungsplan wird durch die §§ 217 ff. InsO ermöglicht.[981] Wichtigste Voraussetzung für das von gegenseitigen Austausch- und Verhandlungsprozessen geprägte Insolvenzplanverfahren mit dem Ziel der Fortführung des Unternehmens ist die Bereitschaft aufseiten aller Beteiligten, selbst Beiträge zur erfolgreichen Sanierung des betroffenen Rechtsträgers zu leisten.[982]

---

976 *Chardon/Flitsch*, DZWir 2004, 485, 486.

977 *Chardon/Flitsch*, DZWir 2004, 485, 486.

978 *Chardon/Flitsch*, DZWir 2004, 485, 486; *Rieger*, NZI 2013, 671, 672.

979 BAG, Urt. v. 22.12.2009 – 3 AZR 814/07, NZA 2010, 568, 569, B. I. 1. der Gründe; *Kothe-Heggemann*, GmbHR 2010, R 42, R 43.

980 NK-ArbR/*Ahrendt*, BetrAVG, § 3, Rn. 27.

981 *Rieger*, NZI 2013, 671, 672.

982 Braun/*Braun/Frank*, InsO, Vorb. zu § 217, Rn. 10.

Der Fortführungsplan ist insbesondere in den Konstellationen sinnvoll, in welchen der Wert des Schuldnerunternehmens nicht etwa von Sachwerten, sondern von seiner Vertragslage, etwa zu Lieferanten oder Kunden, geprägt ist und diese Vertragsbeziehungen im Falle der Fortführung zunächst einmal bestehen bleiben.[983]

b) Besonderheiten der Beteiligung des PSV

Soweit ein Fortführungsplan unter der Beteiligung des PSV stattfinden soll, sind vom Planersteller einige von den insolvenzrechtlichen Normen abweichende Sondervorschriften des BetrAVG zu beachten.

Einerseits eröffnet § 9 Abs. 4 S. 1 BetrAVG die Möglichkeit, für den PSV mit seiner mitunter ganz speziellen wirtschaftlichen Interessenlage eine eigene besondere Gruppe im Insolvenzplan zu bilden.[984] Diese Regelung trägt der zweiten Spezialnorm zugunsten des PSV, der Regelung über die Aufnahme einer Besserungsklausel in § 7 Abs. 4 S. 5 BetrAVG, Rechnung.[985]

Den Spezialvorschriften ist gemein, dass sie – letztlich auch zur Entlastung der den PSV finanzierenden Solidargemeinschaft der Arbeitgeber – den Zweck verfolgen, den wirtschaftlich genesenen Arbeitgeber zumindest teilweise wieder zurück in seine Versorgungsverpflichtungen zu weisen.[986]

Diese Besonderheiten bei Beteiligung des PSV am Planverfahren sind neben den §§ 217 bis 269 InsO zu beachten. Nicht zu berücksichtigen sind die Spezialnormen des BetrAVG bei sog. *verfahrensbegleitenden* oder *verfahrensleitenden* Plänen, die nicht der Fortführung des Unternehmens, sondern lediglich der – teilweisen – Durchführung des Insolvenzverfahrens dienen.[987]

(1) Besserungsklausel zugunsten des PSV, § 7 Abs. 4 S. 5 BetrAVG

Bis zur Kodifikation der Möglichkeit der Aufnahme einer Besserungsklausel durch das RRG zum 01.01.1999 galt, dass der PSV auch bei nachhaltiger wirtschaftlicher Sanierung des vormals angeschlagenen Unternehmens die übernommenen Versorgungsverpflichtungen weiter zu tragen hatte.[988] Der

983 *Rieger*, NZI 2013, 671, 672.
984 Beck/Depré/*Pluta/Heidrich*, § 30, Rn. 121; Blomeyer/Rolfs/Otto/*Rolfs*, BetrAVG, § 9, Rn. 101.
985 Vgl. *Rieger*, NZI 2013, 671, 675.
986 *Rieger*, NZI 2013, 671, 672.
987 *Rieger*, NZI 2013, 671, 672.
988 BVerwG, Urt. v. 23.05.1995 – 1 C 32/92, NZA-RR 1996, 102, 103, 1. b) ee) der Gründe.

Gesetzgeber schuf mit § 7 Abs. 4 S. 5 BetrAVG eine Entlastungsmöglichkeit für den PSV dergestalt, dass in einem Insolvenzplan für den Fall *„einer nachhaltigen Besserung der wirtschaftlichen Lage des Arbeitgebers“* vorgesehen werden *„soll“*, dass dieser seine Versorgungsverpflichtungen *„ganz oder zum Teil“* wieder selbst übernimmt.[989] Es handelt sich hierbei aus der Warte des Zivilrechts um einen auflösend bedingten Erlassvertrag nach § 397 BGB.[990] Ein solcher Besserungsschein sorgt aus Sicht des Schuldners für eine Erhöhung seiner Liquidität und aus Sicht des Gläubigers für die attraktive Möglichkeit, an einer wirtschaftlichen Erholung des Schuldners zu einem späteren Zeitpunkt zu partizipieren und damit zumindest einen Teil der sonst ausgefallenen Quote wieder zu erhalten.[991]

(i) Rechtsfolgen bei Nichtaufnahme einer Besserungsklausel

Umstritten ist indes, ob diese als Soll-Vorschrift konzipierte Regelung den Planverfasser gleichsam dazu zwingt, eine solche in jedem Fall aufzunehmen.

Einerseits wird vertreten, es handele sich um ein Erfordernis i. S. v. §§ 218, 221 InsO, sodass ein Insolvenzplan ohne eine solche Besserungsklausel vom Gericht von Amts wegen zurückgewiesen werden müsse, § 231 Abs. 1 Nr. 1 InsO.[992] Diese Auslegung machte aus § 7 Abs. 4 S. 5 BetrAVG letztlich eine zwingende Regelung.[993] Dies zöge nach sich, dass der Insolvenzplan bei Nichtaufnahme einer Besserungsklausel nicht zustande käme.[994]

Dem wird entgegengehalten, dass der Wortlaut von § 7 Abs. 4 S. 5 BetrAVG ausdrücklich auf ein *„Soll“* abziele, was gerade gegen einen zwingenden Charakter der Norm spreche.[995] Die Beteiligten sollten lediglich *„dazu angehalten werden“*, eine solche Klausel in den Insolvenzplan aufzunehmen.[996] Die Verwendung des Verbes „sollen“ drücke nämlich vielmehr das regelmäßige Erfordernis der Aufnahme einer Besserungsklausel in den Insolvenzplan aus, von welchem in Ausnahmefällen aber durchaus abgewichen werden könne.[997] Der Gesetzgeber habe die Notwendigkeit der Aufnahme einer Besserungsklausel gleichsam

---

989 *Chardon/Flitsch*, DZWir 2004, 485, 487.
990 Gottwald InsR-Hdb./*Drukarczyk*, § 3, Rn. 113
991 Gottwald InsR-Hdb./*Drukarczyk*, § 3, Rn. 113.
992 Blomeyer/Rolfs/Otto/*Rolfs*, BetrAVG, § 7, Rn. 278; ErfK/*Steinmeyer*, BetrAVG, § 7, Rn. 48; NK-ArbR/*Schlewing*, BetrAVG, § 7, Rn. 54; *Smid*, PraxisHdb. InsR, S. 378.
993 *Chardon/Flitsch*, DZWir 2004, 485, 487.
994 Vgl. Beck'sches Mandatshdb. DD/*Briester-Junker/Hützen*, § 21, Rn. 75.
995 Höfer Bd. I/*Höfer/Reich*, BetrAVG, § 7, Rn. 249; *Rieger*, NZI 2013, 671, 674.
996 Nerlich/Römermann/*Hamacher*, InsO, Vorb. vor § 113, Rn. 128.
997 *Rieger*, NZI 2013, 671, 674.

„institutionalisieren", nicht aber unabdingbar machen wollen.[998] § 231 Abs. 1 S. 1 Nr. 1 InsO könne insofern dort eingreifen, wo für das Auslassen jener Klausel keine hinreichenden Umstände für die Nichtaufnahme erkennbar seien.[999] Derlei Umstände könnten beispielsweise vorliegen, wenn bei Aufnahme einer solchen Besserungsklausel die Annahme des betreffenden Insolvenzplans aufgrund der Ankündigung konträren Abstimmens durch einen anderen Großgläubiger ansonsten scheitern würde.[1000]

Der zuletzt genannten, vermittelnden Ansicht ist beizupflichten. Die Aufnahme einer Besserungsklausel ist in aller Regel erforderlich, um den Anforderungen von §§ 218, 221 InsO zu entsprechen. Allerdings darf der Insolvenzplan dann nicht gem. § 231 Abs. 1 S. 1 Nr. 1 InsO v. A. w. zurückgewiesen werden, wenn eine begründete Ausnahme gemacht werden muss. Nur so kann dem gesetzgeberisch beabsichtigten Gewicht des § 7 Abs. 4 S. 5 BetrAVG als Soll-Vorschrift Genüge getan werden.

(ii) Gesetzgeberisch beabsichtigte Besserstellung des PSV gegenüber anderen Gläubigern

Der PSV wird mit Aufnahme einer Besserungsklausel zu seinen Gunsten im Verhältnis zu den übrigen Gläubigern teils erheblich bevorteilt.[1001] In diesem Zusammenhang problematisch ist das Verbot der Gläubigerbenachteiligung aus § 226 InsO, wonach innerhalb einer Gruppe alle Gläubiger gleich zu behandeln sind.[1002] Ebenfalls gefährlich wäre eine Situation, in welcher sich die möglicherweise benachteiligten Gruppenmitglieder gemeinsam gegen den PSV stellen und so den Erfolg des Insolvenzplanes durch konträres Abstimmverhalten bedrohen könnten.

Allerdings war es gerade die gesetzgeberische Absicht, den PSV durch die Aufnahme des Erfordernisses aus § 7 Abs. 4 S. 5 BetrAVG gegenüber den sonstigen Gläubigern ggf. besser zu stellen.[1003] Diese Besserstellung lässt sich vor allem vor dem Hintergrund der eingangs geschilderten, besonderen Risikosituation und Forderungsbelastung des PSV erklären, der mit der Übernahme von Versorgungsverpflichtungen derart weitreichende Ansprüche zu bedienen hat, dass sich auch hieraus seine exponierte Stellung rechtfertigen lässt.[1004]

---

998 Höfer Bd. I/*Höfer/Reich*, BetrAVG, § 7, Rn. 249.

999 In diese Richtung tendierend Beck/Depré/*Pluta/Heidrich*, § 30, Rn. 120b.

1000 *Rieger*, NZI 2013, 671, 674.

1001 Höfer Bd. I/*Höfer/Reich*, § 7, Rn. 305.

1002 Vgl. *Rieger*, NZI 2013, 671, 676.

1003 *Bremer*, DB 2011, 875, 876; *Chardon/Flitsch*, DZWir 2004, 485, 487.

1004 *Rieger*, NZI 2013, 671, 673.

Der Vorteil einer Besserungsklausel in einem Insolvenzplan – nicht nur zugunsten des PSV, sondern auch für übrige Gläubiger denkbar – liegen vor allem in der Satisfaktion für die Gläubiger, im Falle der erfolgreichen Sanierung des Unternehmens an dessen Erträgen und Gewinnen beteiligt zu werden und so auf ihre Forderungen bessere Quoten zu erhalten. Zwar könnte dem entgegengehalten werden, dass die Aufnahme von Besserungsklauseln mögliche Investoren abschrecken könnte, da diese selbst bei wirtschaftlicher Erholung des zu erwerbenden Unternehmens nicht umgehend Erträge daraus ziehen könnten, da diese aufgrund der Besserungsklauseln zunächst einmal an diese Gläubiger ausgekehrt würden.[1005] Auch könnte vorgetragen werden, gerade die Erteilung von Besserungsklauseln hemme die wirtschaftliche Gesundung des Unternehmens über Gebühr, da jeder Ertrag unmittelbar den Gläubigern zugute käme.

Diesen beiden Bedenken ist aber insofern eine Absage zu erteilen, als gerade diese Risiken in den Insolvenzplanverhandlungen, insbesondere zur Aufnahme von Besserungsklauseln, aus (betriebs-)wirtschaftlicher Sicht beleuchtet sowie diskutiert werden und in einen angemessenen Ausgleich zueinander gesetzt werden, bevor der Plan vorgelegt wird.[1006] Letztlich dürfte aber das Risiko einer drohenden Gläubigerbenachteiligung innerhalb einer Gruppe aufgrund der besonderen Regelung für die Gruppenbildung bei Teilnahme des PSV nach § 9 Abs. 4 BetrAVG ohnehin von geringer praktischer Relevanz sein.[1007]

(iii) Ausgestaltung der Besserungsklausel

Der durch die Besserungsklausel verfolgte Zweck der späteren Rückübernahme der Versorgungslasten durch den Arbeitgeber wird nur dann erreicht, wenn der Planverfasser diese sorgsam gestaltet.

Der Gesetzgeber hat dem Rechtsanwender durch den Wortlaut des § 7 Abs. 4 S. 5 BetrAVG einen erheblichen Gestaltungsspielraum eröffnet und auf die Kodifizierung der eine *„nachhaltigen Besserung der wirtschaftlichen Lage“* konstituierenden Parameter verzichtet.[1008] Erforderlich ist zur Abwendung divergierender Auslegungen eine Niederlegung von detaillierten Kennzahlen, anhand derer eine solche *„nachhaltige Besserung“* zu erkennen ist.[1009] Die Erreichung dieser zu vereinbarenden Voraussetzungen stellt eine Bedingung i. S. v. § 158 BGB dar.[1010]

1005 *Chardon/Flitsch*, DZWir 2004, 485, 487.

1006 *Bremer*, DB 2011, 875, 878.

1007 Vgl. *Rieger*, NZI 2013, 671, 676; zur Bildung einer besonderen Gruppe für den PSV sogleich unter Teil 2 C. II. 2. b) (2).

1008 *Chardon/Flitsch*, DZWir 2004, 485, 488.

1009 So etwa MüKo InsO/*Eidenmüller*, § 221, Rn. 94.

1010 *Rieger*, NZI 2013, 671, 673.

Für den PSV können insbesondere Konstellationen interessant sein, in denen eine Besserungsklausel die Rücknahmeverpflichtung des Arbeitgebers etwa an eine abstrakte Personengruppe oder aber an einen individualisierbaren, mit Namensliste versehenen Begünstigtenkreis knüpft, wobei entsprechende Daten für die individuelle Rückübernahme der Versorgung niedergelegt sind; auch die Wiederaufnahme der Versorgungsverpflichtungen bei Erreichen bestimmter Kennzahlen, zum Beispiel eine bestimmte Eigenkapitalquote des Schuldners, nimmt der PSV an.[1011]

Den Eintritt der festgelegten Bedingungen sollte in aller Regel der planüberwachende Insolvenzverwalter laufend prüfen, wobei auch ein Recht des PSV auf Einsicht in etwa die Jahresabschlüsse des Unternehmens denkbar sein kann, um auch ihm umfassende Informationen zu sichern.[1012]

Weiter kann eine Besserungsklausel in Ansehung von § 7 Abs. 4 S. 3 BetrAVG auch lediglich den Wiedereintrittszeitpunkt für den Arbeitgeber in seine Versorgungsverpflichtungen vorsehen.[1013] Auch eine Kombination von vertikaler und horizontaler Aufteilung nach den § 7 Abs. 4 S. 2 und 3 BetrAVG ist möglich.[1014] So kann durch den PSV etwa die Übernahme von Versorgungsverpflichtungen für eine bestimmte Zeitspanne nach § 7 Abs. 4 S. 3 BetrAVG erklärt werden, aber die Besserungsklausel gleichzeitig vorsehen, dass bei frühzeitigem Erreichen bestimmter „Gesundungsparameter" die Übernahme wieder fortfällt.

Ferner kann der PSV eine Besserstellung auch dadurch erfahren, dass er nur aufschiebend bedingt auf Anteile seiner Forderungen verzichtet und diese später bei wirtschaftlicher Genesung des Insolvenzschuldners wieder voll ausgeglichen werden sollen.[1015] Dies geschieht zumeist in Form eines aufschiebend bedingten Schuldanerkenntnisses, § 781 BGB, oder durch einen auflösend bedingten Forderungsverzicht seitens des PSV.[1016]

(iv) Sonderstellung des PSV in einer Folgeinsolvenz

Im Insolvenzplanverfahren unter Beteiligung des PSV ist des Weiteren auch die besondere Behandlung des PSV bei einer **Folgeinsolvenz** nach Aufhebung des vorangegangenen Insolvenzverfahrens zu beachten.[1017] § 9 Abs. 4 S. 2 BetrAVG

1011 *Bremer*, DB 2011, 875, 878.
1012 *Chardon/Flitsch*, DZWir 2004, 485, 488.
1013 Höfer Bd. I/*Höfer/Reich*, § 7, Rn. 306.
1014 Beck/Depré/Pluta/Heidrich, § 30, Rn. 120a.
1015 Höfer Bd. I/*Höfer/Reich*, § 7, Rn. 306.
1016 *Rieger*, NZI 2013, 671, 674.
1017 MüKo InsO/*Huber*, § 255, Rn. 31.

normiert zugunsten des PSV, dass dieser im Falle eines binnen drei Jahren nach der Aufhebung des ursprünglichen Insolvenzverfahrens neuerlich eröffneten Insolvenzverfahrens seine im vorangegangenen Verfahren erbrachten Leistungen als Insolvenzgläubiger erstattet verlangen kann.[1018]

Diese Vorschrift bildet eine Spezialregel zu der Verzichtswirkung aus § 254 InsO sowie der Wiederauflebensklausel § 255 InsO[1019]. Nach letztgenannter insolvenzrechtlicher Vorschrift fallen die Vergünstigungen aus dem Insolvenzplan für den Schuldner wieder fort, wenn dieser nicht die vereinbarten Leistungen erbringt oder mit der Leistung in erheblichen Rückstand gerät.[1020] Da der PSV aber im Gegensatz zu den übrigen Gläubigern zeitlich wesentlich längeren Verpflichtungen unterliegt, beispielsweise aus Übernahme nach § 7 Abs. 4 S. 3 BetrAVG, und der nach dem Ablauf der vereinbarten Zeitspanne versprochene Wiedereintritt in die Versorgungsverpflichtungen keine Forderung darstellt, die im Rahmen der Planüberwachung kontrolliert und beglichen wird, könnte der PSV einen Nachteil erleiden, wenn der Plan trotz unterbliebenen Wiedereintritts als erfüllt gilt und demgemäß der Zugriff auf die Vorzüge des § 255 InsO ausgeschlossen ist.[1021] Eine Sonderbehandlung für den PSV erschien daher notwendig. Dem PSV wird durch § 9 Abs. 4 S. 2 BetrAVG von Gesetzes wegen eine verlängerte „*Wiederauflebensfrist*" gewährt.[1022]

(2) Bildung einer eigenen Gläubigergruppe, § 9 Abs. 4 BetrAVG

Neben der Spezialvorschrift über eine Besserungsklausel zugunsten des PSV ist auch die fakultative Möglichkeit der Bildung einer besonderen Gruppe für den PSV im Insolvenzplan nach § 9 Abs. 4 BetrAVG zu beachten, welche mit Art. 91 Nr. 4 d) EGInsO durch den Gesetzgeber eingefügt wurde.[1023]

Die Bildung von Gruppen im Insolvenzplan bestimmt sich grundsätzlich nach § 222 InsO, wobei drei Gruppen von Gläubigern unterschieden werden, nämlich die Absonderungsberechtigten nach § 47 InsO (Nr. 1), die nicht nachrangigen, ungesicherten Gläubiger (Nr. 2) und schließlich die nachrangigen Gläubiger (Nr. 3).[1024] Soweit es innerhalb dieser so gebildeten Gruppen noch

1018 Braun/*Braun/Frank*, InsO, § 255, Rn. 8.
1019 Uhlenbruck/*Lüer/Streit*, InsO, § 255, Rn. 13.
1020 Braun/*Braun/Frank*, InsO, § 255, Rn. 8.
1021 BeckOK ArbR/*Molkenbur*, BetrAVG, § 9, Rn. 18; *Chardon/Flitsch*, DZWir 2004, 485, 490.
1022 Uhlenbruck/*Lüer/Streit*, InsO, § 255, Rn. 13.
1023 Beck/Depré/*Exner/Wittmann*, § 43, Rn. 30.
1024 Uhlenbruck/*Lüer/Streit*, InsO, § 222, Rn. 9.

Untergruppen mit gleichgelagerten wirtschaftlichen Interessen gibt, können diese ebenfalls zusammengefasst werden, § 222 Abs. 2 InsO.[1025]

Dem Verfasser des Insolvenzplanes kommt insoweit eine große Vielfalt an Gestaltungsmöglichkeiten zu. Bei der Aufstellung des Planes und der Einteilung der Gruppen muss aber immer im Blick behalten werden, wie die Stimmverhältnisse verteilt sind, da die Gläubigerschaft im Insolvenzplanverfahren durch ihr Abstimmverhalten Gedeih und Verderb des Insolvenzplanes bestimmen kann.[1026]

Da der PSV in aller Regel als Großgläubiger an Insolvenzplanverfahren beteiligt ist, kommt ihm ein sehr gewichtiges Stimmvolumen zu.[1027] Zwar ist er durch das Obstruktionsverbot aus § 245 InsO an unsachgemäßem Abstimmverhalten gehindert.[1028] Dies gilt aber nur insoweit, als seinen wirtschaftlichen Interessen Genüge getan wird. Dem Planverfasser bliebe die Möglichkeit, den PSV in einer Gruppe mit weiteren Großgläubigern unterzubringen, welche ihn im Zweifel überstimmen könnten.[1029]

Um der Möglichkeit entgegenzuwirken, dass der PSV durch strategische Gruppenbildung mit entsprechenden Stimmgewichten überstimmt werden kann, hat der Gesetzgeber § 9 Abs. 4 BetrAVG als Spezialvorschrift zu § 222 Abs. 2 InsO konzipiert.[1030]

Der Planersteller „*kann*" eine besondere Gruppe für den PSV bilden, diese Sondervorschrift ist mithin fakultativ.[1031] Im ursprünglichen Gesetzesentwurf war § 9 Abs. 4 S. 1 BetrAVG indes noch als zwingend ausgestaltet.[1032]

Die besondere Lage und die damit zusammenhängenden, im Verhältnis zu anderen Gläubigern andersartigen wirtschaftlichen Interessen des PSV resultieren aus den speziellen Regelungen gem. § 7 Abs. 4 S. 2 und 3 BetrAVG zu *vertikaler* und *horizontaler* Aufteilung.[1033] Weitere Gläubiger dieses Kalibers könnten zwar theoretisch mit in eine derartige Gruppe aufgenommen werden, jedoch dürfte es solche in aller Regel praktisch nicht geben.[1034]

1025 *Chardon/Flitsch*, DZWir 2004, 485, 486.
1026 Vgl. auch Beck/Depré/*Exner/Wittmann*, § 43, Rn. 31.
1027 Vgl. *Chardon/Flitsch*, DZWir 2004, 485, 486.
1028 Blomeyer/Rolfs/Otto/*Rolfs* BetrAVG, § 9, Rn. 102.
1029 *Chardon/Flitsch*, DZWir 2004, 485, 487; FK-InsO/*Jaffé*, § 222, Rn. 46.
1030 Beck/Depré/*Pluta/Heidrich*, § 30, Rn. 121.
1031 Blomeyer/Rolfs/Otto/*Rolfs*, BetrAVG, § 9, Rn. 103.
1032 FK-InsO/*Jaffé*, § 222, Rn. 45; MüKo InsO/*Eidenmüller*, § 222, Rn. 157.
1033 BT-Drs. 12/2443, 199; K. Schmidt/*Spliedt*, § 222, Rn. 24.
1034 MüKo InsO/*Eidenmüller*, § 222, Rn. 159.

Die Bildung der besonderen PSV-Gruppe im Insolvenzplanverfahren ist so lange optional, wie es weitere, mit dem PSV vergleichbare Gläubiger gibt. Kommt dem PSV aber, wie gezeigt, eine exponierte Stellung etwa aufgrund einer Besserungsklausel nach § 7 Abs. 4 S. 5 BetrAVG als Alleinstellungsmerkmal zu, so muss eine besondere Gruppe für ihn gebildet werden.[1035] Das Ermessen des Planerstellers reduziert sich insoweit auf Null.[1036]

Zu beachten ist ferner aber, dass der PSV regelmäßig Teil mehrerer Gruppen sein kann, etwa wenn ihm gegen den Insolvenzschuldner noch eigene Forderungen wegen unterlassener Beitragszahlung nach § 10 BetrAVG zustehen.[1037] Diese Forderungen sind als einfache Insolvenzforderungen nach § 38 InsO zu qualifizieren, nehmen aber nicht an der gesetzgeberisch intendierten Sonderstellung durch Besserungsklausel oder eigene Gläubigergruppe im Insolvenzplan teil. Diese Vorzüge genießt der PSV nur insoweit, als es sich bei den von ihm geltend gemachten Forderungen um im Wege von § 9 Abs. 2 BetrAVG übergegangene Versorgungsrechte handelt.[1038]

Das Gesetz sieht bei Unterlassen der Bildung einer besonderen Gruppe für den PSV keine negativen Rechtsfolgen für den Planersteller oder andere Beteiligte vor.[1039] Allerdings darf nicht unterschätzt werden, dass der PSV, der im Entwurfsstadium des Planes nicht hinzugezogen worden ist und dessen wirtschaftliche Interessen keine Berücksichtigung gefunden haben, sein Stimmgewicht zu Ungunsten des Insolvenzplans ausrichten und wichtige Entscheidungen blockieren könnte.[1040] Eine frühzeitige Einbindung des PSV ist daher für den Planverfasser von Vorteil. Nur unter der Beteiligung des PSV kann eine allseits zufriedenstellende und zielführende Lösung gefunden werden.

1035 MüKo InsO/*Eidenmüller*, § 222, Rn. 160; *Rieger*, NZI 2013, 671, 675.

1036 MüKo InsO/*Eidenmüller*, § 222, Rn. 160; K. Schmidt/*Spliedt*, § 222, Rn. 24.

1037 *Rieger*, NZI 2013, 671, 676.

1038 *Rieger*, NZI 2013, 671, 676.

1039 Vgl. MüKo InsO/*Eidenmüller*, § 222, Rn. 160.

1040 *Chardon/Flitsch*, DZWir 2004, 485, 487.

Teil 3 Fragen haftungsrechtlicher Zuordnung im Umfeld betrieblicher Altersversorgung

Zusätzlich zu der Frage des Bestehens gesetzlichen Insolvenzschutzes von Versorgungsansprüchen und -anwartschaften nach den §§ 7 ff. BetrAVG eröffnet eine Arbeitgeberinsolvenz auch insolvenzrechtliche Problemfelder in Bezug auf jene Versorgungsrechte.

Für Versorgungsberechtigte steht zunächst einmal grundsätzlich das Risiko einer möglichen Insolvenzanfechtung ihrer Versorgungszusagen und Verbesserungen unter dem Regiment der §§ 129 ff. InsO im Raum, welche zugunsten der Masse Rückforderungsrechte an hierfür aufgewandten Vermögensgegenständen des Schuldnerunternehmens begründen könnte.[1041] Gerade Versorgungszusagen im Umfeld von externen Versorgungsträgern wie etwa Direktversicherungen, insbesondere im Zusammenhang mit der diesbezüglichen Prämienzahlung (aus Entgeltumwandlung), bieten für die Insolvenzanfechtung ein breites Spektrum an Angriffsfläche.

Eine weitere Risikogruppe stellen Versorgungsberechtigte dar, die ihre Versorgung im Wege der Entgeltumwandlung nach § 1 Abs. 2 Nr. 3 BetrAVG finanzieren, etwa wenn der Arbeitgeber jene Entgeltbestandteile abredewidrig nicht an den eingesetzten externen Versorgungsträger weiterleitet und ein Insolvenzschutz durch den PSV etwa aufgrund eines bestehenden unwiderruflichen Bezugsrechts an einer Direktversicherung oder der Einschaltung einer Pensionskasse nicht eingreift.[1042] Umstritten ist daher in diesem Zusammenhang, wem solche nicht abgeführten Entgeltbestandteile bzw. aus jenen finanzierte Direktversicherungsansprüche in der Insolvenz des Arbeitgebers vermögens- und haftungsrechtlich zuzuordnen sind. Die Entscheidung dieser Rechtsfrage bedingt, ob die nicht weitergeleiteten Bestandteile aus Entgeltumwandung der Masse anheimfallen oder der Versorgungsberechtigte hieran ein Aussonderungsrecht nach § 47 InsO geltend machen kann.

1041 Vgl. *Mückl/Götte*, ArbRAktuell 2017, 609.

1042 Höfer Bd. I./*Höfer/Reich*, ART, Kap. 12, Rn. 27; Höfer Bd. I/*Höfer/Reich*, BetrAVG, § 7, Rn. 120.

Diesen beiden insolvenzrechtlichen Spannungsfeldern soll sich der dritte Teil dieser Arbeit widmen und eine Einschätzung dieser Risiken für die Versorgungsberechtigten vornehmen.

A. Anfechtbarkeit von Versorgungszusagen nach den §§ 129 ff. InsO

Versorgungsberechtigte können zunächst der potentiellen Gefahr einer Insolvenzanfechtung ihrer originären Zusage selbst bzw. Verbesserungen derselben unter dem Regiment der §§ 129 ff. InsO unterliegen. Die Insolvenzanfechtung verfolgt dabei das Ziel, ungerechtfertigte Vermögensverschiebungen rückgängig zu machen und demgemäß dem Schuldnervermögen rückzuordnen.[1043] Voraussetzung für eine erfolgreiche Insolvenzanfechtung sind eine anfechtbare Rechtshandlung, welche eine Benachteiligung der übrigen Gläubiger nach sich zieht, sowie das Vorliegen eines Anfechtungstatbestandes nach den §§ 130 ff. InsO.[1044]

I. Anfechtbarkeit der originären Zusage und deren Verbesserungen

Die Abgabe von Versorgungszusagen oder auch die Veränderung bzw. Verbesserung derselben sind als Rechtshandlungen des Schuldners unter den Voraussetzungen der §§ 129 ff. InsO grundsätzlich anfechtbar.[1045]

1. Gegenüber dem Versorgungsberechtigten

Eine „last minute"-Zusage binnen der letzten drei Monate vor Stellung des Antrages auf Insolvenzeröffnung unterliegt der Insolvenzanfechtung nach § 130 InsO.[1046] Eine Anwendung des Bargeschäftsprivilegs nach § 142 InsO schiede hier aus, da der Arbeitnehmer in einer derart kurzen Zeitspanne noch keine äquivalente Leistung für eine Versorgung erbracht haben kann.[1047]

Eine nach Beendigung des Arbeitsverhältnisses erteilte Zusage kann im Lichte dessen hingegen etwa den Tatbestand der inkongruenten Deckung nach § 131 InsO erfüllen und danach der Anfechtung durch den Insolvenzverwalter unterliegen.[1048]

1043 MüKo InsO/*Kirchhof*, Vorb. §§ 129 bis 147, Rn. 31; *Stegmann/Lind*, NVersZ 2002, 193, 196.

1044 *Diller/Tresselt*, ZIP 2017, 2084, 2087; Gottwald InsR-Hdb./*Huber*, § 46, Rn. 15.

1045 *Böhme*, VIA 2018, 9, 10; *Ganter*, NZI 2013, 769, 773.

1046 *Ganter*, NZI 2013, 769, 773; Uhlenbruck/*Borries/Hirte*, InsO, § 133, Rn. 167.

1047 *Ganter*, NZI 2013, 769, 773.

1048 Uhlenbruck/*Borries/Hirte*, InsO, § 134, Rn. 152.

Auch dürfte eine Anfechtung der genannten Rechtshandlungen als unentgeltliche Leistungen i. S. v. § 134 Abs. 1 InsO ausscheiden.[1049] Richtigerweise werden Pensionszusagen Arbeitnehmern gegenüber nach herrschender Auffassung nicht unentgeltlich erteilt.[1050] Vielmehr handelt es sich dabei im weiteren Sinne um dem arbeitsvertraglichen Synallagma unterfallende Bestandteile des Arbeitsentgelts.[1051]

2. Gegenüber dem PSV

Soweit Versorgungsrechte im Wege der Legalzession gem. § 9 Abs. 2 BetrAVG auf den PSV übergegangen sind, dürften die Versorgungsberechtigten als Anfechtungsgegner ausscheiden. Die Insolvenzanfechtung müsste sich im Lichte von § 145 Abs. 2 InsO nun richtigerweise vielmehr gegen den PSV richten.

Allerdings dürfte eine solche Anfechtung regelmäßig an § 145 Abs. 2 Nr. 1 InsO scheitern.[1052] Im Falle eines Übergangs des anzufechtenden Vermögensvorteils auf einen Dritten, also der Übergang der Versorgungszusage auf den PSV, muss der Insolvenzverwalter gegenüber diesem Dritten anfechten, § 145 InsO. Da es sich bei dem PSV aber nicht um einen Gesamtrechtsnachfolger der Versorgungsberechtigten handelt, sondern lediglich der Einzelrechtsnachfolge unterfallende Versorgungsrechte auf ihn übergehen, müssten die Voraussetzungen von § 145 Abs. 2 InsO erfüllt sein. Regelmäßig dürfte aber keine dieser drei Tatbestandsvarianten einschlägig sein.[1053]

Zunächst dürfte es sich grundsätzlich der Kenntnis des PSV entziehen, ob die auf ihn übergegangenen Versorgungsrechte in anfechtungsrelevanter Art und Weise begründet und erworben worden sind, § 145 Abs. 2 S. 1 BetrAVG. Zwar hat der Arbeitgeber nach § 11 Abs. 1 und 2 BetrAVG dem PSV Mitteilung über die Erteilung und Bemessung der Versorgungszusagen in seinem Unternehmen zu machen. Allein hieraus dürfte sich jedoch nicht ohne weiteres eine Kenntnis des PSV von einer etwaigen Anfechtbarkeit des Rechtserwerbs beim Versorgungsberechtigten konstruieren lassen. Auch handelt es sich bei dem PSV nicht um eine dem einzelnen Versorgungsberechtigten nahestehende Person i. S. v. § 145 Abs. 2 Nr. 2 InsO. Zuletzt kann ein unentgeltlicher Rechtserwerb des PSV

1049 Vgl. Uhlenbruck/*Borries/Hirte*, InsO, § 134, Rn. 100, 152.

1050 Vgl. bereits BAG, Urt. v. 29.07.1967 – 3 AZR 55/66, NJW 1967, 2425, 2426, IV. 2. b) der Gründe.

1051 *Diller/Tresselt*, ZIP 2017, 2084, 2088.

1052 *Diller/Tresselt*, ZIP 2017, 2084, 2086.

1053 *Diller/Tresselt*, ZIP 2017, 2084, 2086.

nach § 145 Abs. 2 S. 3 InsO nicht angenommen werden, da er den Versorgungsberechtigten gegenüber aus § 7 BetrAVG verpflichtet ist.[1054]

II. Anfechtung im Umfeld von Lebensversicherungsverträgen

1. Grundsätzliches

Für die insolvenzrechtliche Anfechtung von Rechtshandlungen im Umfeld von Lebensversicherungsverträgen gilt, dass neben der Erteilung der Versorgungszusage und der Einräumung eines Bezugsrechts an der Versicherungspolice insbesondere die Leistung der Prämien an den Versicherer sowie die Auszahlung der Versicherungssumme anfechtbare Vorgehensweisen des Arbeitgebers, welcher Versicherungsnehmer der Versicherungspolice ist, darstellen können.[1055]

Soweit dem Versorgungsberechtigten an der Lebensversicherung lediglich ein *widerrufliches* Bezugsrecht zugewiesen wurde und auch nach Eintritt der Unverfallbarkeit nach § 1b BetrAVG versicherungsvertraglich noch immer ein widerrufliches Bezugsrecht besteht, fällt der Anspruch auf den Rückkaufswert in die Insolvenzmasse des Arbeitgebers, § 169 Abs. 1 VVG.[1056] Nach der sog. *Erlöschenstheorie* des BGH[1057] wird im Moment der Insolvenzeröffnung der Erfüllungsanspruch ipso iure zu einem Abwicklungsverhältnis, was das Erfordernis eines ausdrücklichen Widerrufs des Bezugsrechts durch den Insolvenzverwalter fortfallen lässt.[1058] Da die Versicherungspolice einschließlich des Anspruchs auf deren Rückkaufswert demgemäß der Insolvenzmasse zuzuordnen ist, ist eine Insolvenzanfechtung durch den Verwalter in diesem Falle nicht erforderlich.[1059]

Der für eine Anfechtung maßgebliche Zeitpunkt liegt bei einer Lebensversicherung mit widerruflichem Bezugsrecht vielmehr erst zur Zeit des Rechtserwerbs des Bezugsberechtigten vor, mithin bei Eintritt des Versicherungsfalles, § 159 Abs. 2 VVG.[1060] Es handelt sich insoweit um eine mittelbare Zuwendung

---

1054 *Diller/Tresselt*, ZIP 2017, 2084, 2086.

1055 Zur Anfechtung von Prämienzahlungen BGH, Urt. v. 12.01.2012 – IX ZR 95/11, NZI 2012, 246, III. der Gründe; OLG Karlsruhe, Urt. v. 18.01.2007 – 12 U 185/06, NZI 2008, 188, II. 1. der Gründe.

1056 Höfer Bd. I/*Höfer/Reich*, BetrAVG, § 7, Rn. 106; *Kießling*, NZI 2008, 469, 470.

1057 BGH, Urt. v. 04.03.1993 – IX ZR 169/92, NJW 1993, 1994, II. 1. der Gründe.

1058 *Stegmann/Lind*, NVersZ 2002, 193, 194.

1059 BGH, Urt. v. 23.10.2003 – IX ZR 252/01, NJW 2004, 214, 215, III. 4. d) der Gründe; Uhlenbruck/*Borries/Hirte*, InsO, § 134, Rn. 91.

1060 *Langohr-Plato*, jurisPR-ArbR 11/2011 Anm. 6 zu LAG Frankfurt, Urt. v. 05.10.2010 – 13 Sa 1841/09.

des Arbeitgebers an den Versorgungsberechtigten, die erst im Erwerbsmoment ihre rechtlichen Wirkungen i. S. v. § 140 Abs. 1 InsO entfaltet.[1061]

Hat der Arbeitgeber dem Versorgungsberechtigten hingegen ein *unwiderrufliches* Bezugsrecht an der Versicherung eingeräumt, so fällt die Police im Insolvenzfall des Arbeitgebers nicht in dessen Insolvenzmasse und der Versorgungsberechtigte kann die Versicherungssumme aussondern, § 47 InsO.[1062] Allerdings unterliegen die Zusage an sich, die Bestellung des unwiderruflichen Bezugsrechts sowie die Prämienzahlungen durch den Arbeitgeber der Anfechtung durch den Insolvenzverwalter nach Maßgabe der §§ 129 ff. InsO.[1063]

So kann die Verbesserung eines vormals widerruflichen in ein unwiderrufliches Bezugsrecht zugunsten des Versorgungsberechtigten binnen eines Monats vor Eröffnung des Insolvenzverfahrens der insolvenzrechtlichen Anfechtung nach §§ 129, 131 Abs. 1 Nr. 1 InsO unterliegen, wenn der Versorgungsberechtigte noch keine unverfallbare Anwartschaft i. S. d. § 1b BetrAVG innehatte.[1064] Die Übertragung der Versicherung auf den Versorgungsberechtigten benachteiligt dabei die übrigen Gläubiger, weil der Arbeitgeber dem Versorgungsberechtigten einerseits eine Rechtsposition einräumt, auf welche dieser (noch) keinen Anspruch hat und andererseits, weil durch die Aufgabe der Verfügungsmacht über die Versicherungsrechte die Insolvenzmasse um den Rückkaufswert der Police vermindert wird.[1065]

Soweit die Einsetzung des Versorgungsberechtigten als unwiderruflich Bezugsberechtigter außerhalb der Anfechtungsfristen und in einem Zeitpunkt der wirtschaftlichen Stabilität des zusagenden Unternehmens erfolgte, unterliegen aber jedenfalls Prämienzahlungen im kritischen Zeitraum der Insolvenzanfechtung, weil hierdurch der Versicherungsanspruch des Bezugsberechtigten zulasten der Masse erhöht wird.[1066]

1061 MüKo BGB/*Gottwald*, § 328, Rn. 155.

1062 BAG, Urt. v. 26.06.1990 – 3 AZR 651/88, NZA 1991, 60, 61, 2. a) und b) der Gründe; BAG, Urt. v. 15.06.2010 – 3 AZR 334/06, NZA-RR 2011, 260, 262, II. 2. b) der Gründe; Braun/*Bäuerle*, InsO, § 47, Rn. 77; Uhlenbruck/*Brinkmann*, InsO, § 47, Rn. 113.

1063 *Böhme*, VIA 2018, 9, 10; MüKo BGB/*Gottwald*, § 328, Rn. 159; *Schäfer*, NZI 2008, 151, 152.

1064 BAG, Urt. v. 19.11.2003 – 10 AZR 110/03, NZA 2004, 208, 209, B. II. 1. der Gründe; vgl. Höfer Bd. I/*Höfer/Reich*, BetrAVG, § 7, Rn. 108.

1065 BAG, Urt. v. 19.11.2003 – 10 AZR 110/03, NZA 2004, 208, 209, B. II. 1. der Gründe.

1066 BGH, Urt. v. 12.01.2012 – IX ZR 95/11, NZI 2012, 246, III. der Gründe; vgl. auch *Stegmann/Lind*, NVersZ 2002, 193, 197; Uhlenbruck/*Borries/Hirte*, InsO, § 134, Rn. 95.

2. Besonderheiten bei Gesellschafter-Geschäftsführern

Soweit einem Gesellschafter-Geschäftsführer eine Versorgungszusage erteilt wurde, wird der Insolvenzverwalter hierauf im Rahmen einer möglichen Insolvenzanfechtung besonderes Augenmerk legen.[1067] Nicht selten wird dieser Personenkreis mit überdurchschnittlich hoch dotierten Versorgungszusagen bedacht, was eine Anfechtung zugunsten der Insolvenzmasse attraktiv erscheinen lässt.

Regelmäßig unterliegt die Anfechtung einer originären Gesellschafter-Geschäftsführer-Versorgungszusage den gleichen Grundsätzen wie bei „regulären" Versorgungszusagen an Arbeitnehmer. Allerdings ist in diesem Zusammenhang zu beachten, dass eine Anfechtung nach § 133 Abs. 1 InsO und die Annahme vorsätzlicher Gläubigerbenachteiligung wegen der in aller Regel erheblich informierteren Stellung des Gesellschafter-Geschäftsführers im Unternehmen für diesen ein ungleich höheres Risiko birgt. Dies muss insbesondere dort gelten, wo diesem Personenkreis in Ansehung einer drohenden Insolvenz erstmals Versorgungszusagen erteilt oder aber bestehende Zusagen erheblich verbessert und aufgestockt werden.[1068]

Im Hinblick auf die Anfechtung von Prämienzahlungen an eine zugunsten eines Gesellschafter-Geschäftsführers abgeschlossene Lebensversicherung hat der BGH offen gelassen, ob ein letzter – schlussendlich erfolgloser – Sanierungsversuch eine vorsätzliche Gläubigerbenachteiligung bzgl. der Prämienzahlungen ausschließen kann.[1069] Hier wird regelmäßig eine Einzelfallbetrachtung insbesondere der Angemessenheit von Prämienhöhe in Relation zu bestehenden Haftungsrisiken vorgenommen werden müssen, wobei ein ernsthaftes und zunächst aussichtsreiches Bemühen der Geschäftsführung um wirtschaftliche Genesung des Unternehmens ein gewichtiges Indiz gegen das Vorliegen eines Gläubigerbenachteiligungsvorsatzes darstellen dürfte.[1070]

1067 *Stegmann/Lind*, NVersZ 2002, 193, 200.

1068 *Ganter*, NZI 2013, 769, 774.

1069 Vielmehr stellte der Senat auf das Interesse der Gläubiger an einem zeitnah zu stellenden Insolvenzantrag ab, welches über der Zweckdienlichkeit von Sanierungsbemühungen und der fortgesetzten Tätigkeit der Geschäftsführung stünde, vgl. BGH, Urt. v. 12.01.2012 – IX ZR 95/11, NZI 2012, 246, III. der Gründe; Uhlenbruck/*Borries/Hirte*, § 142, Rn. 38.

1070 Uhlenbruck/*Borries/Hirte*, InsO, § 142, Rn. 38.

3. *Insolvenzanfechtung und Entgeltumwandlung*

Umstritten ist die anfechtungsrechtliche Handhabe des Weiteren, wenn der Arbeitnehmer eine Direktversicherung durch Entgeltumwandlung selbst finanziert, also der Arbeitgeber die Prämien aufgrund einer arbeitsvertraglichen Verpflichtung aus dem Nettolohn des Arbeitnehmers an die Versicherung leistet.[1071] Es stellt sich hierbei insbesondere die Frage, ob überhaupt eine objektive Benachteiligung gegenüber Gläubigern des Arbeitgebers vorliegen kann, wenn Prämien aus Entgeltumwandlung des Arbeitnehmers finanziert werden.

Es wird vertreten, dass es sich etwa bei einer zugunsten des Arbeitnehmers abgeschlossenen Lebensversicherung unter Anlegung von bereicherungsrechtlichen Grundsätzen an sich um eine Versicherung des Arbeitnehmers selbst handele.[1072] Im Falle einer Entgeltumwandlung verwende der Arbeitgeber die Entgeltbestandteile gleichsam treuhänderisch zugunsten des versorgungsberechtigten Arbeitnehmers. Dies gelte umso mehr, als ihm ein unwiderrufliches Bezugsrecht darüber eingeräumt und die Police durch seine Entgeltbeiträge finanziert werde. Die Annahme eines solchen Treuhandverhältnisses schließe eine durch die Prämienzahlung verursachte Gläubigerbenachteiligung aus, denn das Treugut wäre sodann schon nicht dem insolventen Arbeitgeber zuzuordnen, sondern dem treu gebenden Versorgungsberechtigten.[1073]

Richtigerweise können aber auch diese Prämienzahlungen aus Entgeltumwandlung und das „Anfüttern" der Versicherung hierdurch anfechtungsrelevante Rechtshandlungen darstellen, die die übrigen Gläubiger objektiv benachteiligen.[1074] Der Arbeitgeber zahlt an den Versicherer im Rahmen der Entgeltumwandlung unmittelbar einen festzulegenden Entgeltbestandteil des Arbeitnehmers. Eine Gläubigerbenachteiligung kann in diesem Zusammenhang aber nur dort ausscheiden, wo der zugewandte Vermögensvorteil nicht aus dem Schuldnervermögen geflossen, sondern bereits zu diesem Zeitpunkt einem Dritten zuzuordnen gewesen ist. Dies ist bei der arbeitgeberseitigen Zahlung von Prämien im Wege von Entgeltumwandlung gerade nicht der Fall. Diese Prämien

1071 MüKo BGB/*Gottwald*, § 328, Rn. 157.

1072 *Schäfer*, NZI 2008, 151, 152.

1073 Vgl. etwa OLG Karlsruhe, Urt. v. 18.01.2007- 12 U 185/06, NZI 2008, 188, 189, II. 4. der Gründe.

1074 OLG Karlsruhe, Urt. v. 18.01.2007- 12 U 185/06, NZI 2008, 188, 190, II. 4. b) der Gründe.

werden aus Arbeitgebervermögen bestritten und vordergründig zur Leistung auf dessen eigene Verpflichtung zur Prämienzahlung erbracht.[1075]

Es gilt insoweit zu beachten, dass eine anderweitige Einordnung der Versicherungsverhältnisse in Gestalt dessen, dass der Arbeitnehmer der „wahre“ Versicherungsnehmer einer durch Entgeltumwandlung finanzierten Direktversicherung sei, die insoweit klare gesetzliche Konzeption der Direktversicherung aus dem BetrAVG konterkarieren würde.[1076] Das Gesetz gibt die ausdrückliche Anweisung, dass eine solche Lebensversicherung vom Arbeitgeber als Versicherungsnehmer abzuschließen sei. Hinzu tritt, dass mit der zutreffenden Rechtsprechung des BGH zwischen dem originären Entgeltanspruch des Arbeitnehmers und der Weiterleitung als Prämie an den Versicherer durch den Arbeitgeber zu unterscheiden ist. Der Entgeltanspruch des Arbeitnehmers endet in dem Moment, in welchem der Arbeitgeber die vereinbarten Anteile daran abredegemäß an den Versicherer zahlt.[1077] Die vom BetrAVG insoweit festgelegten Rechtsverhältnisse i. R. einer Direktversicherung bleiben so bestehen.[1078]

III. Einschätzung

Solange eine Versorgungszusage zu einem Zeitpunkt erteilt oder verbessert wird, in welchem sich der Arbeitgeber keiner drohenden Zahlungsunfähigkeit versieht, sehen sich Versorgungsberechtigte in aller Regel nicht mit der Gefährdung ihrer Ansprüche oder Anwartschaften durch eine Insolvenzanfechtung konfrontiert.[1079] Es darf daher konstatiert werden, dass jede Zusage und deren Verbesserung solange nicht der Insolvenzanfechtung unterliegen, wie das Arbeitgeberunternehmen wirtschaftlich stabil aufgestellt ist.[1080] Anderes gilt aber in Ansehung des Vorgenannten für Prämienzahlungen im anfechtungskritischen Zeitraum.[1081]

1075 Vgl. BAG, Urt. v. 08.06.1999 – 3 AZR 136/98, NZA 1999, 1103, 1105, B. II. 1. der Gründe.

1076 OLG Karlsruhe, Urt. v. 18.01.2007- 12 U 185/06, NZI 2008, 188, 190, II. 4. b) der Gründe.

1077 BGH, Urt. v. 18.07.2002 – IX ZR 264/01, NJW 2002, 3253, 3254, II. 2. a) bis c) der Gründe; vgl. bereits BAG, Urt. v. 08.06.1999 – 3 AZR 136/98, NZA 1999, 1103, 1105, B. II. 1. der Gründe.

1078 So etwa OLG Karlsruhe, Urt. v. 18.01.2007- 12 U 185/06, NZI 2008, 188, 190, II. 4. b) der Gründe.

1079 Vgl. Uhlenbruck/*Borries/Hirte*, InsO, § 133, Rn. 167.

1080 *Ganter*, NZI 2013, 769, 774.

1081 Vgl. etwa Uhlenbruck/*Borries/Hirte*, InsO, § 133, Rn. 169.

Besonders zu beachten ist in diesem Zusammenhang, dass auch Prämienzahlungen aus Entgeltbestandteilen des Arbeitnehmers aus Entgeltumwandlung anfechtbare Rechtshandlungen darstellen können. Es handelt sich hierbei um objektiv gläubigerbenachteiligende Vermögensverschiebungen, die aus dem Vermögen des Arbeitgebers geleistet werden und vermögensrechtlich nicht etwa dem Arbeitnehmer zuzuordnen sind.

B. Vermögensrechtliche Zuordnung von Entgeltbestandteilen aus Entgeltumwandlung – Aussonderungsrecht des Versorgungsberechtigten?

I. Problemstellung

Es stellt sich im Lichte der ständigen höchstrichterlichen Rechtsprechung von BGH und insbesondere aktuell des BAG die Frage, wem in einer Arbeitgeberinsolvenz die zu Unrecht nicht an einen externen Versorgungsträger weitergeleiteten Entgeltbestandteile des Arbeitnehmers und die damit finanzierte Versicherungspolice selbst zuzuordnen sind. Im Falle (teilweise) unterbliebener Prämienzahlung bleiben nämlich die Leistungen von Direktversicherung oder Pensionskasse hinter demjenigen zurück, was ursprünglich von der Versorgungszusage umfasst war. Der hierfür im Grunde nach § 1 Abs. 1 S. 3 BetrAVG einstandspflichtige Arbeitgeber bietet in seiner Insolvenz keinen gleichwertigen Schuldner für die Versorgungsberechtigten.[1082] Für hierdurch beschädigte Versorgungszusagen aus Direktversicherungen, an denen der Versorgungsberechtigte ein unwiderrufliches Bezugsrecht hält, sowie aus Pensionkassen, steht der PSV nach der gesetzlichen Konzeption des § 7 BetrAVG nicht ein.[1083] Auch Fälle, in welchen der Arbeitnehmer durch Entgeltumwandlung eine Direktversicherung finanziert, an welcher ihm arbeitsrechtlich ein unwiderrufliches Bezugsrecht einzuräumen ist, der Arbeitgeber dies aber versicherungsvertraglich unterlassen hat, werfen die Frage auf, wem die Versicherung im Falle der Arbeitgeberinsolvenz zuzuordnen ist, wenn der Arbeitnehmer versicherungsvertraglich lediglich ein widerrufliches Bezugsrecht hält.

1082 Vgl. Höfer Bd. I/*Höfer/Reich*, ART, Kap. 12, Rn. 28.

1083 Vgl. Höfer Bd. I./*Höfer/Reich*, ART, Kap. 12, Rn. 27; Höfer Bd. I/*Höfer/Reich*, BetrAVG, § 7, Rn. 120; siehe aber zur Notwendigkeit eines vom Gesetzeswortlaut des § 7 BetrAVG abweichenden, gesetzlichen Insolvenzschutzes der arbeitgeberseitigen Einstandspflicht nach § 1 Abs. 1 S. 3 BetrAVG, insbesondere im Hinblick auf eine Leistungsherabsetzung oder -ausfall bei einer Pensionskasse, oben Teil 2 B. II. 2. c).

Ob die vorenthaltenen, zu Unrecht nicht an den Versorgungsträger weitergeleiteten Entgeltbestandteile bzw. die hierdurch finanzierte Direktversicherung in der Arbeitgeberinsolvenz in die Masse fallen und der Versorgungsberechtigte demgemäß auf die Teilnahme als Insolvenzgläubiger am Insolvenzverfahren nach § 38 InsO verwiesen ist oder ob er daran nicht vielmehr ein Aussonderungsrecht nach § 47 InsO geltend machen kann, soll hiernach unter Berücksichtigung der aktuellen höchstrichterlichen Rechtsprechung untersucht werden.

II. Pro Aussonderungsrecht

In der **Literatur** wird **teilweise** vertreten, dass eine durch Entgeltbestandteile des Arbeitnehmers finanzierte Direktversicherung, an welcher der Versorgungsberechtigte trotz arbeitsrechtlicher Verpflichtung aus § 1b Abs. 5 S. 2 BetrAVG zur sofortigen Bestellung eines unwiderruflichen Bezugsrechts lediglich ein widerrufliches eingeräumt bekommen hat, im Insolvenzfall nicht zur Masse des Arbeitgebers gehöre und der Versorgungsberechtigte die Police bzw. den Rückkaufswert aussondern könne, § 47 InsO.[1084] Begründet wird diese Auffassung damit, dass der Arbeitgeber, der die durch Entgeltumwandlung finanzierten Beiträge an die Direktversicherung lediglich gleichsam „weiterleite", uneigennützig treuhänderisch für den Arbeitnehmer letztlich als Verwalter über diese Entgeltbestandteile tätig werde. Schuldrechtliche Verpflichtungen aus diesem Treuhandverhältnis könnten sodann zu einer Absonderung der Police gem. § 47 InsO berechtigen. Es ließe sich allein aus einer wertenden Perspektive feststellen, ob diese Vermögensposition (Versicherungsansprüche) dem Insolvenzschuldner einzig formal, nicht aber wirtschaftlich zuzuordnen sei.[1085] Die Zuordnung des Treugutes könne aber unter diesen wertenden Gesichtspunkten nur an den Treugeber, also den Arbeitnehmer, erfolgen, der infolgedessen absonderungsberechtigt sei. Vor diesem Hintergrund könne der Insolvenzverwalter weder zu einem Widerruf der Versicherung, noch zu einer Kündigung derselben berechtigt sein, da die Versicherungspolice zum Vermögen des Versorgungsberechtigten gehöre.

1084 *Kießling*, NZI 2008, 469, 470; differenzierend nach Ausgestaltung des Versicherungsvertrages im Einzelfall MAH Insolvenz und Sanierung/*Riering*, § 31, Rn. 107.

1085 *Kießling*, NZI 2008, 469, 471.

III. Contra Aussonderungsrecht

Ein anderer **Teil in der Literatur**[1086] sowie die **höchstrichterliche Rechtsprechung**[1087] lehnen ein aus der Entgeltumwandlung entlehntes Aussonderungsrecht am eingebrachten Vermögen in der Police hingegen ab.[1088]

1. Ansicht des BAG (Urt. v. 21.03.2017 - 3 AZR 718/15)

Das **BAG** lehnt ein Aussonderungsrecht des Arbeitnehmers nach § 47 InsO aufgrund treuhänderischer Bindung des Arbeitgebers für abredewidrig nicht weitergeleitete Beiträge für Versicherungsprämien aus Entgeltumwandlung ab:[1089]

> Es hatte mit seiner Entscheidung vom 21.03.2017 einen Fall zu befinden, in welchem ein Arbeitnehmer gegen den Insolvenzverwalter über das Vermögen seiner ehemaligen Arbeitgeberin B-GmbH auf Auskehrung von nicht an eine Pensionskasse gezahlte Beiträge für seine Altersversorgung klagte.
> Seine vormalige Arbeitgeberin P-GmbH hatte den Kläger auf dessen Antrag ab dem Jahre 2002 bei einer Pensionskasse angemeldet. Der klagende Arbeitnehmer wandte hierfür zunächst seinen jährlichen tariflichen Altersvorsorgebetrag i. H. v. etwa 600 EUR auf. Ab dem Jahre 2010 flossen zusätzliche 1000 Euro aus seinem Urlaubsgeld durch Entgeltumwandlung in seine Altersversorgung bei der Pensionskasse. Im Jahre 2012 ging das Arbeitverhältnis auf die B-GmbH im Wege eines Betriebsübergangs nach § 613a BGB über. Über deren Vermögen wurde im Oktober 2013 das Insolvenzverfahren eröffnet; das Arbeitverhältnis des Klägers endete zum Jahresende desselben Jahres. Die B-GmbH zahlte an den Kläger zwar für die Monate Oktober und November den anteiligen tariflichen Altersvorsorgebetrag. Für die Monate Juli bis September wurden die anteiligen tariflichen Versorgungsbeiträge durch Insolvenzgeld abgedeckt. Allerdings erfolgte diesbezüglich für die Monate Januar bis Juni 2013 sowie für das i. H. v. 1000 EUR umgewandelte Entgelt des Klägers keinerlei Ausgleich. Mit seiner Klage verfolgte der Arbeitnehmer die Auskehrung ebendieser Beträge an sich, hilfsweise an die Pensionskasse. Er berief sich auf ein ihm diesbezüglich zustehendes Aussonderungsrecht nach § 47 InsO und begründete dies mit der Auffassung, dass zwischen ihm und der B-GmbH hinsichtlich dieser Beträge ein zur Aussonderung berechtigendes Treuhandverhältnis bestanden

1086 Beck/Depré/*Pluta/Heidrich*, § 30, Rn. 40; Blomeyer/Rolfs/Otto/*Rolfs*, BetrAVG, § 7, Rn. 152; MüKo BGB/*Gottwald*, § 328, Rn. 40; Uhlenbruck/*Hirte/Praß*, InsO, § 35, Rn. 231; Uhlenbruck/*Brinkmann*, InsO, § 47, Rn. 111.

1087 St. Rspr., zuletzt BAG, Urt. v. 21.03.2017 - 3 AZR 718/15, NZA 2017, 949, 950, II. 1. der Gründe.

1088 Für den Fall abredewidrig nicht an eine Pensionskasse weitergeleitete Beträge EuGH, Urt. v. 24.11.2016 - C-454/15 (Webb-Sämann), m. Anm. *Cranshaw*, jurisPR-InsR 1/2017 Anm. 1.

1089 BAG, Urt. v. 21.03.2017 - 3 AZR 718/15, NZA 2017, 948, 950, II. 1. der Gründe.

habe. In jedem Falle aber müsse sich ein Aussonderungsrecht zu seinen Gunsten aus Art. 8 der RL 2008/94/EG über den Schutz der Arbeitnehmer bei Zahlungsunfähigkeit des Arbeitgebers ergeben.

Der 3. Senat wies das Begehren des Klägers im Einklang mit den Vorinstanzen zurück. Der Kläger könne **kein Aussonderungsrecht** an den im Streit stehenden Beträgen geltend machen. Das BAG argumentierte mit den grundsätzlichen Voraussetzungen eines insolvenzrechtlichen Aussonderungsrechts, welches seinem Wortlaut nach nur denjenigen nicht als Insolvenzgläubiger einordnete, der *„aufgrund eines dinglichen oder persönlichen Rechts geltend machen kann, dass ein Gegenstand nicht zur Insolvenzmasse gehört"*. Erheblich sei in diesem Zusammenhang zunächst einmal ausschließlich, in wessen Vermögen der betroffene Gegenstand **haftungsrechtlich zu verorten** sei. Zwar stünden hierbei **dingliche Bewertungskriterien** im Vordergrund, doch könnte bei einer dem Normzweck entsprechenden Betrachtung auch eine *„von der dinglichen Rechtslage abweichende Vermögenszuweisung"* erfolgen.
Dies könne beispielsweise bei einer **uneigennützigen Verwaltungstreuhand** zutreffen, bei welcher der Treuhänder zwar rechtlich den betreffenden Gegenstand in seinem Vermögen hat, dieser aber aufgrund der Beschränkungen im Innenverhältnis *„sachlich und wirtschaftlich dem Vermögen des Treugebers"* unterstehe. Hieraus könne grundsätzlich ein Aussonderungsrecht resultieren. Allerdings sei für ein solches Recht nach § 47 InsO in jedem Falle erforderlich, dass der Vermögensgegenstand in der Masse **individuell abgegrenzt** oder zumindest **abgrenzbar** vorzufinden sei. Regelmäßig fehle es im Vermögen des Arbeitgebers aber schon an der Zuordnungsfähigkeit der einzelnen Beiträge zu den individuellen Versorgungsberechtigten. Insbesondere im zu entscheidenden Falle habe die B-GmbH die umstrittenen Beträge nie abgegrenzt von ihrem eigenen Vermögen gehalten, etwa durch ein separates Versorgungskonto.
Schließlich stritten auch **Systematik** sowie **Sinn und Zweck** des § 47 InsO für die *„zwingende Voraussetzung"* der *„Bestimmbarkeit des Vermögenswerts und damit dessen Trennung vom sonstigen Treugut"*. Ein Gegenstand könne nur dann als nicht zum Vermögen des späteren Insolvenzschuldners gehörig kategorisiert werden, *„wenn er bereits **zur Zeit der Eröffnung** des Insolvenzverfahrens **vom Schuldnervermögen getrennt** und deshalb bei normativer Wertung nicht nur wirtschaftlich, sondern auch sachlich dem Vermögen des Treugebers zugeordnet war"*. Eine anderweitige Qualifizierung ließen auch Sinn und Zweck von § 47 S. 1 InsO nicht zu, welche erkennbar darauf abzielten, die **bestehende vermögensrechtliche Zuordnung** zum Zeitpunkt der Eröffnung des Insolvenzverfahrens zu **sichern**. Nach Ansicht des Senats wäre es damit *„unvereinbar"*, wenn ein *„**schuldrechtlicher Anspruch – ohne eine dingliche Komponente** – und damit auch ein reiner Zahlungsanspruch eine Aussonderung rechtfertigen könnte"*.

Im Übrigen könne der Kläger auch kein Aussonderungsrecht aus **Art. 8 der RL 2008/94** herleiten. Diese Richtlinie verpflichte alle Mitgliedsstaaten zwar, **gesetzliche Systeme der sozialen Sicherung** zum Schutze der Arbeitnehmer hinsichtlich ihrer erworbenen Rechte zu implementieren. Im Lichte der EuGH-Entscheidung in der Sache *Webb-Sämann* (Anm. Urt. v. 24.11.2016 – C 454/15) könne daraus aber gerade **kein Aussonderungsrecht** konstruiert werden. Den Mitgliedsstaaten komme sowohl hinsichtlich des

Sicherungsmechanismus als auch des Schutzniveaus ein **weiter Ermessensspielraum** zu. Einzig ein „***Mindestschutz***“ müsse in Ansehung der Richtlinie **garantiert** werden. Dieser Mindestschutz müsse aus einer Bestimmung resultieren, die vorsehe, „*dass ein Arbeitnehmer bei Zahlungsunfähigkeit seines Arbeitgebers* ***mindestens die Hälfte der Leistungen*** *bei Alter erhält, die sich aus seinen erworbenen Rentenansprüchen ergeben, für die er Beiträge im Rahmen einer betrieblichen Zusatzversorgungseinrichtung entrichtet hat*“. Dieser unionsrechtlich geforderte Mindestschutz sei in dem vorliegenden Fall gewährleistet. Anhaltspunkte, dass die künftigen Rentenansprüche des Klägers durch die im Streit stehenden Versorgungsbeiträge um mehr als die Hälfte vermindert worden seien, lägen nicht vor.

2. Argumentation des BGH (Urt. v. 18.07.2002 - IX ZR 264/01)

Der **BGH** erkannte die Annahme einer treuhänderischen Bindung des Arbeitgebers bei Einsatz von Entgeltbestandteilen zwar grundsätzlich an, zog jedoch die Grenze dieser Bindung bei der eigenständigen Weiterleitung des Betrages als Prämie an den Versicherer und lehnte demgemäß einen Aussonderungsanspruch an der so finanzierten Direktversicherung schließlich ab:[1090]

Dem IX. Zivilsenat lag ein Sachverhalt zur Entscheidung vom 18.07.2002 vor, in welchem ein Insolvenzverwalter gegen den ehemaligen Geschäftsführer der Insolvenzschuldnerin auf Feststellung klagte, dass ihm als Verwalter über das Vermögen der ehemaligen Arbeitgeber-Gesellschaft des Beklagten Ansprüche aus einer auf dessen Leben abgeschlossenen Lebensversicherung zustünden. Zugrunde lag eine im Wege einer Direktversicherung durchgeführte betriebliche Altersversorgung des beklagten Geschäftsführers. Zur Finanzierung derselben hatte er mit der späteren Insolvenzschuldnerin eine entsprechende Verminderung seiner Bruttobezüge vereinbart. Im Gegenzug sollte die Gesellschaft dem Beklagten ein unwiderrufliches Bezugsrecht an der Kapitallebensversicherung einrichten. Ein solches wurde aber nie begründet; vielmehr verblieb es bei einem widerruflichen Bezugsrecht an der Police. Der Beklagte stellte sich nunmehr auf den Standpunkt, er könne aufgrund seiner Eigenschaft als Treugeber an den die Versicherung finanzierenden Mitteln Aussonderung aus der Insolvenzmasse verlangen.

Die Entscheidung des Gerichts fiel zu Gunsten des Insolvenzverwalters aus, der Beklagte, der nur ein widerrufliches Bezugsrecht an der Versicherungspolice gehalten habe, könne Aussonderung nicht verlangen. Anderes gelte auch nicht etwa deswegen, weil die Versicherung durch Entgeltbestandteile des Beklagten finanziert worden sei. Die Ansprüche aus der Versicherung seien nicht als „*Treugut des Beklagten*“ anzusehen.

1090 BGH, Urt. v. 18.07.2002 – IX ZR 264/01, NJW 2002, 3253, 3254, II. 2. a) bis c) der Gründe; vgl. bereits BAG, Urt. v. 08.06.1999 – 3 AZR 136/98, NZA 1999, 1103, 1105, B. II. 1. der Gründe.

Zwar bejahte der BGH mit dem Berufungsgericht das Vorliegen einer „***uneigennützigen (Verwaltungs-)Treuhand***“, die grundsätzlich geeignet sei, ein Aussonderungsrecht zu begründen. Allerdings gelte dies nur insoweit, als es sich um das **Treugut selbst** (Anm.: einbehaltene Entgeltbestandteile) handele. Was aber die aus dem Einsatz des Treuguts erworbenen Rechte aus der Kapitallebensversicherung angehe, gelte etwas anderes. Ein Aussonderungsrecht des Beklagten erstrecke sich „*jedenfalls nicht auf das, was der Beauftragte selbst aus der Geschäftsbesorgung erlangt. Insoweit erschöpft sich die Rechtsstellung des Geschäftsherrn in einem Verschaffungsanspruch, der im Konkurs lediglich eine gewöhnliche Insolvenzforderung bildet*“.
Vielmehr sei die Insolvenzschuldnerin „*im eigenen Namen*“ tätig geworden und in ihrer Eigenschaft als Versicherungsnehmerin auch zur Prämienzahlung selbst verpflichtet gewesen. Zu keinem Zeitpunkt habe sie dem Beklagten die Rechte an der Versicherung übertragen. Was inter partes auf schuldrechtlicher Ebene vereinbart worden sei, spiele hier keine Rolle. Denn „***was der Treuhänder mittels des Treuguts erlange, werde nicht selbst zum Treugut; […] eine Surrogation trete in diesem Bereich nicht ein***“.

IV. Schlussfolgerung

Das **BAG** begründet seine Rechtsauffassung sorgfältig und zutreffend. Wo der Gesetzgeber für das Bestehen eines Aussonderungsrechts nach alledem eine Unterscheidbarkeit der Vermögensgegenstände voraussetzt, muss ein Recht nach § 47 InsO dort ausscheiden, wo es keinerlei klare Abgrenzbarkeit zwischen Entgeltbestandteilen und Schuldnervermögen gibt.

Auch der Argumentation des **BGH** zur vermögensrechtlichen Zuordnung von arbeitnehmerfinanzierten Direktversicherungen dahin gehend, dass eine ggf. im Einzelfall vorhandene treuhänderische Bindung jedenfalls mit der Verwendung der Entgeltbestandteile als Prämien an den Versicherer ende und sich insoweit nicht auf das Verhältnis zwischen Versicherer und dem Arbeitgeber als Versicherungsnehmer auswirken könne, ist zuzustimmen. Zwischen den Rechten an den Entgeltbestandteilen und den Rechten an den Ansprüchen aus der Versicherungspolice ist dezidiert zu unterscheiden.[1091] Vermengte man in einer solchen Konstellation objektive mit subjektiven Zuordnungskriterien, so entstünde für derlei Sachverhalte eine schier unüberblickbare Fülle an voneinander abzugrenzenden Einzelfällen. Der Treuhandbegriff würde über Gebühr ausgedehnt. Die Herangehensweise der höchstrichterlichen Rechtsprechung bietet

1091 Vgl. auch *Böhme*, VIA 2018, 9, 10.

eine handhabbare und klare Grenzziehung zwischen Aussonderungsrechten und Massebestandteilen.[1092]

Es kann demgemäß zusammenfassend festgestellt werden, dass die höchstrichterliche Rechtsprechung von BAG und BGH eine treuhänderische Bindung des Arbeitgebers bzgl. der durch Entgeltbestandteile aus Entgeltumwandlung zugunsten des Arbeitnehmers finanzierten Ansprüche gegen Direktversicherungen oder Pensionskassen unter vermögens- und haftungsrechtlichen Zuordnungsaspekten dogmatisch folgerichtig ablehnt.[1093]

Der Arbeitnehmer bleibt damit im Lichte dieser Judikatur im Falle einer Arbeitgeberinsolvenz hinsichtlich seiner abredewidrig nicht an einen externen Versorgungsträger weitergeleiteten Entgeltbestandteile und u. U. sogar hinsichtlich eines arbeitsvertragswidrig nicht unwiderruflich ausgestalteten Bezugsrechts an einer Direktversicherung, die als versicherungsvertragsrechtlich widerruflich in die Insolvenzmasse des Arbeitgebers fällt, ohne umfassenden Schutz. Das Risiko des Versorgungsberechtigten, rückständige Prämien aus Entgeltumwandlung oder seine durch Entgeltumwandlung finanzierte, zu Unrecht versicherungsvertraglich lediglich widerruflich ausgestaltete Bezugsberechtigung an einer Direktversicherung an die Insolvenzmasse des Arbeitgebers zu verlieren und damit auf eine Teilnahme am Verfahren als Insolvenzgläubiger nach § 38 InsO verwiesen zu werden, ist insofern erheblich.[1094]

Eine Absicherung der Versorgungsberechtigten könnte vor dem Hintergrund dieser Rechtsprechung etwa dahin gehend erwogen werden, Arbeitgebern, welche betriebliche Altersversorgung durch Entgeltumwandlung durchführen, aufzugeben, jene Entgeltbestandteile vom Unternehmensvermögen strikt getrennt – beispielsweise auf separaten, den einzelnen Versorgungsberechtigten zuzuordnenden Konten – zu halten, um so zumindest eine klare Abgrenzbarkeit von deren Entgeltbestandteilen gegenüber dem Arbeitgebervermögen zu erreichen.[1095] In Bezug auf Direktversicherungen ist es für Arbeitnehmer, die diese im

1092 Näheres zum Schadenersatzanspruch des Versorgungsberechtigten gegen seinen Arbeitgeber bzw. den Insolvenzverwalter, der durch Pflichtverletzungen aus dem Versorgungsverhältnis, wie beispielsweise dem Widerruf eines arbeitsvertraglich unwiderruflichen Bezugsrechts an einer Direktversicherung oder abredewidrig nicht an eine Pensionskasse weitergeleitete Beiträge aus Entgeltumwandlung, entsteht, siehe unten Teil 2 B. II. 2) c).

1093 Vgl. zum zitierten BGH-Urteil bereits MüKo InsO/*Ganter*, § 47, Rn. 319a.

1094 So auch MüKo BGB/*Gottwald*, § 328, Rn. 157.

1095 Vgl. zu einem solchen Ansatz BAG, Urt. v. 21.03.2017 – 3 AZR 718/15, NZA 2017, 948, 950, II. 1. d) der Gründe; zweifelnd MüKo InsO/*Ganter*, § 47, Rn. 319a.

Wege von Entgeltumwandlung finanzieren, unverzichtbar zu kontrollieren, ob das ihnen aus § 1b Abs. 5 S. 2 BetrAVG zustehende, unwiderrufliche Bezugsrecht an der Versicherungspolice tatsächlich auch im Versicherungsvertrag zugedacht worden ist. Soweit dies nicht der Fall sein sollte, bestünde zudem die Möglichkeit für den Versorgungsberechtigten, sich ein Pfandrecht an ebendieser Direktversicherung bestellen zu lassen.[1096]

1096 MüKo InsO/*Ganter*, § 47, Rn. 319b; siehe zur Verpfändung von (Rückdeckungs-) Versicherungsansprüchen unten Teil 4 B.

Teil 4 Grundzüge der Möglichkeiten vertraglichen Insolvenzschutzes von betrieblichen Rentenansprüchen und -anwartschaften

Wo Insolvenzschutz außerhalb der gesetzlichen Insolvenzsicherung durch den PSV nicht etwa – wie bei versicherungsförmigen Durchführungswegen wie der Direktversicherung – durch die Bestellung eines unwiderruflichen Bezugsrechts zugunsten des Versorgungsberechtigten bewerkstelligt werden kann, braucht es insbesondere im Hinblick auf versorgungsberechtigte Personen außerhalb des persönlichen Anwendungsbereichs des § 17 Abs. 1 BetrAVG oder aber hinsichtlich Versorgungsrechten, welche nicht dem Schutzbereich des § 7 BetrAVG unterfallen, weitergehenden Insolvenzschutzes dort, wo die hierfür eingesetzten Finanzmittel in der Arbeitgeberinsolvenz dem Schuldnervermögen zuzuordnen sein und demgemäß der Insolvenzmasse anheimfallen würden.[1097]

Die dem sozialen Schutzgedanken der betrieblichen Altersversorgung folgende persönliche Begrenzung des Anspruchs gegen den PSV nach § 17 BetrAVG lässt beispielsweise Gesellschafter-Geschäftsführer von Kapitalgesellschaften im Falle erheblicher Einflussmöglichkeiten auf die Geschicke des Unternehmens vor einer potentiellen Insolvenz ungeschützt.[1098] Auch Betriebsrentnern und -anwärtern mit außergewöhnlich hohen Versorgungsansprüchen kann ein umfassender Schutz durch den PSV aufgrund der in § 7 Abs. 3 BetrAVG normierten Höchstgrenze regelmäßig nicht vollumfänglich gewährt werden. Ferner bleibt, selbst nachdem der Gesetzgeber die Unverfallbarkeitsfristen nach § 1b BetrAVG fortwährend verkürzt, noch immer ein Zeitraum, in welchem ein Betriebsrentenanwärter im Insolvenzfalle ohne Insolvenzschutz durch den PSV bleibt.

Für all diese Fälle bleibt ein weitergehender, privatvertraglicher Insolvenzschutz erforderlich.[1099]

1097 Vgl. etwa *Böhme*, VIA 2018, 9, 10; HARV/*Arteaga/Veit*, B, Rn. 158; Uhlenbruck/*Brinkmann*, InsO, § 47, Rn. 108.

1098 Siehe zum persönlichen Anwendungsbereich der gesetzlichen Insolvenzsicherung oben Teil 2 A. II..

1099 Vgl. *Fischer/Thoms-Meyer*, DB 2000, 1861; *Riewe*, DB 2010, 784.

Ob und inwieweit privatvertraglicher Insolvenzschutz notwendig und möglich ist, bestimmt sich maßgeblich nach dem gewählten Durchführungsweg. Soweit die Versorgungszusage etwa über eine Direktversicherung mit – arbeitsvertraglich wie versicherungsvertraglich – unwiderruflichem Bezugsrecht durchgeführt wird und der Arbeitgeber diese zureichend finanziell ausstattet, ist weitergehender Insolvenzschutz nicht notwendig.[1100] Hingegen unterliegt insbesondere die arbeitgeberfinanzierte Direktzusage einem ungleich höheren Risiko, im Falle einer Unternehmensinsolvenz nicht mehr erfüllt werden zu können.[1101] Das Insolvenzsicherungsinstrument eines versicherungsvertraglichen Bezugsrechts kommt bei einer unmittelbaren Versorgungszusage nicht zur Anwendung. Anderweitige rechtliche Gestaltungen privatvertraglichen Insolvenzschutzes müssen mithin herangezogen werden.[1102]

Dieses letzte Kapitel beschäftigt sich daher mit den Grundzügen der gängigsten privatvertraglichen Insolvenzsicherungsmechanismen, nämlich den bereits nicht nur in der ganz überwiegenden Mehrheit der DAX-30-Unternehmen, sondern auch bei Mittelständlern verbreiteten[1103] *Contractual Trust Arrangements* (CTA) und der Verpfändung von Rückdeckungsversicherungsansprüchen. Insbesondere werden deren rechtliche Gestaltung und Strukturierung sowie ihre Geeignetheit zur Insolvenzsicherung untersucht.

A. Contractual Trust Arrangements (CTA)

I. Rechtliche Einordnung

Soweit ein Unternehmen eine betriebliche Altersversorgung für seine Arbeitnehmer und sein Führungspersonal im Wege der Direktzusage (unmittelbare Versorgungszusage i. S. v. § 1 Abs. 1 BetrAVG) einräumt, kann es hierfür Pensionsrückstellungen nach § 249 Abs. 1 S. 1 HGB bilden.[1104] Am Charakter der Zusage als Direktzusage des Arbeitgebers ändert sich nichts, wenn der Arbeitgeber als Finanzierungsinstrument derselben selbst einen externen Versorgungsträger, wie etwa einen Lebensversicherer im Rahmen von Rückdeckungsversicherungen, einschaltet, solange diese dem Arbeitnehmer keinen eigenen Rechtsanspruch gegen sich einräumt und der Arbeitgeber dem Arbeitnehmer gegenüber selbst verpflichtet bleibt.[1105] Bei diesen

1100 *Riewe*, DB 2010, 784, 785.
1101 Blomeyer/Rolfs/Otto/*Rolfs*, § 7, Rn. 50.
1102 *Riewe*, DB 2010, 784, 785.
1103 *Birkel/Obenberger*, BB 2011, 2051.
1104 *Berenz*, DB 2006, 2125.
1105 *Küting/Keßler*, FS Höfer 2011, 145, 146.

Pensionszusagen handelt es sich um ungewisse Verbindlichkeiten des Unternehmens, sodass diese zu passivieren sind.[1106] Bei mittelbaren Versorgungszusagen, etwa bei der Durchführung der betrieblichen Altersversorgung über einen externen Versorgungsträger wie eine Unterstützungskasse oder einen Pensionsfonds, der dem Arbeitnehmer einen eigenen Rechtsanspruch gegen sich einräumt, besteht ein Passivierungswahlrecht, sodass für den Arbeitgeber die Bilanzierung dieser Posten optional bleibt.[1107] Diesen Passivposten müssen keine Aktiva gegenüber stehen.[1108]

Nachdem durch das Bilanzmodernisierungsgesetz (BilMoG) eine den internationalen Rechnungslegungsvorschriften International Financial Reporting Standards (IFRS) und United States Generally Accepted Accounting Principles (US-GAAP) nachempfundene Saldierungsmöglichkeit auch in die HGB-Regelungen aufgenommen wurde, § 246 Abs. 2 S. 2 HGB, besteht für Unternehmen die Möglichkeit, durch Schaffung von jeweils mit den Versorgungszusagen korrespondierenden Aktiva (sog. *plan assets*) – etwa durch Installation eines CTA – eine Bilanzverkürzung zu erreichen.[1109] Voraussetzung hierfür ist, dass diese mit den Verpflichtungen aus der betrieblichen Altersversorgung übereinstimmenden Vermögensgegenstände aus dem Unternehmensvermögen ausgesondert und einem potentiellen Gläubigerzugriff entzogen sind, § 249 Abs. 2 S. 2 HGB.[1110]

Mittels eines CTA ist die Auslagerung von Vermögensgegenständen oder Forderungen auf einen Treuhänder möglich, wodurch die Voraussetzungen des § 249 Abs. 2 S. 2 HGB und damit die gewünschte Bilanzverkürzung zu erreichen sind.[1111] Die von § 249 Abs. 2 S. 2 HGB aufgestellten Voraussetzungen für die Saldierungsfähigkeit der korrespondierenden Posten schaffen gleichzeitig den gewünschten „*Nebeneffekt*“[1112] eines privatrechtlichen Insolvenzschutzes für diejenigen Versorgungsverpflichtungen, für deren Finanzierung das CTA installiert worden ist.[1113] Die rechtliche Gestaltung eines CTA orientiert sich somit zunächst an den einschlägigen bilanzrechtlichen Vorschriften.[1114]

1106 Beck Bil-Komm/*Grottel/Johannleweling*, § 249 HGB, Rn. 166.

1107 Beck Bil-Komm/*Grottel/Johannleweling*, § 249 HGB, Rn. 166.

1108 *Berenz*, DB 2006, 2125.

1109 Höfer Bd. I/*Höfer/Reich*, ART, Kap. 12, Rn. 97; *Küting/Keßler*, FS Höfer 2011, 145, 147; *Rößler*, BB 2010, 1405.

1110 Baumbach/Hopt/*Merkt*, § 246, Rn. 26; *Rößler*, DB 2013, 1607.

1111 *Bode/Bergt/Obenberger*, DB 2000, 1864; *Fischer/Thoms-Meyer*, DB 2000, 1861, 1863; *Küppers/Louven*, BB 2004, 337.

1112 *Rößler*, BB 2010, 1405.

1113 Näheres zur Insolvenzfestigkeit von CTA-Modellen unten unter Teil 4 A. II.

1114 *Rößler*, BB 2010, 1405, 1406.

Zu beachten ist, dass die Installation eines CTA die Versorgungsverpflichtung des Unternehmens unberührt lässt.[1115] Im Verhältnis zwischen Arbeitgeber und Arbeitnehmer bleibt das Versorgungsverhältnis weiterhin bestehen, der Arbeitnehmer gewinnt ggf. nur einen weiteren Schuldner für seine Versorgungsansprüche, der bei Eintritt des Sicherungsfalles der Insolvenz des Arbeitgebers für diese Versorgungsansprüche aufkommt.[1116]

Allen Treuhandmodellen ist dabei gemein, dass der Arbeitgeber als Treugeber an einen Treuhänder Vermögen überträgt, welches, freilich unter dem Regiment der Weisungen des Treugebers im Innenverhältnis, im Insolvenzfalle zur Erfüllung der Versorgungsverpflichtungen des Arbeitgebers herangezogen werden soll.[1117] Als Basis der überwiegend eingesetzten CTA-Modelle wird eine fremdnützige Verwaltungstreuhand zwischen Treugeber und Treuhänder vereinbart.[1118] Der Treuhänder soll hierbei im eigenen Namen, jedoch auf Rechnung des treu gebenden Unternehmens tätig werden.[1119] In der Verwaltungstreuhandvereinbarung werden zumeist genaue Befugnisse der Parteien niedergelegt. Das Treugut bleibt, auch um den bilanzrechtlichen Anforderungen zu genügen, wirtschaftlich dem Treugeber zugeordnet.[1120] Die Verwaltungstreuhandabrede stellt dabei je nach ihrer Entgeltlichkeit entweder einen Auftrag nach den §§ 662 ff. BGB oder aber einen Geschäftsbesorgungsvertrag gem. §§ 675, 667 BGB dar.[1121]

Der Treuhänder, der bilanzrechtlich eine rechtlich selbstständige Rechtspersönlichkeit aufweisen muss, ist zumeist als Verein organisiert (sog. *Trusts*).[1122] Zwar ist auch eine Organisation als GmbH denkbar. Allerdings zöge die Wahl dieser Rechtsform nicht nur die Verpflichtung zur Ausstattung der Gesellschaft mit einem Mindestkapital nach sich, sondern würde auch Steuerbelastungen auslösen.[1123]

Ein als Verein organisierter *Trust* unterliegt den zivilrechtlichen Vereinsregelungen der §§ 21 ff. BGB. Bei der Gründung und rechtlichen Gestaltung des

---

1115 *Küting/Keßler*, FS Höfer 2011, 145, 147.

1116 *Rößler*, BB 2010, 1405, 1409.

1117 Höfer Bd. I/*Höfer/Reich*, ART, Kap. 12, Rn. 102; *Rößler*, BB 2010, 1405, 1406.

1118 *Fischer/Thoms-Meyer*, DB 2000, 1861, 1863; *Küting/Keßler*, FS Höfer 2011, 145, 149.

1119 BAG, Urt. v. 18.07.2013 – 6 AZR 47/12, NZA 2013, 1440, 1443, A. II. 2. a) aa) der Gründe; *Rößler*, DB 2013, 1607, 1608.

1120 *Fischer/Thoms-Meyer*, DB 2000, 1861, 1863.

1121 Höfer Bd. I/*Höfer/Reich*, ART, Kap. 12, Rn. 109; *Rößler*, BB 2010, 1405, 1406.

1122 *Bode/Bergt/Obenberger*, DB 2000, 1864; Höfer Bd. I/*Höfer/Reich*, ART, Kap. 12, Rn. 215 f.; *Küting/Keßler*, FS Höfer 2011, 145, 149; *Rößler*, BB 2010, 1405, 1406.

1123 *Küppers/Louven*, BB 2004, 337, 338.

Vereins muss die Hauptaufgabe des Treuhänders, nämlich die nicht eigennützige Verwaltung des ihm übertragenen Treuguts und die Versorgung der Betriebsrentner mit Eintritt von definierten Sicherungsfällen, als Vereinszweck in die Vereinssatzung aufgenommen werden.[1124] Diese Zweckbindung ist nämlich konstitutiv für die Qualifikation des Treuguts als *plan assets* im Sinne der vorgenannten Bilanzierungsnormen.[1125] Darüber hinaus sollten auch die Fälle, in welchen der Treuhänder die Versorgungsverpflichtungen übernehmen soll, also die Sicherungsfälle, klar definiert in die Satzung aufgenommen werden.

Da der Treuhänder zwar rechtlich selbstständig handeln, aber dennoch nach den Weisungen des Treugebers das Treuhandvermögen verwalten soll, muss die Vereinssatzung hierzu klare Parameter setzen. Der Einfluss des treu gebenden Unternehmens sollte darauf beschränkt werden, dass ihm beispielsweise Vorschlagsrechte für Vorstandsmitglieder zugestanden werden. Ferner sollte daran gedacht werden, dem Treuhänder aufzugeben, dem Treugeber turnusmäßig Bericht über die Entwicklung und den Stand des anzulegenden Treuhandvermögens zu erstatten.[1126] Außerdem sollte in die Vereinssatzung aufgenommen werden, dass eine potentielle Liquidation des Vereins infolge einer Insolvenz des treu gebenden Unternehmens erst mit der Erfüllung der letzten Versorgungsverbindlichkeit möglich sein soll, mithin erst mit Erfüllung des vordefinierten Vereinszwecks.[1127]

Der Verwaltungstreuhänder, also der *Trust-Verein*, kann entweder selbst die Anlage und Verwaltung des Treuhandvermögens vornehmen (sog. *einstöckige* oder *einstufige* Treuhand) oder sich aber zur Erfüllung dieser Aufgaben eines Mitarbeitertreuhänders, auch *Custodian* genannt, bedienen (sog. *zweistöckige* oder *zweistufige* Treuhand).[1128] Bei dem *Custodian* kann es sich beispielsweise um eine Kapitalanlagegesellschaft handeln.[1129] Wie der Treuhänder übernimmt auch der *Custodian* fiduziarische Verwaltungsaufgaben für den Treugeber.[1130] Auch seine Pflichtenkreise werden durch die Verwaltungstreuhandabrede festgelegt.

Bei der zweistufigen Treuhandkonstruktion vereinbart der Treuhänder mit dem *Custodian* unter ausdrücklicher Zustimmung des treu gebenden

1124 Vgl. Höfer Bd. I/*Höfer/Reich*, ART, Kap. 12, Rn. 216.
1125 *Küppers/Louven*, BB 2004, 337, 338.
1126 *Küppers/Louven*, BB 2004, 337, 339.
1127 *Küppers/Louven*, BB 2004, 337, 339.
1128 Höfer Bd. I/*Höfer/Reich*, ART, Kap. 12, Rn. 125.
1129 *Küppers/Louven*, BB 2004, 337.
1130 *Küppers/Louven*, BB 2004, 337.

Unternehmens einen auf den Eintritt einer Insolvenz des Treugebers bedingten Eigentumsübergang des Treuguts an den *Custodian*.[1131] Zeitgleich tritt der Mitarbeitertreuhänder dem Sicherungsverhältnis des Treuhänders bei.[1132] Dieses Modell verfolgt das Ziel, dass der *Custodian* im Insolvenzfall des Treugebers an dem Treuhandvermögen unbelastetes Volleigentum erwirbt mit der Intention, dass dem *Custodian* sodann gegen die Masse ein Aussonderungsrecht nach § 47 InsO zustehen solle.[1133]

Da dieses zweistufige Treuhandmodell allerdings aufgrund der verschiedenen Rechtsvorgänge, die voneinander abhängen und zeitlich in aller Regel sehr nahe am Antrag auf Eröffnung des Insolvenzverfahrens über das Vermögen des Treugebers liegen dürften, einem hohen Anfechtungsrisiko durch den Insolvenzverwalter unterliegen, kann dieses Konstrukt als nicht hinreichend insolvenzsicher bezeichnet werden.[1134] Selbst wenn die Installation einer solchen zweistufigen Treuhand beabsichtigt sein sollte, muss anderweitig, etwa durch Gestaltung einer Sicherungstreuhand zugunsten der Versorgungsberechtigten[1135], weitere Absicherung hinzugefügt werden.

Es haben sich in der Praxis daher verschiedene Treuhandmodelle mit unterschiedlichen Handhabungen zur Absicherung der außerhalb des gesetzlichen Insolvenzschutzes liegenden Versorgungsansprüche herausgebildet, die nachfolgend skizziert werden sollen.

1. Verpfändungsmodell („Einseitige Treuhand“*)*

Zunächst kann ein CTA in Form einer *einseitigen* Treuhand gestaltet werden.[1136] Grundstein ist die genannte Verwaltungstreuhandabrede zwischen versorgungsverpflichtetem Arbeitgeber und dem Treuhänder.[1137] Neben der Verwaltungsverpflichtung, die den Treuhänder trifft, entspringt dieser Verwaltungstreuhand auch ein Rückübertragungsanspruch des treu gebenden Arbeitgebers.[1138]

Dieser Rückübertragungsanspruch wird in einem zweiten Schritt durch eine Verpfändungsvereinbarung an den zu sichernden Mitarbeiter verpfändet,

1131 Küppers/Louven/Schröder, BB 2005, 763, 768.
1132 *Passarge*, DB 2005, 2746, 2748.
1133 Küppers/Louven/Schröder, BB 2005, 763, 768.
1134 Küppers/Louven/Schröder, BB 2005, 763, 769.
1135 Hierzu sogleich unter Teil 4 A. I. 2..
1136 Höfer Bd. I/*Höfer/Reich*, ART, Kap. 12, Rn. 110.
1137 Blomeyer/Rolfs/Otto/*Rolfs*, BetrAVG, Anh. zu § 1, Rn. 684d.
1138 Höfer Bd. I/*Höfer/Reich*, ART, Kap. 12, Rn. 110; *Rößler*, BB 2010, 1405, 1408.

§§ 1204, 1273 ff. BGB.[1139] Erforderlich ist hierzu die dingliche Einigung zwischen dem die Versorgung schuldenden Arbeitgeber und dem versorgungsberechtigten Pfandgläubiger.[1140] Ferner ist hinsichtlich der Verpfändung dem Treuhänder Anzeige zu machen, § 1280 BGB.[1141]

Es erfolgt mithin eine sachenrechtliche Absicherung der Versorgungsberechtigten. Die Pfandreife ist in diesem Zusammenhang auf den Eintritt des Sicherungsfalles, also einer Insolvenz des Arbeitgebers, gerichtet.[1142] Die Bestellung des Pfandrechts an dem Rückübertragungsanspruch erfordert die Mitwirkung jedes einzelnen Pfandgläubigers, § 1205 Abs. 1 BGB.[1143] In der Praxis verbreitet, tritt der Treuhänder hierzu als vollmachtloser Vertreter für die abzusichernden Versorgungsberechtigten auf.[1144] Dies hat zur Folge, dass es für die rechtwirksame Bestellung des Pfandrechts noch der Genehmigung der einzelnen Versorgungsberechtigten bedarf, denn bis zu dieser Erklärung bleibt das Rechtsgeschäft schwebend unwirksam.[1145]

Nachteil dieses Konstrukts ist die Mitwirkungsbedürftigkeit des Rechtsgeschäfts aufgrund seines Verfügungscharakters.[1146] Mag es bei der Absicherung eines übersichtlichen Personenkreises, wie etwa der Geschäftsführerebene eines Unternehmens, noch praktikabel sein, so würde der Verwaltungsaufwand bei der Besicherung von großen Mitarbeiterzahlen, etwa durch individuelle Beteiligung oder der rechtssicheren Einholung der erforderlichen Genehmigungen, annähernd unüberschaubar werden.[1147] Schließlich würde dieser Weg über eine Verpfändung an jeden einzelnen Versorgungsberechtigten etwa für Umstrukturierungen des treu gebenden Unternehmens, wie Betriebsübergänge nach § 613a BGB, einen sehr hohen Mehraufwand begründen.[1148]

1139 Blomeyer/Rolfs/Otto/*Rolfs*, BetrAVG, Anh. zu § 1, Rn. 684c; *Küppers/Louven*, BB 2004, 337, 340.
1140 Blomeyer/Rolfs/Otto/*Rolfs*, BetrAVG, Anh. zu § 1, Rn. 684e.
1141 *Küppers/Louven*, BB 2004, 337, 340.
1142 *Rößler*, BB 2010, 1405, 1408.
1143 Höfer Bd. I/*Höfer/Reich*, ART, Kap. 12, Rn. 122.
1144 *Küppers/Louven*, BB 2004, 337, 341.
1145 *Bode/Bergt/Obenberger*, DB 2000, 1864, 1865.
1146 Blomeyer/Rolfs/Otto/*Rolfs*, BetrAVG, Anh. zu § 1, Rn. 684e.
1147 *Bode/Bergt/Obenberger*, DB 2000, 1864, 1865; *Küppers/Louven*, BB 2004, 337, 342.
1148 *Bode/Bergt/Obenberger*, DB 2000, 1864, 1866.

2. *Sicherungstreuhand* („Doppelseitige Treuhand")

Aufgrund der gezeigten Schwächen des Verpfändungsmodells hat sich eine andere Treuhandlösung herausgebildet, die heute in den ganz überwiegenden CTA-Konstrukten angewandt wird.[1149] Es handelt sich hierbei um die *doppelseitige* Treuhand. Ihren Namen trägt diese Gestaltung, weil sie einerseits sozusagen als Grundbaustein die Verwaltungstreuhand zwischen Treugeber und Treuhänder beinhaltet, aber zusätzlich dazu eine weitere Sicherungstreuhand zwischen Treugeber und Treuhänder zugunsten der Versorgungsberechtigten vereinbart wird.[1150] Diese zweite Treuhand dient ausschließlich der Sicherung der Versorgungsansprüche der Berechtigten und ist so konkret zu bezeichnen wie möglich.[1151] Sicherungsfall ist dabei die Nichtleistung auf die fälligen Versorgungsansprüche, sei es aufgrund eingetretener Insolvenz beim Versorgungsschuldner oder im Falle anderweitig bedingten Zahlungsausfalls.[1152]

Beide Rechtsverhältnisse werden zumeist gleichzeitig und in einem Dokument abgeschlossen.[1153] Um aber eine rechtssichere Abgrenzung der beiden Rechtsgeschäfte zu gewährleisten, sollte eine hinreichend klare sprachliche und gestalterische Differenzierung vorgenommen werden.[1154]

Die Sicherungstreuhandabrede zwischen treu gebendem Unternehmen und Treuhänder stellt für die Versorgungsberechtigten einen echten Vertrag zugunsten Dritter i. S. v. § 328 Abs. 1 BGB dar.[1155] Die Sicherungstreuhand räumt ihnen einen eigenen Anspruch gegen den Treuhänder auf Erfüllung ihrer Versorgungsansprüche ein, bedingt auf den Eintritt eines vordefinierten Sicherungsfalles.[1156] Es handelt sich um einen Vertrag sui generis, welcher zwischen treu gebendem Unternehmen und Versorgungsberechtigten seine rechtliche Wirkung entfaltet.[1157]

Da es sich bei dieser schuldrechtlichen Absicherung der Versorgungsberechtigten um ein nicht mitwirkungsbedürftiges Rechtsgeschäft handelt, bietet

---

1149 *Küppers/Louven*, BB 2004, 337, 342.

1150 Blomeyer/Rolfs/Otto/*Rolfs*, Anh. zu § 1, Rn. 684n.

1151 *Rößler*, BB 2010, 1405, 1408.

1152 Vgl. *Diller/Tresselt*, ZIP 2017, 2084, 2087; *Rößler*, BB 2010, 1405, 1408.

1153 Küppers/Louven/Schröder, BB 2005, 763, 764.

1154 *Rößler*, DB 2013, 1607, 1608.

1155 *Bode/Bergt/Obenberger*, DB 2000, 1864, 1865; *Küting/Keßler*, FS Höfer 2011, 145, 151.

1156 Höfer Bd. I/*Höfer/Reich*, ART Kap. 12, Rn. 115.

1157 BAG, Urt. v. 18.07.2013 – 6 AZR 47/12, NZA 2013, 1440, 1445, B. II. 2. c) der Gründe; *Küting/Keßler*, FS Höfer 2011, 145, 151.

die Sicherungstreuhand im Gegensatz zum Verpfändungsmodell den Vorteil wesentlich geringeren Verwaltungsaufwandes.[1158]

II. CTA in der Insolvenz des Treugebers

1. Insolvenzfestigkeit der Treuhandmodelle

Mit Eröffnung des Insolvenzverfahrens erlischt die beiden CTA-Konstruktionen immanente Verwaltungstreuhand als Geschäftsbesorgungsvertrag oder Auftrag im Wege von §§ 115 Abs. 1, 116 InsO.[1159] Die damit einhergehende Rechtsfolge wäre für eine ohne weiteren Sicherungsmechanismus ausgestattete Treuhand, dass der Treuhänder als Beauftragter dem Geschäftsherrn, also dem treu gebenden Unternehmen, das noch vorhandene Treuhandvermögen herausgeben müsste, § 667 BGB.[1160] Insolvenzschutz kann mithin nur durch die Installation zusätzlicher Sicherung, durch Einrichtung des Verpfändungs- oder des Sicherungstreuhandmodells, herbeigeführt werden.[1161] Die höchstrichterliche Rechtsprechung bewertet diese Treuhandmodelle als insolvenzfest.[1162] Maßgeblich für die Insolvenzfestigkeit der einzelnen Treuhandkonstrukte ist deren konkrete Ausgestaltung.[1163]

a) Verpfändungsmodell

Wie oben gezeigt, erfordert die Einrichtung der einseitigen Treuhand mannigfaltige Einzelakte. Diese zahlreichen Vorgänge, begonnen mit der Vereinbarung der Verwaltungstreuhand und der Übertragung der Vermögensgegenstände, über die Bestellung des Pfandrechts und die erforderliche Genehmigung durch die begünstigten Pfandgläubiger, sowie schließlich die Erfüllung der Versorgungsansprüche der Berechtigten selbst, stellen unter Umständen nach den §§ 129 ff. InsO anfechtbare Rechtshandlungen des Schuldners dar.[1164]

Eine Anfechtung nach den §§ 130, 131, 132 InsO wird hinsichtlich der Einrichtung der Verwaltungstreuhand sowie der Vermögensübertragung an den Treuhänder regelmäßig bereits an der Drei-Monats-Frist scheitern.[1165] In

1158 *Fischer/Thoms-Meyer*, DB 2000, 1861, 1863; Höfer Bd. I/*Höfer/Reich*, ART, Kap. 12, Rn. 114; *Küppers/Louven*, BB 2004, 337, 342.

1159 *Dahl/Taras*, NJW-Spezial 2016, 21; *Rößler*, BB 2010, 1405, 1406.

1160 *Küppers/Louven/Schröder*, BB 2005, 763, 764; *Küting/Keßler*, FS Höfer 2011, 145, 150.

1161 Höfer Bd. I/*Höfer/Reich*, ART, Kap. 12, Rn. 140.

1162 BAG, Urt. v. 18.07.2013 – 6 AZR 47/12, NZA 2013, 1440, 1444, B. II. der Gründe.

1163 Höfer Bd. I/*Höfer/Reich*, ART, Kap. 12, Rn. 140.

1164 *Passarge*, DB 2006, 2746; *Rößler*, BB 2010, 1405, 1411.

1165 *Küppers/Louven*, BB 2004, 337, 341; *Passarge*, DB 2006, 2746.

Extremsituationen kann aber eine erst mit Blick auf ein drohendes Insolvenzverfahren erteilte Genehmigung der Pfandrechtsbestellung dem Risiko einer Anfechtung nach den §§ 130, 131, 132 InsO unterliegen.[1166] Es ist insoweit für eine verlässliche Insolvenzsicherung essentiell, die erforderlichen Genehmigungen zeitnah zur Einrichtung des einseitigen CTA einzuholen.

Insbesondere dürfte die Vermögensübertragung auf den Treuhänder nicht der Anfechtung nach § 134 InsO ausgesetzt sein, da das zu sichernde Rechtsverhältnis, also das zwischen treu gebendem Unternehmen und Arbeitnehmer bestehende Versorgungsverhältnis, hierbei relevant ist und der Arbeitgeber, soweit er dem Versorgungsberechtigten einen Anspruch auf Sicherung eingeräumt hat, lediglich seinen (kollektiv-)vertraglichen Pflichten nachkommt.[1167]

Denkbar wäre auch eine Anfechtung nach § 133 Abs. 1 InsO, wobei der erforderliche Gläubigerbenachteiligungsvorsatz aber jedenfalls hinsichtlich der Einrichtung und Ausstattung des CTA mit dem erforderlichen Vermögen in der Regel nicht anzunehmen sein dürfte.[1168]

b) Sicherungstreuhand

Auch die einzelnen Rechtshandlungen zur Errichtung der doppelseitigen Treuhand unterliegen grundsätzlich der Insolvenzanfechtung nach den §§ 129 ff. InsO. Das größte Anfechtungsrisiko liegt hierbei aber wieder im Detail – die konkrete Vertragsgestaltung ist ausschlaggebend für die Insolvenzfestigkeit des Sicherungsmechanismus.[1169] Soweit dem doppelseitigen CTA eine rechtssichere und klar strukturierte Doppeltreuhand-Konstruktion zugrunde liegt, kann es als – auch von höchstrichterlicher Rechtsprechung anerkannt – insolvenzfest angesehen werden.[1170]

1166 *Bode/Bergt/Obenberger*, DB 2000, 1864, 1865; *Küppers/Louven*, BB 2004, 337, 341.

1167 *Passarge*, DB 2005, 2747.

1168 Das Anfechtungsrisiko des Verpfändungsmodells als grundsätzlich niedrig einstufend Blomeyer/Rolfs/Otto/*Rolfs* BetrAVG, Anh. zu § 1, Rn. 684i.

1169 *Rößler*, DB 2013, 1607, 1608.

1170 BAG, Urt. v. 18.07.2013 – 6 AZR 47/12, NZA 2013, 1440, 1444, B. II. der Gründe (betreffend die Insolvenzfestigkeit eines Altersteilzeitkonten sichernden, doppelseitigen CTAs); zur Übertragbarkeit dieses Urteils auf CTA-Modelle zur privatrechtlichen Insolvenzsicherung von Pensionsverbindlichkeiten vgl. *Diller/Tresselt*, ZIP 2017, 2084, 2085); zur grundsätzlichen Insolvenzfestigkeit von mehrseitigen Treuhandmodellen BGH, Urt. v. 24.09.2015 – IX ZR 272/13, NJW-RR 2016, 242, 247, II. 5. c) bb) der Gründe; *Küppers/Louven/Schröder*, BB 2005, 763, 770.

Das zur Anfechtungsrelevanz der einzelnen Rechtshandlungen zu dem einseitigen Treuhandmodell Gesagte gilt für die Sicherungstreuhand entsprechend.[1171] Hingegen entfällt bei der doppelseitigen Treuhand das Risiko der Anfechtung der (zu) spät erteilten Genehmigung der Versorgungsberechtigten zur Pfandrechtsbestellung, da es sich bei einem Vertrag zugunsten Dritter nicht um ein mitwirkungsbedürftiges Rechtsgeschäft handelt.

2. *Rechtsfolgen in der Insolvenz und Verwertung*

Soweit demnach die einzelnen Rechtsakte der Installation der verschiedenen CTA-Modelle einer Insolvenzanfechtung standhalten, stellt sich die Frage nach dem rechtlichen Schicksal und der Verwertung der Sicherungsrechte im Insolvenzverfahren über das Vermögen des Treugebers. Da die den beiden Konstruktionen zugrunde liegende Verwaltungstreuhand mit Eröffnung des Insolvenzverfahrens erlischt, §§ 115 Abs. 1, 116 InsO, sind die Rechtsfolgen für das Pfandrecht und die Sicherungstreuhand zu beleuchten.

a) Verpfändungsmodell

Im Insolvenzfall gibt das Pfandrecht am Rückübertragungsanspruch – vorbehaltlich dessen rechtswirksamer Bestellung und Vorliegen von Pfandreife – dem Versorgungsberechtigten daran gegenüber der Masse ein Absonderungsrecht nach § 50 Abs. 1 InsO.[1172] Ein solches Absonderungsrecht gewährt dem Rechtsinhaber die abgesonderte Befriedigung aus dem Pfandgegenstand nach Maßgabe der §§ 166 bis 173 InsO.[1173]

Den Zeitpunkt der Pfandreife regeln die Parteien zuvor in der Verpfändungsvereinbarung. Pfandreife wird in aller Regel durch den Eintritt der Fälligkeit des Versorgungsanspruchs ausgelöst, §§ 1282 Abs. 1, 1228 Abs. 2 BGB.[1174] Aufgrund des Erfordernisses eingetretener Pfandreife ist nach Eröffnung des Insolvenzverfahrens die Unterscheidung zwischen dem Zeitraum *vor* und *nach* Eintritt der Pfandreife für die Rechtsqualität des Pfandrechts und dem daraus erwachsenen Verwertungsrecht relevant.

1171 *Passarge*, DB 2005, 2746.

1172 Höfer Bd. I/*Höfer/Reich*, ART, Kap. 12, Rn. 167; *Rößler*, BB 2010, 1405, 1411.

1173 Uhlenbruck/*Brinkmann*, InsO, § 50, Rn. 1.

1174 *Küppers/Louven*, BB 2004, 337, 341

(1) Verwertungsbefugnis in den verschiedenen Stadien von Pfandreife

(i) Situation vor Pfandreife

Vor Pfandreife steht dem Pfandgläubiger aufgrund der Tatsache, dass seine Forderung aufschiebend bedingt ist, lediglich ein Anspruch auf Sicherung zu.[1175] Vor Eintritt der Pfandreife kann der Pfandgläubiger in Ansehung von § 1281 S. 1 BGB Leistung grundsätzlich nur an sich und den Gläubiger gemeinschaftlich beanspruchen.[1176]

Umstritten ist aber, wem in der Insolvenz des Treugebers das Verwertungsrecht zukommt. Es wird problematisiert, ob der Insolvenzverwalter i. R. v. § 173 InsO befugt ist, das Treuhandvermögen zu verwerten und den Erlös zur Sicherung der Versorgungsberechtigten zu hinterlegen hat, oder aber, ob er nur gemeinsam mit dem Pfandgläubiger nach § 1281 S. 2 BGB die Auskehrung der entsprechenden Vermögenswerte vom Treuhänders verlangen kann.[1177]

Nach Ansicht des **BGH** soll es dem Insolvenzverwalter in analoger Anwendung von § 173 Abs. 2 S. 2 BGB möglich sein, die Vermögenswerte des einseitigen CTA zunächst zur Masse zu ziehen und diesen Wert für die spätere Auskehrung an den Pfandgläubiger bei Eintritt der Pfandreife separiert, etwa auf einem gesonderten Konto, zu halten.[1178] Sollten diese Finanzmittel aber bei Eintritt des Versorgungsfalls nicht mehr vorhanden sein, könne sich der Insolvenzverwalter nach § 60 InsO schadenersatzpflichtig machen. Vom Verwertungserlös könne der Insolvenzverwalter sodann auch die Kosten der Feststellung und Verwertung i. S. v. §§ 170, 171 InsO einbehalten. Der Senat begründete seine Auffassung damit, dass die Regelung des § 1281 BGB im Insolvenzverfahren nicht nur unpraktikabel sei. Vielmehr bedürfe der Pfandgläubiger, der außerhalb des Insolvenzverfahrens vor beeinträchtigendem Verhalten des Pfandschuldners geschützt werden müsse, in einem geordneten Verfahren unter Beteiligung des Insolvenzverwalters aufseiten des Pfandschuldners nicht in vergleichbarem Maße dieses gesetzlichen Schutzes. Im Sinne der Praktikabilität müsse dem

---

1175 *Küppers/Louven*, BB 2004, 337, 341.

1176 Blomeyer/Rolfs/Otto/*Rolfs*, BetrAVG, Anh. zu § 1, Rn. 684k; Höfer Bd. I/*Höfer/Reich*, ART, Kap. 12, Rn. 177; *Primozic/Doetsch*, NZI 2013, 736, 738.

1177 So vertritt letztere Ansicht etwa *Primozic/Doetsch*, NZI 2013, 736, 737.

1178 BGH, Urt. v. 07.04.2005 – IX ZR 138/04, NJW 2005, 2231, 2232, II. 3. der Gründe; BGH, Urt. v. 11.04.2013 – IX ZR 176/11, NZI 2013, 596, 597, III. 1. b) cc) der Gründe (beide Entscheidungen für ein an einer Rückdeckungsversicherungspolice bestelltes Pfandrecht); zustimmend Blomeyer/Rolfs/Otto/*Rolfs*, BetrAVG, Anh. zu § 1, Rn. 684k; *Küppers/Louven*, BB 2004, 337, 341.

Insolvenzverwalter insofern vor Eintritt der Pfandreife das alleinige Einzugsrecht am Treuhandvermögen zukommen.

Demgegenüber wird in Teilen der **Literatur** vertreten, der Wortlaut von § 1281 BGB ordne ausdrücklich an, dass nur gemeinschaftlich an Pfandgläubiger und Insolvenzverwalter geleistet werden könne.[1179] Für eine analoge Anwendung von § 173 Abs. 2 S. 2 InsO fehle es daher an einer hierzu erforderlichen gesetzlichen Regelungslücke.[1180] Dies stünde einer alleinigen Verwertung durch den Insolvenzverwalter entgegen. Die Rechtsprechung des BGH greife zudem nicht nur wirtschaftlich durch Zubilligung der Kostenpauschale in die Rechte des Pfandgläubigers ein, sondern unterwerfe ihn etwa bei Verlust der zu seiner Befriedigung erforderlichen Finanzmittel dem Risiko, bei Vorgehen gegen den Insolvenzverwalter wegen Schadenersatz nach § 60 InsO ein Verschulden nachweisen zu müssen.[1181]

Der Ansicht der Rechtsprechung ist insoweit beizupflichten, als der Insolvenzverwalter im Insolvenzfall abweichend von § 173 Abs. 1 InsO dazu berechtigt ist, vor Eintritt der Pfandreife den Pfandgegenstand zu verwerten, mithin die Vermögenswerte des CTA zur Masse zu ziehen.[1182] Hierfür sprechen insbesondere Praktikabilitätsgesichtspunkte und das Interesse der Insolvenzgläubiger an einer zügigen Verwertung der zur Masse zählenden Vermögensgegenstände. Der Insolvenzverwalter hat aber hinsichtlich dieser Finanzmittel, soweit sie zur späteren Befriedigung des Pfandgläubigers erforderlich sind, für deren Hinterlegung gem. §§ 191 Abs. 1, 198 InsO i. V. m. §§ 372 ff. BGB Sorge zu tragen.[1183] Soweit der Insolvenzverwalter hierfür die Kosten der Feststellung und Verwertung nach §§ 170, 171 InsO vom Verwertungserlös abziehen kann, sollten diese Mehrkosten daher bei Berechnung der auf das CTA zu übertragenden Vermögenswerte bereits berücksichtigt werden.[1184]

1179 *Primozic/Doetsch*, NZI 2013, 736, 737.

1180 *Primozic/Doetsch*, NZI 2013, 736, 737.

1181 *Primozic/Doetsch*, NZI 2013, 736, 737.

1182 Vgl. BGH, Urt. v. 07.04.2005 – IX ZR 138/04, NJW 2005, 2231, 2232, II. 3. der Gründe; Blomeyer/Rolfs/Otto/*Rolfs*, BetrAVG, Anh. zu § 1, Rn 684k; Uhlenbruck/*Brinkmann*, InsO, § 47, Rn. 112.

1183 BGH, Urt. v. 10.07.1997 – IX ZR 161/96, NZA 1997, 1113, 1115, II. 3. der Gründe; BGH, Urt. v. 07.04.2005 – IX ZR 138/04, NJW 2005, 2231, 2233, II. 3.bb) (3) der Gründe; *Fischer/Thoms-Meyer*, DB 2000, 1861, 1862; Uhlenbruck/*Brinkmann*, InsO, § 47, Rn. 112.

1184 *Primozic/Doetsch*, NZI 2013, 736, 738.

(ii) Situation nach Pfandreife

Sobald das Versorgungsrecht des Pfandgläubigers fällig geworden ist, mithin ***nach*** Eintritt der Pfandreife, kann sich der Versorgungsberechtigte hieraus befriedigen, §§ 1282 Abs. 1, 1228 Abs. 2 BGB.[1185] Der Versorgungsberechtigte kann sein Pfandrecht selbstständig verwerten, § 173 Abs. 1 InsO.[1186] Dem Versorgungsberechtigten kommt die Verwertungsbefugnis am Rückübertragungsanspruch zu.[1187] Er kann den Rückübertragungsanspruch nach Maßgabe der §§ 166 bis 173 InsO einziehen und verwerten.[1188] Der Insolvenzverwalter hält in dieser Situation kein Einzugsrecht nach § 166 Abs. 2 InsO, denn diese Regelung ist auf abgetretene, nicht aber verpfändete Forderungen anwendbar.[1189]

In diesem Zusammenhang ist zu beachten, dass das sachenrechtliche Prioritätsprinzip demjenigen Pfandgläubiger Vorrang zur Einziehung gewährt, der das ranghöchste Pfandrecht am Pfandgegenstand hält, § 1290 BGB.[1190] Konsequenz ist hierbei für das einseitige CTA, dass aufgrund der rein zufälligen Reihenfolge der für die Rangfolge relevanten Bestellung der einzelnen Pfandrechte nach § 1209 BGB zugunsten der Versorgungsberechtigten deren spätere Werthaltigkeit abhängt. Abweichende Regelungen, wie etwa die Vereinbarung von Gleichrang der Pfandrechte, sind hierbei aber denkbar.[1191] Diese können aber jedoch nur schuldrechtlich wirken.[1192]

(2) Verpfändungsmodell und PSV

Soweit es sich bei dem Pfandgläubiger nicht etwa um einen dem Anwendungsbereich des § 17 Abs. 1 BetrAVG entzogenen Rechtsträger, wie beispielsweise einen beherrschenden Gesellschafter-Geschäftsführer, handelt, kommt es zu einem Zusammenspiel mit der gesetzlichen Insolvenzsicherung durch den PSV. Soweit dieser in der Insolvenz des Arbeitgebers für die Versorgungsansprüche und -anwartschaften einsteht, gehen im Wege der cessio legis nach § 9 Abs. 2 BetrAVG die Versorgungsrechte samt akzessorisch daran bestehender Sicherungsrechte auf den PSV über, §§ 412, 401 Abs. 1 BGB.[1193] Zu diesen

1185 Höfer Bd. I/*Höfer/Reich,* ART, Kap. 12, Rn. 175.
1186 K. Schmidt/*Sinz*, § 166, Rn. 23; Uhlenbruck/*Brinkmann*, InsO, § 166, Rn. 30.
1187 *Küppers/Louven*, BB 2004, 337, 341.
1188 Höfer Bd. I/*Höfer/Reich,* ART, Kap. 12, Rn. 175.
1189 Uhlenbruck/*Brinkmann*, InsO, § 166, Rn. 30.
1190 Höfer Bd. I/*Höfer/Reich,* ART, Kap. 12, Rn. 178.
1191 *Bode/Bergt/Obenberger*, DB 2000, 1864, 1866.
1192 Höfer Bd. I/*Höfer/Reich,* ART, Kap. 12, Rn. 178; *Küppers/Louven*, BB 2004, 337, 341.
1193 Höfer Bd. I/*Höfer/Reich,* ART, Kap. 12, Rn. 179; *Küppers/Louven*, BB 2004, 337, 342.

akzessorischen Sicherungsrechten gehört ausdrücklich auch ein zur Sicherung der Forderung bestelltes Pfandrecht, §§ 401 Abs. 1, 1204 BGB.

Den gesetzlichen Forderungsübergang kann der PSV aber nur in dem Maße geltend machen, in welchem er auch tatsächlich für die Erbringung der Versorgung einsteht.[1194] Für den verbleibenden Teil des Pfandrechts bleibt der Versorgungsberechtigte Gläubiger.[1195] Dies gilt insbesondere für sog. *Exzedenten*, also Versorgungsberechtigte mit über der Höchstgrenze des § 7 Abs. 3 BetrAVG liegenden Versorgungsanrechten. Es findet insoweit eine Aufspaltung des Pfandrechts statt.[1196]

Aufgrund der in § 9 Abs. 2 S. 2 BetrAVG normierten Nachteilsklausel kann der PSV aber den Übergang des Pfandrechts dann nicht geltend machen, wenn die Aufspaltung nicht möglich oder nur mit Nachteilen für den Versorgungsberechtigten einhergehen würde.[1197] In einem derart gelagerten Fall verbleibt das Pfandrecht vollumfänglich bei dem Versorgungsberechtigten.[1198] In den allermeisten Treuhandkonstruktionen wird heute daher vereinbart, dass das Treuhandvermögen ausdrücklich vorrangig für die Sicherung von nicht vom PSV insolvenzgeschützten Versorgungsrechten dienen soll.[1199]

Mit Forderungs- und Pfandrechtsübergang auf den PSV nach § 9 Abs. 2 S. 1 BetrAVG gelten die Versorgungsanwartschaften nach dem Forderungsübergang nach § 9 Abs. 2 S. 1 BetrAVG auf den PSV als sofort fällig, § 45 InsO.[1200] Damit ist hinsichtlich des damit akzessorisch verbundenen Pfandrechts auch Pfandreife eingetreten. Der PSV kann das Pfandrecht als neuer Pfandgläubiger demgemäß also bereits vor dem tatsächlichen Eintritt des Versorgungsfalles beim Versorgungsberechtigten einziehen und verwerten.[1201]

b) *Sicherungstreuhand*

Anders als bei der privatvertraglichen Insolvenzsicherung im Wege der einseitigen Treuhand erfolgt bei Installation einer Sicherungstreuhand nach dem

1194 Höfer Bd. I/*Höfer/Reich*, ART, Kap. 12, Rn. 203.

1195 *Bode/Bergt/Obenberger*, DB 2000, 1864, 1866.

1196 Höfer Bd. I/*Höfer/Reich*, ART, Kap. 12, Rn. 203.

1197 Blomeyer/Rolfs/Otto/*Rolfs*, BetrAVG, § 9, Rn. 65.

1198 Höfer Bd. I/*Höfer/Reich*, ART, Kap. 12, Rn. 203.

1199 Blomeyer/Rolfs/Otto/*Rolfs*, BetrAVG, § 9, Rn. 65a; *Bode/Bergt/Obenberger*, DB 2000, 1864, 1866; *Diller/Tresselt*, ZIP 2017, 2084, 2086.

1200 Vgl. BGH, Urt. v. 10.07.1997 – IX ZR 161/96, NJW 1998, 312, 313, 2. der Gründe; Blomeyer/Rolfs/Otto/*Rolfs*, BetrAVG, Anh. zu § 1, Rn. 684k.

1201 Vgl. Blomeyer/Rolfs/Otto/*Rolfs*, BetrAVG, Anh. zu § 1, Rn. 684k.

doppelseitigen Modell eine rein schuldrechtliche Absicherung der Versorgungsberechtigten.[1202]

Die zugrunde liegende Sicherungsvereinbarung zwischen dem treu gebenden Unternehmen und dem Treuhänder bildet, wie dargestellt, einen Vertrag zugunsten Dritter i. S. v. § 328 Abs. 1 BGB, sodass die Versorgungsberechtigten im Sicherungsfall der Insolvenz des Treugebers einen echten eigenen Anspruch gegen den Treuhänder erhalten.[1203] Diese Vereinbarung ist als Vertrag sui generis zu qualifizieren und unterfällt als zwischen Treuhänder und drittbegünstigtem Versorgungsberechtigtem wirkend nicht dem Anwendungsbereich von §§ 115 Abs. 1, 116 InsO, sodass die Sicherungstreuhand unabhängig von der erlöschenden Verwaltungstreuhand auch nach Eröffnung des Insolvenzverfahrens über das Vermögen des Treugebers bestehen bleibt.[1204] In diesem Zusammenhang ist zu beachten, dass zwischen der Verwaltungs- und der Sicherungstreuhandabrede klar zu differenzieren sein muss, etwa durch Erstellung zweier Dokumente, sodass der mitunter geäußerten Ansicht, es liege ein einheitliches Rechtsgeschäft vor, was neben dem Erlöschen der Verwaltungstreuhand auch das Ende der Sicherungstreuhand bedeute, wirksam begegnet werden kann.[1205]

(1) Verwertungsbefugnis

Mit Eröffnung des Insolvenzverfahrens richten sich die Ansprüche der Versorgungsberechtigten unmittelbar gegen den Treuhänder. Weil die Treuhandgegenstände aber wirtschaftlich dem Trägerunternehmen des Treuhänders zuzuordnen sind, gehören sie bei Eröffnung des Insolvenzverfahrens über das Vermögen des treu gebenden Unternehmens zunächst zu dessen Insolvenzmasse.[1206] Dem Treuhänder steht aber alsdann gegen die Masse ein Absonderungsrecht am

1202 Höfer Bd. I/*Höfer/Reich,* ART, Kap. 12, Rn. 159.

1203 *Birkel/Obenberger*, BB 2011, 2051, 2052; *Küppers/Louven/Schröder*, BB 2005, 763, 764; *Passarge*, DB 2005, 2746, 2747.

1204 BAG, Urt. v. 18.07.2013 – 6 AZR 47/12, NZA 2013, 1440, 1444, B. II. der Gründe; vgl. zur grundsätzlichen Insolvenzfestigkeit mehrseitiger Treuhandmodelle auch BGH, Urt. v. 24.09.2015 – IX ZR 272/13, NJW-RR 2016, 242, 247, II. 5. c) bb) der Gründe; *Fischer/Thoms-Meyer*, DB 2000, 1861, 1863; *Küppers/Louven/Schröder*, BB 2005, 763, 764; K. Schmidt/*Sinz*, § 166, Rn. 23.

1205 Ein einheitliches Rechtsgeschäft ausdrücklich ablehnend BAG, Urt. v. 18.07.2013 – 6 AZR 47/12, NZA 2013, 1440, 1445, B. II. 2. c) aa) der Gründe; vgl. auch Höfer Bd. I/*Höfer/Reich,* ART, Kap. 12, Rn. 150.

1206 *Küppers/Louven*, BB 2004, 337, 343.

Treuhandvermögen nach § 51 Nr. 1 InsO sowie ein Verwertungsrecht gem. § 173 Abs. 1 InsO zu.[1207]

Der 6. Senat des BAG hatte mit seinem Urteil vom 18.07.2013 einen Fall zu entscheiden, in welchem die Sicherung eines Altersteilzeitguthabens im Wege einer doppelseitigen Treuhand vorgenommen worden war. Die inzwischen in der Insolvenz befangene Arbeitgeberin der Klägerin hatte zur Sicherung des Versorgungsvermögens im Jahre 2003 Finanzmittel in Form von Fondsanteilen auf einen Treuhänder zur Verwaltung und Anlage übertragen. Im zugrundeliegenden Treuhandvertrag wurde unter anderem vereinbart, dass im Falle der Insolvenz der treugebenden Arbeitgeberin der jeweilige Mitarbeiter *„wirtschaftlich Berechtigter der vom Treuhänder auf den einzelnen Depots […] verwahrten Gelder bis zur Höhe ihrer jeweiligen Versorgungsguthaben“* sei. Das vorhandene Guthaben könnten sich die Mitarbeiter im Insolvenzfalle auszahlen oder überweisen lassen.
Als über das Vermögen der Arbeitgeberin im Jahre 2010 das Insolvenzverfahren eröffnet wurde, erhielt die Klägerin trotz ausbleibender Leistungen der Arbeitgeberin auch keine Auszahlung von dem treuhänderisch verwalteten Investmentkonto. Da über die Massezugehörigkeit des gesamten Treugutes zwischen Treuhänder und Insolvenzverwalter Streit bestand, erklärte der Treuhänder der Klägerin gegenüber außergerichtlich, er *„werde das Guthaben nach Freigabe durch den Insolvenzverwalter […] auszahlen“*. Die Klägerin vertrat nunmehr klageweise die Ansicht, diese als Doppeltreuhand zu verstehende Regelung sei insolvenzfest. Ihr stünde ein Aussonderungs-, jedenfalls aber ein einen Unterlassungsanspruch gegen den beklagten Insolvenzverwalter begründendes Absonderungsrecht zu. Demgegenüber wand der Insolvenzverwalter ein, die gesamte Treuhandvereinbarung sei im Wege von §§ 115, 116 InsO erloschen und der Treuhänder mithin zur Rückgabe des Treugutes an die Masse verpflichtet.

Der Senat lehnte ein Aussonderungsrecht der Klägerin am Treugut nach § 47 S. 1 InsO ab. Es komme allenfalls **dem Treuhänder ein Absonderungsrecht nach Maßgabe von § 51 Nr. 1 InsO zu**, soweit das *„Guthaben auf dem Investmentkonto durch eine Doppeltreuhand insolvenzfest gesichert worden“* sei. Dies ergebe sich aus der Erwägung, dass der Treuhänder *„gleichsam* ***Sicherungsnehmer im Drittinteresse****“* geworden sei. Das Konstrukt der doppelseitigen Treuhand sei der Sicherungsabrede i. R. einer Sicherungsübereignung ähnlich. Auch in einem solchen Falle stünde dem Treuhänder am Sicherungsgut kein Aussonderungsrecht zu, sondern lediglich ein **Absonderungsrecht** gegen die Masse. Einer schuldrechtlichen Vereinbarung zu Gunsten der Versorgungsberechtigten ein Aussonderungsrecht i. S. v. § 47 S. 1 InsO erwachsen zu lassen, stünde *„in einem Wertungswiderspruch zum Erfordernis des dinglichen Übertragungsakts bei Sicherungsübereignung und Sicherungszession“*. Soweit der Treuhänder mithin zu Gunsten der

1207 BAG, Urt. v. 18.07.2013 – 6 AZR 47/12, NZA 2013, 1440, 1444, B. II. der Gründe; *Bode/Bergt/Obenberger*, DB 2000, 1864, 1866; Höfer Bd. I/*Höfer/Reich*, ART, Kap. 12, Rn. 151; *Küppers/Louven*, BB 2004, 337, 343; *Küppers/Louven/Schröder*, BB 2005, 763, 765.

Klägerin ein Absonderungsrecht am Investmentkonto halte, könne sie, die Klägerin, auch einen **Unterlassungsanspruch** gegen den Insolvenzverwalter geltend machen und ihn dazu anhalten, *„eine nicht durch ein Absonderungsrecht belastete Massezugehörigkeit zu reklamieren“*.

Der **Treuhänder** dürfe durch das ihm zustehende **Absonderungsrecht** am Treugut dieses sodann auch nach Maßgabe von § 173 Abs. 1 InsO **verwerten**. § 166 Abs. 2 InsO sei insoweit nicht anwendbar. Es handele sich bei den auf den Treuhänder übertragenen Fondsanteilen bereits nicht um „Forderungen“ i. S. d. Norm. Auch der Sinn und Zweck der Regelung, nämlich dem i. d. R. besser informierten Insolvenzverwalter zur Erleichterung der Verwertung die Einziehung zu übertragen, greife bei einer solchermaßen ausgestalteten Treuhand, in welcher der Treuhänder gerade die umfassende Verwaltung des Treuguts samt aller notwendigen Dokumente und Informationen gegenüber den Versorgungsberechtigten übernimmt, spreche gegen eine Anwendbarkeit von § 166 Abs. 2 InsO. Schließlich konstituiere § 173 Abs. 1 InsO einen *„Auffangtatbestand“* dergestalt, dass das Verwertungsrecht in Ermangelung einer ausdrücklichen Zuordnung an den Insolvenzverwalter gerade bei dem Gläubiger liege.

Hinsichtlich der Insolvenzfestigkeit des doppelseitigen CTA und dem damit einhergehenden Absonderungsrecht des Treuhänders kann diese BAG-Entscheidung, obzwar sie für den Fall der Absicherung von Altersteilzeitkonten erging, auf zur Absicherung von Pensionsverbindlichkeiten installierte CTAs übertragen werden.[1208] Mit dem Vorgenannten ist dem Insolvenzverwalter ein Zugriff auf das Treuhandvermögen mithin verwehrt.[1209] Aufgrund der Tatsache, dass dem Treuhänder zumeist Anteilsscheine an einem Sondervermögen im Rahmen von CTA-Konstruktionen übertragen werden und der Treuhänder diese in aller Regel auch im Besitz hat, scheidet ferner eine Einziehungsbefugnis des Insolvenzverwalters nach § 166 Abs. 1 InsO aus.[1210] Schließlich kommt nach der oben dargestellten höchstrichterlichen Rechtsprechung auch § 166 Abs. 2 InsO in diesem Falle nicht zur Anwendung.[1211]

Der Versorgungsberechtigte selbst kann demgegenüber kein Absonderungsrecht gegen die Masse geltend machen. Seine schuldrechtlichen Ansprüche richten sich im Lichte der Sicherungstreuhandvereinbarung unmittelbar gegen den Treuhänder.[1212]

1208 *Diller/Tresselt*, ZIP 2017, 2084, 2085.

1209 Dem Treuhänder im Falle der Sicherung von Rechten Dritter ein Absonderungsrecht am Treugut einräumend BGH, Urt. v. 12.10.1989 – IX ZR 184/88, NJW 1990, 45, 46, III. der Gründe.

1210 Küppers/Louven/Schröder, BB 2005, 763, 767.

1211 Vgl. auch K. Schmidt/*Sinz*, § 166, Rn. 23.

1212 BAG, Urt. v. 18.07.2013 – 6 AZR 47/12, NZA 2013, 1440, 1444, A. II. 2. b) der Gründe; Höfer Bd. I/*Höfer/Reich*, ART, Kap. 12, Rn. 159.

(2) Sicherungstreuhand und PSV

Zu beachten ist in diesem Zusammenhang schließlich das Zusammenspiel der privatvertraglichen mit der gesetzlichen Insolvenzsicherung. Soweit es sich bei dem jeweiligen Versorgungsberechtigten auch um den Inhaber eines Anspruchs gegen den PSV nach den §§ 7 ff. BetrAVG handelt, verhält es sich bei der Doppeltreuhand anders als bei dem Verpfändungsmodell. Im Gegensatz zu Letzterem weist die Sicherungsabrede, die der Sicherungstreuhand zugunsten der Versorgungsberechtigten zugrunde liegt, gerade keine strenge Akzessorietät zur Versorgungszusage des Arbeitgebers auf.[1213] Soweit der Treuhänder neben der Vereinbarung der Sicherungsabrede aber einen Schuldbeitritt zur Versorgungszusage erklärt hat, findet aufgrund der Vergleichbarkeit dieses Schuldbeitritts zu den gesetzlich genannten Sicherungsrechten dennoch der aus § 9 Abs. 2 BetrAVG i. V. m. §§ 412, 401 Abs. 1 BGB folgende gesetzliche Übergang des Treuhandvermögens auf den PSV statt.[1214] Der Treuhänder kann aber in dieser Konstellation der zuvor erklärten Schuldbeitritts von einem Befriedigungsvorrecht vor dem PSV Gebrauch machen.[1215] Diese haben sich dessen Leistungen alsdann i. R. v. § 7 Abs. 4 S. 1 BetrAVG auf ihre Ansprüche gegen den PSV anrechnen zu lassen.[1216]

Etwas Anderes gilt für Fälle, in welchen die Versorgungsberechtigten über eine schuldrechtliche Absicherung über ein CTA ohne Schuldbeitritt des Treuhänders verfügen. Dieser Anspruch aus der doppelseitigen Treuhand folgt nicht dem auf den PSV übergehenden Versorgungsanspruch im Wege von § 9 Abs. 2 S. 1 BetrAVG i. V. m. §§ 412, 401 BGB, weil die Sicherungsabrede kein akzessorisches Sicherungsmittel darstellt. Hier kann der PSV die Versorgungsberechtigten aber auf jene Sicherungsrechte verweisen bzw. von ihnen die Abtretung dieser schuldrechtlichen Sicherung verlangen.[1217]

1213 Vgl. hierzu oben Teil 2 B. IV. 4. a).

1214 *Berenz*, DB 2006, 2125, 2126;, § 9, Rn. 65; *Diller/Tresselt*, ZIP 2017, 2084, 2086; *Rößler*, BB 2010, 1405, 1413; SHSS/*Wortmann*, Teil 16 A, Rn. 356.

1215 Blomeyer/Rolfs/Otto/*Rolfs*, BetrAVG, § 7, Rn. 272a; Rolfs, NZA-Beil. 2012, 75, 76.

1216 Siehe zur Anrechnungsfähigkeit von CTA-Leistungen nach § 7 Abs. 4 S. 1 BetrAVG oben Teil 2 B. IV. 4. b).

1217 BAG, Urt. v. 09.12.1997 – 3 AZR 429/96, NZA 1998, 941, 942, II. der Gründe; vgl. auch *Berenz*, DB 2004, 1098, 1099.

B. Verpfändung von Bezugsrechten aus Rückdeckungsversicherungen

Neben der Installation eines CTA ist in der Praxis zur privatvertraglichen Insolvenzsicherung von Betriebsrentenansprüchen auch die Verpfändung von Rechten aus Rückdeckungsversicherungen – insbesondere zur Absicherung von Pensionszusagen an Gesellschafter-Geschäftsführer von Kapitalgesellschaften – etabliert.[1218] Bei diesem Konstrukt schließt der Arbeitgeber mit einem Lebensversicherungsunternehmen eine Versicherung auf das Leben des Versorgungsberechtigten ab.[1219] Anders als etwa bei der Direktversicherung nach § 1b Abs. 2 S. 1 BetrAVG ist der Arbeitgeber hier Versicherungsnehmer und Bezugsberechtigter.[1220]

I. Rechtliche Einordnung

Der Arbeitgeber als Bezugsberechtigter an der Rückdeckungsversicherung gem. § 159 VVG verpfändet in einem zweiten Schritt ebendieses Bezugsrecht aufschiebend bedingt an den versorgungsberechtigten Arbeitnehmer.[1221] Dies geschieht durch Einigung des Arbeitgebers als Versicherungsnehmer mit dem Pfandgläubiger, mithin dem Arbeitnehmer, §§ 1273 Abs. 1, 1274 Abs. 1 BGB.[1222] Die das Verwertungsrecht des Arbeitnehmers auslösende Pfandreife wird auf den Zeitpunkt des Eintritts des Versorgungsfalles vereinbart.[1223] Daneben muss dem Versicherungsunternehmen Anzeige über diesen Verpfändungsvorgang gemacht werden, § 1280 BGB i. V. m. § 13 Abs. 4 ALB.[1224]

Zwar begibt sich der Arbeitgeber durch Verpfändung des Bezugsrechts seiner alleinigen Dispositionsfreiheit über die Rückdeckungsversicherungspolice, denn er benötigt zur Beseitigung des Pfandrechts oder auch zur Kündigung des Versicherungsvertrages die Mitwirkung des Pfandgläubigers, § 1276 Abs. 1 BGB.[1225] Allerdings sichert diese Versicherung ihn und den Versorgungsberechtigten in gleich zweierlei Hinsicht ab. Für den Arbeitgeber stellt sich der Abschluss der Rückdeckungsversicherung, je nach Ausgestaltung kongruent zur zugesagten

---

1218 Höfer Bd. I/*Höfer/Reich*, ART, Kap. 12, Rn. 44.
1219 Höfer Bd. I/*Höfer/Reich*, ART, Kap. 12, Rn. 44.
1220 *Fischer/Thoms-Meyer*, DB 2000, 1861, 1862; *Stegmann/Lind*, NVersZ 2002, 193, 201.
1221 Beck/Depré/*Pluta/Heidrich*, § 30, Rn. 133, 135.
1222 *Elfring*, NJW 2005, 2192, 2193.
1223 *Fischer/Thoms-Meyer*, DB 2000, 1861, 1862.
1224 *Elfring*, NJW 2005, 2192, 2193.
1225 *Elfring*, NJW 2005, 2192, 2193; *Fischer/Thoms-Meyer*, DB 2000, 1861, 1862.

Leistung, als probates Mittel zur externen Ausfinanzierung der Versorgungszusagen dar.[1226] Der Rückdeckungsversicherer stellt mit Eintritt des Versorgungsfalles die Finanzmittel für die Versorgung der Betriebsrentner zur Verfügung.[1227] Dem Versorgungsberechtigten erwachsen keine steuerlichen Nachteile, der Verpfändungsvorgang löst nicht etwa weitergehende Lohnsteuerpflichten aus.[1228]

Indes ist – ähnlich dem einstufigen CTA-Modell (*Verpfändungsmodell*) – auch bei der Verpfändung von Rechten aus Rückdeckungsversicherungen zu beachten, dass jeder einzelne Verpfändungsvorgang die Mitwirkung der Versorgungsberechtigten erfordert.[1229] Dies hat zur Folge, dass der Verwaltungsaufwand beim Arbeitgeber, sei es technischer Art bei der Installation dieses privatvertraglichen Sicherungsmechanismus oder aber im Falle einer späteren Umstrukturierung im Wege einer gesellschaftsrechtlichen Umwandlung, von nicht unerheblichem Gewicht ist.[1230]

II. Die Verpfändung von Rückdeckungsversicherungen in der Insolvenz des Arbeitgebers

1. Insolvenzfestigkeit der Verpfändung

Die Verpfändung von Rückdeckungsversicherungsansprüchen stellt sich regelmäßig als insolvenzfestes Instrument zur Absicherung von Versorgungsansprüchen und -anwartschaften aus betrieblicher Altersversorgung dar.[1231] Die für das CTA-Verpfändungsmodell dargelegten Grundsätze zu den mit einer Verpfändung zusammenhängenden, anfechtungsrelevanten Rechtshandlungen sowie zu den einzelnen Anfechtungstatbeständen gelten für die Verpfändung von Rückdeckungsversicherungsansprüchen entsprechend.[1232]

2. Verwertungsbefugnis

In der Insolvenz des Arbeitgebers ist der Versorgungsbegünstigte als Pfandgläubiger berechtigt, sich aus dem Pfandgegenstand abgesondert zu befriedigen,

---

1226 *Riewe*, DB 2010, 784, 785.

1227 Höfer Bd. I/*Höfer/Reich*, ART, Kap. 12, Rn. 45.

1228 *Fischer/Thoms-Meyer*, DB 2000, 1861, 1862; *Riewe*, DB 2010, 784, 785.

1229 *Fischer/Thoms-Meyer*, DB 2000, 1861, 1862.

1230 *Bode/Bergt/Obenberger*, DB 2000, 1864, 1866.

1231 BGH, Urt. v. 10.07.1997 – IX ZR 161/96, NZA 1997, 1113, 1115, III. 5. b) der Gründe; Höfer Bd. I/*Höfer/Reich*, ART, Kap. 12, Rn. 65, 66; vgl. zur Insolvenzfestigkeit des CTA-Verpfändungsmodells *Küppers/Louven*, BB 2004, 337, 341.

1232 Siehe hierzu oben Teil 4 A. II. 1. a).

§§ 50 Abs. 1, 173 InsO.[1233] Als streng akzessorisches Sicherungsrecht i. S. v. § 1210 Abs. 1 BGB orientieren sich sowohl der Bestand des Pfandrechts als auch der Umfang der Verwertungsbefugnis des Pfandgläubigers an dem zugrunde liegenden Versorgungsanspruch.[1234]

Zu unterscheiden ist für die rechtliche Beurteilung der Verwertungsbefugnis am Pfandgegenstand im Insolvenzfalle des Arbeitgebers aber, ob bereits Pfandreife eingetreten ist, mithin, ob der Versorgungsanspruch des Pfandgläubigers bereits fällig geworden ist.[1235]

a) Vor Eintritt der Pfandreife

Der Pfandgläubiger kann mit Eintritt der Pfandreife an den Pfandgegenständen Befriedigung suchen, §§ 1282 Abs. 1, 1228 Abs. 2 BGB. Dies ist der Zeitpunkt des Eintritts des Versorgungsfalles, der den mit dem Pfandrecht verknüpften fälligen Sicherungsanspruch konstituiert.[1236] Bevor dieser Zustand erreicht wird, kommt dem Versorgungsberechtigten lediglich ein Anwartschaftsrecht zu. Vor Pfandreife kann der Versorgungsanwärter daher lediglich einen Anspruch auf Sicherung gegenüber dem Insolvenzverwalter geltend machen, da sein Pfandrecht aufschiebend bedingt ist, § 1204 Abs. 2 BGB.[1237]

Wie oben dargestellt, ist der Insolvenzverwalter vor Eintritt der Pfandreife zur alleinigen Verwertung des Sicherungsmittels und zum Abzug der Kosten nach §§ 170, 171 InsO befugt.[1238] Um dem Anspruch des Versorgungsberechtigten auf Sicherung zu entsprechen, hat der Insolvenzverwalter den Verwertungserlös, mithin den Rückkaufswert der Rückdeckungsversicherung, vorrangig bei einer geeigneten Stelle zu hinterlegen, §§ 191, 198 InsO.[1239] Als eine solche

1233 Höfer Bd. I/*Höfer/Reich*, ART, Kap. 12, Rn. 51.

1234 Höfer Bd. I/*Höfer/Reich*, ART, Kap. 12, Rn. 70.

1235 Im Einzelnen kann hier auf die Ausführungen zur Verwertungsbefugnis bei dem Verpfändungsmodell i. R. eines CTA verwiesen werden, siehe oben Teil 4 A II. 2 a) (1).

1236 Höfer Bd. I/*Höfer/Reich*, ART, Kap. 12, Rn. 58.

1237 Höfer Bd. I/*Höfer/Reich,* ART Kap. 12, Rn. 53; *Stegmann/Lind*, NVersZ 2002, 193, 201.

1238 BGH, Urt. v. 07.04.2005 – IX ZR 138/04, NJW 2005, 2231, 2232, II. 3. der Gründe; BGH, Urt. v. 11.04.2013 – IX ZR 176/11, NZI 2013, 596, 597, III. 1. b) cc) der Gründe; zustimmend Blomeyer/Rolfs/Otto/*Rolfs*, BetrAVG, Anh. zu § 1, Rn. 684k; *Küppers/Louven*, BB 2004, 337, 341; siehe oben zur Verwertungsbefugnis im CTA-Verpfändungsmodell vor Eintritt von Pfandreife Teil 4 A. II. 2. a) (1) (i).

1239 Höfer Bd. I/*Höfer/Reich,* ART, Kap. 12, Rn. 53.

Hinterlegungsstelle kommt insbesondere das Versicherungsunternehmen selbst in Betracht.[1240] Die Hinterlegung bei dem Lebensversicherer selbst könnte etwa dergestalt vorgenommen werden, dass die Versicherung beitragsfrei gestellt wird und damit der Schutz des Versorgungsberechtigten beispielsweise für dessen Todesfall aufrechterhalten wird.[1241] Zudem hätte eine Hinterlegung bei dem Versicherungsunternehmen den Vorteil der fortlaufenden Verzinsung des Kapitals.[1242]

Vor Eintritt der Pfandreife ist der versorgungsberechtigte Pfandgläubiger damit bis zur Höhe des Rückkaufswertes der Rückdeckungsversicherung geschützt, welcher, wie gezeigt, zu seinen Gunsten nach den §§ 191 Abs. 1, 198 InsO zu hinterlegen ist.[1243]

b) Nach Eintritt der Pfandreife

Anderes gilt für den Zeitraum nach Eintritt der Pfandreife. In dieser Konstellation kommt dem Pfandgläubiger ein Absonderungsrecht an der Versicherungspolice nach Maßgabe von § 50 Abs. 1 InsO zu.[1244]

Der Versorgungsberechtigte kann die an ihn verpfändeten Rechte aus der Rückdeckungsversicherung selbst verwerten, §§ 1282 Abs. 1, 1228 Abs. 2 BGB und seine Versorgungsansprüche aus dem erzielten Erlös befriedigen.[1245] Ein Verwertungsrecht des Insolvenzverwalters muss in Ansehung von § 166 Abs. 2 InsO ausscheiden, da es sich in diesem Zusammenhang um eine verpfändete, nicht aber etwa eine abgetretene Forderung handelt.[1246]

III. Zusammenspiel mit der gesetzlichen Insolvenzsicherung durch den PSV

Schließlich kann es auch bei dieser Spielart des privatvertraglichen Insolvenzschutzes von Betriebsrentenansprüchen zu einem Zusammenfallen mit der Sicherung durch den PSV kommen. Da es sich bei diesem Sicherungsinstrument – wie

---

1240 Höfer Bd. I/*Höfer/Reich*, ART, Kap. 12, Rn. 54.

1241 Höfer Bd. I/*Höfer/Reich*, ART, Kap. 12, Rn. 54, 55.

1242 BGH, Urt. v. 07.04.2005 – IX ZR 138/04, NJW 2005, 2231, 2232, II. 3. der Gründe; *Riewe*, DB 2010, 784, 786.

1243 *Riewe*, DB 2010, 784, 786.

1244 Höfer Bd. I/*Höfer/Reich*, ART, Kap. 12, Rn. 58; vgl. oben zur Verwertungsbefugnis im CTA-Verpfändungsmodell Teil 4 A. II. 2. a).

1245 *Fischer/Thoms-Meyer*, DB 2000, 1861, 1862.

1246 Uhlenbruck/*Brinkmann*, InsO, § 166, Rn. 30.

bei dem einseitigen CTA-Modell – ebenfalls um ein zur Sicherung des Versorgungsanspruchs bestelltes Pfandrecht an einer Forderung handelt, welches dem Versorgungsanspruch gem. § 1210 Abs. 1 BGB folgt, geht es im Wege von § 9 Abs. 2 S. 1 BetrAVG im Rahmen der Legalzession auf den PSV über.[1247]

Weil die durch das Pfandrecht gesicherten Anwartschaften gem. § 9 Abs. 2 S. 3 BetrAVG im Insolvenzverfahren als unbedingte Forderungen nach § 45 InsO geltend gemacht werden und sich in in diesem Moment in Ansprüche wandeln, liegt ab diesem Zeitpunkt hinsichtlich bestellter Pfandrechte auch Pfandreife vor, sodass der PSV diese sodann auch selbstständig verwerten darf.[1248]

1247 Beck/Depré/*Pluta/Heidrich*, § 30, Rn. 147; Blomeyer/Rolfs/Otto/*Rolfs*, BetrAVG, § 9, Rn. 45; Gottwald InsR-Hdb./*Bertram*, § 109, Rn. 92; zu den Einzelheiten des Forderungsübergangs sowie Pfandrechts auf den PSV gem. § 9 Abs. 2 BetrAVG, §§ 412, 401 BGB siehe oben Teil 4 A. II. 2. a) (2).

1248 Höfer Bd. I/*Höfer/Reich*, BetrAVG, ART, Kap. 12, Rn. 57; Höfer Bd. I/*Höfer*, BetrAVG, § 9, Rn. 54.

Fazit und Ausblick

Zusammenfassung der Ergebnisse

Die betriebliche Altersversorgung wird durch den Wunsch des Gesetzgebers, sie als zweite starke Säule der Altersabsicherung neben dem weiterhin schwächelnden gesetzlichen Versorgungszweig und der privaten Absicherung zukünftig noch stärker – insbesondere in kleinen und mittleren Unternehmen – zu etablieren, weiter in den öffentlichen Fokus rücken. Damit verbunden wird auch der effektive Schutz der Versorgungsrechte der Arbeitnehmer vor einer Insolvenz ihres Arbeitgebers ein Thema mit größerer Relevanz werden.

Der seit 1975 in Deutschland zum Träger der gesetzlichen Insolvenzsicherung berufene PSV stellt den Versorgungsanwärtern und Betriebsrentnern einen überwiegend wirkungsvollen Schutz vor den wirtschaftlichen Risiken ihrer Arbeitgeber zur Seite. Die Versorgungsberechtigten haben mit dem PSV einen finanzstarken und sachverständigen Partner in der für sie oftmals schlecht überblickbaren Situation der Insolvenz ihres Arbeitgebers. In den von § 7 BetrAVG normierten Sicherungsfällen, allen voran in der Insolvenz des Arbeitgebers, steht der PSV für Versorgungsansprüche und -anwartschaften unter bestimmten Voraussetzungen ein. Im Einzelnen unterscheiden sich diese die Einstandspflicht des PSV auslösenden Tatbestände mitunter ganz erheblich voneinander, etwa hinsichtlich der zugrunde liegenden Durchführungswege und Zusagearten. Inhalt und Umfang der gesetzlichen Insolvenzsicherung nach § 7 BetrAVG werden von letztgenannten Parametern bestimmt. Dieses komplexe System der Zusammenhänge zwischen Durchführungsweg, Art der Zusage und Finanzierung sowie deren Dauer, erfuhr in Teil 1 dieser Arbeit eine grundlegende Beleuchtung.

Der im zweiten Teil der Arbeit dargelegte gesetzliche Insolvenzschutz gem. § 7 BetrAVG birgt nach wie vor Bereiche mit zahlreichen Rechtsfragen, welche in Literatur und Rechtsprechung hoch umstritten sind. Dies gilt insbesondere für den Umfang der zu sichernden Versorgungsrechte sowie Fragen zu vom Wortlaut des § 7 BetrAVG scheinbar exkludierten Fällen, in welchen die Sicherung von Versorgungsberechtigten dem Gesetzgeber offenbar nicht notwendig erschien.

Soweit der PSV unter den Voraussetzungen des § 7 BetrAVG die Versorgung von Betriebsrentnern und Anwärtern übernimmt, schafft § 9 Abs. 2 BetrAVG zum Ausgleich für diese Übernahme die Grundlage für einen gesetzlichen Forderungsübergang der Versorgungsrechte von den Rentnern und Anwärtern auf den PSV, der diese Rechte alsdann im Insolvenzverfahren geltend machen kann, um seinen Schaden zu vermindern. Durch diese Legalzession nimmt der PSV am Insolvenzverfahren über das Vermögen des Arbeitgebers teil.

Für die Beteiligung des PSV hat der Gesetzgeber neben dem gesetzlichen Forderungsübergang der Versorgungsrechte nach § 9 Abs. 2 BetrAVG insbesondere für die Durchführung eines Insolvenzplanverfahrens einige Sonderregelungen getroffen. So normiert § 7 Abs. 4 S. 5 BetrAVG eine zugunsten des PSV in den Insolvenzplan aufzunehmende Besserungsklausel für den Fall der wirtschaftlichen Gesundung des insolventen Unternehmens. Hinzu tritt die von § 9 Abs. 4 BetrAVG geschaffene Möglichkeit, im Insolvenzplan für den PSV eine besondere eigene Gläubigergruppe zu schaffen, um dessen besonderer Position als Großgläubiger mit zeitlich langfristigen Ansprüchen angemessen Rechnung zu tragen.

In der Arbeitgeberinsolvenz besteht für Arbeitgeber bzw. Insolvenzverwalter sowie Versorgungsberechtigte nicht nur Klärungsbedarf hinsichtlich des gesetzlichen Insolvenzschutzes durch den PSV, sondern auch in Bezug auf insolvenzrechtsspezifische Fragestellungen wie etwa zur möglichen Anfechtbarkeit originärer Versorgungszusagen bzw. Verbesserungen derselben im anfechtungsrelevanten Zeitraum nach den §§ 129 ff. InsO, dem sich der dritte Teil dieser Arbeit widmete.

Neben einer potentiellen Gefährdung ihres Versorgungsanspruchs durch Insolvenzanfechtung sehen sich gerade Versorgungsberechtigte, die ihre Versorgung durch Entgeltumwandlung finanzieren, in der Arbeitgeberinsolvenz erheblichen Risiken dergestalt gegenüber, dass der Arbeitgeber diese Entgeltbestandteile abredewidrig nicht an den eingeschalteten externen Versorgungsträger leitet oder gar das nach § 1b Abs. 5 S. 2 BetrAVG an sich als unwiderruflich auszugestaltende Bezugsrecht an einer Direktversicherung versicherungsvertraglich widerruflich belässt, sodass die Police in der Insolvenz der Masse anheimfällt. Mit der Rechtsprechung von BAG und BGH muss nämlich ein Aussonderungsrecht der Arbeitnehmer nach § 47 InsO ausscheiden, auch, wenn es sich um zurückbehaltene Beiträge oder arbeitnehmerfinanzierte Direktversicherungen aus Entgeltumwandlung handelt. Einzig eine arbeitnehmerseitige Kontrolle der Einrichtung eines solch versicherungsvertraglich nachweislich unwiderruflichen Bezugsrechts kann vor diesem Risiko des Verlustes der Entgeltbestandteile an die Insolvenzmasse wirksam schützen.

Weil aber das Instrument eines unwiderruflichen Bezugsrechts lediglich bei versicherungsförmigen Durchführungswegen ein wirksames Mittel zur Absicherung gegen eine Arbeitgeberinsolvenz darstellt, ist es für potentiell von einer solchen Insolvenz bedrohte Durchführungswege, wie speziell für die Direktzusage, erforderlich, anderweitigen, privatvertraglichen Insolvenzschutz herbeizuführen. Insbesondere da der gesetzliche Insolvenzschutz durch den PSV nach § 7 Abs. 3 BetrAVG der Höhe nach beschränkt und auch der gesicherte Personenkreis auf die nach § 17 Abs. 1 S. 1 und 2 BetrAVG begrenzt ist, kann in vielen Fällen ein zusätzlicher privatvertraglicher Insolvenzschutz notwendig werden, mit dessen Grundzügen sich der vierte Teil dieser Arbeit beschäftigte. Nicht selten ist die zusätzliche zivilrechtliche Absicherung der Versorgungsberechtigten auch von steuer- und bilanzrechtlichen Beweggründen getragen.

In der Praxis durchgesetzt haben sich neben der bereits länger etablierten Vorgehensweise der Verpfändung von Rückdeckungsversicherungen insbesondere Treuhandmodelle (CTAs), welche, je nach Ausgestaltung im Einzelfall, entweder nah am hergebrachten Verpfändungsmodell orientiert sind oder aber durch eine doppelseitige Treuhandvereinbarung mit Implementierung einer Sicherungstreuhand zugunsten der Versorgungsberechtigten diesen einen echten eigenen Anspruch gegen den jeweiligen Treuhänder einräumen. Beide Modelle haben sich in der Praxis auch vor der höchstrichterlichen Rechtsprechung bewährt und können – selbstverständlich je nach Ausgestaltung im Einzelfall – als insolvenzfest bezeichnet werden, solange das jeweilige, ein solches Sicherungsinstrument implementierende Unternehmen wirtschaftlich stabil aufgestellt ist.

Ausblick

Nach Betrachtung des Umfangs und Inhalts der gesetzlichen Insolvenzsicherung durch den PSV nach den §§ 7 ff. BetrAVG wird offensichtlich, dass es auch in diesem gesetzgeberisch installierten, insbesondere vom Arbeitnehmerschutzgedanken geprägten System einige Lücken gibt, die es seiner Grundkonzeption nach nicht erfasst und deren Schließung erforderlich wäre.[1249]

Die gesetzliche Insolvenzsicherung erstreckt sich ihrem Wortlaut nach nicht umfassend auf alle potentiell von einer Arbeitgeberinsolvenz bestandsbedrohten Versorgungszusagen. Insbesondere in Fällen, in welchen Arbeitgeber etwa mit der Prämienzahlung an Direktversicherungen in Verzug sind oder diese gar gänzlich einstellen, oder aber einen versicherungsvertraglich wirksamen Widerruf eines arbeitsvertraglich unwiderruflichen Bezugsrechts an der Police erklären, lehnt der PSV heute eine Insolvenzsicherung von daraus resultierenden Schadenersatzansprüchen mangels hierfür zu erhebender Beiträge ab. Hier sollte über eine Neuordnung des Systems der gesetzlichen Insolvenzsicherung

1249 So *Rolfs*, EuZA 2018, 283, 297.

nachgedacht werden. Dies gilt umso mehr, da Arbeitnehmer, die ebensolche Direktversicherungen durch Entgeltumwandlung finanzieren, sowohl hinsichtlich abredewidrig nicht an die Versicherung gezahlter, arbeitnehmerfinanzierter Prämien, als auch im Hinblick auf die Versicherungsansprüche selbst, nicht zur Aussonderung berechtigt und damit lediglich auf eine Teilnahme als Insolvenzgläubiger nach § 38 InsO verwiesen sind.

Insbesondere dürfte in diesem Zusammenhang zu diskutieren sein, inwieweit die seit Inkrafttreten des AVmG zum 01.01.2002 kodifizierte Einstandspflicht des Arbeitgebers aus § 1 Abs. 1 S. 3 BetrAVG bei Einsatz aller externen Durchführungswege, die von einigen Seiten als – dem gesetzlichen Insolvenzschutz unterfallende – unmittelbare Versorgungszusage aufgefasst wird, nicht auch ausdrücklich dem gesetzlichen Sicherungsmechansimus des § 7 BetrAVG unterworfen werden sollte.[1250]

Soweit man mit den genannten Stimmen in der Literatur demgemäß auch Schadensersatzansprüche, etwa aus einem versorgungsvertragswidrigen Bezugsrechtswiderruf oder der Nichtzahlung von Prämien an eine Direktversicherung, dem gesetzlichen Insolvenzschutz unterstellte, wäre im zweiten Schritt auch eine Anpassung der Vorschriften über die Beitragspflicht zum PSV entsprechend vorzunehmen. Das BAG[1251] lehnt unter anderem unter Verweis auf die mangelnde Beitragsentrichtung bei unterbliebener Prämienzahlung an eine Direktversicherung eine Einstandspflicht des PSV nach § 7 BetrAVG ab. Das BVerwG[1252] erklärte den PSV hingegen bei versorgungsvertragswidrigem Widerruf eines Bezugsrechts für einstandspflichtig, aber auch korrespondierend beitragsberechtigt. Durch eine umfassende Einbeziehung der arbeitgeberseitigen Einstandspflicht aus § 1 Abs. 1 S. 3 BetrAVG unter den Schutzschirm des § 7 BetrAVG, flankiert mit einer korrespondierenden Beitragspflicht zum PSV, könnte der Argumentation des BAG entgegengetreten werden.[1253]

Die finanzielle Mehrbelastung der Arbeitgeber durch Schaffung einer der arbeitgeberseitigen Einstandspflicht korrespondierenden Beitragspflicht zum PSV könnte insoweit eine Begrenzung erfahren, als für nachweislich nicht von einer potentiellen Arbeitgeberinsolvenz gefährdete Versorgungsansprüche und -systeme eine Ausnahmeregelung mit aufgenommen würde. Diese von der grundsätzlichen Beitragspflicht zum PSV ausgenommenen Tatbestände könnten

1250 Vgl. etwa *Höfer*, DB 2016, 2843, 2845; *Reich* in FS Höfer 2011, 187, 188.
1251 BAG, Urt. v. 17.11.1992 – 3 AZR 51/92, NZA 1993, 843, 844, II. 1. und 2. der Gründe.
1252 BVerwG, Urt. v. 28.06.1994 – 1 C 20/92, NZA 1995, 75, 76, 2. c) cc) (3) der Gründe.
1253 Vgl. auch *Höfer*, DB 2016, 2843, 2844.

etwa die – arbeits- wie versicherungsvertragliche – Unwiderruflichkeit eines Bezugsrechts an einer Direktversicherung oder die Installation eines insolvenzfesten privatvertraglichen Sicherungsmechanismus, etwa durch Verpfändung von Rückdeckungsversicherungsansprüchen oder die Einrichtung eines ein- oder doppelseitigen CTA sein.[1254]

Schon seit längerer Zeit fordern Stimmen in der Literatur, die Beiträge zum PSV nicht im Wege einer abstrakten Risikoeinschätzung nach dem Solidarprinzip vorzunehmen, sondern vielmehr eine individuelle Beurteilung der Sachlage in den einzelnen Unternehmen anzustellen, um so eine faire Verteilung der Beitragslasten und der Finanzierung des PSV zu erreichen.[1255] Dem Argument, dass der PSV damit ggf. mit geringeren Finanzmitteln ausgestattet sein könnte, sollte mit der Erwägung zu begegnen sein, dass er gerade bei nachweislich nicht potentiell von einer Insolvenz gefährdeten Versorgungsansprüchen auch nicht einstandspflichtig, demgemäß auch nicht wirtschaftlich belastet würde.

Durch die Unterstellung der arbeitgeberseitigen Einstandspflicht für alle externen Durchführungswege und die Installation einer damit korrespondierenden, umfassenden Beitragspflicht zum PSV, wovon die genannten Ausnahmen zu regeln wären, würde auch der gesetzgeberischen Intention des sozialen Schutzgedankens der betrieblichen Altersversorgung und deren Insolvenzsicherung Rechnung getragen.[1256] Die Gegenargumente betreffend die finanzielle Beeinträchtigung des PSV und der Solidargemeinschaft sowie des ggf. erhöhten Verwaltungsaufwandes können können nicht schwerer wiegen als das Bedürfnis, den derzeit fast schon als „Flickenteppich“ zu qualifizierenden gesetzlichen Insolvenzschutz einer dringenden Überarbeitung und Schließung der Schutzlücken zuzuführen.

Gerade vor dem historischen Hintergrund der betrieblichen Altersversorgung kann eine Situation, in welcher ein Arbeitnehmer aufgrund eines Fehlverhaltens des Arbeitgebers etwa durch Prämiennichtzahlung oder Bezugsrechtswiderruf ohne seine Betriebsrente verbleibt, nicht hingenommen werden. Der Gesetzgeber manifestierte bereits Anfang 2018 durch das Inkrafttreten des BRSG seine Absicht, die betriebliche Altersversorgung in der Versorgungstrias stärker zu etablieren. Ihm obliegt es nunmehr, auch durch eine Neuordnung des

---

1254 Vgl. zu der Idee einer „risikoadäquaten Beitragsbemessung bei qualifiziert rückgedeckten Zusagen“ *Birkel/Obenberger*, BB 2011, 2051.

1255 So bereits *Hanau/Arteaga*, BB Beil. 17/1997, S. 9; zustimmend *Küting/Keßler*, FS Höfer 2011, 145, 156 (letzter Absatz).

1256 Vgl. zur Intention des Gesetzgebers sowie Sinn und Zweck des gesetzlichen Insolvenzschutzes etwa *Reich* in FS Höfer 2011, 187, 193.

gesetzlichen Insolvenzschutzsystems der §§ 7 ff. BetrAVG, dieser Intention weiteren Nachdruck zu verleihen.

Zusammenfassend kann der gesetzliche Insolvenzschutz in Deutschland nach alledem zwar als über weite Strecken stabil aufgestellt qualifiziert werden. Es bedarf aber gerade im Hinblick auf einen mittelfristig wieder ansteigenden Leitzins der EZB[1257] und dem damit möglicherweise einhergehenden, erhöhten Risiko von (Groß-)Insolvenzen, fortwährender Stärkung und weiteren Ausbaus des Insolvenzsicherungssystems durch den PSV. Ein möglichst vollständiger Schutz von Versorgungsrechten aus der betrieblichen Altersversorgung vor wirtschaftlicher Schieflage des Arbeitgebers muss weiterhin im Fokus des Gesetzgebers bleiben.

1257 Vgl. Prognosen für das dritte Quartal 2019, „Ökonomen erwarten für die zweite Hälfte des Jahres 2019 eine EZB-Zinserhöhung", Handelsblatt vom 19.07.2018, www.handelsblatt.com/finanzen/banken-versicherungen/zinspolitik-oekonomen-erwarten-in-der-zweiten-haelfte-des-jahres-2019-eine-ezb-zinserhoehung/22817060.html?ticket=ST-881125-SctHpd5mSv7WDfNaSwyc-ap2 (zuletzt aufgerufen am 21.01.2019).

Literaturverzeichnis

Bader, Thomas Einstandspflicht des Arbeitgebers bei der Herabsetzung von Leistungen durch Pensionskassen, BB 2016, 3061–3066

Baumbach, Adolf, Hopt, Klaus Handelsgesetzbuch, Kommentar, 38. Auflage, München 2018 (zitiert: Baumbach/Hopt/*Bearbeiter*)

Beck, Siegfried, Depré, Peter Praxis der Insolvenz – Ein Handbuch für die Beteiligten und ihre Berater, 3. Auflage, München 2017 (zitiert: Beck/Depré/*Bearbeiter*)

Beisel, Daniel, Andreas, Friedhold Beck'sches Mandatshandbuch Due Diligence, 3. Auflage, München 2017 (zitiert: Beck'sches Mandatshdb. DD/*Bearbeiter*)

Berenz, Claus Contractual Trust Arrangements (CTA) und die gesetzliche Insolvenzsicherung der betrieblichen Altersversorgung durch den PSVaG, DB 2006, 2125–2127

Ders. Neue Rahmenbedingungen für die Insolvenzsicherung, BetrAV 2001, 507–510

Ders. Insolvenzsicherung der betrieblichen Altersversorgung: Systematik des Anspruchsübergangs nach § 9 Abs. 2 BetrAVG auf den PSVaG (§ 9 Abs. 2 BetrAVG), DB 2004, 1098–1100

Birkel, Stefan, Obenberger, Thomas Die Sicherung von Anrechten der betrieblichen Altersversorgung über ein Contractual Trust Arrangement im Insolvenzverfahren, BB 2011, 2051–2058

Blomeyer, Wolfgang Änderungen des Betriebsrentengesetzes zum 1. 1. 1999 – Neue Lösungen – Neue Probleme, NZA 1998, 911–918

Ders. Neue arbeitsrechtliche Rahmenbedingungen für die Betriebsrente, BetrAV 2001, 430–441

Blomeyer, Wolfgang, Rolfs, Christian, Otto, Klaus Betriebsrentengesetz – Arbeits-, Zivil- und Steuerrecht, Kommentar, 7. Auflage, München 2018 (zitiert: Blomeyer/Rolfs/Otto/*Bearbeiter*)

Bode, Christoph, Bergt, Volker, Obenberger, Thomas Doppelseitige Treuhand als Instrument der privatrechtlichen Insolvenzsicherung im Bereich der betrieblichen Altersversorgung, DB 2000, 1864–1867

Boecken, Winfried, Düwell, Franz Josef, Diller, Martin, Hanau, Hans Gesamtes Arbeitsrecht, Kommentar, 1. Auflage, Baden-Baden 2016 (zitiert: NK-ArbR/*Bearbeiter*)

Böhme, Benjamin Altersvorsorgevermögen: Die Schranken des Gläubigerzugriffs, VIA 2018, 9–11

Braun, Eberhard Insolvenzordnung (InsO) – InsO mit EuInsVO (Neufassung), Kommentar, 7. Auflage, München 2017 (zitiert: Braun/*Bearbeiter*)

Bremer, Wilhelm Insolvenzplan: Fortführung betrieblicher Altersversorgung durch den Arbeitgeber, DB 2011, 875–879

Chardon, Christoph, Flitsch, Michael Die Rechtsstellung des Pensions-Sicherungs-Verein aG im Insolvenzplanverfahren, DZWir 2004, 485–490

Cisch, Theodor, Börner, Nils Das Betriebsrentenstärkungsgesetz – Garantiert eine Chance für die bAV, BB 2017, Heft 30, Umschlagteil I

Cisch, Theodor, Lämpe, Philipp Sicherung gerichtlicher Betriebsrentenanpassungsentscheidungen und der Einstandspflicht des Arbeitgebers durch den PSV?, BB 2016, 2167–2169

Cramer, Konrad Direktzusage oder Unterstützungskasse – eine Gegenüberstellung, DStR 1994, 1360–1364

Dahl, Michael, Taras, Raul Doppeltreuhand in der Insolvenz des Arbeitgebers, NJW-Spezial 2016, 21–22

Däubler, Wolfgang, Hjort, Jens Peter, Schubert, Michael, Wolmerath, Martin Arbeitsrecht – Individualarbeitsrecht mit kollektivrechtlichen Bezügen, Handkommentar, 4. Auflage, Baden-Baden 2017 (zitiert: HK-ArbR/*Bearbeiter*)

Diller, Martin Insolvenzvermeidung durch außergerichtliche Übernahme von Betriebsrenten durch den PSV, ZIP 1997, 765–774

Ders. Wirksamkeit eines dreiseitigen Vertrages zur Überleitung des Arbeitsverhältnisses und Übernahme von Versorgungsverbindlichkeiten, ArbRAktuell 2011, 302–303

Diller, Martin, Günther, Jens Ausstieg des Arbeitgebers aus (s)einer Pensionskasse, NZA 2018, 1181–1183

Diller, Martin, Tresselt, Matthias CTA: Alles Lug und Trug?, ZIP 2017, 2084–2089

Doetsch, Peter Systematische Einordnung der in Deutschland üblichen Zusagearten, FS Höfer 2011, 15–31

Elfring, Claus Die Verwertung verpfändeter und abgetretener Lebensversicherungsansprüche in der Insolvenz des Versicherungsnehmers, NJW 2005, 2192–2195

Fischer, Gerhard, Thoms-Meyer, Dirk Privatrechtlicher Insolvenzschutz für Arbeitnehmeransprüche aus deferred compensation, DB 2000, 1861–1864

Flitsch, Michael, Herbst, Christoph Lebensversicherungsverträge in der Insolvenz des Arbeitgebers, BB 2003, 317–324

Fridgen, Alexander, Geiwitz, Arndt, Göpfert, Burkard Beck'scher Online-Kommentar zur Insolvenzordnung, mit InsVV und EuInsVO, Kommentar, 12. Edition, München 2018 (zitiert: BeckOK InsO/*Bearbeiter*)

Friedrich, Klaus, Kovac, Branko, Werner, Thomas Beitragsorientierte Leistungszusage und Beitragszusage mit Mindestleistung – strikt getrennt oder doch eng miteinander verwandt?, DB 2007, 1557–1564

Ganter, Hans Gerhard Die betriebliche Altersversorgung in der Unternehmensinsolvenz, NZI 2013, 769–774

Gerke, Wolfgang, Heubeck, Klaus Gutachten zur künftigen Funktionsfähigkeit der Insolvenzsicherung durch den Pensions-Sicherungs-Verein VVaG, BetrAV 2002, 433–491

Gottwald, Peter Insolvenzrechts-Handbuch, 5. Auflage, München 2015 (zitiert: Gottwald InsR-Hdb./*Bearbeiter*)

Grottel, Bernd, Schmidt, Stefan, Schubert, Wolfgang, Winkeljohann, Norbert Beck'scher Bilanz-Kommentar, Handels- und Steuerbilanz, 11. Auflage, München 2018 (zitiert: Beck Bil-Komm/*Bearbeiter*)

Hanau, Peter Die zu vollendende Reform des Betriebsrentengesetzes, NZA 2016, 577–581

Hanau, Peter, Arteaga, Marco Pensions-Sondervermögen und betriebliche Altersversorgung, BB-Beilage Nr. 17/1997 (BB 1997, Heft 47)

Hanau, Peter, Arteaga, Marco, Rieble, Volker, Veit, Annekatrin Entgeltumwandlung – Rechtsgrundlagen, Gestaltung und Potential in der betrieblichen Altersversorgung, 3. Auflage, Köln 2014

Henssler, Martin, Willemsen, Heinz Josef, Kalb, Heinz-Jürgen Arbeitsrecht, Kommentar, 8. Auflage, Köln 2018 (zitiert: HWK/*Bearbeiter*)

Hess, Harald Kölner Kommentar zur Insolvenzordnung, Kommentar, 1. Auflage, Köln 2016 (zitiert: KK-InsO/*Bearbeiter*)

Hinrichs, Lars, Hansen, Christine Der Verschaffungsanspruch des Arbeitnehmers beim externen Durchführungsweg – Haftungsrisiken für den Arbeitgeber und arbeitsrechtliche Gestaltungsoptionen, NZA 2016, 1183–1188

Hofelich, Andreas, Fink, Jannik Anm. zu BAG, Vorlagebeschluss v. 20.02.2018, Ausgleich von Leistungskürzungen bei der Pensionskassenrente, NZI 2018, 454–458

Höfer, Reinhold Das neue Betriebsrentenrecht, München 2003

Ders. Gesetzlicher Insolvenzschutz bei Betriebsrenten aus Erfüllungsansprüchen, DB 2016, 2843–2845

Höfer, Reinhold, de Groot, Simone Evke, Küpper, Peter, Reich, Torsten Betriebsrentenrecht (BetrAVG), Band I – Arbeitsrecht, Kommentar, 22. Ergänzungslieferung, München 2018 (zitiert: Höfer Bd. I/*Bearbeiter*)

Karst, Michael, Cisch, Theodor B. Betriebsrentengesetz – Gesetz zur Verbesserung der betrieblichen Altersversorgung und Versorgungsausgleich, Kommentar, 15. Auflage, München 2018 (zitiert: Karst/Cisch/*Bearbeiter*)

Kießling, Erik Entgeltfinanzierte Direktversicherungen in der Insolvenz des Arbeitgebers, NZI 2008, 469–472

Kirchhof, Hans-Peter, Eidenmüller, Horst, Stürner, Rolf Münchener Kommentar zur Insolvenzordnung, Kommentar, 3. Auflage, München 2013 (zitiert: MüKo InsO/*Bearbeiter*)

Kisters-Kölkes, Margret, Berenz, Claus, Huber, Brigitte, Betz-Rehm, Christian BetrAVG – Kommentar zum Betriebsrentengesetz mit Insolvenzsicherung, 8. Auflage, Köln 2018 (zitiert: KBHB/*Bearbeiter*)

Klemm, Bernd Abfindung und Übertragung von Versorgungsanwartschaften aus betrieblicher Altersvorsorge im Lichte des Altersvermögensgesetzes, NZA 2002, 416–421

Kothe-Heggemann, Claudia Abfindung einer im Insolvenzverfahren erdienten Versorgungsanwartschaft, GmbHR 2010, R 42–R43

Küppers, Christoph, Louven, Christoph Outsourcing und Insolvenzsicherung von Pensionsverpflichtungen durch Contractual „Trust“ Arrangements (CTA's), BB 2004, 337–346

Küppers, Christoph, Louven, Christoph, Schröder, Jan Contractual Trust Arrangements – Insolvenzsicherung und Bilanzverkürzung, BB 2005, 763–770

Küting, Karlheinz, Keßler, Marco Auslagerung von Pensionsverpflichtungen mittels eines CTA – Das Zusammenspiel von Arbeits-, Insolvenz-, Steuer- und Bilanzrecht, FS Höfer 2011, 145–157

Langheid, Theo, Wandt, Manfred Münchener Kommentar zum Versicherungsvertragsgesetz, 2. Auflage, München 2017 (zitiert: MüKo VVG/*Bearbeiter*)

Langohr-Plato, Uwe, Teslau, Johannes Die Beitragszusage mit Mindestleistung – Die neue große Unbekannte in der betrieblichen Altersversorgung, DB 2003, 661–667

Leuering, Dieter, Rubner, Daniel Der Unternehmenserwerb aus der Insolvenz, NJW-Spezial 2016, 463–464

Lingemann, Stefan Der Arbeitgeber kann auch vor Ende des Arbeitsverhältnisses die versicherungsförmige Lösung gem. § 2 II 3 BetrAVG verlangen, ArbRAktuell 2016, 481

Moll, Wilhelm Münchener Anwalts Handbuch Arbeitsrecht, 4. Auflage, München 2017 (zitiert: MAH ArbR/*Bearbeiter*)

Mückl, Patrick, Götte, Mareike Aktuelle Entwicklungen im Insolvenzarbeitsrecht, ArbRAktuell 2017, 609–612

Müller-Glöge, Rudi, Preis, Ulrich, Schmidt, Ingrid Erfurter Kommentar zum Arbeitsrecht, Kommentar, 19. Auflage, München 2019 (zitiert: ErfK/*Bearbeiter*)

Nerlich, Jörg, Kreplin, Georg Münchener Anwalts Handbuch – Insolvenz und Sanierung, 3. Auflage, München 2019 (zitiert: MAH Insolvenz und Sanierung/*Bearbeiter*)

Nerlich, Jörg, Römermann, Volker Insolvenzordnung (InsO), Kommentar, 36. Ergänzungslieferung, München 2018 (zitiert: Nerlich/Römermann/*Bearbeiter*)

Passarge, Malte Aktuelle Fragen zur Auslagerung von Pensionsverpflichtungen mittels Contractual Trust Agreements, DB 2005, 2746–2750

Paulsdorff, Jürgen Kommentar zur Insolvenzsicherung der betrieblichen Altersversorgung, 2. Auflage, Heidelberg 1996

Preis, Ulrich § 611 a BGB – Potenziale des Arbeitnehmerbegriffs, NZA 2018, 817–826

Primozic, Frank, Doetsch, Matthias Verwertungsbefugnis des Insolvenzverwalters für verpfändete Forderungen? – Anmerkung zu BGH, Urt. v. 11.4.2013 – IX ZR 176/11, NZI 2013, 736–738

Reich, Torsten Direktversicherungen und Pensionskassenzusagen in der Insolvenz des Arbeitgebers – Einstandspflicht des PSVaG bei Unterdeckung?, FS Höfer 2011, 187–197

Reischl, Klaus Insolvenzrecht, 1. Auflage, Heidelberg 2008

Richardi, Reinhard § 611a BGB als Restriktion des Arbeitsvertrags, NZA 2018, 974–976

Richardi, Reinhard, Wißmann, Hellmut, Wlotzke, Otfried, Oetker, Hartmut Münchener Handbuch zum Arbeitsrecht, 4. Auflage, München 2018 (zitiert: MüHdb. ArbR/*Bearbeiter*)

Rieger, Thomas Verpflichtungen aus betrieblicher Altersversorgung in Insolvenzplänen,NZI 2013, 671–676

Riewe, Volker Der privatrechtliche Insolvenzschutz in der betrieblichen Altersversorgung, DB 2010, 784–788

Rolfs, Christian Die betriebliche Altersversorgung im Recht der europäischen Union, EuZA 2018, 283–303

Rolfs, Christian, Giesen, Richard, Kreikebohm, Ralf, Udsching, Peter Beck'scher Online-Kommentar Arbeitsrecht, Kommentar, 49. Edition, München 2018 (zitiert: BeckOK ArbR/*Bearbeiter*)

Rößler, Nicolas Contractual Trust Arrangements – eine rechtliche Bestandsaufnahme, BB 2010, 1405–1414

Ders. Anforderungen an die Insolvenzfestigkeit eines Contractual Trust Arrangements, DB 2013, 1607–1610

Säcker, Franz Jürgen, Rixecker, Roland, Oetker, Hartmut, Limperg, Bettina Münchener Kommentar zum Bürgerlichen Gesetzbuch, Kommentar, 7. Auflage, München 2016 (zitiert: MüKo BGB/*Bearbeiter*)

Schäfer, Berthold Anfechtbarkeit der Prämienzahlungen eines Arbeitgebers auf eine zu Gunsten seiner Arbeitnehmer abgeschlossene Direktversicherung, NZI 2008, 151–153

Schaub, Günter Arbeitsrechts-Handbuch – Systematische Darstellung und Nachschlagewerk für die Praxis, 17. Auflage, München 2017 (zitiert: Schaub ArbR-Hdb./*Bearbeiter*)

Schipp, Johannes Zusagen auf betriebliches Ruhegeld nach dem System des BetrAVG, NZA 2011, 445, 449

Schlewing, Anja, Henssler, Martin, Schipp, Johannes, Schnitker, Elmar Arbeitsrecht der betrieblichen Altersversorgung und Zeitwertkonten, Kommentar, 30. Ergänzungslieferung, Köln 2018 (zitiert: SHSS/*Bearbeiter*)

Schmidt, Karsten Insolvenzordnung: InsO mit EuInsVO, Kommentar, 19. Auflage, München 2016 (zitiert: K. Schmidt/*Bearbeiter*)

Schnitker, Elmar, Sittard, Ulrich Die gesetzliche und privatrechtliche Insolvenzsicherung von Pensionen, NZA 2012, 963–967

Smid, Stefan Praxishandbuch Insolvenzrecht, 5. Auflage, Berlin 2007

Stegmann, Achim, Lind, Thorsten Patric Der Lebensversicherungsvertrag in der Insolvenz, NVersZ 2002, 193–202

Uckermann, Sebastian, Fuhrmanns, Achim Historische, gesetzliche und zivilrechtliche Grundlagen der betrieblichen Altersversorgung, NZA 2011, 24–27

Uhlenbruck, Wilhelm, Hirte, Heribert, Vallender, Heinz Insolvenzordnung, Kommentar, 15. Auflage, München 2019 (zitiert: Uhlenbruck/*Bearbeiter*)

Ulbrich, Mathias Die Reform der Betriebsrente oder die Befreiung einer Gazelle: Das Betriebsrentenstärkungsgesetz (BRSG) Teil I – Arbeitsrecht, BB 2017, 2523–2427

Willemsen, Heinz Josef, Hohenstatt, Klaus-Stefan, Schnitker, Elmar, Schweibert, Ulrike Umstrukturierung und Übertragung von Unternehmen – Arbeitsrechtliches Handbuch, 5. Auflage, München 2016 (zitiert: WHSS/*Bearbeiter*)

Wimmer, Klaus FK-InsO – Frankfurter Kommentar zur Insolvenzordnung, Kommentar, 9. Auflage, Köln 2018 (zitiert: FK-InsO/*Bearbeiter*)

Witschen, Stefan Gesetzliche Unverfallbarkeit nach der „Heranreichungsrechtsprechung" und Widerruflichkeit des Bezugsrechts bei einer Direktversicherung zur betrieblichen Altersversorgung, SAE 2011, 273–281

Wittlinger, Jürgen Gesetz zur Umsetzung der EU-Mobilitäts-Richtlinie, www.haufe.de/steuern/gesetzgebung-politik/bundesrat-gesetz-zur-umsetzung-der-eu-mobilit%C3%A4ts-richtlinie_168_333420.html

Zobel, Joachim Sanierungsarbeitsrecht – Wunsch oder Wirklichkeit?, BB 2011, 1397–1401